Uma introdução à
Filosofia
Budista

Conforme Novo Acordo Ortográfico

STEPHEN J. LAUMAKIS

UMA INTRODUÇÃO À
FILOSOFIA
BUDISTA

Tradução:
Getulio Schanoski Jr.

MADRAS®

Publicado originalmente em inglês sob o título *An Introduction to Buddhist Philosophy*
por Cambridge University Press.
www.cambridge.org
© 2008, Stephen J. Laumakis.
Direitos de edição e tradução para o Brasil.
Tradução autorizada do inglês.
© 2010, Madras Editora Ltda.

Editor:
Wagner Veneziani Costa

Produção e Capa:
Equipe Técnica Madras

Tradução:
Getulio Schanoski Jr.

Revisão da Tradução:
Aline Naomi Sassaki

Revisão:
Maria Cristina Scomparini
Letícia Pieroni

Dados Internacionais de Catalogação na Publicação (CIP)
(Câmara Brasileira do Livro, SP, Brasil)

Laumakis, Stephen J.
Uma introdução à filosofia budista/ Stephen J. Laumakis; tradução Getulio Schanoski Jr. – São Paulo: Madras, 2010.
Título original: An introduction to buddhist philosophy.
Bibliografia

ISBN 978-85-370-0610-8

1. Filosofia budista I. Título.

10-06853   CDD-181.043

Índices para catálogo sistemático:
1. Filosofia budista 181.043

É proibida a reprodução total ou parcial desta obra, de qualquer forma ou por qualquer meio eletrônico, mecânico, inclusive por meio de processos xerográficos, incluindo ainda o uso da internet, sem a permissão expressa da Madras Editora, na pessoa de seu editor (Lei nº 9.610, de 19.2.98).

Todos os direitos desta edição, em língua portuguesa, reservados pela

MADRAS EDITORA LTDA.
Rua Paulo Gonçalves, 88 — Santana
CEP: 02403-020 — São Paulo/SP
Caixa Postal: 12183 — CEP: 02013-970
Tel.: (11) 2281-5555 — Fax: (11) 2959-3090
www.madras.com.br

Para Mary, Maggie, Molly e Stephen.

Índice

Epígrafe 11
Prefácio 13

Parte I Uma Descrição do Buda e do *Dhamma* 17
   1 A vida de Siddhattha Gotama 19
   2 Os contextos da emergência do Budismo 37
   3 Os ensinamentos básicos do Buda 63
   4 Um Budismo ou muitos Budismos? 81

Parte II Detalhes do *Dhamma* 103
   5 *Kamma*, *Samsara* e renascimento 107
   6 Origem interdependente 129
   7 A impermanência, o eu-não-permanente e o vazio 151
   8 *Moksa* e *Nibbana* 177

Parte III Desenvolvimento do *Dhamma/Dharma* 205
   9 Os Budismos do Bodhidharma e de Huineng 207
  10 Budismo da Terra Pura 239
  11 Budismo tibetano 263
  12 Duas formas de Budismo contemporâneo 281

Glossário 299
Bibliografia 311
Índice Remissivo 317

Agradecimentos

Esta é uma ótima oportunidade para expressar minha gratidão e publicamente agradecer a todos aqueles que me ajudaram a dar vida a este livro. Em primeiro lugar, gostaria de agradecer a Hilary Gaskin, da Cambridge University Press, pelo convite para escrevê-lo e a Roger Ames, da Universidade do Havaí, por sua confiança ao recomendar meu trabalho a Hilary. Em segundo lugar, quero agradecer a Peter Hershock, do East-West Center, e aos revisores anônimos da proposta inicial e do capítulo de esboço do livro por suas críticas e comentários criteriosos, bem como por suas sugestões bastante úteis. Tenho certeza de que este livro foi aprimorado em virtude de suas recomendações. Em terceiro lugar, gostaria de agradecer aos meus professores "indianos e budistas", principalmente àqueles cujos livros li e que aparecem na bibliografia, assim como a John Kronen, Ramdas Lamb, George Tanabe e, em especial, David West, que foi o primeiro a me ensinar a ver o segredo do pensamento budista. Em quarto lugar, tenho uma enorme dívida de gratidão com meus colegas da Universidade de St.Thomas que leram os primeiros rascunhos de meus capítulos, em especial, Bernie Brady, David Landry, Mark Neuzil e Greg Robinson-Riegler. Em quinto lugar, quero agradecer a David Wemhaner por seus comentários e sugestões de grande valia. Em sexto lugar, gostaria de agradecer ao meu antigo reitor Tom Connery, ao ex-diretor do meu departamento, Sandy Menssen, e ao Comitê de Desenvolvimento da Faculdade pela concessão que consegui para concluir o manuscrito. Em sétimo lugar, quero agradecer aos meus ex-alunos que estudaram o Budismo comigo, em especial, Laurel Stack e Jake Tuttle, por me motivarem a compreender melhor aquilo que estava ensinando. Em oitavo lugar, sou imensamente grato aos meus pais, Jack e Peg; aos meus irmãos e suas esposas, Pete, Paul e Marlena, Mark e Christi, John e Juliana; e aos meus parentes Dick e

Margaret Thomas, por seu apoio emocional durante todo o processo. Em nono lugar, quero agradecer aos meus grandes amigos Bernie De-Lury e Tim McTaggart por seu contínuo apoio e amizade. Em décimo e último lugar, mas acima de tudo, agradeço minha esposa Mary, minhas filhas Maggie e Molly e o irmão delas que está para nascer, Stephen – sem o amor, o carinho e o estímulo deles, eu não seria quem sou e não poderia ter escrito esta obra. Dedico este livro a eles como um pequeno símbolo do meu amor e carinho.

Epígrafe

"Somos aquilo que pensamos. Tudo o que somos é resultado de nossos pensamentos. Por meio deles, construímos o mundo."
Dhammapada (tradução de Thomas Byrom)

"Isso é moralidade, isso é concentração, isso é sabedoria. A concentração, quando imbuída de moralidade, gera grandes frutos e benefícios. A sabedoria, quando imbuída de concentração, gera grandes frutos e benefícios. A mente imbuída de sabedoria fica completamente livre das corrupções, ou seja, da corrupção da sensualidade, da conveniência, das ideias falsas e da ignorância."
Digha Nikaya, Mahaparinibbana Sutta, 1.12
(tradução de Maurice Walshe)

"A mente é o que no mundo nos torna percebedores do mundo, concebedores do mundo."
Samyutta Nikaya, IV, 95 (tradução de Bhikkhu Bodhi)

"Não siga a tradição oral, a linhagem do ensinamento, os boatos, uma coleção de escrituras, o raciocínio lógico, o raciocínio conclusivo, as reflexões baseadas na razão, a aceitação de uma ideia depois de bastante analisada, a aparente competência de um orador, ou o fato de você acreditar que 'o ascético é nosso professor'. Mas, quando souber por si mesmo... é aí que você deve fazer ou não fazer."
Anguttara Nikaya, III, 65 (tradução de Nyanaponika Thera e Bhikkhu Bodhi)

"Tanto antes quanto agora, o que ensino é o sofrimento e a cessação do sofrer."
Majjhima Nikaya, *Alagaddupama Sutta*, 38 (tradução de Bhikkhu Nanamoli e Bhikkhu Bodhi)

"Não conheço nada, ó monges, que seja mais intratável do que uma mente não desenvolvida. Uma mente não desenvolvida é verdadeiramente intratável... Não conheço nada, ó monges, que traga tanto sofrimento como uma mente não desenvolvida e não cultivada. Uma mente não desenvolvida e não cultivada gera o verdadeiro sofrimento... Não conheço nada, ó monges, que traga tantos prejuízos como uma mente que não é domada, cuidada, protegida e controlada. Uma mente assim, sem dúvida, gera muitos prejuízos... Não conheço nada, ó monges, que mude tão rapidamente quanto a mente. Não é fácil expressar quão rapidamente uma mente pode mudar."
Anguttara Nikaya, I, iii, iv, v (seleções) (tradução de Nyanaponika Thera e Bhikkhu Bodhi)

"Não fazer o mal, praticar o bem, purificar a mente, esse é o ensinamento dos Budas."
Dhammapada, 183 (tradução de Walpola Rahula)

Prefácio

Este é um momento interessante e estimulante para estudarmos o Budismo, bem como a filosofia e a religião não ocidental. Enquanto tentamos compreender acontecimentos recentes ao redor do mundo, é evidente que muitas ações são inspiradas por ideias estranhas às crenças e às práticas tradicionais do Ocidente. Sejam essas ideias políticas, religiosas ou filosóficas em sua origem e motivação, é claro que a compreensão de nosso mundo global exige mais do que apenas o conhecimento de nossa própria herança filosófica e cultural.

Em resposta a essas necessidades, as universidades do mundo todo já estão trabalhando para ampliar seus currículos escolares enfatizando o valor e a necessidade do multiculturalismo e da diversidade em todas as áreas de estudo. No campo da Filosofia, por exemplo, vemos crescer cada vez mais o interesse, a pesquisa e os ensinamentos, tanto da filosofia comparativa quanto da filosofia "mundial". Esse interesse e essa atividade cada vez maiores no reino da filosofia comparativa e "mundial" podem ser observados no número cada vez maior de livros publicados que abordam o pensamento não ocidental. Na realidade, vemos uma verdadeira explosão no número de textos introdutórios, traduções de matérias de fonte primária e até mesmo de novas edições de publicações clássicas. Essas mesmas atividades estão acontecendo na área da filosofia e da religião budistas.

Contudo, é comum que qualquer iniciante do estudo do Budismo se sinta um tanto indefeso diante do tamanho do trabalho a sua frente. A história do Budismo tem mais de 2.500 anos e seus ensinamentos, de uma forma ou de outra, são encontrados em quase todos os continentes do mundo. Desde seus primórdios na Índia, os ensinamentos do

Buda chegaram ao Norte (China, Coreia, Japão e Tibete) e ao Sul (na maior parte do Sudeste Asiático), assim como, mais recentemente, alcançaram também o Oeste. Ao mesmo tempo, há interpretações "liberais" e "conservadoras" de "seus" ensinamentos, bem como seguidores mais ou menos rígidos de "seu" caminho – e quase todas as posições que oscilam entre esses extremos. Na realidade, há alguns segmentos do Budismo que estão, ou ao menos parecem estar, tão distantes de tudo aquilo que consideramos como sendo os primeiros ensinamentos e práticas do Buda histórico e seus seguidores imediatos, que não podemos deixar de questionar como o nome "Budismo" pode ser aplicado de maneira exata em um espectro tão amplo de crenças e práticas, bem como se o nome em si se refere a qualquer conjunto coerente e consistente de ideias, proposições, crenças e práticas.

Consideremos por alguns instantes as citações no início deste livro. Cada uma delas deve ser uma representação exata de um ensinamento do Buda histórico e se refere apenas a algumas linhas tiradas de textos budistas tradicionais. Agora, pare e pense na amplitude e complexidade das ideias expressas em cada uma dessas citações; considere suas inter-relações e veja como, literalmente, há milhares de ditados do Buda. Dessa maneira, acredito que você possa começar a perceber o tamanho dos problemas envolvidos em um texto introdutório a respeito do Budismo.

Há no mínimo três possíveis respostas para essa situação. Em primeiro lugar, uma pessoa poderia adotar um tipo de ceticismo desesperado e afirmar que praticamente não existe nenhuma esperança de conseguir compreender o "Budismo". Outras pessoas poderiam simplesmente decidir que o "Budismo" é complexo e histórica e culturalmente diversificado demais para ser detalhado e estudado de maneira clara e objetiva. Em um extremo oposto, alguém poderia defender uma posição baseada na ignorância ingênua e ditosa com relação a esses problemas e simplesmente não conseguir reconhecer ou aceitar sem críticas tudo aquilo que se autodenomina "budista" como autenticamente budista. Contudo, nenhuma dessas posições parece ser intelectualmente satisfatória. Existe, porém, uma terceira resposta, ou um "caminho do meio" entre esses extremos. Algumas pessoas poderiam, de modo simultâneo, agir de forma criticamente consciente com relação aos problemas, limitações e dificuldades de seu estudo, bem como também trabalhar para evitar as acusações de ingenuidade e simplificação demasiadas. Esse é o caminho que este livro pretende trilhar. É também, acredito, algo como o "Caminho do Meio", que dizem ter sido ensinado pelo próprio Buda histórico.

Até onde sabemos, o homem que se tornou "o Buda" ou "o Iluminado" não era um cético nem um fideísta (isto é, aquele que antepõe a fé à razão) em questões religiosas ou filosóficas. Dizem que ele encorajava seus seguidores a não acreditarem em algo simplesmente por confiarem em quem havia dito determinada coisa, ou na fonte de suas informações, mas por aquilo estar de acordo com suas próprias experiências. É exatamente esse padrão que peço ao leitor para usar quando considerar as afirmações e os argumentos deste livro.

É importante também lembrar que nenhum volume único de introdução ao Budismo é capaz de abranger todos os aspectos da tradição budista; as formas históricas são simplesmente complexas e diversificadas demais em suas relações de tempo, linguagem, cultura, geografia e, até mesmo, questões doutrinais para serem discutidas de modo um pouco além do superficial em um só volume. Como resultado, é preciso tomar algumas decisões difíceis e talvez controversas com relação a que tópicos, ideias e figuras escolher, sendo que essas decisões se tornam ainda mais complicadas em função de duas questões secundárias muito importantes: a primeira, o Budismo é uma *filosofia*, uma *religião* um tipo de combinação das duas coisas ou nenhuma dessas alternativas? E a segunda, se presumirmos que seria possível isolar a *filosofia* budista da *religião* budista, que divisões ou ramificações de sua *filosofia* deveríamos considerar?

Essas são questões obviamente amplas e complexas que poderiam ser os temas de livros específicos. O tema principal deste livro é a *filosofia* budista – com uma atenção especial em sua epistemologia e metafísica. Em outras palavras, diferentemente da maioria das introduções ao Budismo que o tratam como *religião*, este livro é uma introdução à *filosofia* budista. Além disso, esta obra se ocupará principalmente das teorias budistas do conhecimento e da realidade e, somente de forma secundária ou periférica, de suas afirmações éticas.

Com base nessas considerações e decisões iniciais, o plano do livro é o seguinte: a **Parte I** apresenta uma "Descrição do Buda e do *Dhamma*". Seus quatro capítulos falam da "Vida de Siddhattha Gotama", "Os contextos da emergência do Budismo", "Os ensinamentos básicos do Buda" e a questão teórica e prática que considera a possibilidade de existir "Um Budismo ou muitos Budismos?". A **Parte II** ocupa-se dos "Detalhes do *Dhamma*". Seus quatro capítulos falam dos aspectos metafísicos e epistemológicos do "*Kamma*, *Samsara* e renascimento", da "Origem interdependente", "Impermanência, o eu-não-permanente e o vazio" e "*Moksa* e *Nibbana*". Por fim, a **Parte III** traça o atual "Desenvolvimento do *Dhamma/Dharma*" nos "Budismos do Bodhidharma e de Huineng", o "Budismo da Terra Pura", o "Budismo tibetano" e finaliza com as "Duas formas contemporâneas do Budismo" – o Budismo do Dalai Lama e o "Budismo engajado" de Thich Nhat Hanh.

Seguindo o conselho do próprio Buda, encorajo o leitor a considerar as evidências dos ensinamentos budistas por ele mesmo, bem como decidir e testá-los em função de sua própria experiência. Nenhum outro esforço será exigido ou necessário – e nada será mais bem recompensado.

Parte I
Uma Descrição do Buda e do *Dhamma*

Como sugere o título, a **Parte I** oferece informações básicas a respeito da sociedade e da cultura, do contexto filosófico e religioso em que, e a partir dos quais, a vida e os ensinamentos de Siddhattha Gotama ganharam vida. Dessa maneira, consideraremos como suas experiências e ensinamentos são um produto e uma reação das "filosofias" e "religiões" de sua época.

Apesar de admitirmos que nosso conhecimento do homem que ficou conhecido como "o Buda" se baseia em evidências históricas limitadas, os capítulos da **Parte I** tentam relacionar os segmentos básicos de sua biografia e mostrar como suas experiências de vida moldaram suas visões filosóficas. Eles também propõem uma "leitura filosófica" dos fatos da vida de Siddhattha Gotama como um ponto de partida para conhecer e compreender os ensinamentos do Buda histórico. Esses capítulos estimulam o leitor a considerar por que as crenças e práticas fundamentais desse homem especial conseguiram se enraizar na Índia e florescer por toda a Ásia. Também desafiarão o leitor a considerar por que e como os ambientes culturais da Índia e da Ásia influenciaram e mudaram os ensinamentos do Buda.

Depois de inicialmente considerarmos "A vida de Siddhattha" no **capítulo 1** e "Os contextos da emergência do Budismo" no **capítulo 2**, o **capítulo 3** apresenta as ideias, os conceitos e a terminologia dos "Ensinamentos básicos do Buda" da maneira que são encontrados nas primeiras fontes dos textos em páli e da tradição Theravada. Os ensinamentos a ser discutidos incluem: o Caminho do Meio, as Quatro Nobres Verdades e o Caminho Óctuplo. Os conceitos-chave a ser introduzidos incluem: *dukkha*, *tanha*, origem interdependente, *anatta*, *nibbana*, sabedoria, excelência moral e meditação. Por fim, o **capítulo 4**, "Um Budismo ou muitos Budismos?", apresenta um primeiro esboço bruto dos desenvolvimentos budistas filosóficos subsequentes – nas tradições Theravada, Mahayana e Vajrayana. Como o título indica, esse capítulo também propõe a pergunta intrigante que questiona se o "Budismo" denota um único sistema filosófico ou uma rede complexa de filosofias distintas e, ainda assim, inter-relacionadas.

1 | A vida de Siddhattha Gotama

Principais termos e ensinamentos

Abhidhamma/Abhidharma: Termos em páli e sânscrito para o *dhamma/dharma* "superior" ou os ensinamentos do Buda. Esses textos são explicações, esclarecimentos e comentários filosóficos e psicológicos dos ensinamentos do Buda apresentados nos *suttas/sutras*.

Buda: Título em páli ou sânscrito, derivado da palavra *"budh"*, que quer dizer despertar, e é usado para qualquer pessoa que tenha alcançado a iluminação (*bodhi*) ou o despertado para a verdade de como as coisas realmente são. Segundo a tradição Theravada, o Buda foi um ser humano que, como resultado de uma prática sustentada de disciplina, submeteu-se a uma transformação espiritual e religiosa profunda. Essa concepção foi expandida de forma considerável pela tradição Mahayana para incluir inúmeros Budas de outros mundos. A função central de um Buda é ensinar o *Dhamma* para os seres não iluminados.

Dassana/Darsana: Palavras em páli e sânscrito para "ver" ou "visão", que se referem a tudo aquilo que buscamos nas práticas rituais (ou seja, ver e ser visto pelos deuses) e tudo aquilo que buscamos de um professor ou guia espiritual. Em um sentido filosófico, esses termos se referem ao "sistema" ou "visão" de um determinado pensador e seus seguidores.

Dhamma/Dharma: Talvez sejam os termos em páli e sânscrito mais ambíguos que existem e se referem à ordem do Universo, natureza e função devida das coisas, os elementos básicos de uma coisa, a lei moral, os deveres éticos e a verdade.

Quatro Visões: Relato tradicional da causa ou das causas da renúncia e grande partida de Siddhattha de sua vida "principesca" em favor da busca pela iluminação. Depois de levar uma vida de proteção e segurança, Siddhattha e seu cocheiro Channa saem de casa e encontram um idoso, um homem doente, um cadáver e um andarilho ascético. A contemplação dessas visões levou Siddhattha não apenas a questionar sua ideia original das coisas, mas também a buscar uma solução para o sofrimento e a insatisfação, que são parte da condição humana.

Jataka: Termo em páli para "nascimento" e "histórias de pré-nascimento" que descreve as vidas passadas do Buda, Siddhattha Gautama. Esses contos contêm mais de 500 histórias de nascimento agrupadas em 22 livros. Cada um deles afirma ilustrar as qualidades e as ações que, ao longo do curso de inúmeras vidas, prepararam o caminho para a chegada do Buda histórico.

Caminho do Meio: Nome tradicional em inglês para o caminho iluminado do Buda, *majjhima-patipada* e *madhyama-pratipad* em páli e sânscrito. No nível mais generalizado, esse caminho tem a intenção de captar o ensinamento moral e ético do Buda de que a vida e as ações de uma pessoa produzem um caminho intermediário entre os extremos do hedonismo e do asceticismo. Nos reinos metafísico e epistemológico, em especial às questões filosóficas a respeito da existência e do conhecimento humano, refere-se ao fato de que as almas humanas não são permanentes e eternas nem aniquiladas, mas, na realidade, *anatta* (isto é, sem um eu fixo) e que a verdade fundamental em todas as questões está sempre em algum lugar no meio das posições extremas.

Samana/Sramana: Termos em páli e sânscrito para se referir a qualquer pessoa que leva a vida de um mendicante religioso ou de um andarilho sem lar. Como um grupo, eles buscavam conhecimento religioso e/ou filosófico a respeito do significado e do propósito da vida e a natureza fundamental da realidade. Também rejeitavam a autoridade e os ensinamentos dos brâmanes ou da "visão" védica. O Buda e seus seguidores faziam parte desse grupo de indivíduos em constante busca da religião.

Samgha: Palavra em sânscrito para "grupo"; designa os seguidores do Buda ou da comunidade budista. A comunidade budista inclui monges e freiras ordenados, bem como seguidores leigos dos sexos feminino e masculino.

Siddhattha Gotama/Siddhartha Gautama: Nome em páli ou sânscrito do homem conhecido como o Buda histórico. "Siddhattha" era seu nome pessoal e "Gotama", seu nome de família ou de clã. De acordo com a tradição budista, ele nasceu em uma família política de grande influência do clã Sakya e também era conhecido como "Sakyamuni" – o filósofo ou o sábio dos Sakyas.

Sutta/Sutra: Termos em páli e sânscrito para "fio"; referem-se aos ditados ou discursos do Buda histórico, embora não tenham sido escritos nem compilados por Siddhattha. No cânone páli, estão reunidos em cinco "coleções" conhecidas como *Nikayas* (ou *Agamas* em sânscrito) e agrupados segundo suas extensões. O cânone Mahayana, por outro lado, inclui mais textos e compilações do que os *Nikayas* em páli.

Tipitaka/Tripitaka: Termos em páli e sânscrito que significam "três cestos", os quais se referem aos textos do cânone budista. Incluem o *Sutta/Sutra Pitaka*, ou o cesto dos ditados ou discursos do Buda; o *Vinaya Pitaka*, ou o cesto das regras e disciplinas monásticas; e o *Abhidhamma/Abhidharma Pitaka*, ou o cesto dos ensinamentos superiores.

Vedas: Da palavra sânscrita *veda*, que quer dizer "conhecimento"; esse termo se refere às primeiras coleções de textos religiosos indianos. Falando de maneira estrita, os *Vedas* incluem o *Rig Veda* (hinos aos deuses), o *Sama Veda* (canções e instruções baseadas no *Rig Veda*), o *Yajur Veda* (versos e mantras rituais), o *Atharva Veda* (hinos e fórmulas mágicas para a vida comum), os *Brahmanas* (regras rituais) e os *Upanishads*.

Vinaya: Nome do cesto de ensinamentos relacionados às regras monásticas e às disciplinas da comunidade budista. Essas regras, que variam em número entre 227 (para os homens) e 311 (para as mulheres), envolvem as atividades diárias da comunidade monástica.

Um termo de responsabilidade

Embora existam muitos relatos da vida do homem que passaria a ser chamado de "o Buda", e apesar de tantos outros que ainda continuam surgindo, quase todos os relatos contemporâneos da vida do Buda histórico começam com uma negação a respeito de quão pouco conhecemos com certeza, inclusive dos fatos mais básicos de sua vida. Ainda que alguns estudiosos duvidem de sua existência histórica, a maioria acredita que podemos sim ter quase certeza de que Siddhattha Gotama de fato existiu. Contudo, apesar desse fato tão básico, podemos encontrar algumas discussões bastante sérias a respeito de muitos acontecimentos de sua existência, incluindo o período em que viveu e quando morreu. Antigos estudiosos dataram seu nascimento por volta de 550-500 a.C. Recentemente, porém, acadêmicos sugeriram uma data posterior, chegando talvez a 350 a.C. Embora os detalhes técnicos dessa discussão não representem um empecilho, é importante estarmos cientes de que alguns estudiosos continuam estudando e investigando inclusive essa questão tão básica acerca de sua vida.

Para aqueles que aceitam a verdadeira existência histórica de Siddhattha Gotama como o homem que se tornou "o Buda", os fatos primordiais de sua vida são bastante reduzidos. Na realidade, um dos relatos mais sucintos de sua vida pode ser encontrado no livro de Michael Carrithers, *The Buddha* [O Buda].

Segundo Carrithers:

> O Buda nasceu filho de um rei e, portanto, cresceu na riqueza, no prazer e com a possibilidade de conquistar o poder e todas as coisas que geralmente são desejadas pelos seres humanos. Quando atingiu a maioridade, porém, ele se deparou com um homem enfermo, um idoso e um cadáver. Sempre tivera uma vida de proteção longe de tudo o que era ruim e aquelas pessoas o fizeram conhecer algo que o tocou de maneira profunda, pois foi a partir daí que entendeu que nenhuma riqueza ou poder seriam capazes de impedir que ele também vivenciasse a doença, a idade avançada e a morte. Ele também viu um andarilho ascético, empenhado em fugir desses sofrimentos. Ao refletir sobre aquilo que acabara de ver, chegou ao primeiro grande momento decisivo de sua vida: contra os desejos de sua família, renunciou seu lar, esposa, filho e sua posição para se tornar um andarilho desabrigado em busca da libertação dessa dor aparentemente inevitável.

Por alguns anos, ele praticou a meditação em estado quase hipnótico e, mais tarde, a árdua automortificação, que era então algo comum entre esses nômades, mas ele acabou considerando tudo isso ineficiente. Assim, ele se sentou para refletir em silêncio, sem qualquer tipo de rigor psíquico ou físico, a respeito da condição humana comum. Isso o levou à segunda grande mudança em sua vida, pois, a partir dessa reflexão em tranquilidade, encontrou o despertar e a libertação que buscava. Ele havia "feito o que devia ser feito", havia solucionado o enigma do sofrimento. Ao tirar sua filosofia da experiência, ele então ensinou por um período de 45 anos, sendo que seus ensinamentos falavam da maior parte dos problemas da conduta da vida humana. Fundou uma ordem de monges que iriam encontrar sua liberdade ao seguir seu exemplo e disseminar seu ensinamento por todas as partes do mundo. Quando morreu, faleceu de causas mortais e de maneira completa. No entanto, diferentemente de outros mortais, ele jamais renasceria para sofrer novamente.[1]

É muito interessante também observarmos que o próprio Carrithers admite que temos boas razões para duvidar inclusive desse relato tão reduzido da vida do Buda. Contudo, ele e muitos outros estudiosos acreditam que ao menos as linhas gerais dos acontecimentos na vida de Siddhattha devem ser verdadeiras. Por que pensam assim e quais são essas linhas gerais?

Uma vida "comum"

Se aceitarmos que Siddhattha Gotama foi um ser humano comum como todos nós (e não um ser divino ou um deus, como defendem algumas formas da tradição budista moderna), sabemos que ele teve um pai, Suddhodana, e uma mãe, Maya, e chegou ao mundo nas condições normais pelas quais os humanos são concebidos e nascem – adiando por enquanto as questões a respeito do *kamma* e do renascimento. Dizem que ele teve uma juventude repleta de privilégios, uma criação moral saudável e uma boa educação. Tendo desfrutado dos benefícios de uma boa vida familiar, ele se casou e teve um filho, mas, em um determinado momento, começou a questionar o significado e o propósito de sua vida. Ao contrário da maioria de nós, porém, ele parece ter vivido sérios

---
1. Carrithers (1983), p. 2-3.

temores e até mesmo uma angústia existencial ao longo das possibilidades apresentadas em sua vida. Por razões que só ele conhecia (embora a tradição budista tenha tentado compreendê-las com suas histórias das "Quatro Visões"), renunciou sua vida, seu filho e sua família, seus amigos, seus bens e seu estilo de vida em favor da busca de respostas para os grandes problemas e questões da vida: Quem eu sou? Por que estou aqui? Qual o propósito de minha vida? Por que tenho de morrer? O que acontece após a morte? Por que as coisas são como são ou parecem ser?

Os *samanas*

A princípio, pelo fato de viver uma vida repleta de confortos mundanos, Siddhattha decidiu experimentar o outro extremo e levar uma vida de práticas ascéticas. Essa era uma opção viável durante seu tempo de vida, já que muitos de seus contemporâneos estavam renunciando às formas tradicionais de vida, assim como às possibilidades emergentes dos centros urbanos recém-desenvolvidos. Esses filósofos e religiosos nômades eram conhecidos como *samanas*.

De modo geral, os *samanas* podem ser mais bem compreendidos como aqueles que defendiam as visões "heterodoxas" daquilo que descreverei como a "visão pós-védica" no capítulo seguinte. Como um grupo, eles não somente negavam a autoridade e os ensinamentos dos *Vedas* e da tradição védica (isto é, da visão indiana "ortodoxa" da vida), mas também rejeitavam os novos tipos de vida que surgiam nas grandes cidades. Caminhavam livres dos compromissos familiares comuns e das obrigações dos chefes de famílias, praticavam austeridades ascéticas e viviam de esmolas. Esse tipo de vida sem compromissos lhes dava a oportunidade de pensar, explorar, estudar e debater entre eles a respeito da verdade relativa e do valor de diversas ideias do significado e do propósito da vida e como viver de maneira adequada.

Dentre os *samanas* mais famosos estavam Mahavira e os jainas, Gosala e os fatalistas ajivaka, além de outros grupos de materialistas, céticos e ascéticos da ioga. Cada grupo tinha seus líderes e professores reconhecidos que as outras pessoas procuravam em busca de conselhos e orientação. Esses homens foram os primeiros que Siddhattha procurou em busca de ajuda com suas questões e problemas religiosos e filosóficos.

Segundo a tradição budista, Siddhattha é visto como tendo superado até mesmo seus professores mais renomados em seus esforços para abraçar uma vida de séria autonegação e de rigorosas austeridades. A princípio, ele buscou a ajuda e o aconselhamento de dois mestres da ioga, Alara Kalama e, depois, Uddaka Ramaputra, sendo que ambos ensinavam e praticavam sistemas diferentes de meditação e concentração mental. Embora Siddhattha tenha rapidamente dominado os dois sistemas, na verdade tão rapidamente que cada um dos professores lhe pediu para comandar seu respectivo grupo de seguidores, ele rejeitou suas ofertas de liderança porque, apesar de úteis para acalmar e aquietar sua mente, suas práticas meditativas não o faziam atingir o resultado que ele tanto buscava, isto é, a iluminação e a percepção do fim do sofrimento. Na verdade, a primeira tradição budista afirma que os resultados de suas práticas ascéticas não eram melhores, de certo modo em função tanto de suas consequências físicas quanto psicológicas, muito piores do que os resultados de suas primeiras escolhas e decisões de vida. Ele continuou vivendo com as mesmas dúvidas, questões e incertezas desagradáveis da vida, apesar de estarem agora exacerbadas por sérios problemas físicos.

O "Caminho do Meio"

Depois de seis anos vivenciando de forma direta a futilidade frustrante da busca por respostas em ambas as extremidades do espectro material e psicológico de bens e prazeres, Siddhattha, cujo nome quer dizer "aquele que alcançou seu objetivo", mais tarde renunciou tanto suas práticas ascéticas quanto as hedonistas em favor daquilo que a tradição budista chama de o "Caminho do Meio" e alcançou ou compreendeu a iluminação, ou seja, encontrou ou descobriu o que ele considerava serem as respostas para suas perguntas. Ele então decidiu, ou foi convencido por um deus (como algumas tradições antigas defendem), oferecer suas percepções a outras pessoas que estavam, assim como ele, dispostas a tentar e testar seus ensinamentos contra suas próprias ideias e experiências. Depois de ensinar a um grande número de pessoas durante uma vida longa, ele finalmente envelheceu e morreu. Sua eficiência tanto como professor quanto modelo do tipo de vida que acreditava estar disponível para todos nós, caso estivéssemos dispostos a tentar e seguir de maneira diligente, é atestada pelo grande número de seus seguidores após sua morte, bem como pela durabilidade de seus ensinamentos. Na verdade, pouquíssimos seres humanos causaram o impacto ou transmitiram o tipo de legado como Siddhattha Gotama o fez.

Vivendo em tempos de crise

Conforme veremos no capítulo seguinte, Siddhattha Gotama viveu no período de transição daquilo que chamarei de "visão védica" para a "visão pós-védica" do pensamento indiano clássico. As características de cada uma dessas visões, conforme mostrarei, têm a intenção de ajudar a captar, de modo geral, o ambiente intelectual – os contextos filosóficos e religiosos – em que, e contra o qual, Siddhattha tentou formular seu próprio *dassana* ou "visão".

Como tentei mostrar, Siddhattha e seus contemporâneos perceberam que estavam vivendo em meio a um período intelectualmente empolgante, apesar de bastante desafiador e cheio de exigências. Por um lado, as condições materiais e sociais da vida comum estavam passando por mudanças radicais, conforme pequenas comunidades familiares e vilarejos estavam sendo absorvidos e substituídos por reinos regionais e centros urbanos concentrados. Do ponto de vista da comunidade, isso significava que uma forma social de vida rural e agrícola estava aos poucos abrindo espaço para uma economia comercial organizada que se estabelecia em cidades populosas e impessoais. O que exatamente essas mudanças simbolizavam para cada indivíduo é difícil dizer, mas não há muitas dúvidas de que havia uma perda das formas tradicionais de vida e das relações sociais, bem como uma exigência cada vez maior de habilidades especializadas para sobreviver e alcançar sucesso no novo mercado de trabalho econômico. Não é preciso muita imaginação para entender como esses tipos de mudanças nas condições materiais e sociais eram capazes de gerar grande ansiedade, preocupação e desconforto para as pessoas.

Por outro lado, o ambiente intelectual estava, possivelmente em resposta a essas condições sociais diferentes, repleto de debates, discussões e desacordos vigorosos a respeito do propósito e do significado da vida, do valor e do local das práticas e dos rituais religiosos tradicionais e dos efeitos éticos e morais de longo prazo dos novos papéis e relações sociais. No âmbito mais pessoal, há poucas dúvidas de que os indivíduos engajados nesses tipos de discussões filosóficas também estavam preocupados com questões acerca de seus destinos pessoais e das consequências "cármicas" de seus próprios pensamentos, palavras e ações. Não deve ser difícil imaginar Siddhattha Gotama, o Buda histórico, como um indivíduo assim.

Quero sugerir que, se juntarmos as características contextuais sociais e intelectuais que acabamos de considerar aos fatos individuais da vida de Siddhattha, teremos uma noção mais completa do homem e uma melhor compreensão de seus ensinamentos. Para fazer isso, porém, devemos consultar os textos de seus seguidores, já que Siddhattha não deixou nenhuma obra escrita. O que, podemos perguntar, os seguidores imediatos do Buda histórico e a tradição budista subsequente consideravam importante sabermos a respeito de sua vida para compreendermos e acreditarmos em suas declarações?

Um resumo da vida de Siddhattha

A descrição básica dos fatos referentes à sua vida parece clara e bastante simples de ser entendida. Em primeiro lugar, podemos ver que Siddhattha tinha uma vida privilegiada. Ele obviamente não parecia ter de se ocupar das preocupações básicas relacionadas a alimentação, vestuário e abrigo. Essas questões práticas eram cuidadas por seu pai e sua família. Em segundo lugar, ele parece ter tido uma educação no conhecimento básico de sua cultura e crença, além de parecer naturalmente curioso e crítico com relação ao "porquê" das coisas. Em terceiro lugar, ele parece ter cumprido seu dever ou obrigação no papel de um homem indiano e um bom filho para se casar e gerar um filho próprio – portanto, ao menos nesse aspecto, ele era como qualquer outro homem indiano "comum". Em quarto lugar, apesar de todas as suas vantagens na vida, ele parece ter experimentado uma insatisfação profunda, talvez até com indícios de depressão, diante da forma com que as coisas aconteciam e como sua vida progredia. Por meio de algum tipo de justaposição casual, afortunada ou simplesmente cármica de qualidades pessoais e realidade secular, Siddhattha viveu uma inquietação séria e profunda com sua vida e os caminhos do mundo. Em quinto lugar, sua insatisfação foi profunda o suficiente para levá-lo a renunciar a todos os prazeres e benefícios de sua vida de conforto e buscar suas próprias respostas e soluções para os enigmas e as questões acerca da vida, seu propósito e seu significado. Em sexto lugar, seus primeiros passos na busca de uma resposta o conduziram ao extremo oposto do início de sua vida. Depois de levar uma vida de satisfação e prazer mundano, Siddhattha afastou-se de tudo isso, em favor de uma vida de rigor ascético e automortificação prolongada. Em sétimo lugar, suas experiências na outra extremidade do espectro do prazer e da dor, por fim, levaram-no a buscar uma solução em algum lugar no "meio" entre o hedonismo e o ascetismo. Em oitavo lugar, seu compromisso pessoal e espírito de determinação de buscar e não descansar até que as respostas fossem obtidas, finalmente foram recompensados com sua percepção iluminada da verdade a respeito do mundo e dele próprio. Em nono lugar, depois de considerar tanto a capacidade de transmitir sua mensagem quanto a de suas plateias o compreenderem, bem como talvez com a persuasão exata de um deus, ele decidiu passar a segunda metade de sua vida ensinando outras pessoas como fazer para encontrar seu próprio caminho até a verdade e a libertação. Em décimo e último lugar, depois de viver até a idade madura de 80 anos, ele partiu desta vida terrena e deixou seus ensinamentos como um guia para futuros seguidores do caminho do *Dhamma*.

Quando colocamos esses fatos de sua vida contra o cenário da cultura e da sociedade em que nasceu e foi criado, considerando o contexto e as condições em que viveu, uma ideia mais clara de quem foi o Buda histórico deverá começar a se formar. Para conseguirmos esclarecer e compreender os detalhes dessa ideia, porém, gostaria de voltar à sua situação social e pedir ao leitor para imaginar, por meio de uma experiência do pensamento, como seria ter as mesmas experiências de Siddhattha ou estar em seu lugar. O que você estaria pensando, sentindo e fazendo, e por quê?

Pensando como o Buda

Como vimos, as circunstâncias históricas durante a vida de Siddhattha foram caracterizadas por mudanças e inovações significativas nas ideias e estruturas sociais, econômicas, políticas, culturais, religiosas e filosóficas básicas. Para conseguirmos entender parte da ansiedade, bem como a incerteza, a inquietação e a transformação social que essas mudanças estavam causando em Siddhattha e seus contemporâneos, imagine-se, por um instante, tendo que se mudar para um novo bairro, ou para outro estado, ou até mesmo para outro país. Ou tente se lembrar de suas próprias transições educacionais e sociais dos níveis elementares para o Ensino Médio, ou para a faculdade, ou ainda para a universidade e seu curso de pós-graduação e, por fim, a saída da "escola" para o "mundo real" do trabalho lucrativo. Cada uma dessas mudanças e transições é, em um grau maior ou menor, vivenciada de maneira simultânea com excitamento e temor, com alegria e preocupação.

Por um lado, essas situações são excitantes em função de seu vigor, incerteza e possibilidades latentes. Por outro lado, também representam tempos de medo, dúvida e ansiedade, exatamente pelo fato de seu frescor nos levar além da zona de conforto de nossas experiências diárias habituais. Na verdade, até mesmo as menores mudanças em nossas rotinas diárias podem, às vezes, ser um tanto desconcertantes por nos forçarem a pensar e reagir ao mundo de maneiras novas, criativas e incomuns. Nesses tipos de circunstâncias, como dizem os ditados atuais, somos forçados a "pensar do lado de fora da caixa" e devemos "reagir no mesmo instante" às situações desconhecidas. Contudo, o que exatamente significam esses ditados e como eles nos ajudam a conseguir uma ideia mais clara da vida e dos ensinamentos do Buda histórico?

Gostaria de sugerir que, se refletirmos por um momento a respeito do espectro de experiências descritas anteriormente, ou dos cenários imaginados da mudança para outros lugares, como também se não nos esquecermos dos eventos nas linhas gerais da vida de Siddhattha Gotama e as condições sociais em que aconteceram, acredito que uma série de características comuns desses eventos e de sua vida se apresentará para ser considerada.

Há poucas dúvidas de que esses acontecimentos e experiências são preocupantes. Também parece óbvio que importantes mudanças pessoais e sociais rápidas representem uma forma de incômodo. Os seres humanos costumam ser, na riqueza ou na pobreza, criaturas de hábitos. A maior parte das pessoas parece preferir que as coisas (imaginando que elas sejam ao menos toleráveis) continuem como são. Afinal, podemos sentir a ordem, a previsibilidade, o conforto e a segurança quando as coisas no mundo costumam seguir padrões regulares. O mesmo também pode ser dito de nós mesmos e de nossas relações com outras pessoas. A estabilidade, a constância, a confiabilidade e a segurança são quase universalmente reconhecidas como qualidades positivas das pessoas e de suas relações. Ninguém, ou pouquíssimas pessoas, iria querer ou ter um amigo que fosse o tempo todo instável, inconstante, infiel e irresponsável. Contudo, o fato é que nossos amigos e nós geralmente somos exatamente assim.

Apesar de nossos maiores esforços para ter ou fazer as coisas da maneira que queremos que elas sejam, nós e as pessoas ao nosso redor normalmente não satisfazem nossas expectativas. Na realidade, se apenas parássemos e pensássemos por alguns instantes, logo perceberíamos que o fato mais fundamental a respeito do mundo, das pessoas e das coisas, geralmente ignorado, é que tudo está o tempo todo sofrendo mudanças. De algum modo, nossa tendência natural e habitual de aceitar e buscar a consistência e a confiabilidade excede a realidade e nossa consciência da mutabilidade e falta de permanência de todas as coisas. Nossa consciência básica desses fatos, porém, é geralmente, se não apenas assim, trazida para nossa atenção quando as coisas deixam de ser da maneira que eram ou sempre foram, o que nos obriga a confrontar a realidade disso em nossas circunstâncias presentes. Como resultado, são acontecimentos como esses que descrevi que servem como catalisadores para nos tirar de nosso estado de inconsciência e falta de atenção comum e habitual para vermos as coisas como elas realmente são. Os mesmos tipos de coisas estavam acontecendo com o homem que se tornaria "o Buda", um título que significa "despertado" ou "iluminado".

Gostaria de sugerir que algo semelhante a esses tipos de experiências é exatamente o que aconteceu com Siddhattha Gotama, sendo que suas reações pessoais particulares a todos esses eventos e experiências foram responsáveis por levarem-no a buscar e, finalmente, encontrar as respostas de seus próprios problemas e questões filosóficas.

Uma leitura filosófica de sua vida

Embora os seguidores imediatos do Buda e a tradição budista não tenham considerado necessário, tenha isso ocorrido de modo acidental ou por desígnio, preservar e apresentar os acontecimentos de sua vida na forma de uma biografia contínua, o fato é que aquilo que conhecemos a respeito de sua vida é que, em um determinado momento, precipitada e inesperadamente, ele, de maneira total e irrevogável, abandonou sua vida segura, pacata e previsível para levar a vida de um *samana* nômade. Além disso, todos os relatos mais recentes[2] da vida do Buda histórico incluem uma descrição detalhada de sua renúncia e desapego radical de seu antigo estilo de vida e de sua busca posterior da iluminação em um tipo de vida completamente novo e diferente. O que isso parece indicar, entre outras coisas, é que ao menos um dos fatos mais importantes de sua vida e de seu caráter era a disposição de mudar seu modo de pensar e não aceitar a maneira geral, comum, habitual e esperada de levar a vida que para ele e muitos de seus contemporâneos parecia inevitavelmente conduzi-los ao sofrimento, à dor, ansiedade e frustração. Em outras palavras, no que se refere a sua própria vida, a tradição budista achou importante mostrar que o Buda histórico abandonou tudo aquilo que qualquer homem indiano teria desejado e se esforçado para conseguir no intuito de conquistar uma vida boa e bem-sucedida, a fim de encontrar a verdade mais plena a respeito do mundo e dele mesmo – a verdade mais fundamental do *Dhamma* –, de que nós, assim como as

---

2. Armstrong (2001), Carrithers (1983), Kalupahana e Kalupahana (1982), Nanamoli (1972), Rahula (1974) e Strong (2001).

coisas que observamos, agimos segundo a forma com que vemos tudo isso e não ao contrário.

Vista dessa forma, a vida do Buda e o contexto em que ele a viveu servem como pontos de instrução para nos ajudar a ver aquilo que o próprio Buda viu, que as "coisas", incluindo nós mesmos, as pessoas e os objetos materiais ao nosso redor, não existem da maneira que costumeiramente acreditamos que existam, ao menos não da forma que as vemos segundo o senso comum. Elas nem mesmo são, falando de maneira estrita, "coisas" (ou seja, unidades, substâncias ou seres cautelosos, reservados e de existência independente) no sentido comum da palavra. Elas literalmente são, ou ao menos minimamente devem ser, ao contrário, acontecimentos, processos ou eventos que podem interagir com outros "acontecimentos", "processos" ou "eventos" da mesma maneira que o rio Mississipi é um acontecimento, ou membros de uma comunidade de indivíduos que interagem entre si e com o meio ambiente em que vivem e que também são processos ou eventos. Examinaremos os detalhes desse relato da existência das "coisas" (isto é, a metafísica do Buda) como também a explicação de como conhecemos sua verdade (ou seja, a epistemologia do Buda) nos **capítulos 6** e **7**. Enquanto isso, porém, gostaria de sugerir que essa "leitura filosófica" da vida de Siddhattha Gotama seja uma das maneiras que temos para compreender os fatos de sua vida e sua relação com o contexto e as condições sociais em que se sucederam, bem como os ensinamentos ou o *dassana,* que é o resultado disso tudo.

Os benefícios dessa leitura

De acordo com essa leitura de seus fatos biográficos, ao menos uma das coisas que a tradição budista queria transmitir a respeito de Siddhattha Gotama era que sua vida e as condições sociais e culturais, bem como o cenário em que viveu, poderiam ser vistos como o tema de uma lição do ensinamento do *Dhamma*. Analisados em conjunto, esses fatos não apenas oferecem uma lição importante do tipo de pessoa que o Buda histórico foi, mas também mostram aquilo que tentarei defender (no **capítulo 2**) como "a percepção filosófica mais fundamental do Buda" assim como seu ensinamento complementar importante a respeito da origem interdependente – *paticca-samuppada*.

O que quero sugerir é que, se analisarmos as linhas gerais dos fatos da vida de Siddhattha a partir dessa perspectiva, os elementos individuais começam a assumir uma espécie de unidade narrativa mais complexa e mais profunda e uma coerência mais lógica do que, pelo contrário, pareceria ter à primeira vista. Também gostaria de sugerir que podemos começar a tirar um sentido mais racional dos *Contos Jataka* e de outros elementos de sua biografia histórica se entendermos que eles trazem, de modo simultâneo, as verdades a respeito do homem Siddhattha, assim como a verdade do próprio *Dhamma*.

Por um lado, as linhas gerais que traçamos até aqui podem ser vistas como transmitindo os fatos biográficos fundamentais de um certo indiano que viveu por volta de 500 a.C. Por outro lado, os elementos individuais dessa descrição podem ser analisados em conjunto para compor um relato filosófico do significado e do propósito da vida e da natureza fundamental da realidade. Nessa última leitura, podemos contar uma história coerente a respeito de como as partes da descrição se encaixam para apresentar e explicar a vida do Buda e seu *dassana*.

Embora obviamente possamos encontrar diversas outras maneiras para ler e entender os elementos na história de vida do Buda histórico, essa "leitura filosófica" dos fatos possui uma série de vantagens, as quais incluem: sua facilidade de ser compreendida, sua simplicidade, ordem, coerência, consistência, concordância com o sentido comum e outras crenças normais, seu poder explanatório e, por fim, sua honestidade.

A vantagem mais óbvia está diretamente relacionada à questão do porquê de os primeiros seguidores do Buda pouco ou nada se preocuparem em perguntar sobre sua biografia ou entendê-la. Já pude notar que os seguidores imediatos do Buda, ou a tradição budista, nunca acharam necessário preservar e apresentar os fatos de sua vida na forma de uma biografia contínua e completa. O que eles de fato registraram, o *Tipitaka*, é uma coleção das palavras ou ensinamentos do Buda, os *Suttas*, as regras disciplinares, ou o *Vinaya*, para a comunidade monástica de seus seguidores, o *Samgha*, e, mais tarde, os comentários filosóficos e psicológicos "superiores" e muito mais detalhados dos ensinamentos do Buda, o *Abhidhamma*. O que isso parece indicar, se de fato levarmos a sério seu conteúdo, é que aquilo que o Buda e seus primeiros seguidores acreditavam ser mais importante era o verdadeiro ensinamento, ou *Dhamma*, e não a história de como ele veio a ser compreendido ou (re)descoberto.

Os antigos seguidores do Buda histórico preservaram seus ensinamentos primeiramente de forma oral, os quais somente alguns anos mais tarde, foram escritos e compilados na forma de textos. Não é difícil imaginar nessas circunstâncias que o objetivo principal das duas atividades era manter, antes de tudo, uma lembrança exata dos próprios ensinamentos e, em segundo lugar, um desejo de conseguir a devida prática em resposta aos ensinamentos. Analisando dessa maneira, fica também fácil imaginar e entender a necessidade de recorrer a exemplos e situações instrutivas da vida do próprio Siddhattha Gotama como uma forma de se obter mecanismos mnemônicos úteis e também maneiras adequadas e convincentes para transmitir e reforçar pontos importantes do *Dhamma*. Os fatos da vida de Siddhattha se tornam, como resultado, uma maneira simples de passar os ensinamentos, o que é, de maneira interessante o suficiente, exatamente o que o Buda vinha buscando fazer nos últimos 45 anos de sua vida.

Uma ideia mais clara

Se mais uma vez voltarmos a atenção para os elementos tradicionais na história da vida de Siddhattha, vemos que os dez fatos das próprias linhas gerais têm a vantagem de ser simples por apresentarem sua vida de uma forma direta e descomplicada. Aprendemos a respeito de sua situação familiar, sua educação e criação, suas experiências pessoais e sua busca dedicada de respostas às suas perguntas, sua percepção do *Dhamma* e seus ensinamentos posteriores.

Os fatos da descrição são também ordenados, coerentes e consistentes. Proporcionam um início, meio e fim para a vida do homem que viria a ser chamado de "Buda". Oferecem um relato de sua vida que se harmoniza com outras coisas que conhecemos a respeito dos contextos histórico, social, econômico, político, religioso, intelectual e cultural em que Siddhattha viveu. Eles não somente estão de acordo com o senso comum, mas também ajudam a tornar os elementos da tradição posterior mais compreensíveis (ou seja, eles têm poder explicativo), como veremos no **capítulo 4** e nos **capítulos 9-12**. Além disso, é muito interessante notarmos que a história que eles contam oferece uma oportunidade perfeita para o relato cármico "anterior" de suas vidas passadas nos *Contos Jataka*.

Do ponto de vista da filosofia, entretanto, a maior vantagem de uma "leitura filosófica" da descrição dos fatos da vida de Siddhattha Gotama é sua utilidade e sua maneira adequada de mostrar um cenário significante e compreensivo das ideias e dos ensinamentos mais importantes do *Dhamma*.

Como disse no **Prefácio**, estamos investigando os ensinamentos do Buda e o Budismo como uma *filosofia*, com atenção especial à sua metafísica e sua epistemologia, com uma consideração limitada de sua ética. Com base nessas restrições, pode parecer que não existe de verdade nenhuma ligação importante entre os acontecimentos na vida de Siddhattha Gotama e os ensinamentos do Buda histórico. Entretanto, quero reiterar minha afirmação anterior de que saber algo a respeito da história da vida de um filósofo e seu contexto histórico nos ajudará a tornar os pensamentos e as ideias do filósofo reais e mais fáceis e prontamente compreensíveis. É exatamente sob esse aspecto, juntamente com nossa abordagem filosófica dos ensinamentos do Buda e do Budismo, que proponho essa "leitura filosófica" de sua biografia.

A principal justificativa dessa abordagem está no simples fato de que algumas das características metafísicas e epistemológicas mais básicas e importantes de seu ensinamento são captadas pela primeira vez e de uma forma preliminar nos fatos de sua biografia. Em outras palavras, o que estou sugerindo é que a vida de Siddhattha Gotama pode ser lida de maneira útil como a própria personificação das mesmas ideias filosóficas que ele tentou ensinar aos seus seguidores. Em resumo, ele viveu os princípios e as ideias que tentou ensinar e ensinou os princípios e as ideias que viveu. Esse fato não se perdeu com seus seguidores imediatos ou a mais recente tradição budista, pois eles os preservaram nos elementos de sua história de vida.

Considerando essa leitura de sua vida, eu diria que as ideias metafísicas e epistemológicas mais importantes a que somos apresentados nessa "leitura filosófica" de sua biografia incluem: o *Dhamma*, a origem interdependente, o *rta*, o dever, o *kamma*, a impermanência, o *dukkha*, o não apego, a meditação, o "Caminho do Meio", a sabedoria, a iluminação e o *nibbana*. Discutiremos cada uma dessas ideias com mais detalhes nos capítulos seguintes.

Devo também observar, porém, que essa não tem a intenção de ser uma lista completa ou exaustiva das ideias e conceitos filosóficos que podem ser encontrados nos fatos particulares da vida de Siddhattha Gotama. Em vez disso, são apresentados como os ensinamentos mais óbvios que aparecem na descrição geral dos eventos de sua vida que estamos discutindo neste capítulo.

Por fim, acho que é desnecessário dizer que obviamente há outras maneiras[3] de ler e entender os fatos da biografia do Buda histórico – maneiras que ainda não considerei. Na realidade, convido e desafio o leitor a pensar e refletir a respeito dessas possíveis leituras alternativas a fim de criar explicações plausíveis de por que as ideias e crenças filosóficas fundamentais desse homem especial foram capazes, com uma certa facilidade, de se enraizar na Índia e florescer por toda a Ásia e até mesmo no restante do mundo. Antes de explorar esses desenvolvimentos subsequentes, seria válido considerarmos com mais detalhes os contextos histórico, cultural e intelectual em que, e a partir dos quais, a vida e os ensinamentos do homem que se tornaria "o Buda" surgiram pela primeira vez. No intuito de buscar um relato mais detalhado desses contextos é que voltamos nossa atenção para o **capítulo 2**.

Coisas para pensarmos

1. Que efeito, se houver, nossa falta de conhecimento a respeito da vida do Buda na sua compreensão de seus ensinamentos?

2. Quem eram os *samanas* e por que seu estilo de vida chamou a atenção de Siddhattha?

3. Por que o ensinamento do Buda é chamado de "Caminho do Meio?"

4. Que evento(s) na vida do Buda mais contribuiu (íram) para os seus ensinamentos? Por quê?

5. Quais são os pontos fortes e fracos de uma "leitura filosófica" da vida do Buda? Além disso, com relação à "leitura filosófica" de sua vida proposta neste capítulo, de que outro modo uma pessoa poderia ler e compreender a história da vida dele?

---

3. Ibid.

2 | Os contextos da emergência do Budismo

Principais termos e ensinamentos

Aranyakas: Coleção de textos dos *Vedas* compilada por ascéticos da floresta; esses textos oferecem reflexões acerca do significado de símbolos e práticas rituais.

Arianos: Nome tradicional das pessoas que povoaram o norte da Índia e cujas crenças e práticas religiosas foram registradas nos *Vedas*.

Brâman: Nome da realidade ou fonte de poder fundamental por trás de todos os deuses e rituais citados nos *Vedas*.

Brâmanas: Coleção de textos dos *Vedas* que explica o significado e o propósito dos rituais védicos.

Dasas/Dasyus: Nome de um dos grupos ou tribos de pessoas do norte da Índia incorporado pelos arianos.

Origem interdependente: Uma tradução em inglês [*Interdependent arising*] dos termos em páli e sânscrito *Paticca-Samuppada* e *Pratitya-Samutpada*; esses termos foram traduzidos diversas vezes como "origem dependente", "coprodução condicionada", "origem codependente", "despertar interdependente" ou "origem interdependente". Cada um deles é uma tentativa de captar o relato de causalidade do Buda.

Kamma/Karma: Termos em páli e sânscrito para "agir" ou "ação"; referem-se à ligação entre as ações e suas consequências, que têm seus efeitos na vida de alguém tanto neste mundo quanto após a morte.

Moksa: O objetivo final de muitas formas de práticas religiosas e filosóficas indianas; esse termo significa libertação ou liberação do ciclo do *samsara*.

Nibbana/Nirvana: Literalmente, "extinguir" ou "apagar"; esses termos em páli e sânscrito se referem inicialmente à liberação do *samsara* e o fim do sofrimento. O Buda interpreta esses termos como sendo o extermínio das fogueiras da vaidade, do ódio e da desilusão.

Rta: Nome da estrutura principal da ordem do Universo e dos eventos que acontecem nele. É como a regularidade da lei e a harmonia dos aspectos morais e físicos do Universo.

Samsara: Literalmente, "divagando"; esse termo se refere ao ciclo do nascimento, vida, morte e renascimento posterior nas antigas filosofia e religião indianas.

Upanishad: Literalmente, "sentar-se próximo"; essa palavra se refere à última parte dos *Vedas*. Os textos dessa parte dos *Vedas* consistem em reflexões mais puramente filosóficas acerca da natureza do eu e da natureza fundamental da realidade.

Varna: Literalmente, "cor"; esse termo se refere às quatro principais classes sociais da antiga Índia: os brâmanes eclesiásticos, os guerreiros Kshatriyas, os mercantes Vaishyas e os camponeses Shudras. Esse termo é normalmente confundido com *jati* (posição social de nascimento), que se refere à casta ou à posição de um indivíduo na sociedade.

Vedas: Da palavra sânscrita *veda*, que quer dizer "conhecimento"; esse termo se refere às primeiras coleções dos textos religiosos indianos. Falando de maneira estrita, os *Vedas* incluem o *Rig Veda* (hinos aos deuses), o *Sama Veda* (canções e instruções baseadas no *Rig Veda*), o *Yajur Veda* (versos e mantras rituais), o *Atharva Veda* (hinos e fórmulas mágicas da vida comum), os *Brâmanas* (regras rituais) e os *Upanishads*.

Yoga: Literalmente, "unir ou atar"; esse termo se refere às técnicas meditativas ascéticas para disciplinar a mente e o corpo no intuito de alcançar um conhecimento "superior" e fugir da escravidão e do sofrimento do *samsara*.

Um lembrete

Considerando nossa descrição preliminar da vida de Siddhattha Gotama mostrada no **capítulo 1** e minha sugestão de seguirmos uma "leitura filosófica" da história de sua vida para compreendermos os fenômenos do Budismo com mais clareza, é necessário agora oferecer um relato mais rico e detalhado dos diversos contextos em que, e a partir dos quais, sua vida e seus ensinamentos surgiram. Neste capítulo, iremos explorar esses contextos como uma série de "visões" ou "maneiras" de analisar o mundo e a realidade.

"Visões" indianas da realidade

Uma forma de analisarmos os elementos básicos do pensamento indiano clássico é pensar neles como os produtos ou as percepções intelectuais de uma série de transições daquilo que podemos chamar de "Caminho Indiano"[4] do encontro da realidade. Concebido dessa maneira, podemos pensar nos antigos indianos como tendo nos oferecido ao menos três "visões" distintas da realidade. A primeira "visão", que podemos chamar de a visão dos dasa ou a visão pré-ariana ou pré-védica das coisas, parece ter estimulado a crença em muitos deuses, a adoração da natureza, os rituais de fertilidade, as preocupações com a purificação e algumas ideias básicas a respeito de um pós-vida e as possibilidades de reencarnação. De acordo com alguns estudiosos, os dois últimos pontos, em especial, parecem estar ancorados em simples observações do ciclo de nascimento-vida-morte na natureza e em semelhanças familiares óbvias. Recentes evidências arqueológicas também confirmam a declaração de que os dasas parecem ter sido vegetarianos que se dedicavam às práticas ascéticas e às meditações da ioga.

A segunda "visão" indiana, a visão dos arianos e dos *Vedas*, baseia-se nessa visão inicial das coisas e parece ter se formalizado com sacrifícios e celebrações rituais, a produção de textos sagrados relacionados à "sabedoria" de poetas videntes, bem como fórmulas e cânticos litúrgicos acerca de tudo aquilo que havia sido visto ou ouvido. Essa visão também contém as reflexões e especulações "filosóficas" dos *Upanishads*.

---

4. Essa designação é inspirada, em parte, na excelente coleção de John M. Koller (2006), *The Indian Way: An Introduction to the Philosophies and Religions of India* [O Caminho Indiano: uma Introdução às Filosofias e Religiões da Índia].

A terceira e última "visão", que podemos, em favor da simplicidade, chamar de visão pós-védica, na verdade é um trabalho mais sustentado, cuidadoso e detalhado dos elementos individuais das visões pré-védica e védica das coisas. Essa visão mais complexa inclui um esclarecimento e uma especificação dos papéis dos deuses (ou uma negação de sua existência) e sua relação com a fonte fundamental e única de todas as coisas (isto é, o Brâman), um delineamento dos detalhes do *varna*/cor e dos sistemas de castas, além de um relato dos estágios dos diversos objetivos da vida. Também apresenta uma reflexão mais séria a respeito da natureza cíclica de nascimento-vida-morte e as noções de renascimento e os prospectos de liberação ou libertação desse ciclo cósmico. Em um nível mais apurado de consideração, essa terceira "visão" inclui aquilo que os estudiosos identificaram como os nove *dassanas* do pensamento indiano clássico, ou seja, as visões Samkhya, Yoga, Mimamsa, Vedanta, Nyaya, Vaisheshika, Jaina, Carvaka e budista.[5] Por fim, ela envolve uma elucidação das noções e relações do eu, da sociedade e da regulamentação social por meio das ideias de normas, deveres, obrigações, virtudes, *kamma* e *dhamma*.

O que começa a surgir dessa série de "visões" é, acredito, uma compreensão muito rica e complexa da realidade que inclui características que são tão "filosóficas" quanto "religiosas"/"teológicas"[6] em nossos sentidos ocidentais desses termos. Na verdade, antes de nos aprofundarmos nos detalhes dessas visões, acredito que seja possível, ao menos neste momento, conseguir um certo sentido preliminar do fundo intelectual e cultural que deu base ao desenvolvimento social e intelectual de Siddhattha Gotama e sua emergência como o Buda histórico.

Se, à primeira vista, usarmos as categorias conceituais da "filosofia" (isto é, uma atividade plena que parte da experiência humana e da reflexão racional a seu respeito, para uma explicação razoável da realidade, ou uma forma de vida centrada na busca de um corpo organizado de conhecimento de tudo aquilo que existe, procurando uma explicação atualizada da realidade apenas por meio do uso da razão) e da "religião" (isto é, um empreendimento pleno que parte da existência e da revelação divina para uma compreensão da criação, ou uma forma de vida voltada para os agentes "divinos", "transcendentes" ou "sobre-humanos"

---

5. Seguindo Mohanty (2000), p. 153-158.
6. Para conseguir uma análise interessante e convincente dessa distinção, veja Fitzgerald (2000). Para mais informações a respeito da discussão da qualidade dos estudos religiosos e outras visões do assunto, veja *Religious Studies Review* (volume 27, número 2/abril de 2001 e volume 27, número 4/outubro de 2001).

[seja apenas um ou vários deles] e nossas respostas humanas a ele ou a eles como são conhecidos no Ocidente), então acredito que podemos classificar os elementos de cada uma das três visões que destacamos como uma "filosofia indiana", uma "religião indiana" ou as duas coisas. Por exemplo, as crenças dos dasas em muitos deuses, a adoração da natureza, bem como os rituais de fertilidade e purificação são claramente tipos de crenças "religiosas". Essas mesmas crenças "religiosas" ou "teológicas" também fazem parte da visão védica dos arianos, que as formalizaram com textos rituais e o sacerdócio bramânico. Entretanto, é também importante observar que essa mesma visão védica inclui as reflexões e os argumentos puramente "filosóficos" dos *Upanishads*. Na realidade, quando considerados como um todo, é útil pensar nos próprios *Vedas* como uma reconciliação complexa, simultaneamente religiosa e filosófica, unindo as visões pré-védica e ariana da realidade. Os *Vedas* contêm praticamente todos os elementos e temas da visão pré-védica dos dasas, assim como a sabedoria de seus próprios videntes e ouvintes: hinos para divindades, regras para sacrifícios de fogo, música, poesia, rituais de magia e ideias a respeito de *rta*, *kamma*, *samsara* e o pós-vida. Os *Upanishads*, por outro lado, continuam a explorar esses temas de uma maneira mais estritamente "filosófica". Na verdade, esse é o trabalho filosófico dos mesmos temas e suas implicações lógicas como a visão pós-védica que proporciona o contexto histórico, cultural e intelectual imediato no qual a vida e os ensinamentos de Siddhattha Gotama foram formados. Como resultado, acredito que seja mais seguro dizer que a visão pós-védica que foi formada durante e após a vida do Buda histórico é o que nós do Ocidente chamaríamos de "filosofia indiana", falando de modo estrito e apropriado.

O contexto cultural de Siddhattha

Siddhattha, assim como muitos grandes pensadores, nasceu em um ambiente social e histórico rico, complexo e dinâmico. Por um lado, ele herdou uma cultura indiana rica em crenças e práticas filosóficas e religiosas. Seus contemporâneos não apenas estavam interessados em garantir bens materiais necessários à subsistência como, por exemplo, alimentos, roupas e moradia, mas eles também se mostravam profundamente interessados em tentar compreender o propósito e o significado da vida e da natureza fundamental da realidade. Na verdade, Sue Hamilton[7] pontuou que, na Índia, as pessoas tradicionalmente acreditavam

---
7. 4 Hamilton (2001), p. 1.

que a atividade de filosofar estava diretamente relacionada ao destino pessoal dos indivíduos. Ela também observa que aquilo que nós do Ocidente costumamos distinguir como religião e filosofia, na realidade estavam combinadas na Índia nas tentativas das pessoas de compreender o significado e a estrutura da vida e a natureza da realidade. Em outras palavras, na Índia, principalmente na época em que Siddhattha viveu, as duas atividades das práticas da filosofia e da religião eram, na verdade, dois aspectos inter-relacionados ou interdependentes de uma mesma busca interior e espiritual.

Por outro lado, além de sua riqueza pessoal e cultural, Siddhattha nasceu em uma sociedade em meio a grandes mudanças sociais e políticas. Seu tempo foi um período quando as certezas dos caminhos tradicionais do pensamento e da vida estavam sendo desafiadas pelos novos problemas inquietantes que surgiam em função do colapso das federações tribais e do desenvolvimento de monarquias poderosas e centros urbanos emergentes. Siddhattha viveu em meio à transição de uma economia agrária de vilarejos para uma forma de vida urbana com todos os seus novos problemas e possibilidades.

Assim como muitos grandes pensadores, a vida de Siddhattha pode ser vista como a união fortuita do homem certo com as habilidades certas no momento certo em meio às circunstâncias certas, criando uma solução verdadeiramente incrível para uma situação bastante séria. É exatamente essa imagem de uma pessoa devidamente qualificada e uma oportunidade impressionante gerada de modo casual (e/ou cármico?) – que Peter Hershock[8] chama de "virtuosidade" – que quero empregar como um heurístico para ajudar a apresentar e explicar o contexto conceitual e histórico da emergência do Budismo. Quero fazer isso por três razões: a primeira, por se tratar de um mecanismo pedagógico bastante útil; a segunda, por ser, até onde sabemos, historicamente verdadeira; e a terceira, por captar com perfeição uma das ideias mais básicas e importantes dos próprios ensinamentos do Buda – a origem interdependente.[9]

Até onde podemos considerar o pensamento indiano, já mostrei que a Índia tinha um histórico rico de discussão "filosófica" e "religiosa" a respeito do propósito e do significado da vida e da natureza fundamental da realidade. Na verdade, sugeri que uma maneira de considerarmos os elementos básicos do pensamento indiano clássico é

---

8. Hershock (1996), p. 110.
9. Veja o capítulo 6.

pensar neles como os produtos ou as percepções intelectuais de uma série de transições no "Caminho Indiano" do encontro ou da visão da realidade. Em resumo, essas "visões" formaram o centro intelectual e cultural em que, e a partir do qual, os ensinamentos do Buda histórico surgiram.

Detalhes da visão pré-védica

Como vimos, a "visão" dasa ou pré-védica da realidade (por volta de 2500 a.C.), que não é confirmada por textos primários, mas apenas por evidências arqueológicas e obras escritas de seus sucessores, está enraizada na veneração à natureza e na crença de muitos deuses. Outras características desse *dassana* incluem rituais de purificação e fertilidade, vegetarianismo, ascetismo, ioga e algumas ideias rudimentares a respeito de um pós-vida e a possibilidade do renascimento. Embora não haja como termos certeza de como essas crenças básicas se formaram, não é difícil imaginar um antigo povo agrícola e seus problemas e preocupações comuns.

De início, é óbvio que os fatos básicos de toda vida humana incluem preocupações práticas que envolvem a necessidade de se conseguir comida, roupas e abrigo. Há também preocupações ambientais a respeito da vida e da segurança das pessoas diante da natureza e seu poder, bem como de fatores que envolvem os animais selvagens e outros seres humanos. Assim que essas necessidades ambientais e biológicas básicas são atendidas, é natural presumirmos que os povos antigos voltassem sua atenção para questões "metafísicas" mais profundas envolvendo o propósito de viver e morrer, já que, podemos imaginar, esses eram os fatos básicos da vida comum.

Não é preciso muita consideração para concluir que muitas coisas no mundo estão além do controle humano e fica difícil, senão impossível, conhecer ou prever acontecimentos e circunstâncias futuras como, por exemplo, fatores que regem o clima, as estações do ano e os desastres naturais. Entretanto, é bastante óbvio que muitas dessas mesmas forças e acontecimentos na natureza parecem seguir padrões que, muitas vezes, são padrões cíclicos previsíveis. O Sol nasce e se põe, a Lua cresce e mingua, as marés sobem e descem e as estações vêm e vão, seguindo uma ordem e uma estabilidade relativas. Não deve ser difícil imaginar antigos indianos se preocupando em determinar quais são as fontes dessa aparente ordem ou padrão. Além disso, é fácil imaginá-los perguntando se a ordem em si é real ou simplesmente aparente. Por fim, se as coisas estão sob seu controle, podemos então imaginá-los se perguntando se existe algo capaz de controlar ou explicar a ordem e o padrão.

A melhor prova disponível parece indicar que a antiga forma dasa de compreender e lidar com as questões e os problemas comuns da vida era reconhecer algumas fontes sobre-humanas ou divinas de poder por trás ou dentro das forças e dos acontecimentos na natureza. Eles também parecem ter compreendido que a natureza em si exercia um tipo de controle em relação às questões humanas. Os dasas aceitavam a verdade imutável e inexorável na qual afirma que os humanos nascem, vivem e morrem, mas também parecem ter defendido a visão, com base em suas práticas funerais, de que a morte não era o fim da vida. Não se sabe, porém, se eles sabiam como distinguir com precisão o renascimento em um mundo diferente em algum outro lugar ou simplesmente o renascimento neste mundo em um momento futuro. Também não há como saber ao certo se eles consideravam algum tipo de explicação causal (isto é, cármica) de qualquer uma das duas possibilidades de cenário do renascimento. Contudo, é intrigante e importante para aqueles que se interessam pela filosofia considerar exatamente por que alguém pode achar que existe algum tipo de vida ou existência depois desta vida e quais podem ser suas causas e condições. Que tipo de caso poderíamos propor?

A questão da vida após a morte

De modo tradicional, há dois tipos de casos para acreditarmos que há vida ou existência após a morte. O primeiro exemplo, um tipo de caso religioso ou teológico que está ancorado em alguma espécie de revelação de um deus ou deuses a respeito do pós-vida ou de um pós-vida. Nesse cenário, alguém afirma ter ouvido ou recebido uma mensagem daquilo que espera ou acontece com aqueles que morrem, sendo que outras pessoas preferem acreditar tanto na mensagem quanto na pessoa que recebeu a revelação. O segundo exemplo, um tipo de caso filosófico ou científico, é justificado por observações que mostram como as coisas parecem acontecer na natureza ou no mundo, sendo inferências lógicas para a melhor explicação como forma de conseguir um sentido a partir dos dados da experiência. Nesse tipo de caso, por meio da observação, o indivíduo reconhece que as coisas e os acontecimentos na natureza parecem seguir padrões ou ciclos regulares e ordenados: o nascer e o pôr do sol, as fases cheia e minguante da lua, os movimentos das marés e as mudanças do clima das estações, tudo o que ocorre seguindo uma ordem e uma estabilidade relativas. Além desses fatos óbvios, as plantas e as colheitas parecem seguir padrões sazonais e anuais de crescimento, maturação, frutificação e morte; nesses casos de flores e plantas perenes, as "mesmas" plantas e flores parecem voltar ano após ano. Da mesma forma, poucas pessoas diriam que as proles de animais geralmente não se parecem muito com seus pais. O mesmo é válido para os seres humanos, em especial nos casos em que uma criança é a "cópia escrita" de seu pai, de sua mãe, de seus avós ou de outros parentes já falecidos. Como essas semelhanças podem ser explicadas de modo racional?

Um antigo relato indiano, que atribuo aos dasas ou à "visão" pré-védica, afirma que as semelhanças e padrões ou ciclos que experimentamos em nossas interações com a natureza e outros seres humanos são mais bem explicados com o uso da ideia do renascimento: que literalmente é o mesmo indivíduo que nasceu, viveu, morreu e, depois, renasce mais uma vez. Esse tipo de inferência é justificado como sendo a melhor explicação da experiência enigmática e, às vezes, inacreditável de observarmos alguém que não apenas se parece e age, mas também fala e se expressa, como outro ser humano já falecido.

O mesmo tipo de inferência e justificativa pode ser usado para explicar a atividade causal no mundo. Sem nos aprofundarmos em todos os detalhes do *kamma* como uma teoria física, metafísica e ética de causalidade (que discutiremos no **capítulo 5**), podemos, ao menos neste momento, dizer algo a respeito de como a ideia pode surgir.

Kamma?

Consideremos os mesmos dados de experiência que estamos discutindo, principalmente no cenário de uma comunidade agrícola. O Sol nasce e se põe, a Lua fica cheia e depois mingua, as marés sobem e descem e as estações do ano vem e vão, seguindo uma ordem e uma estabilidade relativas. Os humanos, as plantas e os animais nascem, crescem, amadurecem e morrem. Os humanos interagem uns com os outros e com o mundo ao redor deles, sendo que os eventos e resultados parecem seguir padrões regulares. Os mesmos tipos de sementes produzem os mesmos tipos de árvores que, por sua vez, produzem os mesmos tipos de frutas e as mesmas sementes novamente. Os mesmos tipos de animais geram os mesmos tipos de filhotes e os resultados de tipos semelhantes de ações humanas costumam, sempre ou quase sempre, ser os mesmos e, por essa razão, até mesmo de maneira previsível. Em geral, quando realizo a ação X para conseguir Y no tempo T, o resultado é sempre, ou quase sempre, o mesmo. Como podemos explicar isso?

Um antigo relato indiano, cuja origem e raízes são desconhecidas, afirma que as semelhanças de resultados que vivenciamos em nossas interações com a natureza e outros seres humanos são mais bem explicadas quando usamos a ideia agrícola das sementes e de suas frutas. As ações, sejam elas humanas ou naturais, como as sementes, produzem frutos, resultados ou efeitos, baseados nos tipos de sementes que elas são. Sementes de maçãs produzem macieiras que produzem maçãs que, mais uma vez, produzem sementes de maçãs. As vacas geram vacas que produzem mais vacas. Os humanos geram humanos que geram mais humanos. Sendo assim, por extensão, as ações humanas, sejam "moralmente boas", "moralmente más" ou "moralmente neutras", geram consequências ou resultados que são causalmente determinados pelos tipos de ações que elas representam. "Boas" ações surtem bons efeitos e "más" ações surtem efeitos ruins. Em geral, os efeitos surgem de suas causas da mesma forma que as frutas nascem das sementes. Em outras palavras, o mundo e os eventos que acontecem ao nosso redor parecem seguir padrões regulares e regrados.

Se essa regularidade é real, ou apenas aparente e percebida, se ela é uma relação necessária ou simplesmente uma probabilidade ou correlação estatística, se é uma característica real do mundo ou o resultado de um hábito psicológico desenvolvido ao longo do tempo por observadores humanos, o fato é que os antigos indianos usavam a ideia do *kamma* para determinar e explicar aquilo que estava acontecendo ao redor deles. Assim como a ideia de renascimento, a ideia do *kamma* oferece uma explicação plausível e razoável para as coisas e os eventos que estão acontecendo ao nosso redor. Além disso, para os antigos indianos, essas ideias parecem estar entre as percepções mais básicas de sua "visão" e compreensão da realidade. Se e como essas duas percepções básicas estão relacionadas uma com a outra, iremos considerar com mais detalhes no **capítulo 5**. Por enquanto, apenas as introduzo como elementos importantes de uma antiga visão indiana do mundo e também sugiro que nas primeiras tentativas filosóficas de entender o significado e o propósito da vida, bem como a natureza da realidade, não era irracional ou ilógico apelar para as ideias do renascimento e do *kamma* como os primeiros, melhores e talvez únicos dados de experiências.

Na verdade, é importante lembrar que estamos tratando aqui de uma das primeiras tentativas sustentadas de oferecer um sentido "filosófico" ao mundo. As ferramentas da justificativa e da crítica racional só estavam sendo forjadas em resposta às questões e aos problemas que surgem somente quando as necessidades biológicas básicas da alimentação, vestuário e moradia já tiverem sido atendidas. Devemos também nos lembrar que não há como sabermos ao certo exatamente como os outros elementos dessa "visão" pré-védica das coisas podem estar relacionados.

Apesar de certamente ser interessante especularmos a respeito das possibilidades lógicas da "visão" dasa unificada do mundo, que inclui uma concepção coerente das relações entre suas supostas crenças (isto é, o vegetarianismo, o asceticismo, o politeísmo e um pós-vida), assim como suas práticas de meditação da ioga, esse exercício só pode ser conduzido como um experimento do pensamento. Além disso, devemos nos lembrar que essa "visão" em si não é apenas reconstruída a partir das inferências baseadas em evidências arqueológicas, mas também é confirmada por relatos daqueles que sucederam e, muito provavelmente, conquistaram os criadores da visão. É para essa segunda ideia, a "visão" ariana védica, que voltamos nossa atenção neste momento.

Detalhes da visão védica

Aquilo que chamo de "visão" védica da realidade (por volta de 1500-500 a.C.) que, para atender minhas necessidades, é encontrada nos *Vedas* e nos *Upanishads*, é uma compreensão da vida e da realidade resultante de um complexo processo cultural e intelectual de absorção, assimilação, rejeição e revisão das crenças e práticas dos dasas. Apesar de haver muita ignorância e incerteza histórica a respeito das origens geográficas dos arianos como um povo e cultura, bem como de sua chegada posterior e impacto na civilização harappeana (ou do Vale do Indo) dos dasas, não há dúvidas de que, durante o segundo milênio a.C., os arianos, que falavam e escreviam uma forma de proto-sânscrito, substituíram os dasas como o povo dominante do Vale do Indo. Os elementos básicos de sua explicação do propósito e do significado da vida e da natureza fundamental da realidade estão registrados nos *Vedas*, nos *Brâmanas*, *Aranyakas* e, mais tarde, nos *Upanishads*. Esses elementos, que foram "ouvidos" e "lembrados" por poetas videntes e sábios, incluem um politeísmo inicial (mais tarde substituído pelo monismo/monoteísmo dos *Upanishads*) e sacrifícios de fogo rituais formalizados realizados por padres. Outras características desse *dassana* incluem uma aceitação gradual do vegetarianismo, não violência, asceticismo, ioga, *kamma* e da crença no renascimento e na natureza cíclica da realidade e da existência.

Da mesma maneira que temos sérias dúvidas e incertezas eruditas a respeito da formação da "visão" pré-védica, encontramos também problemas e questões acerca de como exatamente as características básicas da "visão" védica foram formadas. Sem nos aprofundarmos nos detalhes dessas discussões acadêmicas, é preciso dizer que, independentemente das preocupações a respeito de suas origens e produção, os elementos daquilo que chamo de "visão" védica possuem a vantagem notável de estar registrados em textos.

Os textos em si parecem indicar que as crenças e práticas religiosas e filosóficas dos arianos passaram por dois tipos distintos, apesar de relacionados, de desenvolvimento. Por um lado, parecem ter incorporado e, por fim, substituído as crenças e práticas dos dasas. Por outro, parecem, aos poucos, ter sofrido um desenvolvimento interno e desta forma, aprofundar e compreender a visão. Em outras palavras, o que quero sugerir é que a "visão" védica contradisse, no sentido de ter retido e, ainda assim, transcendido a "visão" pré-védica dos dasas enquanto, de modo simultâneo, ao longo de um período de 500 a 1.000 anos, aprofundou sua própria percepção e visão da realidade e do significado e propósito da vida. Esse desenvolvimento, a partir dos próprios *Vedas* até os *Upanishads* posteriores, pode ser captado de maneira esquemática, seguindo a ideia de Koller,[10] como mostro a seguir:

"Visão" védica	"Visão" upanishádica
Textos: *Vedas, Brâmanas, Aranyakas*	Textos: *Upanishads*
Muitos deuses	Brâman
Foco neste mundo	Foco em outro mundo espiritual
Valor principal: sucesso terreno	Valor principal: libertação/*moksa*
Segredo da perfeição: ritual	Segredo da perfeição: conhecimento
Ênfase na comunidade	Ênfase na libertação individual
Importância da oração	Importância da meditação/ioga
Ciclo da natureza e talvez renascimento	*Samsara* como o problema fundamental
Kamma reconhecido, mas não importante	*Kamma* como o mais importante
Ênfase na pluralidade da existência	Ênfase na unidade da existência

---

10. Koller (2006), p. 58.

O "eu" é o corpo e a mente	O "eu" é *Atman* que é *Brâman*
Existência como conflito/luta	Não violência
Compartilhamento do poder divino	Ser divino
Rta	*Kamma* e *Dhamma*
Apoiada pela filosofia mimamsa	Apoiada pela filosofia vedanta

O que essa tabela tenta demonstrar de uma maneira simples é a noção um tanto complexa daquilo que chamo de a "visão" védica. Ela é uma versão esquemática das ideias fundamentais contidas nos *Vedas* e nos *Upanishads*.

À primeira vista, deve ser bastante óbvio que aquilo que chamo de "visão" védica é, na verdade, muito mais complexo e complicado do que o nome único da visão que estou utilizando para denominá-la. Na realidade, conforme a tabela indica, essa "visão" inclui um espectro relativo de crenças historicamente distintas a respeito de conceitos e ideias filosóficas importantes. Apesar da extrema simplificação aparente, acredito que essa forma de apresentar a "visão" védica possui a vantagem de captar a maior parte, se não todas as partes, das ideias religiosas e filosóficas importantes que vieram para compor o contexto histórico, intelectual e cultural imediato do qual, e contra o qual, surgiram os ensinamentos de Siddhattha. Terei mais o que dizer acerca dos elementos específicos dessa visão quando considerarmos as características dos nove *dassanas* clássicos ou escolas filosóficas da antiga Índia. Antes de falarmos das nove escolas, porém, gostaria de concluir meu relato das três "visões" do pensamento indiano descrevendo uma terceira "visão" pós-védica como a contemporânea imediata e sucessora dos ensinamentos do Buda histórico.

Detalhes da visão pós-védica

A "visão" pós-védica (depois de 500 a.C.) representava um trabalho mais cuidadoso, rigoroso e sistemático dos detalhes das "visões" védica e pré-védica das coisas. Era também, de modo simultâneo, a fonte das nove escolas ou sistemas clássicos da filosofia indiana. Na verdade, é instrutivo e útil pensarmos nessa terceira visão como sendo constituída pelas visões individuais de suas nove escolas, da mesma maneira que a luz branca é o produto das sete cores do espectro visível. Cada cor/escola individual possui sua própria história e características únicas e, quando devidamente harmonizadas, de maneira interdependente, fazem surgir a visão pós-védica das coisas.

Essa "visão" um tanto complexa incluía o esclarecimento e a especificação dos papéis das diversas divindades das "visões" pré-védica e védica (ou de sua não existência) e suas relações com a principal fonte única de todas as coisas (ou seja, o Brâman dos *Upanishads*), uma delineação dos detalhes do *varna*/cor e do sistema de castas sociais, além da enumeração dos estágios da vida e os diversos possíveis objetivos das vidas individuais. Ela também apresentava uma reflexão filosófica mais séria e sustentada e, na realidade, um desacordo vigoroso a respeito dos possíveis resultados da natureza cíclica do nascimento-vida-morte, assim como das noções e relações do "eu" e da sociedade (isto é, do pensamento metafísico e epistemológico) e da regulamentação social (isto é, do pensamento ético) por meio das ideias de normas, deveres, obrigações, virtudes, *kamma* e *Dhamma* cada vez mais complexas.

Não é preciso dizer que a realidade social e evidente de tudo isso era obviamente muito mais complexa e complicada do que a minha simples divisão do pensamento indiano em três "visões" é capaz de indicar. Na realidade, a divisão do pensamento indiano nos nove *dassanas* clássicos é em si uma simplificação de um espectro mais rico e mais complexo do conjunto que é histórica e filosoficamente distinto das visões. Além disso, quando voltamos nossa atenção para essas diversas "escolas" ou sistemas, encontramos uma série de relatos ideologicamente distintos e mutuamente exclusivos do significado e propósito da vida e da natureza fundamental da realidade. Em resumo, aquilo que é normalmente designado como os ensinamentos de Siddhattha Gotama é, na verdade, apenas um desses nove sistemas clássicos.

É importante entendermos que os próprios sistemas ou *dassanas* representam, por meio de cadências um tanto amplas, um espectro total das possíveis posições lógicas e reais com respeito às ideias fundamentais contidas nas "visões" pré-védica, védica e pós-védica. Sob a luz das descrições iniciais das três visões já apresentadas, podemos agora considerar esses outros sistemas com mais detalhes na forma de um prelúdio de nossa explicação do Budismo.

Nove *dassanas*

Pode ser útil iniciarmos nossas considerações dos nove sistemas clássicos do pensamento indiano observando que a tradição budista[11]

---

11. *Digha Nikaya, Brahmajala Sutta: The Supreme Net* [A Rede Suprema], p. 67-90.

em si refere-se a não menos que 62 tipos de visões equivocadas de questões tão diversas que envolvem o passado, o eu, o mundo, o prazer, a mente, o bem e o mal, o acaso, o futuro, a vida após a morte, o *nibbana* e, até mesmo, o ensinamento da origem interdependente. O próprio Buda não apenas compara essas ideias equivocadas a uma rede de pesca, mas ele também, na verdade, refere-se a elas como uma rede de visões – uma rede que pega e prende aqueles que as defendem. É preciso ficar claro que, a partir desses fatos, há muito mais do que nove sistemas ou visões com relação aos tópicos que acabei de citar. Para oferecer um melhor esclarecimento e tornar mais simples, porém, dividiremos essas visões em apenas nove principais sistemas ou *dassanas*.

Com base naquilo que já foi dito a respeito da história das três "visões", não é surpreendente que as raízes da ortodoxia filosófica indiana sejam relacionadas aos *Vedas* e aos *Upanishads*. Na realidade, a maneira tradicional, e talvez mais simples, de captar as distinções entre os sistemas clássicos da filosofia indiana é categorizá-las como "ortodoxas" e "não ortodoxas", ou "heterodoxas", com base no fato de aceitarem ou rejeitarem a "verdade" básica dos *Vedas* e dos *Upanishads*. Devemos observar, porém, que, embora talvez seja um equívoco sugerir que os dois grupos de textos compartilham exatamente da mesma "visão" da realidade, para nossos propósitos, juntei-as para compor uma parte da "visão védica" no intuito de simplificar e esclarecer uma situação um tanto complexa. Esses são, afinal, os primeiros textos escritos que transmitem os elementos básicos daquilo que podemos chamar de "a visão indiana do mundo". Esses textos e suas palavras não apenas foram considerados por líderes religiosos da Índia antiga, os brâmanes, como as principais fontes da verdade a respeito do significado e do propósito básicos da vida e fundamentais da natureza da realidade, mas eles também foram compilados por aqueles que possuíam o poder, tanto material quanto espiritual, para confirmar a verdade e garantir sua aceitação e influência contínua. Não é surpreendente, portanto, ver a paisagem religiosa e filosófica da Índia, em especial na época do Buda, definida pela relação de uma pessoa com a "visão" védica.

Seis *dassanas* "ortodoxos"

Segundo a tradição indiana, seis sistemas ou *dassanas* são aceitos como "ortodoxos". Eles incluem os sistemas Samkhya, Yoga, Mimamsa, Vedanta, Nyaya e Vaisheshika.

De acordo com a visão Samkhya, cujo nome quer dizer razão ou conhecimento perspicaz, a realidade, que basicamente é dualista (ou seja, consiste em dois modos irredutíveis de ser ou existência) na natureza, pode ser classificada em 25 categorias de matéria (*prakriti*) e espírito (*purusha*) – os dois princípios mais básicos do ser. Essa visão também afirmava que a realidade consiste em três elementos – água, fogo e ar –, além de três qualidades (*gunas*) que ajudavam a explicar a constituição material das coisas – leveza ou atividade mental (*sattva*), energia ou atividade (*rajas*) e inércia ou embotamento (*tama*). Essa visão, que às vezes é descrita como um naturalismo ateísta,[12] aceitava a ideia de um eu eterno, numericamente distinto para cada indivíduo. Como afirma Mohanty, "Em sua forma madura, ele desenvolveu uma teoria de evolução do mundo empírico a partir da natureza original e indiferenciada".[13] Na verdade, as três qualidades ou *gunas* do ser material, que originalmente se encontravam em um estado de equilíbrio, foram interrompidas por meio do contato com o espírito ou *purusha*. A evolução seguinte do mundo físico é uma disseminação ou uma mistura progressiva e irregular das três *gunas* e do espírito. O mecanismo causal dessa atividade é explicado por meio da afirmação de que os efeitos preexistem em suas causas, no intuito de evitar o problema lógico e metafísico de algo que vem do nada. Ao mesmo tempo, cada espírito único e individual experimenta o apego ao seu corpo materialmente composto como resultado do fracasso em distinguir seu verdadeiro "eu-espírito" do composto que é em si um produto da natureza e suas causas. De acordo com essa visão, a libertação ou *moksa* dessa condição, que é um retorno ao estado de um espírito puro, é alcançada por meio da compreensão ou conhecimento de que o "eu-espírito" é de fato metafisicamente diferente da matéria e da natureza.

Depois disso, com o passar do tempo, essa visão metafísica especulativa do mundo passou a ser comparada com o sistema mais prático e ético da Yoga. Segundo a visão Yoga das coisas, o dualismo ontológico é metafisicamente correto, mas também existe uma aceitação de que, além da matéria e dos espíritos individuais, existe um ser divino ou supremo, um Deus ou um Eu que existe. Ao seguir a ideia Samkhya de que existe uma verdadeira diferença metafísica entre o espírito e a matéria, a visão da Yoga insiste que o ser composto leva o verdadeiro eu-espírito a se confundir com o composto. A solução desse erro de identificação, e no intuito de alcançar a libertação ou *moksa*, é o desenvolvimento da

---

12. Mohanty (2000), p. 4-5.
13. Ibid., p. 5.

percepção ou do conhecimento discriminador que é alcançado por meio da meditação disciplinada da ioga. É a prática da meditação da ioga que permite que o verdadeiro eu supere sua ignorância e se liberte da escravidão e do apego a tudo o que é material e físico.

O terceiro (e quarto) sistema indiano é chamado de Mimamsa, que quer dizer exegese. Sem nos aprofundarmos em detalhes minuciosos, devemos observar que esse sistema é tradicionalmente dividido em uma versão anterior (Purva Mimamsa) e outra posterior (Uttara Mimamsa ou Vedanta).

No geral, os defensores dessa visão, ao menos em sua primeira versão, discordam da crença Samkhya e Yoga de que somente o conhecimento basta para a libertação da escravidão. Segundo a primeira versão desse *dassana*, a prática ritual é o essencial para o *moksa*. Ao mesmo tempo, porém, aqueles que defendem essa visão inicial parecem ser ambivalentes a respeito da existência de Deus ou de um ser supremo. De um lado, rejeitam os argumentos típicos da existência de Deus, mas, por outro, também aceitam uma categoria ontológica de força e poder que parece incluir uma ação sobrenatural. Contudo, o elemento mais importante da visão Mimamsa da realidade (vista como um todo) está em seu sistema elaborado da compreensão e interpretação dos *Vedas*.

Como parte de sua ciência de interpretação, os pensadores do Mimamsa acreditam que as próprias palavras são a fonte principal do conhecimento e que servem como meios diretos para a verdade. Também dizem que o verdadeiro conhecimento se origina de fontes múltiplas, incluindo: percepção, inferências lógicas, expressões verbais, simples comparação e suposição. Conforme Koller[14] nos mostra, a principal preocupação dos filósofos Mimamsa, ao menos em sua versão inicial, é desenvolver uma teoria de conhecimento que concilia o testemunho bíblico como um meio válido de conhecimento e, com base nisso, proporcionar uma ciência de interpretação das escrituras que capta e explica o significado e a verdade dos *Vedas*, em especial os *Brâmanas* ritualistas.

Os filósofos Mimamsa ou Vedanta posteriores voltaram sua atenção para os *Upanishads* mais filosóficos e não ritualistas. Apesar de inicialmente aceitarem a autoridade dos primeiros *Vedas*, o Uttara Mimamsa dava ênfase ao conhecimento, em lugar do ritual, como uma forma de se alcançar a libertação. Entretanto, ao menos alguns pensadores Vedanta insistiam que o tipo de devoção ritual era um meio de se relacionar e conhecer Brâman. Não é surpreendente que, ao seguir os *Upanishads*, eles afirmavam que Brâman é a realidade básica e que o

---
14. Koller (2006), p. 247.

"verdadeiro eu" é, em última análise, o mesmo que Brâman, sendo que o conhecimento dessa verdade era essencial para o *moksa*.

Vistas em conjunto, as duas versões do sistema exegético Mimamsa representam as ramificações rituais e gnósticas da tradição bramânica cujas raízes podem ser relacionadas com o século V a.C. Essas metades complementares da visão védica e pós-védica basicamente passaram a ser conhecidas como as interpretações da ação/*kamma* e do conhecimento/*jnana* dos *Vedas*.

O quinto e o sexto sistemas do pensamento indiano são as visões Nyaya e Vaisheshika. O *dassana* Nyaya basicamente se ocupa de questões e problemas de lógica. Suas raízes podem ser traçadas à crença não teísta de que o pensamento falho e/ou os erros lógicos são a causa do sofrimento e do apego e que podemos chegar à verdade e à libertação fundamental ao corrigir o raciocínio enganador. Para conseguirmos desarraigar os erros do raciocínio, os pensadores Nyaya analisaram a realidade em diversas categorias baseadas na lógica, sendo que todas elas podiam ter sua existência comprovada. Na verdade, os filósofos dessa escola desenvolveram uma teoria totalmente epistemológica da lógica, uma argumentação racional e provas, além de um relato de conhecimento válido. Suas ideias da lógica e da epistemologia foram mais tarde adotadas por seu "sistema irmão", o Vaisheshika, do qual o Nyaya emprestou suas visões metafísicas da realidade e do eu. Esse compartilhamento de ideias, com o passar do tempo, levou a uma junção nominal das visões, formando a expressão Nyaya-Vaisheshika.

A contribuição Vaisheshika da união foi um relato das particularidades de todas as coisas reais. Seu realismo pluralista, que envolvia uma teoria atomística do mundo material, estava estabelecido em seis categorias ontológicas, incluindo: substância, qualidade, ação, universal, particularidade e inerência. Eles utilizavam essas categorias para demonstrar a incompatibilidade do espírito e da matéria. Também afirmavam que "Deus" criou o mundo físico a partir de substâncias elementares preexistentes. Ainda mais importante, afirmavam que, por meio da análise lógica, poderíamos chegar a um conhecimento seguro de todas as coisas, incluindo a mente e o verdadeiro eu eterno, sendo que esse conhecimento era a única fonte de libertação do apego e da escravidão da matéria.

Esses seis *dassanas* ou interpretações dos *Vedas* e dos *Upanishads* são, de modo coletivo, chamados de sistemas *astika* – "afirmadores"[15] – pois, em geral, eles concordam, apesar de suas diferenças específicas,

---

15. Renard (1999), p. 90.

com relação à sua aceitação da autoridade e verdade daquilo que chamo de "visão védica" do propósito e do significado da vida e também da natureza fundamental da realidade. Essa aceitação dos *Vedas* e dos *Upanishads* também justifica sua designação de escolas "ortodoxas". Os três sistemas clássicos restantes do pensamento indiano, o Jaina, o Carvaka e os *dassanas* budistas são, de modo coletivo, chamados de sistemas *nastika* – "negadores e rejeitadores"[16] –, pois todos eles, à sua própria maneira, rejeitam a autoridade e a verdade das escrituras e da tradição védica.

Três *dassanas* "heterodoxos"

Segundo a visão Jaina das coisas, existe uma enorme distinção entre o espírito e a matéria ou as almas e os corpos. O primeiro tipo de seres, seres espirituais (*jiva*), são os seres que estão vivos, sendo o segundo tipo, seres materiais ou não espirituais (*ajiva*), aqueles que não estão vivos. A escravidão no ciclo do nascimento, vida, morte e renascimento dos seres espirituais é causada por suas ações cármicas. As especificações desse relato do renascimento envolvem a ideia de que as ações cármicas de seres espirituais causalmente produzem partículas materiais que são atraídas para a energia espiritual da alma, ficando desse modo atadas ao eu espiritual. A contínua união da alma e da matéria que resulta da ação cármica é em si causada tanto pela ignorância quanto pelo apego que resulta das paixões, vontades e desejos dos seres espirituais. Existe, entretanto, uma maneira de libertação da escravidão da alma por meio da prática da vida moral, da meditação e das grandes austeridades ascéticas. Na verdade, a causa principal da liberação está na aquisição de conhecimento ou percepção da situação samsárica da alma por meio de uma espécie de despertar ou percepção extraordinária para a natureza verdadeira, pura e imaculada da alma ou do eu. Essa percepção profunda também inclui a aceitação de que a única maneira de vivenciar a libertação é destruindo, por meio da mortificação ascética – de preferência em um cenário monástico – as consequências cármicas "materiais" acumuladas de ações anteriores e evitar todas as futuras ações cármicas. Além dessas afirmações éticas e metafísicas, os pensadores do sistema Jaina também rejeitam os rituais de sacrifício dos *Vedas*, bem como o monismo dos *Upanishads*.

---

16. Ibid.

A partir do ponto de vista epistemológico, os jainas afirmavam que a realidade possui uma infinidade de aspectos e que todas as afirmações de verdade podem ser confirmadas pela percepção, pelas inferências lógicas ou pelos testemunhos verbais. Como resultado de seu pluralismo ontológico, também afirmavam que todas as verdades são relativas a um cenário específico de referência. Em outras palavras, todas as afirmações ou proposições são verdadeiras de um determinado ponto de vista e falsas de outro.

Considerando essa explicação das características básicas da visão jaina da realidade, não deve ser surpreendente o fato de negarem a existência de um único "Deus" ou ser divino. Na verdade, os pensadores do sistema jaina afirmam que cada alma ou espírito individual tem a capacidade, por meio de uma prática ascética rígida, de desenvolver a consciência infinita ou onisciência, o poder infinito ou a onipotência, além da felicidade absoluta ou a glória eterna. Tudo aquilo que é necessário para essa realização fundamental são as práticas ascéticas suficientemente rígidas que eliminam os pensamentos, as palavras e as ações impuras e nocivas.

A segunda visão "heterodoxa" indiana clássica é o *dassana* Carvaka. Segundo esse sistema materialista, só existem as coisas materiais e, como resultado, não há seres imateriais e, portanto, não existe um eu espiritual. Como a matéria é a única realidade, não existe o pós-vida (exatamente pelo fato de não haver existência além do mundo físico material) e, por consequência, não existe o *kamma*, a escravidão cármica nem a possibilidade do *moksa* ou do *nibbana*. Assim como todos os materialistas, os pensadores Carvaka afirmavam que a única fonte confiável de conhecimento é a experiência dos sentidos e o objetivo da vida é a busca do prazer e o impedimento da dor.

Apesar de materialistas individuais discordarem a respeito do número e tipo de elementos materiais básicos a partir dos quais todas as coisas materiais são compostas, eles parecem ser unânimes em sua negação do *moksa* ou do *nibbana* e sua afirmação do determinismo causal. Seu argumento em favor da última visão parece estar ancorado na crença de que o verdadeiro conhecimento é justificado apenas pela experiência dos sentidos.

Sem nos aprofundarmos nos detalhes de seus argumentos específicos, fica fácil imaginar alguém defendendo o determinismo causal por meio do uso das evidências dos sentidos. Por exemplo, a experiência nos ensina que onde há fumaça, há fogo. Onde há frutas, podemos ver plantas e árvores. Onde há ações, temos resultados ou consequências. Nesses e em muitos outros casos, é óbvio, ao menos no nível da observação direta, tudo aquilo que consideramos como causas e efeitos são associados de formas mais íntimas do que por meio de simples conjunções constantes ou meras sucessões temporais. Além disso, já que também não conseguimos ter qualquer evidência empírica direta de quaisquer tipos imateriais de seres (sejam almas ou outros tipos de "poderes" ou "forças" metafísicas) – dentro ou fora de nós –, parece perfeitamente razoável concluir que os objetos materiais interagem segundo padrões causalmente determinados ou exigidos. Se isso for verdade, então é fácil entender por que alguns materialistas seriam deterministas ou fatalistas.

Um desses pensadores, Gosala, afirmou que os seres humanos não têm liberdade para agir de maneira exata porque todos os resultados são causalmente predeterminados pelo destino ou pelas leis das interações materiais. De acordo com essa visão, apesar da experiência introspectiva interna da escolha, a real consequência de eventos é exigida pelas condições físicas anteriores que as fazem surgir – como as bolas sobre uma mesa de bilhar, cujos caminhos são determinados (presumindo a não existência de interferências externas) pelas forças e impactos de outras bolas em movimento e pelo atrito com a mesa.

Essa visão, entretanto, obviamente não concorda com a afirmação hedonista que sugere que o propósito da vida é a busca do prazer e o impedimento da dor, pois as noções da busca e do impedimento parecem pressupor ou supor a escolha ou, no mínimo, alguma forma de não determinismo. Talvez essa inconsistência e outras incertezas a respeito da metafísica do eu, do *kamma* e do *moksa* tenham sido responsáveis por levar alguns materialistas a defender um ceticismo total com relação a qualquer verdadeiro conhecimento acerca do significado e do propósito da vida e da natureza fundamental da realidade.

Independentemente de suas diferenças individuais, fica claro que a crença unificadora dos pensadores Carvaka como um grupo era sua rejeição da autoridade dos *Vedas*. Ao menos nesse aspecto, eles concordavam com os jainas e o Buda. Por outro lado, sua diferença básica com os jainas, o Buda e outros pensadores "ortodoxos"[17] era sua

---

17. Neste momento, é importante lembrar que a distinção "ortodoxa"/"heterodoxa" é apenas uma dentre diversas formas de esclarecer e compreender a relação entre os vários sistemas filosóficos da Índia antiga. Obviamente, há outras maneiras possíveis de distinguir os inúmeros *dassanas*, por exemplo, segundo suas crenças metafísicas (a respeito da realidade completa, ou de suas partes, isto é, a natureza da pessoa humana, a alma, o espírito ou o eu, o *nibbana*, etc.), ou suas crenças epistemológicas (a respeito da natureza, origem e limites do conhecimento), ou suas crenças éticas (a respeito dos objetivos da vida humana, os elementos da boa vida dos humanos, os padrões de moralidade, o *kamma*, etc.). Deixo por conta dos leitores que investiguem e tracem essas distinções.

rejeição do *moksa*. Já pudemos considerar a visão jaina do *moksa* ou da libertação e, em breve, discutiremos a visão budista das coisas com mais detalhes.

O apelo do Buda

Antes de concluir este capítulo, gostaria de propor mais uma questão. Quero também desafiar o leitor a formular, ao longo do curso da leitura do livro, sua própria visão acerca desse tópico. O que quero considerar é por que os ensinamentos de Siddhattha foram capazes de se enraizar e florescer no tipo de ambiente social, econômico, político e, ainda mais importante, filosófico da antiga Índia.

Richard Gombrich[18] especulou, tendo defendido de modo um tanto persuasivo, que as condições sociais anteriores e durante o tempo em que Siddhattha Gotama viveu contribuíram muito para o sucesso do *Dhamma*. Segundo Gombrich, e conforme deve ficar claro a partir da consideração deste capítulo do contexto indiano do ensinamento de Siddhattha, o Buda deve muito aos seus predecessores e ao contexto social e cultural. Quais foram as condições que contribuíram para o sucesso de sua mensagem?

Gombrich[19] afirma que foram as condições materiais e sociais daqueles que viveram na época de Siddhattha que pavimentaram o caminho do apelo de seu ensinamento e da aceitação de seus seguidores de optar por ele. Em outras palavras, os elementos básicos de seus ensinamentos atraíram aqueles que viviam a situação social, econômica e política da antiga Índia. Essas pessoas e condições incluíam: uma classe nova e emergente dos habitantes ricos da cidade, chefes de família, trabalhadores manuais, comerciantes e industriais, *samanas* ou abdicantes ascéticos, bem como oportunidades cada vez maiores de escolha e sucesso em diferentes formas de vida, deslocamento social, novos mercados comerciais, especialização profissional, uma burocracia crescente e questões e problemas ambientais e de saúde pública.

Como vimos ao longo deste capítulo, além dessas condições materiais e sociais, havia também fatores intelectuais e ideológicos que formavam as condições "espirituais" e o ambiente no qual, e a partir do qual, os ensinamentos do homem que passou a ser chamado de "o Buda" emergiram e floresceram. Além dos oito *dassanas* que já descre-

---

18. Gombrich (1988).
19. Ibid., p. 32-86.

vemos, em especial com respeito à aceitação dos *Vedas* e das atividades eclesiásticas dos brâmanes, outras condições intelectuais vigentes na época de Siddhattha incluíam, segundo Gombrich: um sentido crescente de individualismo religioso; a necessidade de um código de ética para os emergentes sociais, assim como um código de ética para aqueles que eram tanto politicamente ativos quanto predominantemente dominantes (ou seja, reis e regentes); e, por fim, um ambiente livre e vivaz para discussões filosóficas e religiosas vigorosas. Na linguagem do Buda e da tradição budista, essas condições proporcionavam o vínculo causal do qual suas ideias surgiam de modo interdependente.

Apesar de estar claro e, ao que tudo indica, livre de discussões que as condições materiais e espirituais representavam partes importantes na origem interdependente, no desenvolvimento e no florescimento dos ensinamentos de Siddhattha Gotama, gostaria de sugerir que podemos compor um caso plausível e, na realidade, convincente, de que a explicação mais básica para o sucesso do Budismo, no decorrer de sua longa história em diversas áreas sociais, econômicas, políticas, religiosas, filosóficas, culturais e geográficas, está no simples fato de que ao menos alguns de seus ensinamentos são verdadeiros. Na realidade, Aristóteles dizia que muitas pessoas no curso de tempo prolongado acreditando em algo como verdadeiro certamente conta como defesa de sua verdade e também compõe algo que precisa ser explicado. Como resultado, examinaremos com mais detalhes alguns dos elementos mais básicos do *Dhamma* do Buda e os desenvolvimentos históricos posteriores de sua explicação do significado e do propósito da vida e da natureza fundamental da realidade, no intuito de entender como e se seus ensinamentos podem suportar um teste filosófico de sua verdade.

A percepção filosófica mais básica do Buda

Considerando a explicação anterior do pensamento indiano clássico segundo os termos de suas três "visões" abrangentes, o que espero deixar claro nos capítulos seguintes deste livro é que, apesar de o Buda e os outros oito *dassanas* terem muitos pensamentos e ideias em comum, são suas diferenças de pontos de vista que acabam sendo mais interessantes e instrutivas. Na realidade, devo dizer que é em resposta à concepção, articulação e elucidação dos elementos daquilo que chamei de "visão" pós-védica que Siddhattha Gotama e seus contemporâneos desenvolveram suas próprias "visões" filosóficas.

No caso da visão budista, em especial, a tese central deste livro é que a única percepção mais importante e mais básica do Buda histórico está na afirmação de que quem somos e aquilo que achamos que existe é uma função de nossa mente e seus poderes cognitivos. Em outras palavras, é nossa mente e o uso que fazemos dela que determina como vemos e compreendemos o nosso eu, o mundo e outras coisas. No intuito de ajudar a esclarecer aquilo que acredito ser a afirmação do Buda, permita-me sugerir uma analogia e uma história da tradição budista. A analogia é direta; a moral da história está aberta a interpretações – dependerá de como você a entende.

Da mesma maneira que posso manter, moldar e transformar meu corpo físico por intermédio de uma dieta adequada e uma série de treinamentos e programas de exercícios, também posso manter, moldar, transformar e, de fato, fortalecer, melhorar e aperfeiçoar minha mente e seus poderes por meio de práticas e exercícios de meditação. Em outras palavras, a percepção mais básica do Buda é a de que minha mente e a maneira pela qual eu a desenvolvo e a uso determinam como compreendo, encaro e interajo com as coisas ao meu redor. É exatamente essa percepção e poder que dizem que o próprio Buda experimentou e exercitou enquanto meditava embaixo da árvore de *Bodhi*. Na verdade, eu diria que foram as experiências de Siddhattha com seus primeiros professores após sua renúncia, Alara Kalama e Uddaka Ramaputta, junto com suas práticas de meditação da ioga, que formaram o fundamento tanto de sua experiência de iluminação quanto de sua própria compreensão do valor das práticas meditativas para a mente e suas operações.

A história[20] (em resumo), cujas origens são desconhecidas, fala de uma mulher chamada Kisa Gotami que, assim como Cinderela, consegue superar uma situação muito difícil e, por fim, obtém tudo o que

---

20. Há diversos nomes e versões da história, assim como uma infinidade de interpretações dela. Por exemplo, Peter Hershock e Roger Ames (por intermédio de palestras públicas e uma troca de email) oferecem uma interpretação que dizem estar baseada em tradições orais transmitidas pela Linhagem Chan/Son. Na verdade, Hershcok diz que ouviu falar dos comentários chineses que refletem sua (relação) interpretação da história, mas ele, de maneira cautelosa, situa sua própria leitura como simplesmente "culturalmente informada." George Tanabe, por outro lado, não conseguiu encontrar qualquer evidência textual de Kisa Gotami na literatura budista japonesa pré-moderna ou nos dicionários padronizados; sendo assim, sugere que ela pode aparecer na literatura do conto popular (*setsuwa*) e cita Hiro Sachiya (um escritor contemporâneo popular) que usa a história de Kisa Gotami como exemplo do material de pregação pública de Sakyumuni. Seja qual for a fonte da história, há poucas dúvidas de que ela transmite importantes ideias budistas e que nossa compreensão dessas ideias depende tanto de nossa própria maneira de "ver e ouvir" as coisas quanto de nossas sensibilidades culturais (sejam elas indianas, chinesas ou de outra origem).

sempre quis na vida – isto é, um bom marido, um belo filho, uma família carinhosa, etc. Infelizmente e, de algum modo, como Jó nas Escrituras Hebraicas, ela, de repente e de maneira trágica, perde seu filho, sua família e sua saúde mental. Ela se recusa a aceitar a morte de seu filho e sai carregando seu corpo sem vida, enquanto pede que seus vizinhos lhe deem algum remédio. Por fim, um homem sábio recomenda que ela vá procurar Buda para pedir sua ajuda. O Buda concorda em ajudá-la, mas somente depois de ela visitar todas as casas em sua cidade e conseguir uma semente de mostarda de todos aqueles que não foram tocados pela morte. Kisa Gotami rapidamente tenta cumprir a ordem do Buda, mas, com tristeza, logo percebe que não tem como conseguir qualquer semente de mostarda porque todas as casas já haviam sido visitadas pela morte. Por fim, ela volta até o Buda e ele a cura com o remédio de seus ensinamentos a respeito da impermanência de todas as coisas, a universalidade da morte e a necessidade de compaixão por todos os seres.

O que é especialmente relevante nessa história para meus propósitos é o fato de que há ao menos duas interpretações diferentes e concorrentes a seu respeito, sendo que ambas são sustentadas pelos "fatos" da história e dependem, de modo bastante crucial, de como a pessoa lê e entende seu conteúdo. A primeira, que também é a interpretação padrão budista indiana mais óbvia, é que o Buda estava simplesmente tentando fazer com que Kisa Gotami (e seu público) reconhecesse e aceitasse o fato da impermanência e a realidade do sofrimento e da morte. Em outras palavras, ele simplesmente queria que ela (e eles) vissem a verdade de seu *Dhamma*. Uma segunda interpretação, que é também menos óbvia e, às vezes, atribuída aos budistas chineses, é que o Buda estava tentando fazer com que Kisa Gotami voltasse a se conectar com sua comunidade (e, assim, recuperasse seu bem-estar mental e físico) ao compartilhar sua história e restabelecer suas relações com outras pessoas. Com referência a essa interpretação, o que realmente importa, ou ao menos o que poderíamos dizer que o Buda estava tentando transmitir, é a importância das relações de um indivíduo com outras pessoas, em vez da ubiquidade da morte e da mudança. As duas interpretações são apoiadas pelos elementos tradicionais da história. A diferença, eu diria, depende de como você "vê" ou "entende" o conteúdo da história. Nesse aspecto, ao menos, a história e suas diversas interpretações compõem um perfeito exemplo da percepção do Buda de que é nossa mente e os usos que fazemos dela que determinam como vemos e entendemos o nosso eu, o mundo e as coisas ao nosso redor. Além disso, mostrarei neste livro que é exatamente essa percepção e o subsequente desenvolvimento histórico das compreensões budistas dessa ideia simples e tão profunda que formam o coração da "visão" budista da realidade. Ao mesmo tempo, os ensinamentos do Buda não pararam por aí.

Segundo a tradição budista, o Buda histórico foi ainda mais longe e afirmou que nossa compreensão do eu, do mundo e de outras coisas, quando aperfeiçoada de maneira completa, gera ações cujas qualidades morais são comensuráveis com o nível e profundidade da percepção ou da "visão" da mente de uma pessoa. Ou seja, quanto maior a profundidade intelectual do indivíduo na natureza fundamental da realidade, maior será a virtuosidade das ações dessa pessoa. Em resumo, a ação moral é o fruto da percepção intelectual ou, como Sócrates disse uma vez, conhecer o bem é fazer o bem. Analisando de outra forma, gostaria de sugerir que o Buda e Sócrates parecem compartilhar a ideia de que a falta de visão ou percepção nos reinos da epistemologia e da metafísica nos leva, de maneira inevitável, ao fracasso na esfera moral.

A seguir, apresento uma tentativa de traçar o arco do desenvolvimento da percepção básica do Buda enquanto se encontrava embaixo da árvore de Bodhi até os interesses do atual Dalai Lama e Thich Nhat Hanh e seus estudos da mente, vida e consciência. Conforme indicado anteriormente, o ponto de partida desse arco são as diversas respostas da concepção, articulação e elucidação dos elementos daquilo que chamo de "visão" pós-védica de Siddhattha Gotama e seus contemporâneos. No capítulo seguinte, voltamos nossa atenção para os detalhes específicos da resposta da vida de Siddhattha.

Coisas para pensar

1. Quais são as características básicas do contexto intelectual e cultural em que Siddhattha nasceu e foi criado? De que forma os ensinamentos do Buda são um produto de sua cultura?

2. Que tipos de razões filosóficas podem ser dadas para sustentar a ideia de que existe vida após a morte?

3. Qual é a concepção indiana clássica do *kamma*? Você a aceita? Por que ou por que não?

4. Como a percepção filosófica mais básica do Buda está relacionada com as três "visões" apresentadas neste capítulo? Será que as diferentes "visões" representam um aperfeiçoamento da visão indiana da realidade? Por que ou por que não?

5. Que características dos ensinamentos do Buda permitiram que eles florescessem em contextos fora da Índia? Por quê?

3 | Os ensinamentos básicos do Buda

Principais termos e ensinamentos

Anatta/Anatman: Literalmente "não eu", esse termo se refere à negação de um eu ou uma alma (*atta/atman*) fixa, permanente e imutável. Em um nível mais geral, refere-se à negação do Buda de qualquer natureza substancial fixa ou permanente em qualquer objeto ou fenômeno. Segundo o Buda, nada tem existência inerente, pois todas as coisas surgem em dependência de causas e condições impermanentes.

Dukkha/Duhkha: O tópico das Quatro Nobres Verdades, cujo significado original se refere a um cubo de roda fora de centro; "*dukkha*" capta o fato de que a vida nunca atende todas as nossas expectativas, esperanças, sonhos e planos. Normalmente traduzido como "sofrimento", o termo inclui as ideias psicológicas mais amplas de insatisfação, falta de contentamento, desgosto, dor, penúria, frustração e ansiedade.

Caminho Óctuplo: Um resumo básico dos ensinamentos do Buda da moralidade/*sila* (discurso, ação e subsistência certos ou adequados), concentração mental ou cultivação meditativa/*samadhi* (esforço, consciência e concentração certos ou adequados) e sabedoria/*panna* (visão ou compreensão e pensamento ou intenção certos ou adequados).

Quatro Nobres Verdades: A percepção do Buda do *dukkha*; a fonte, origem, surgimento ou causa do *dukkha* (*tanha*); a cessação ou impedimento do dukkha (*niroda*); e o caminho ou trajeto (*magga*) que leva à extinção do *dukkha*.

Kamma/Karma: Literalmente "ação" ou "realização"; esse termo se refere ao fato de que as ações e intenções têm ou geram consequências. Sua explicação budista básica é que tanto as tendências ou hábitos adequados e inadequados produzem ações que basicamente geram frutos ou consequências.

Caminho do Meio: Na metafísica, ou questões relacionadas ao ser, à transformação ou ao não ser, o Caminho do Meio de origem interdependente se posiciona entre os extremos do eternalismo (coisas, eus ou substâncias existentes) e do aniquilacionismo (nada, eu ou substâncias existentes). O Caminho do Meio reconhece as "coisas" como processos, eventos ou acontecimentos que surgem de condições anteriores. Na epistemologia, ou questões relacionadas ao conhecimento, à verdade, à crença e à ignorância, podemos dizer que o Caminho do Meio da verdade elementar se posiciona entre os extremos da ignorância (nem verdade nem conhecimento) e da crença convencional (aquilo que pensamos ou dizemos que é verdade, mas não é). Na ética, ou questões relacionadas à vida adequada, o Caminho do Meio do Caminho Óctuplo se posiciona entre os extremos da indulgência sensual e da mortificação ascética.

Nibbana/Nirvana: Literalmente "extinguir" ou "apagar"; esse termo se refere tanto à libertação final do *samsara* quanto à libertação final do *dukkha*. Compreendido dessa maneira, o termo refere-se à contenção das chamas do *tanha* e, assim, pode ser visto como o objetivo da prática budista.

Panna/Prajna: Na apresentação tradicional dos ensinamentos do Caminho Óctuplo, a "sabedoria" refere-se ao conhecimento libertador da verdade alcançado no despertar ou na iluminação. A visão ou compreensão certa ou adequada, bem como o pensamento ou as intenções certas ou adequadas são os dois primeiros elementos do caminho para a percepção da verdadeira natureza da existência.

Paticca-Samuppada/Pratitya-Samutpada: De modo variado, traduzido como "origem dependente", "surgimento dependente", "coprodução condicionada", "surgimento codependente", "surgimento interdependente" ou "origem interdependente", sendo que todos esses termos se referem à explicação do Buda da causalidade. Em resumo, esse grupo de termos se refere à dinâmica regida pela lei da mudança em que os eventos ou acontecimentos no mundo são causalmente condicionados por, e dependentes de, outros processos, eventos ou acontecimentos.

Samadhi: Na apresentação tradicional dos ensinamentos do Caminho Óctuplo, "concentração" ou "meditação", refere-se aos tipos "certos" ou "adequados" de atitude intelectual necessários para a preservação de nossa prática do caminho. Os estados mentais adequados incluem: esforço, consciência e concentração certos ou adequados.

Samsara: Literalmente, "divagando por/sobre"; esse termo se refere ao contínuo e aparentemente infinito processo cíclico do nascimento, vida, morte e renascimento. De uma forma mais generalizada, refere-se ao mundo condicionado desta vida, seu *kamma* e seu *dukkha* concomitante.

Sila: Na apresentação tradicional dos ensinamentos do Caminho Óctuplo, a "excelência moral" ou "moralidade" refere-se aos três tipos de virtudes necessáriaos para a prática "correta" do caminho. Incluem: discurso correto, ação correta e subsistência correta.

Tanha/Trsna: No contexto das Quatro Nobres Verdades, *tanha*, ou desejo egoísta, cobiça, vontade incorreta, ganância, luxúria e apego, é a causa ou condição principal do *dukkha*. Em seu nível mais básico, é o impulso pela gratificação egoísta e a possessividade que abastecem as chamas do nosso sofrimento.

Três ensinamentos

Embora os exatos acontecimentos da vida de Siddhattha Gotama talvez nunca sejam esclarecidos, a descrição apresentada no **capítulo 1** oferece o pano de fundo contra o qual suas ideias e ensinamentos filosóficos básicos podem ser considerados.

Como vimos, o homem que se tornou "o Buda" ou o "Iluminado" passou por uma revisão radical da vida, assim como toda uma nova compreensão dela. Sejam quais forem os detalhes de sua iluminação, não há dúvidas de que, de acordo com seus seguidores, o despertar do Buda consistia de maneira essencial em uma "nova forma" de ver o mundo e entender seus modos de funcionamento. Essa mudança de paradigma epistemológico pode ser comparada à experiência do despertar de um sonho quando percebemos que aquilo que parecia real, na verdade, não era. De acordo com os seguidores do Buda, esse despertar é mostrado nos três ensinamentos mais básicos de Sakyamuni: o "Caminho do Meio", as Quatro Nobres Verdades e o Caminho Óctuplo.

Em primeiro lugar, o Buda ensina o "Caminho do Meio" entre os extremos do prazer sensual da autoindulgência e os rigores da automortificação ascética:

> "Bhikkhus, esses dois extremos não devem ser seguidos por aquele que decide deixar seu lar. Quais dois? A busca da felicidade sensual por meio dos prazeres sensuais, o que é baixo, vulgar, e a opção das pessoas mundanas, ignóbeis e maléficas; e a busca da automortificação, que é dolorosa, ignóbil e maléfica. Sem desviar sua direção para qualquer desses dois extremos, o Tathagata despertou para o caminho do meio; que faz surgir a visão, o que dá chances para o conhecimento, que nos leva a alcançar a paz, o conhecimento direto, a iluminação e o Nibbana.
>
> E qual, bhikkhus, é o caminho do meio despertado pelo Tathagata, que faz surgir a visão, o que dá chances para o conhecimento, que nos leva a alcançar a paz, o conhecimento direto, a iluminação e o Nibbana? É esse o Nobre Caminho Óctuplo; ou seja, a visão certa, a intenção certa, o discurso certo, a ação certa, a subsistência certa, o esforço certo, a consciência certa, a concentração certa. Esse, bhikkhus, é aquele caminho do meio despertado pelo Tathagata, que faz surgir a visão, o que dá chances para o conhecimento, que nos leva a alcançar a paz, o conhecimento direto, a iluminação e o Nibbana."[21]

Depois de viver e experimentar os excessos e as deficiências dos extremos do prazer e da privação, o Buda foi dolorosamente tomado pela consciência de suas consequências debilitantes. De um lado, os excessos prazerosos de sua vida principesca não eram satisfatórios por, no mínimo, duas razões. Enquanto desfrutava desses prazeres, ele foi duramente tomado pela consciência de sua transitoriedade iminente e, quando se viu sem essas indulgências, compreendeu como era viver sonhando com aquilo que ele sabia que não podia satisfazê-lo de ver-

---

21. *Samyutta Nikaya, Saccasamyutta, Setting in Motion the Wheel of the Dhamma* [Colocando em Movimento a Roda do *Dhamma*], p. 1844.

dade em função de seu estado provisório inerente. Por outro lado, suas experiências com práticas ascéticas extremas o deixaram fisicamente emaciado e mentalmente não realizado. Além disso, essas práticas fracassaram em seu objetivo de produzir os fins anunciados e prometidos; na realidade, deixaram-no mentalmente perturbado e fisicamente debilitado. Assim, seus seguidores insistiam que um dos ensinamentos mais básicos do "Iluminado" era sua insistência no "Caminho do Meio" entre os dois extremos do prazer e da dor.

Um segundo ensinamento básico do Buda envolve uma nova percepção filosófica ou "verdade" – uma nova forma de ver e entender o mundo e sua estrutura metafísica. Essa maneira de conhecer e estar no mundo é apresentada naquilo que tradicionalmente classificamos como seu Primeiro Sermão e está sintetizando naquilo que normalmente chamamos de as Quatro Nobres Verdades. Segundo o Buda,

> Agora, bhikkhus, essa é a nobre verdade do sofrimento: o nascimento é sofrimento; envelhecer é sofrimento; a doença é sofrimento; a morte é sofrimento; o pesar e a lamentação, a dor, a tristeza e o desespero são sofrimentos; a união com aquilo que traz descontentamento é sofrimento; a separação daquilo que traz contentamento é sofrimento; não conseguir aquilo que desejamos é sofrimento; em poucas palavras, os cinco agregados sujeitos ao apego são formas de sofrimento.
>
> Agora, bhikkhus, essa é a nobre verdade da origem do sofrimento: é esse desejo que leva à existência renovada, acompanhado do prazer e da luxúria, em busca do prazer aqui e ali; isto é, o desejo dos prazeres sensuais, o desejo da existência, o desejo da aniquilação.
>
> Agora, bhikkhus, essa é a nobre verdade da cessação do sofrimento: é o desaparecimento e a cessação restante do mesmo desejo, sua desistência e seu abandono desse desejo, a libertação dele, a não dependência dessa vontade.
>
> Agora, bhikkhus, essa é a nobre verdade do caminho que leva à cessação do sofrimento; é esse Nobre Caminho Óctuplo que é a visão certa, a intenção certa, o discurso certo, a ação certa, a subsistência certa, o esforço certo, a consciência certa, a concentração certa.
>
> "Essa é a nobre verdade do sofrimento": assim, bhikkhus, com relação às coisas das quais não ouvimos falar antes, surge em mim a visão, o conhecimento, a sabedoria, o verdadeiro conhecimento e a luz.

"Essa nobre verdade do sofrimento deve ser totalmente compreendida": assim, bhikkhus, com relação às coisas das quais não ouvimos falar antes, surge em mim a visão, o conhecimento, a sabedoria, o verdadeiro conhecimento e a luz.

"Essa nobre verdade do sofrimento foi totalmente compreendida": assim, bhikkhus, com relação às coisas das quais não ouvimos falar antes, surge em mim a visão, o conhecimento, a sabedoria, o verdadeiro conhecimento e a luz.

"Essa é a nobre verdade da origem do sofrimento": assim, bhikkhus, com relação às coisas das quais não ouvimos falar antes, surge em mim a visão, o conhecimento, a sabedoria, o verdadeiro conhecimento e a luz.

"Essa nobre verdade da origem do sofrimento deve ser abandonada": assim, bhikkhus, com relação às coisas das quais não ouvimos falar antes, surge em mim a visão, o conhecimento, a sabedoria, o verdadeiro conhecimento e a luz.

"Essa nobre verdade da origem do sofrimento foi abandonada": assim, bhikkhus, com relação às coisas das quais não ouvimos falar antes, surge em mim a visão, o conhecimento, a sabedoria, o verdadeiro conhecimento e a luz.

"Essa é a nobre verdade da cessação do sofrimento": assim, bhikkhus, com relação às coisas das quais não ouvimos falar antes, surge em mim a visão, o conhecimento, a sabedoria, o verdadeiro conhecimento e a luz.

"Essa nobre verdade da cessação do sofrimento deve ser compreendida": assim, bhikkhus, com relação às coisas das quais não ouvimos falar antes, surge em mim a visão, o conhecimento, a sabedoria, o verdadeiro conhecimento e a luz.

"Essa nobre verdade da cessação do sofrimento foi compreendida": assim, bhikkhus, com relação às coisas das quais não ouvimos falar antes, surge em mim a visão, o conhecimento, a sabedoria, o verdadeiro conhecimento e a luz.

"Essa é a nobre verdade do caminho que leva à cessação do sofrimento": assim, bhikkhus, com relação às coisas das quais não ouvimos falar antes, surge em mim a visão, o conhecimento, a sabedoria, o verdadeiro conhecimento e a luz.

"Essa nobre verdade do caminho que leva à cessação do sofrimento deve ser desenvolvida": assim, bhikkhus, com relação às coisas das quais não ouvimos falar antes, surge em mim a visão, o conhecimento, a sabedoria, o verdadeiro conhecimento e a luz.

"Essa nobre verdade do caminho que leva à cessação do sofrimento foi desenvolvida": assim, bhikkhus, com relação às coisas das quais não ouvimos falar antes, surge em mim a visão, o conhecimento, a sabedoria, o verdadeiro conhecimento e a luz.

Bhikkhus, contanto que meu conhecimento e visão dessas Quatro Nobres Verdades, da maneira que realmente são em suas três fases e 12 aspectos, não sejam totalmente purificados dessa forma, não afirmei ter despertado para a perfeita iluminação sem precedente neste mundo com seus devas, Mara e Brahma, nessa geração com seus ascéticos e brâmanes, seus devas e humanos. Mas quando meu conhecimento e visão dessas Quatro Nobres Verdades, como de fato são em suas três fases e 12 aspectos, não estiverem totalmente purificados dessa forma, eu então afirmei ter despertado para a perfeita iluminação sem precedente neste mundo com seus devas, Mara e Brahma, nessa geração com seus ascéticos e brâmanes, seus devas e humanos. O conhecimento e a visão surgiram em mim: "Inabalável é a libertação da mente. Esse é meu último nascimento. Agora não há mais uma existência renovada".[22]

De acordo com essa passagem, o caminho para a libertação do ciclo do renascimento e do *kamma* começa com a reorientação do conhecimento, da compreensão e da interação causal do indivíduo com o mundo. Os detalhes de suas verdades serão discutidos em breve, mas, por agora, podemos resumi-los da seguinte maneira:

1. Tudo envolve o *dukkha*.
2. O *dukkha* tem uma origem ou causa e condição.
3. O *dukkha* pode ser superado ou curado.
4. Existe um Caminho Óctuplo para a reorientação das práticas e da vida do indivíduo.

Em terceiro lugar, o Buda ensina o Caminho Óctuplo como um método prático de pensar, viver e se relacionar com o mundo que nos leva à cessação do *dukkha*. Segundo seu Primeiro Sermão, os passos do Caminho, que podem ser vistos como uma descrição básica de aconselhamento ético, são:

1. A visão certa ou adequada.
2. O pensamento certo ou adequado.
3. O discurso certo ou adequado.

---

22. Ibid, p. 1844-1846.

4. A ação certa ou adequada.
5. A subsistência certa ou adequada.
6. O esforço certo ou adequado.
7. A consciência certa ou adequada.
8. A concentração certa ou adequada.

O Buda na função de médico

Uma das maneiras mais comuns e úteis de apresentar e compreender os ensinamentos do Buda é considerá-los análogos às melhores práticas de um médico. Imagine, por um instante, que você está doente e precisa de cuidados médicos. Segundo esse método de apresentação, o Buda deve ser visto como um "médico que cura" (como agiu no caso de Kisa Gotami), capaz de diagnosticar sua doença, identificar sua causa ou causas, prescrever um plano de tratamento e, por fim, ajudar você a superar seu problema. Sua doença nesse cenário não é, porém, uma doença do corpo como o câncer, um músculo distendido ou uma perna quebrada. Sua enfermidade é o *dukkha*.

Ao seguir sua iluminação, o Buda faz girar a roda da verdade de seu ensinamento recorrendo aos seus colegas médicos ascéticos para transmitir os frutos de sua experiência e o *Dhamma*. Embora não possamos ter certeza do exato conteúdo desse sermão, parece plausível e adequado, à luz das histórias tradicionais de sua vida, que o misericordioso Buda iniciasse seu ensinamento retornando ao grupo de ascéticos com quem ele passara tanto tempo.

Como vimos, o Buda lhes disse que aqueles que já começaram a trilhar o caminho da iluminação espiritual e renunciaram à vida comum de um chefe de família devem evitar os extremos da indulgência nos prazeres sensuais e rigores da automortificação. Ele falava com base em sua própria experiência. Inicialmente, o Buda havia se dedicado a uma vida de prazer autoindulgente que considerou insatisfatória e vazia. Ele também se dedicara recentemente às práticas comuns da automortificação ascética e também as considerou insuportavelmente dolorosas. Segundo o Buda, os dois extremos eram "indignos e inúteis", exatamente pelo fato de tê-los experimentado como inadequados aos objetivos da iluminação e do *Nibbana*. Ele informou aos ascéticos "enfermos" que sua compreensão do "Caminho do Meio", e não a experiência dos dois extremos, era a responsável por proporcionar a visão, o conhecimento, a tranquilidade, a percepção, a iluminação e o

Nibbana que buscavam. Ele havia vivenciado a libertação que vinham buscando e afirmou que ela só seria alcançada ao trilhar o Caminho Óctuplo do "Caminho do Meio".

Podemos imaginar a reação dos ascéticos. De um lado, eles precisavam superar sua raiva, frustração, ressentimento e suspeita de Siddhattha por ter abandonado seu estilo de vida e, por outro lado, provavelmente estavam curiosos a respeito de suas experiências porque todos sabiam que ele era um grande adepto das práticas ascéticas. Podemos muito bem imaginar a compaixão do Buda por seus colegas seguidores. Ele finalmente havia entendido a verdade do "Caminho do Meio" e estava agora em posição de oferecer ajuda, orientação e "cuidados médicos" para aqueles que ainda estavam tomados pela ignorância e insatisfação de uma prática incompleta. Os "pacientes", que de modo um tanto paradoxal se sentiam dolorosamente cientes e ditosamente ignorantes de suas enfermidades atuais, finalmente estavam na presença de um verdadeiro "médico". O que o médico recomendou?

O diagnóstico do Buda: a Primeira Nobre Verdade

De acordo com seu Primeiro Sermão, o diagnóstico do Buda da doença dos ascéticos, em especial, bem como dos humanos, de modo geral, é chamado de a Primeira Nobre Verdade. Essa verdade é a compreensão de que tudo envolve o *dukkha*, nascer, crescer e envelhecer. Chegamos ao mundo de uma maneira que produzimos o *dukkha* para nossas mães, pais e também para nós mesmos. Passamos pelos processos do crescimento e da maturidade, sendo que as experiências do *dukkha* se multiplicam e aumentam ainda mais. Continuamos envelhecendo e a vida se torna cada vez mais difícil, conforme nos deparamos com as consequências debilitantes das enfermidades físicas, mentais e emocionais. E, por fim, inevitavelmente, morremos.

A Primeira Verdade do Buda é o diagnóstico médico e espiritual de que nossa condição é calamitosa. As vidas dos ascéticos (e nossas vidas também) são cheias de tristeza, lamentação, dor, pesar e desespero. Tudo isso é *dukkha*. E quem diria o contrário? Todos nós já vivenciamos o *dukkha* das coisas desagradáveis como doenças, dores físicas, fome, falta de sono, frustração e ansiedade. Todos nós também já experimentamos o *dukkha* de perder coisas agradáveis como amigos, animais de estimação e outros bens. Quem verdadeiramente poderia dizer que não conseguir o que queremos é um estado de *dukkha*? Ninguém, diz o Buda.

O problema é que não conseguimos ver que tudo isso é resultado da ignorância ditosa de nossa própria ignorância. Não somos chamados para ver nem nos tornamos cientes de como as coisas realmente são e, assim, continuamos na busca impensada de nossa própria insatisfação – o que simplesmente gera mais *dukkha*. A explicação fundamental de tudo isso é, segundo o Buda, a ignorância de nosso verdadeiro eu. Simplesmente não conseguimos ver que nosso modo comum, habitual e ignorante de conceber nosso eu é parte do problema do *dukkha*. Em resumo, o Buda ensina que a maneira com que concebemos e compreendemos quem e o que somos é algo básico de nossa doença – isso também gera o *dukkha*. Por que e como não conseguimos entender as coisas de maneira correta?

A Primeira Nobre Verdade como o diagnóstico do Buda da condição humana tem sido tradicionalmente vista como envolvendo importantes afirmações metafísicas e epistemológicas a respeito da natureza da pessoa humana e de nosso conhecimento da ontologia de nosso eu e de outras coisas no mundo. Como o sermão nos diz, "os cinco agregados do apego" são *dukkha*. Apesar de considerarmos as características das afirmações metafísicas do Buda com mais detalhes nos **capítulos 6 e 7**, agora tentaremos esclarecer o que ele quer dizer quando se refere aos "agregados".

Vamos nos lembrar por um instante que as mais importantes escolas indianas do pensamento religioso e filosófico na época do Buda defendiam a existência de um eu substancial e essencial – um ser imaterial, que transmigrava de vidas passadas para esta vida e também para a vida seguinte. Analisaremos a resposta detalhada do Buda para essas afirmações nos **capítulos 5 e 7**. Por agora, temos apenas que nos lembrar que eles apresentavam esse ser por no mínimo duas razões: em primeiro lugar, para explicar a identidade metafísica do indivíduo nesta vida, assim como nas vidas passada e futura; e, em segundo lugar, para explicar a unidade óbvia de nossa experiência perceptiva. Esse *atman*, ou eu imaterial, era necessário, segundo a tradição indiana e os contemporâneos do Buda, para explicar como nossa identidade pessoal e nossa consciência perceptiva unificada continuavam iguais diante das intermináveis mudanças de nossa experiência diária.

O Buda e seus seguidores, entretanto, de maneira categórica negavam a existência de um ser como esse por no mínimo duas razões: em primeiro lugar, ele envolvia uma hipótese metafísica que era evidentemente impossível de ser comprovada e, em segundo lugar, ele não tinha uma justificativa pelo fato de ser fundamentalmente desnecessário para explicar os fenômenos da experiência ou as verdades do renascimento e do *kamma*. Vamos analisar cada uma dessas razões com mais atenção.

Já vimos que o próprio Buda negava a existência do *atman* pelo fato de se recusar a apresentar a existência de uma entidade cujo ser não podia ser comprovado por meio de uma experiência direta. Ele havia pessoalmente se envolvido com os tipos de experiência meditativa introspectiva que, ao que tudo indica, poderia e teria confirmado a existência contínua e progressiva de seu próprio *atman*, mas ele fracassara em descobrir qualquer essência interior fixa dele mesmo. Ao menos de início, ele e seus seguidores negavam a existência de um eu permanente que sustentava o fluxo constantemente mutável da experiência diária pelo fato de simplesmente não existirem provas empíricas de um eu fixo. Em vez disso, o Buda ensinava o *anatman* ou a visão não duradoura da pessoa humana. Ao mesmo tempo, o Buda também rejeitava a existência do *atman* como algo logicamente necessário para explicar os ensinamentos indianos do renascimento e do *kamma*. Consideraremos suas razões para isso com mais detalhes no **capítulo 5**.

De acordo com o Buda, existe uma série ou um ciclo progressivo de renascimentos que de fato acontece, mas não existe um eu, uma alma ou um *atman* fixo e imutável que passa pela transmigração. Então, como, podemos perguntar, eu, ou de modo ainda mais exato, aquilo que "eu" considero que "eu" sou, reconcilia o mundo em constante alteração da experiência com minha experiência obviamente unificada do "eu"? O Buda explica isso segundo os termos de seu ensinamento do *paticca-samuppada*, ou sua explicação da causalidade.

Traduzido de diversas maneiras como "origem dependente", "surgimento dependente", "coprodução condicionada", "surgimento codependente", "surgimento-interdependente" ou "origem interdependente", o *paticca-samuppada* refere-se ao ensinamento do Buda acerca da dinâmica regida pela lei da mudança diária em que os eventos ou acontecimentos do mundo e a experiência são causalmente condicionados por, e dependentes de, outros processos, eventos ou acontecimentos. No *Nidanasamyutta* ou Discursos Relacionados a respeito da Causalidade, ele diz:

> Então o que, monges, é a origem interdependente? Com a ignorância como condição, formações volitivas passam a existir; com formações volitivas como condição, consciência; com consciência como condição, nome e forma; com nome e forma como condição, as bases dos seis sentidos; com as bases dos seis sentidos como

condição, contato; com o contato como condição, sentimento; com o sentimento como condição, o desejo; com o desejo como condição, o apego; com o apego como condição, a existência; com a existência como condição, o nascimento; com o nascimento como condição, envelhecimento-e-morte, pesar, lamentação, dor, depressão e desespero passam a existir. Essa é a origem de toda essa massa de sofrimento. Isso, monges, é chamado de origem interdependente.

No entanto, com o desaparecimento e a cessação da ignorância, temos a cessação das formações volitivas; com a cessação das formações volitivas, a cessação da consciência... Essa é a cessação de toda essa massa de sofrimento.[23]

Essa rede de acontecimentos interdependentes é a maneira que o Buda usa para dar sentido às características básicas de nossa experiência ordinária do mundo e de nós mesmos, sem apelar para ou apresentar a existência das substâncias permanentes (com relação aos "objetos" do mundo em que vivemos) ou do eu permanente que está passando pela experiência ou vivendo-a. Diferentemente daqueles que insistem no eu e nas substâncias permanentes, ou ao menos no eu permanente, no intuito de dar sentido ao mundo do fluxo e de nossas experiências neste mundo, o Buda e seus seguidores, de modo categórico, negam uma essência fixa ou uma substância imutável em qualquer ser. Em vez disso, eles ensinam que a realidade e nossas experiências nessa realidade são mais bem vistas como processos dinâmicos e progressivos de nos tornarmos algo em que cada "parte" ou "elemento" é em si constantemente condicionado pelo todo e causalmente contribuinte dos intermináveis processos cíclicos dele. Os termos budistas tradicionais para isso são *samsara* e a "cadeia de 12 passos da origem interdependente" e são esses termos e seus referentes que ajudam a esclarecer o significado do Buda dos "cinco agregados do apego" na Primeira Nobre Verdade.

Contra o pano de fundo da origem interdependente, o que o Buda quis dizer com "os cinco agregados do apego" é que a pessoa humana, assim como os "objetos" de experiência, é e deve ser vista como uma coleção ou agregado de processos – *anatman* –, e não como dona de um eu substancial fixo ou imutável – *atman*. Na verdade, a tradição budista identificou os cinco processos, agregados – ou fardos a seguir como constituintes de nosso "eu" verdadeiro:

---

23. *Samyutta Nikaya, Nidanavagga Sutta, The Book of Causation* [O Livro da Causalidade], p. 533-534.

1. *Rupa* – formato/forma material – a forma material ou corporal do ser;
2. *Vedana* – sentimento/sensação – a forma sensorial básica da experiência e do ser;
3. *Sanna/Samjna* – cognição – a interpretação, ordem e classificação mental da experiência e do ser;
4. *Snakhara/Samskara* – atitudes distribucionais – os traços de caráter, respostas habituais e as volições do ser;
5. *Vinnana/Vijnana* – consciência – o processo contínuo de conscientização do ser.

O Buda, então, ensina que cada um desses "elementos" do "eu" nada mais é do que um padrão transitório que surge dentro do contexto progressivo e constantemente mutável das interações de processos. Não existe um eu fixo em mim ou em qualquer objeto de experiência que sustenta ou é a matéria permanente dessas mudanças. E é exatamente meu fracasso em compreender isso que gera o *dukkha*. Além disso, são minhas visões falsas e ignorantes de "mim mesmo" e das "coisas" como substâncias imutáveis que causalmente contribuem e condicionam o *dukkha*, já que essas mesmas visões, de maneira interdependente, surgem do desejo "egoísta" do *tanha*. É a esse processo causal de desejo que o Buda se refere em sua Segunda Nobre Verdade.

A Segunda Nobre Verdade

O Buda ensina que a Segunda Nobre Verdade da origem do *dukkha* envolve o *tanha*, ou o desejo e a possessividade egoísta que estimulam as chamas do *dukkha*. Conforme relatos do Primeiro Sermão, o *tanha* e a ambição entusiasmada que o acompanha contribuem de maneira causal com "nosso" renascimento e participação progressiva do ciclo do *samsara*. Isso acontece de três formas: a primeira, por meio da experiência contínua de prazeres novos e estimulantes em nossos sentidos, nós desenvolvemos de modo impensado um impulso ou um desejo sexual habitual para satisfazer nossa sede insaciável por mais prazeres de sentidos variados; a segunda, esse desejo latente produz uma vontade e uma necessidade de existência em que buscamos preservar nosso "eu" tentando ser uma coisa fixa ou imaginando nosso "eu" como se tornando uma coisa fixa; e a terceira, nós também, de modo simultâneo, experimentamos a sede de remover e superar os obstáculos de nossa satisfação, incluindo nosso "eu" se necessário.

Visto dessa maneira, é fácil entendermos por que o *tanha* é a fonte e a origem do *dukkha*. No primeiro caso, como não diríamos que o constante fluxo mutável do mundo e de nosso "eu" não é a receita certa da frustração? Exatamente quando achamos que as coisas estão perfeitas, vemos surgir uma nova fonte de distração e desejo. Você finalmente consegue o carro novo que sempre quis e, antes mesmo de desfrutar de sua nova aquisição, o modelo do ano seguinte é maior e melhor. Você finalmente consegue marcar um encontro com aquela pessoa que vem paquerando a distância e, de repente, conhece alguma outra pessoa que chama mais sua atenção. Mesmo quando conseguimos exatamente aquilo que queremos, sempre há algo novo que não temos e, assim, você experimenta aquela sensação de estar incompleto.

No segundo caso, você começa a tomar as providências que acha que são necessárias para satisfazer seus desejos e ajudá-lo a ser o que espera ser e, de repente, as consequências cármicas de suas ações e intenções o conduzem na direção do apego no estado do *samsara*. E, por fim, quando algo começa a atrapalhar nossos planos como, por exemplo, aquele motorista lerdo à nossa frente, ou quando as coisas simplesmente não acontecem como esperamos, quando nosso time favorito perde mais um jogo, quem poderia negar as frequentes sensações ruins de frustração e dor dessas situações? Tudo isso é *dukkha*, segundo o Buda, e tudo é causado pelo *tanha*. Então, você pode se perguntar, qual a razão disso tudo?

Exatamente no mesmo momento em que você pode se sentir tentado a jogar a toalha e desistir do jogo, o "Iluminado" nos manda esperar. Existe uma esperança e a chance de conseguirmos deixar nosso predicamento e sofrimento. A linha da vida é o tema da Terceira Nobre Verdade.

A Terceira Nobre Verdade

A Terceira Nobre Verdade fala da cessação do *dukkha* e, na teoria, é um tema bastante direto e óbvio, o que pode também acontecer na prática. De acordo com o Buda, para interrompermos o *dukkha*, temos que impedir sua causa, o *tanha*. Em resumo, se você quer evitar o fruto de uma ação ou intenção, evite a ação ou a intenção. Em outras palavras, se deseja eliminar um efeito, elimine sua causa. Então, o Buda diz que a cessação do sofrimento depende do impedimento total do mesmo desejo que o causa e o condiciona. Em resumo, interrompa o *tanha* para impedir o *dukkha*. Parece um tanto óbvio, mas talvez haja mais segredos por trás dessa verdade do que podemos perceber. Para onde o Buda está nos levando com essa linha de raciocínio?

Se nos lembrarmos mais uma vez de que o Primeiro Sermão é dirigido aos seus colegas ascéticos, o objetivo do Buda pode ser mais óbvio. Ele está, de modo literal e figurado, atingindo seu ponto mais importante. A Terceira Nobre Verdade afirma que a cessação do *dukkha* depende da cessação completa e total do *tanha*. Embora os ascéticos acreditem que estão realizando esse sacrifício, eles não estão. Não há como simplesmente desistirmos do *tanha* como, por exemplo, quando deixamos de comer doces no período da Quaresma, ou abrimos mão de assistir TV todas as noites, ou ainda quando renunciamos o mundo e seus prazeres. A "desistência" vai muito mais além do que abdicarmos de alguma coisa. O Buda parece insistir que devemos totalmente renunciar ao *tanha*, sendo capaz de nos emanciparmos dele de maneira plena e, no final, desapegar-se dele por completo. Com isso, em poucas palavras, ele está falando a respeito da libertação do *samsara* e da conquista fundamental do *Nibbana*.

O Buda parece informar seus colegas ascéticos de que o objetivo final de sua prática só é alcançado quando existe um desapego completo e pleno – incluindo a prática em si. Ele alcançara seu objetivo e agora estava tentando lhes ensinar como fazer o mesmo. Para alcançar o *Nibbana*, o Buda diz, os ascéticos precisam, em primeiro lugar, aceitar o paradoxo de sua percepção. Em outras palavras, o Buda parece estar fazendo uma afirmação inconsistente com referência a ele mesmo. Se seu objetivo é se libertar do *dukkha*, você tem de desejar interromper o *tanha*. Isso poderia parecer, porém, como se estivéssemos dizendo que é preciso desejar não desejar e que tudo, no final, é desejo – *tanha*. O que um bom ascético deve fazer?

Uma solução está em desconsiderarmos a verdade do Buda como algo fatalmente falho em sua lógica. Outra solução é admitirmos que o Buda, na verdade, faz questão de um desejo que, podemos deduzir, é um diferente tipo de *tanha* comum, no intuito de superar o *tanha*. Uma terceira solução está em considerarmos outra possibilidade. Talvez aquilo que o Buda esteja ensinando é que a libertação final do *samsara* e a liberação final do *dukkha* só podem ser realizadas além da extinção das chamas do próprio *tanha*.

O que ele está dizendo aos ascéticos é que não devem apenas impedir o desejo particular dos prazeres sensuais se quiserem interromper o *dukkha*, mas precisam também impedir o desejo mais generalizado do *tanha* em si. Em resumo, eles devem transcender o próprio *tanha* – total e completamente – para conseguir alcançar o *Nibbana*. Ele não estava pedindo que fizessem algo impossível. Ele já havia conseguido aquilo e agora estava alertando-os de que também podiam alcançá-lo se apenas conseguissem se desapegar de seus próprios obstáculos para seguir um novo caminho.

A Quarta Nobre Verdade

A Quarta Nobre Verdade é uma especificação do caminho que leva à cessação do *dukkha*. Como vimos, o Caminho Óctuplo inclui: a visão, o pensamento, o discurso, a ação, a subsistência, o esforço, a consciência e a concentração certos e adequados. De modo tradicional, esses oito elementos foram classificados em três subgrupos relacionados à sabedoria/*panna* (visão ou pensamento), virtude ou excelência moral/*sila* (discurso, ação e subsistência) e concentração/*samadhi* (esforço, consciência e concentração). Embora a verdadeira ordem de apresentação dos agrupamentos seja excelência moral, concentração e sabedoria, a maior parte dos estudiosos não acha que exista qualquer relevância significativa para a ordem dos elementos do Caminho Óctuplo ou de seus subgrupos. A razão para isso é que elementos de cada um deles estão, iterativa e continuamente, reforçando-se uns aos outros durante o dia. O que importa, porém, é que o Buda propôs um plano ético específico e manejável para eliminar o *dukkha* e alcançar o *Nibbana*. Na realidade, o *Majjhima Nikaya* mostra-nos que o Buda insiste, "Tanto antes quanto agora, o que ensino é o sofrimento e a cessação do sofrimento".[24]

Como vimos, as três primeiras Nobres Verdades basicamente falam das afirmações metafísicas e epistemológicas relacionadas à compreensão do *Nibbana*. A Primeira Nobre Verdade preocupa-se com a maneira com que as coisas agem em nosso "eu" e no mundo, além de como elas devem ser vistas. A Segunda Nobre Verdade ocupa-se da causa da Primeira Verdade. A Terceira Nobre Verdade especifica que a causa pode sim ser eliminada. A Quarta Nobre Verdade, então, oferece o aconselhamento moral prático necessário para eliminar o *tanha* e o *dukkha* e alcançar seu objetivo final, o *Nibbana*.

Segundo a mais antiga tradição budista, o caminho da Quarta Nobre Verdade para o *Nibbana* começa com uma aceitação inicial do Buda e de seus ensinamentos como provisionalmente verdadeiros. Em outras palavras, devemos, em primeiro lugar, ouvir e depois nos comprome-

---
24. *Majjhima Nikaya, Alagaddupama Sutta*, p. 234.

termos com o Buda e aquilo que ele ensina como o ponto de partida do caminho. Para começarmos a trilhar esse caminho, devemos, ao menos de modo provisório, acreditar no *kamma*, no *samsara*, no renascimento e em nossa responsabilidade pelas consequências de nossas ações e intenções. Devemos também nos comprometer com a honestidade da visão do Buda. Em resumo, devemos acreditar na palavra do Buda e, então, seguir seus conselhos. Em segundo lugar, nossos pensamentos e emoções devem ser direcionados ao "Caminho do Meio", entre os extremos do prazer sensual e do desejo ofensivo. Em terceiro lugar, devemos sempre utilizar modos adequados de linguagem. Devemos evitar as mentiras e todas as formas de discursos maléficos e, em vez disso, falarmos, como o próprio Buda, com compaixão e bondade com todos os seres. Em quarto lugar, devemos sempre agir de modo correto e moralmente adequado. Em quinto lugar, devemos conduzir nossa vida por meios moralmente louváveis que não possam causar nenhum mal ou sofrimento a outras pessoas. Em sexto lugar, devemos nos comprometer de maneira plena com o esforço necessário para trilhar o caminho. Devemos estar consciente e cuidadosamente atentos, a todo instante e em todos os lugares, aos pensamentos e às respostas que temos com relação às coisas que acontecem conosco e no mundo ao nosso redor. Em sétimo lugar, devemos continuamente cultivar a motivação e a consciência mental necessárias para a prática do caminho da maneira adequada em todos os momentos. Por fim, devemos estimular os diversos níveis de tranquilidade e controle que são os frutos da concentração mental adequada.

Ao mesmo tempo, é importante dizer que o Buda imagina o alcance do caminho acontecendo de diferentes formas e em diferentes níveis ou estágios para diferentes seguidores. No *Anguttara Nikaya*, ele diz:

> Assim como o grande oceano baixa aos poucos, cai ao poucos, inclina-se aos poucos, não de modo abrupto como um precipício; ainda assim, Paharada, esse é o *Dhamma* e a Disciplina: existe um treinamento gradual, uma prática gradual, um progresso gradual; não há penetração do conhecimento final de modo abrupto.[25]

Essa citação e a parte restante do Primeiro Sermão parecem apoiar a ideia do Buda como um guia experiente que entendia que seu público e seus seguidores podiam apresentar diversos níveis ou estágios de

---
25. *Anguttara Nikaya*, p. 203.

preparação para seguir seus conselhos. Na verdade, a última parte do Primeiro Sermão reconhece, de maneira clara, um processo de três passos ou uma perspectiva tripla em cada uma das Quatro Nobres Verdades. Em primeiro lugar, cada Verdade deve simplesmente ser ouvida ou divulgada. Em segundo lugar, todo seu propósito e significado devem ser recebidos e compreendidos. Em terceiro lugar, as Quatro Nobres Verdades devem ser seguidas, vividas e compreendidas. Somente depois que tudo isso foi entendido e praticado de modo diligente, é que o Buda confirmou sua própria compreensão da perfeita iluminação e libertação do *samsara*, prometendo aos seus seguidores que seriam capazes de alcançar o mesmo resultado.

Analisados em conjunto, o Primeiro Sermão e a citação do *Anguttara Nikaya* parecem se complementar e se reforçar. De um lado, apresentam o iniciante do Budismo aos ensinamentos mais básicos do Buda e, por outro lado, informam o iniciante do processo gradual de iniciação, desenvolvimento e compreensão aberta e disponível para todos aqueles que estão dispostos a seguir o caminho do Buda – o caminho em busca da cessação do *dukkha*. Essa antiga técnica do Buda de adaptar sua mensagem ao seu público, por fim, tornou-se conhecida como *upaya*, ou meios especiais. Esse método de prática é um dos ensinamentos fundamentais da última tradição Mahayana, além de um excelente exemplo do tipo de "semente da verdade" encontrada primeiramente no antigo Budismo, também chamado de "Convencional", que passou a ser cultivado pela tradição budista em desenvolvimento. Examinaremos outras "sementes" nos capítulos restantes da **Parte II** e, depois, estudaremos seus frutos nos capítulos da **Parte III**.

Coisas para pensar

1. Quais são as Quatro Nobres Verdades e como elas estão relacionadas entre si?
2. Qual é o passo mais importante do Caminho Óctuplo e por quê?
3. Quais são os pontos fortes e fracos de apresentar o ensinamento do Buda como análogo às práticas de um médico?
4. Quais são as razões indianas tradicionais para acreditarmos na existência de um eu ou alma substancial? Qual é o argumento do Buda contra essas razões? Qual explicação lhe parece melhor e por quê?
5. Quais são os "cinco agregados do apego" e que provas temos para a concepção do Buda da pessoa humana como um "agregado"?

4 | Um Budismo ou muitos Budismos?

Principais termos e ensinamentos

Arahant/Arhat: Páli ou sânscrito para "o digno"; esses termos designam um indivíduo iluminado que superou as impurezas cognitivas e espirituais que causam o renascimento e que já alcançou o *Nibbana* como resultado do acompanhamento dos ensinamentos do Buda, ao contrário de ter alcançado tudo isso por ele mesmo.

Bodhisatta/Bodhisattva: Literalmente, "ser de iluminação"; esses termos se referem ao ideal da prática budista no Budismo Mahayana. Esse ideal deriva, em parte, dos *Contos Jataka*, onde estão descritas as atividades do Buda anteriores à sua iluminação final. Segundo a tradição Mahayana, o *Bodhisattva* antecede sua própria iluminação ou percepção final do *Nibbana* até que ele consegue ajudar todos os outros seres a fugir do *samsara*. Nesse aspecto, o *Bodhisattva* é considerado superior ao *Arahant* que busca sua própria iluminação individual.

Mahasiddha: Termo sânscrito que quer dizer "Grande Mestre" ou "O Totalmente Perfeito". Refere-se ao ideal da prática budista na tradição Vajrayana, aquele que consegue dominar os *Tantras*.

Mahayana: Palavra em sânscrito que quer dizer "o caminho superior" ou "veículo superior"; os seguidores dessa versão do Budismo usavam esse termo para se distinguir de seus predecessores mais antigos, o Hinayana ou "caminho inferior" ou "veículo inferior", de forma mais notável, o Theravada. Acredita-se atualmente que essa forma de Budismo tenha se desenvolvido dentro de algumas comunidades budistas entre 100 a.C. e 200 d. C. Seus ensinamentos, que estão contidos em sua própria literatura da *Perfeição de Sabedoria (Prajnaparamita)*, representam uma grande revisão e reinterpretação de muitas ideias, conceitos e práticas fundamentais do "antigo" Budismo. Entre seus ensinamentos mais básicos estão: a ênfase na sabedoria ou na percepção (*prajna*) e na compaixão (*karuna*), nos esponsais do ideal *Bodhisattva* e no desenvolvimento da ideia do vazio (*sunyata*) como uma maneira de expressar a verdade de que as coisas não possuem naturezas ou essências fixas ou inerentes.

Budismo Convencional: Nome descritivo usado por Paul Williams, Paul Harrison e outros para designar o Budismo não Mahayana. Como Williams observa, essa designação ajuda a evitar o "Hinayana" pejorativo e o tecnicamente incorreto e limitado demais "Theravada" para se referir à forma geral do antigo Budismo fora da tradição Mahayana.

Siddha: Termo sânscrito para "o realizado"; esse termo se refere a um mestre, guia ou guru iluminado na tradição tântrica.

Sunnatta/Sunyata: Termos páli e sânscrito que significam "vazio" ou "nada"; esses termos se referem às interpretações Mahayana da origem interdependente e do estado original da mente.

Tathagata-garbha: Sânscrito para "ventre daquele que assim veio; esse termo se refere à noção Mahayana de que todos os seres de modo intrínseco possuem o potencial de se tornar um Buda ou de possuir a natureza de um Buda.

Tantras: Termo sânscrito usado tanto para os textos esotéricos quanto para a tradição de práticas que se desenvolveram a partir deles. Como uma forma de Budismo Mahayana, esses textos afirmavam oferecer um meio especialmente rápido de iluminação por meio de uma série de práticas rituais e meditativas orientadas por um guru.

Theravada: Termo páli, cujo significado literalmente é "caminho dos anciãos"; essa palavra se refere à única de diversas ramificações antigas da comunidade monástica budista que sobrevive até os dias de hoje. É a forma predominante de Budismo na maior parte do sudoeste da Ásia, principalmente na Birmânia, Cambódia, Laus, Tailândia e Sri Lanka. Os seguidores dessa forma de Budismo são partidários do cânone páli, o mais antigo conjunto completo de escrituras budistas em uma única linguagem canônica. Essa versão do Budismo enfatiza a comunidade monástica ou *Samgha*, a vida de monges e freiras e o *Arahant* como ideal máximo da prática budista.

Vajrayana: Literalmente, "veículo do diamante ou do raio", em sânscrito; essa terceira forma de Budismo enfatiza as práticas rituais e de devoção que são hoje encontradas nas tradições tântricas do Tibete. Como uma forma de Budismo, combina elementos da filosofia Mahayana com as práticas tântricas esotéricas no intuito de ajudar seus praticantes a alcançar a iluminação. Ênfase especial é colocada no papel do guru ou mestre espiritual, que utiliza mantras, mandalas e mudras para ajudar seus seguidores a compreender sua natureza interior de Buda.

Uma questão de abordagem

O objetivo deste capítulo é oferecer a ideia geral de um tema fascinante e, ainda assim, imensamente complicado – a disseminação e o desenvolvimento do Budismo de sua Índia nativa até o Leste e o Sul da Ásia. É óbvio que não é possível apresentar, em uma obra deste porte, nada além do que apenas a descrição básica de um tópico tão complexo. Contudo, acredito que seja uma boa ideia, neste momento de nossa descrição do Buda e do *Dhamma*, perguntar se as posteriores formas históricas do Budismo são variações logicamente consistentes de ideias e temas específicos mais antigos ou a emergência de filosofias budistas totalmente novas e distintas.

Há muitas maneiras de abordarmos esse tópico. Poderíamos, por exemplo, traçar os itinerários históricos de transmissão do modo como os ensinamentos do Buda foram espalhados por seus seguidores para lugares fora da Índia. De acordo com esse método de abordagem, podemos de maneira típica distinguir duas linhas de transmissão: uma rota norte e uma rota sul. A rota do norte vai da Índia até o Nepal, Tibete e a China, chegando também à Coreia e ao Japão. A rota do sul vai da Índia até o Sri Lanka e da Birmânia e Tailândia até grande parte do Sudeste da Ásia, Indonésia e, por fim, Vietnã e Sul da China. É comum nessa abordagem designarmos a rota do norte como a disseminação do Budismo Mahayana (incluindo o Budismo Vajrayana sob ele) e a rota do sul como a disseminação do Theravada ou Budismo Hinayana. É também comum diferenciarmos as diversas espécies de Budismo Mahayana (e não Hinayana e Theravada) por suas regiões geográficas e nacionais. Sendo assim, podemos identificar no Budismo Mahayana suas versões tibetanas, chinesas, coreanas e japonesas. Tudo isso tem a intenção de ajudar a simplificar e esclarecer o que, na realidade, eram situações históricas mais complexas, dinâmicas e complicadas.

Uma vantagem dessa abordagem é que fica mais fácil estabelecer com qual tipo de Budismo você está lidando conforme vai de um país para outro dentro da Ásia. Outra vantagem é que ela oferece uma aproximação satisfatória e generalizada da disseminação geográfica e histórica do Budismo na Ásia. Suas desvantagens, porém, são incontáveis.

Em primeiro lugar, ela pressupõe que de fato havia somente dois tipos distintos e relacionados de Budismo e duas linhas completamente independentes de transmissão. Esse, na realidade, simplesmente não era o caso. Em segundo lugar, a abordagem pressupõe que cada forma nacional de Budismo era um sistema único, independente e monolítico de crenças e práticas. Veremos na **Parte III**, que esse também não era o caso. Em terceiro lugar, essa proposta não é capaz de reconhecer como e por que o Budismo foi alterado e transformado conforme se adaptava a novos lugares, culturas e idiomas. Em quarto lugar, a abordagem também desconsidera a questão bastante importante de como exatamente devemos acreditar e agir para de fato nos tornarmos autênticos budistas. Há obviamente outras desvantagens que podem ser consideradas pelo leitor, mas essa última, ao menos do ponto de vista de uma avaliação filosófica do Budismo, mostra as limitações de uma explicação puramente histórica e geográfica de sua disseminação.

Uma segunda maneira de abordarmos esse tópico é do ponto de vista da antropologia cultural por meio do estudo das práticas sociais e religiosas de pessoas que afirmam ser budistas. Uma vantagem dessa proposta é que ela, na realidade, estuda o que as pessoas fazem e como conduzem suas vidas como praticantes budistas. Uma desvantagem dessa abordagem, entretanto, é que práticas individuais e conjuntas podem ser tão numerosas e tão diversificadas, não apenas em um determinado lugar, mas também em regiões mais geográficas, que se torna quase ou totalmente impossível oferecermos uma explicação geral daquilo que é exatamente necessário e suficiente para que alguém se torne um budista praticante. Uma segunda desvantagem relativa dessa abordagem é que ela pode ignorar ou negligenciar, o que do ponto de vista da filosofia é absolutamente essencial, ou seja, a natureza das crenças que justificam ou sustentam os tipos de práticas com as quais nos engajamos e sua relação com nossas ações.

Uma terceira maneira, que também é unicamente filosófica, de tentar responder se o "Budismo" indica um sistema filosófico único e especial ou uma rede complexa de filosofias distintas e interligadas é começar por uma explicação geral de cada uma das formas a ser considerada, observando suas semelhanças e diferenças ideológicas e, então, decidindo, com base em fundamentos lógicos ou princípios racionais, se as formas que estão sendo consideradas têm ideias essenciais suficientes em comum para serem designadas como uma única visão filosófica.

Em questões de extensão (já que as diversas formas históricas do Budismo são numerosas demais para considerarmos de modo individual) e no intuito de ajudar a simplificar o processo, analisaremos a questão da unidade e do desenvolvimento das ideias e ensinamentos do Budismo com relação às suas três tradições mais amplas: Theravada, Mahayana e Vajrayana.

Tradições múltiplas

O **capítulo 3** falou das ideias e ensinamentos mais básicos do Buda, da maneira que foram preservados nos textos páli de apenas um dos 18 diferentes tipos de formas ou "escolas" antigas do Budismo – a tradição Theravada. De acordo com essa forma antiga ou "Budismo Convencional", como é hoje chamada para ser diferenciada de suas contrapartes Mahayana, os ensinamentos mais fundamentais do Buda são o Caminho do Meio, as Quatro Nobres Verdades e o Caminho Óctuplo. Suas ideias filosóficas mais importantes tratam de *anatta*, *dukkha*, desejo, *kamma*, origem interdependente, *samsara*, sabedoria, meditação, moralidade e *Nibbana*.

O mais surpreendente da visão Theravada dos ensinamentos do Buda, ao menos do ponto de vista de nossa questão motivacional, é que é apenas uma entre muitas formas antigas de Budismo. Além disso, o fato de existir algo entre 15 e 20 antigas "escolas" ou tradições de Budismo deveria nos fazer perguntar por que esse era o caso.

Uma resposta óbvia é que os seguidores do Buda em diferentes lugares formularam suas próprias crenças e práticas locais baseadas em como compreendiam seus ensinamentos orais. Uma segunda resposta é que o Buda histórico, na verdade, dava ensinamentos diferentes a grupos distintos de seguidores em diferentes momentos (ou seja, utilizava-se de métodos *upaya*/especiais) e é por isso que diferentes escolas ou tradições se desenvolveram. Uma terceira resposta possível é que os próprios ensinamentos, da maneira que foram transmitidos de modo oral, eram simplesmente ambíguos e, por essa razão, podiam ser perfeitamente interpretados de diferentes formas por pessoas diferentes.

Uma questão de interpretação

Independentemente da verdadeira resposta histórica, a principal vantagem filosófica que os budistas Theravada tinham em relação aos seus predecessores era que sua versão dos ensinamentos do Buda estava, na realidade, gravada e preservada na forma de textos escritos. Entretanto, essa vantagem traz consigo a desvantagem simultânea de que mesmo os textos escritos têm de ser lidos, compreendidos e interpretados para que sejam colocados em prática. Como resultado, uma maneira de distinguir os diversos tipos de Budismo é ver como cada versão entende e interpreta as ideias e os ensinamentos mais básicos do Buda, ao menos como são encontrados nos textos escritos de uma forma autêntica e geralmente indiscutível de Budismo, isto é, o Theravada.[26] De acordo com esse teste, uma forma generosa de ler o Mahayana e o Vajrayana ou "Budismo não Convencional" é dizer que eles aceitam os mesmos ensinamentos básicos do Buda que seus predecessores Theravada, mas eles reinterpretam, ou ainda, enfatizam ou realçam certas características ou ideias dos ensinamentos que os budistas Theravada haviam ignorado, desconsiderado ou simplesmente negligenciado.

Ideais diferentes

Por exemplo, uma diferença bastante óbvia entre as tradições Theravada, Mahayana e Vajrayana é que o Budismo Theravada propõe o *Arahant* individual ou solitário como o ideal da prática budista, enquanto o Budismo Mahayana dá ênfase na compaixão abnegada do *Bodhisattva* como seu ideal de prática e o Budismo Vajrayana reconhece tanto o *Siddha* ("o perfeito") quanto o *Mahasiddha*[27] ("o totalmente

---

26. Estamos, naturalmente, prescindindo da questão a respeito de a tradição Theravada (ou qualquer outra tradição, por assim dizer) ter compilado, de maneira completa e precisa, os verdadeiros ensinamentos e ideias do Buda histórico.
27. Veja "O Mahasiddha" de Reginald Ray em Kitagawa e Cummings (1989), p. 389-394.

perfeito") como o modelo preeminente de prática budista realizada. Todas as três formas de Budismo propõem um ideal de prática que leva à iluminação e ao *Nibbana* e, portanto, ao menos nesse aspecto, compartilham de um objetivo comum. Contudo, podemos nos perguntar o que essa diferença de ideais representa na teoria e na prática e se essa diferença é grande o suficiente para justificar a afirmação de que temos um novo tipo de Budismo.

Os budistas Theravada acreditam que o *Arahant* alcança o mesmo objetivo que o Buda histórico, a iluminação e o *Nibbana*, mas que ele faz isso com a ajuda dos ensinamentos do Buda, que conseguiu alcançar a iluminação e o *Nibbana* sem qualquer espécie de ajuda. Sob esse aspecto, ao menos, o *Arahant* conquista exatamente o mesmo objetivo do Buda histórico, embora ele o faça por métodos diferentes. Os budistas Mahayana, por outro lado, rejeitam esse ideal *Arahant* de prática "individual" ou "egoísta" como sendo moralmente inferior à atual realização do verdadeiro estado do Buda, que eles afirmam que só pode ser alcançado por meio da grande compaixão de um ser (ou seja, o *Bodhisattva*) que já merece de modo pessoal o *Nibbana*, mas que, assim como o Buda histórico, adia sua realização e se dedica de maneira abnegada a conduzir todos os outros seres ao *Nibbana* em primeiro lugar. Por fim, os budistas Vajrayana afirmam que o Mahasiddha personifica o caráter e os ideais da tradição Vajrayana, com ênfase na meditação, nos poderes mágicos pessoais, na relação entre guru e discípulo e nas práticas não monásticas de ascéticos nômades. Cada um desses três ideais envolve diferenças óbvias na prática e também na teoria. No entanto, a visão de cada tradição do ideal da prática budista também pode ser de algum modo vista apenas como uma diferença de proposta ou abordagem, pois, embora as três formas de Budismo defendam o mesmo objetivo, elas simplesmente propõem caminhos alternativos para se chegar até ele.

Se essas mudanças de ênfase com relação ao ideal da prática budista mais elevada, com exceção das preocupações individuais com a compaixão por toda a comunidade e mais uma vez de volta ao indivíduo, estabelecem diferenças filosóficas importantes e distinções reais entre os Budismos Theravada, Mahayana e Vajrayana, fica por conta do leitor decidir. Independentemente de nossa resposta a essa questão específica com relação à prática ideal, porém, o fato é que, de modo geral, tanto os budistas da tradição Mahayana quanto da Vajrayana aceitam os mesmos ensinamentos básicos (ou seja, o Caminho do Meio, as Quatro Nobres Verdades e o Caminho Óctuplo) dos budistas da tradição Theravada.

Prolongando os ensinamentos: *anatta*

Uma segunda maneira de considerarmos as relações entre os diferentes tipos de Budismo é sugerir que o "Budismo não Convencional" nada mais é que uma elaboração ou um desenvolvimento mais rigoroso dos detalhes das ideias budistas convencionais mais antigas. Essa maneira de considerar os diversos tipos de Budismo difere da anterior, que se ocupava mais de questões de ênfase, por meio da ampliação e da compreensão de um conceito ou ideia para áreas novas e diferentes de aplicação não consideradas anteriormente. Vista dessa forma, podemos falar da predominância de uma ideia que é geralmente defendida por todos os budistas, para depois falarmos de suas diversas variações específicas de interpretação.

Por exemplo, fica claro no **capítulo 3** que os budistas Theravada entendiam que o Buda histórico ensinava a ideia do *anatta* ou do eu-não-permanente da pessoa humana, não apenas pelo fato de não ter nenhuma evidência direta de uma alma fixa ou da existência do *atman*, mas também por não acreditar que sua existência era necessária para explicar os ensinamentos indianos do renascimento e do *kamma*. Os budistas Mahayana, por outro lado, aceitavam e ampliavam esse ensinamento dos seres humanos para todos os seres vivos. Com base nessa visão estendida, o *anatta* é real, no sentido convencional, não pelo fato de não existir uma experiência introspectiva direta do *atman*, nem pelo fato de o *atman* não ser necessário para explicar o renascimento e o *kamma*, mas, na verdade, em função de ser uma das três marcas de todos os seres vivos, bem como o "Caminho do Meio" entre "tudo é" (eternalismo) e "tudo não é" (aniquilacionismo). Em um sentido mais profundo, sério e final, porém, o *anatta* é real para os budistas Mahayana, por causa da verdade da origem interdependente, bem como do vazio (*sunyata*) de todas as coisas. Sem nos aprofundarmos em todos os detalhes de cada versão desse ensinamento específico, o que faremos no **capítulo 7**, é preciso ficar claro, nesse caso, que de fato temos bons argumentos para diferenciarmos o Budismo Theravada do Budismo Mahayana – ao menos com relação à abrangência de seus ensinamentos. Na verdade, se compararmos esses dois ensinamentos do eu-não-permanente com sua contraparte Vajrayana, que examinaremos com mais detalhes no **capítulo 10,** quando considerarmos o Budismo tibetano, temos nossa primeira verdadeira diferença filosófica entre uma visão não essencialista da pessoa humana e uma vertente essencialista sutil de visão consciente da pessoa.

Gostaria de sugerir que o mesmo tipo de diferenças entre as três tradições que estamos considerando pode também ser visto em uma série de outras ideias, incluindo: a relação entre o *samsara* e o *Nibbana*, o valor e o papel da meditação, as esferas da sabedoria e da moralidade, os domínios do *dukkha* e do *tanha* e, até mesmo, a ideia de origem interdependente.

Samsara e *Nibbana*

Considere, por exemplo, a relação entre o *samsara* e o *Nibbana*. O **capitulo 3** deve ter deixado claro que os budistas Theravada aceitam uma distinção real entre o reino presente do *samsara* e sua consequência na forma do *tanha* e do *dukkha*, bem como a cessação do *dukkha* alcançada na libertação do *samsara* e conquista do *Nibbana*. Com base nisso, a conquista do *Nibbana* é o objetivo final do *samsara*, a condição em relação à qual se opõe de maneira direta e diametral. Em outras palavras, o *Nibbana* é a cura final ou a resolução dos problemas do *tanha*, *dukkha* e *samsara*. Os budistas Mahayana, porém, parecem defender uma série de visões diferentes da relação entre o *samsara* e o *Nibbana*.

De um lado, parecem subestimar a importância do *Nibbana* como um objetivo individual e pessoal da vida em virtude de sua aceitação do *Bodhisattva* ideal, isto é, um ser que se mostra disposto a postergar sua própria conquista do *Nibbana* no intuito de trabalhar em favor da realização coletiva. Por outro lado, também afirmam, como os pensadores Madhyamaka fazem, que a percepção do vazio faz com que possamos ver ou entender que o *samsara* e o *Nibbana* são dois lados de uma mesma moeda – eles são, literalmente, a mesma coisa. Na verdade, um tipo semelhante de identificação é ensinado também pelos pensadores Yogacara, que defendem que a cessação do sujeito-objeto ou o pensamento dualista leva ao reconhecimento de que a aparente oposição entre o *samsara* e o *Nibbana* é meramente superficial ou puramente conceitual e não fundamentalmente real.

Por fim, os budistas Vajrayana consideram que sua própria forma de Budismo amplia e desenvolve a explicação Mahayana, principalmente com relação aos poderes do Mahasiddha quando comparados com os do *Bodhisattva*. Eles não apenas veem o *Mahasiddha* como a realização pessoal fundamental da visão do *Bodhisattva*, mas também consideram que ele possui liberdade, poder e santidade ilimitada em oposição direta à nossa experiência comum de um mundo finito e limitado. Afirmam também que o *Mahasiddha* está completamente além de nossa concepção convencional do *samsara* exatamente pelo fato de personificar aspectos universais e infinitos da natureza universal do Buda. Na verdade, sua morte não é, falando de modo estrito, uma passagem natural ou nem mesmo a conquista do *Nibbana*, pois ele continua existindo em um estado espiritual invisível ou reino celestial de onde é capaz e está disponível para aparecer em qualquer tempo subsequente. Vistos dessa maneira, os poderes do *Mahasiddha* permitem que ele transcenda tanto nossa concepção comum de coisas como a vida e a morte, quanto nossa distinção convencional entre o *samsara* e o *Nibbana*.

Teremos a oportunidade de examinar os detalhes de cada uma dessas explicações do *samsara* e do *Nibbana* com mais atenção quando considerarmos as ideias do *moksa* e do *Nibbana* no **capítulo 8**. Neste momento, porém, é preciso deixar claro que as três tradições parecem defender visões amplamente divergentes do *anatta*, *samsara* e *Nibbana*.

Paticca-samuppada

Os mesmos tipos de diferenças e desenvolvimento em termos de elaboração dos detalhes das ideias budistas convencionais antigas também podem ser vistos no conceito do *paticca-samuppada* ou origem interdependente. Como vimos, a tradição Theravada ensina que Siddhattha Gotama ficou totalmente iluminado somente depois de ter entendido por completo a profunda verdade da origem interdependente, ou seja, que todos os fenômenos estão causalmente condicionados e surgem e deixam de existir de maneiras causalmente determinadas. Os budistas Theravada afirmam que o Buda histórico formulou sua compreensão e ensinamento do *paticca-samuppada* com a corrente de 12 elos da origem interdependente. É importante lembrarmos, entretanto, que essa formulação inicial explica a origem interdependente com relação somente ao nascimento, vida, morte e renascimento de um indivíduo específico e não em termos do ser de todos os fenômenos. Sob esse aspecto, essa forma de apresentação é consistente com a antiga visão Theravada do *anatta* como sendo limitado somente aos seres humanos. Mais tarde, os budistas Theravada, assim como Buddhaghosa, por exemplo, ampliaram sua interpretação da cadeia de 12 elos da origem interdependente com relação às vidas passadas, presentes e futuras do mesmo ser humano. Entretanto, foi somente depois que o pensador Madhyamaka, Nagarjuna, no século II da era cristã que a tradição Mahayana ampliou, de forma consciente, os ensinamentos da origem interdependente para todos os seres e fenômenos, afirmando que essa origem dependente era um sinônimo do *sunyata* ou vazio. Segundo essa linha de raciocínio, a ideia da origem interdependente pode ser metafisicamente verdadeira somente se todos os seres e todos os fenômenos forem desprovidos de essências fixas ou seres independentes.

A interpretação Vajrayana desse ensinamento fala de diversas práticas rituais e esotéricas para incluir a identificação formada entre a natureza intrínseca do Buda de um indivíduo e o corpo de diversos Budas cósmicos e *Bodhisattvas*. Por meio da prática de técnicas rituais e meditativas podemos alcançar não apenas a experiência direta de nossa natureza de Budas, mas também receber a proteção e autorização de identificação com um Buda cósmico ou *Bodhisattva*. Essas práticas rituais proporcionaram um método de percepção direta da natureza do Buda nesta vida, fazendo também com que pudéssemos evitar as dificuldades comuns de práticas religiosas ordinárias. Por fim, essas práticas serviram como um veículo da experiência ou percepção direta da unidade e interpenetração de todos os seres e suas naturezas de Buda.

Mais uma vez, parece claro que as três tradições defendem visões amplamente divergentes de uma das ideias mais básicas do Buda. Teremos a oportunidade de considerar mais a respeito das outras diferenças ideológicas entre as diversas formas de Budismo quando apresentarmos uma quarta maneira de distinguir as diferentes tradições abaixo. Antes de considerarmos essa quarta maneira, porém, examinaremos uma terceira forma isolada de comparar as três principais tradições budistas.

Textos diferentes

Uma terceira maneira de considerar as relações entre os diferentes tipos de Budismo é analisando de forma cuidadosa seus respectivos textos. Já refletimos acerca de alguns dos textos em páli do "Budismo Convencional" no **capítulo 3**. Os textos "budistas não convencionais" incluem: o *Prajnaparamita* ou *Sutras da Perfeição da Sabedoria*, o *Sutra Lankavatara*, o *Sutra do Lótus*, o *Sutra Vimalakirti*, o *Sutra do Coração*, o *Sutra Avatamsaka* e a coleção dos *Sutras da Terra Pura*, para citarmos apenas alguns.

Os textos Vajrayana incluem: diversos tantras (embora não seja o caso de dizer que o Vajrayana é coextensivo ao Budismo tântrico[28]), *Meditação Secreta Quíntupla de Vajrasattva*, o *Sutra Mahavairocana*, o *Sutra Tattvasamgraba*, o *Sutra Vajrasekhara* e o *Namasamgiti*.

---

28. Veja Williams e Tribe (2000), p. 192-244.

É preciso deixar claro para todos aqueles que investigam esses textos e seus ensinamentos que essa terceira possibilidade de considerar as relações entre os diversos tipos de Budismo oferece uma das formas mais simples, se não ao menos mais controversas, de diferenciar as várias formas de Budismo. Ela é simples pelo fato de ficar logo evidente para o leitor de qualquer desses textos que falam de diferentes ideias e ensinamentos. Sendo assim, uma das primeiras maneiras de classificar e distinguir as diversas formas de Budismo é começando pelos textos básicos de cada tradição. Contudo, até mesmo essa solução fácil tem suas críticas.

Segundo uma escola de interpretação, a primeira justificativa para a distinção das diversas formas de Budismo não pode estar nos sutras de cada tradição porque os textos em si não apenas podem, mas também devem ser lidos em níveis múltiplos. Além desse princípio hermenêutico, a mesma escola de interpretação afirma que a capacidade particular de uma pessoa de ler e entender os sutras depende do estado das faculdades mentais com que o indivíduo aborda seu conteúdo. Ao menos nesse aspecto, o leitor não deve se esquecer da citação de abertura do *Dhammapada* que afirma que o Buda disse que as coisas são da maneira que as vemos. Na realidade, essa visão vai ainda mais longe e insiste que os próprios ensinamentos foram transmitidos com habilidade pelo Buda histórico no intuito de conciliar suas ideias e ensinamentos aos poderes e capacidades cognitivas ou epistemológicas de seus ouvintes. O que essa visão parece implicar é que cada uma das diferentes tradições é autenticamente budista, mas suas mensagens respectivas foram adaptadas para se adequar às suas plateias.

Por exemplo, podemos imaginar diferentes maneiras pelas quais explicar os jogos de *baseball*, futebol ou basquete para diferentes audiências. Imagine três grupos de ouvintes e jogadores: iniciantes, intermediários e avançados. É claro que existe um determinado sentido em que todos os três grupos irão falar e participar de um mesmo jogo. Para cada jogo temos campos estabelecidos de atuação, regras de conduta, limitações do número de jogadores, etc. Contudo, há também acomodações (isto é, com relação às bolas e outras regras) criadas para jogadores mais jovens e mais inexperientes. Por analogia, então, a mesma coisa vale para o Buda e suas ideias e ensinamentos.

De acordo com essa interpretação, o Buda histórico percebeu que seus primeiros ouvintes não seriam capazes de compreender ou dominar a plenitude de suas ideias e ensinamentos, portanto, de maneira hábil, ele as adaptou aos seus níveis respectivos. Posteriormente, praticantes mais avançados conseguiram compreender e estudar formas tecnicamente mais complexas de suas ideias e ensinamentos, e é isso o que chamamos de Budismo não Convencional (ou seja, Mahayana e Vajrayana) – uma versão mais rica e mais complexa, ou a expressão mais plena de suas ideias e ensinamentos que inúmeras pessoas, ao longo do tempo, conseguiram compreender e praticar. Essas diferenças de métodos especiais de apresentação são mostradas nos diferentes ensinamentos das tradições Theravada, Mahayana e Vajrayana.

Ao mesmo tempo, uma segunda e diferente escola de interpretação afirma que os ensinamentos sucessivos de cada tradição são, na verdade, aperfeiçoamentos atuais das aproximações mais antigas e provisionais de seus predecessores. Segundo essa visão Vajrayana, havia três giros distintos, apesar de relacionados, da roda do *Dhamma*. O primeiro giro foi o primeiro ensinamento público do Buda no Deer Park em Sarnath. Essa foi sua primeira apresentação das Quatro Nobres Verdades no cânone páli. O segundo giro da roda foi a Perfeição dos Sutras da Sabedoria da tradição Mahayana. Esse ciclo se ocupava do tópico do vazio e de nossa experiência dele. O terceiro e último giro da roda do *Dhamma* é o objetivo Vajrayana único do potencial inato da iluminação em todos os seres, chamado de sua essência do estado ou natureza dos Budas. Teremos a oportunidade de examinar essa última visão com mais detalhes nos **Capítulos 11 e 12,** quando estudaremos o Budismo tibetano e o pensamento do Dalai Lama. Por enquanto, porém, devemos deixar claro que essa terceira forma, que supostamente também é bastante simples, de considerar as relações entre os diversos tipos de Budismo por meio do estudo de seus respectivos textos é mais controversa e problemática do que pode parecer.

Diferentes tradições históricas

Uma quarta e última forma de considerarmos as relações entre os diversos tipos de Budismo é prestando mais atenção nas tradições históricas de seus ensinamentos. Assim como a maneira textual anteriormente discutida de classificar os diversos tipos de Budismo, essa maneira de distinguir as formas históricas do Budismo se baseia no simples fato de que os ensinamentos básicos dos diversos tipos de tradições budistas são, ao menos à primeira vista, nominal e conceitualmente diferentes. O Budismo Theravada ou Hinayana não é o Budismo Mahayana e nenhuma dessas duas formas é exatamente igual ao Budismo Vajrayana. O Budismo Madhyamaka não é o mesmo que o Budismo Yogacara, sendo que nenhuma dessas duas formas é igual ao Budismo tântrico. O Budismo indiano é diferente do Budismo chinês e ambos são fundamentalmente diferentes do Budismo japonês e do Budismo tibetano. Na realidade, se analisarmos o desenvolvimento das ideias e dos ensinamentos do Buda histórico a partir das alturas elevadas dos pontos de vista históricos e geográficos, teremos um sentido direto e imediato de toda a abrangência e variação dos ensinamentos do "Buda".

Já pudemos observar que, em um espaço de tempo bastante curto após a morte do Buda histórico, havia não menos que 18 diferentes formas de "Budismo Convencional". Isso não deveria ser tão surpreendente. O Buda ensinara publicamente por um período de 45 anos, ministrando para diferentes tipos de pessoas, educadas ou analfabetas, em diversos locais. Pelo fato de não ter deixado nenhuma autoridade centralizada, com exceção do próprio *Dhamma*, para fazer julgamentos acerca de questões de ortodoxia e da prática correta, não é difícil de entender como diversas interpretações de seus ensinamentos poderiam emergir, e de fato o fizeram mesmo que dentro das mesmas comunidades monásticas.

O problema aumenta ainda mais se estendermos essas mesmas considerações para distâncias geográficas maiores e centenas ou milhares de anos. Não deve ser uma surpresa, portanto, o fato de haver mudanças e desenvolvimentos na compreensão e interpretação das ideias e ensinamentos básicos do Buda, e é exatamente isso que vemos acontecer mesmo pouco tempo depois de sua morte. Sem nos aprofundarmos em detalhes da fascinante história da antiga comunidade de seguidores do Buda, não deve ser difícil imaginar o que aconteceu.

Aquilo que foi tradicionalmente chamado de "Primeiro Conselho" ou "primeira recitação pública" (*sangiti*) do Budismo aconteceu em Rajagaha somente depois de alguns meses após a morte do Buda. O objetivo do encontro (segundo a antiga tradição), convocado e supervisionado pelo monge Mahakasyapa, era estabelecer um relato padronizado dos autênticos ensinamentos do Buda. De acordo com o registro histórico do encontro, cerca de 500 *Arahants* se reuniram para recitar e conciliar um registro oral das ideias e dos ensinamentos do Buda. Dois monges, Ananda e Upali, em particular, tradicionalmente recebem os créditos de recordar os discursos dos ensinamentos básicos do Buda (Ananda) bem como as regras de disciplina da comunidade monástica (Upali). Uma vez recitados, esses registros foram memorizados e transmitidos pelos próximos 200 anos até que foram finalmente transcritos como parte integrante do cânone páli das escrituras chamadas de *Tipitaka*. A princípio, a tradição oral foi dividida em duas coleções ou cestos (*pitakas*). Os discursos coletados do Buda eram chamados de *Sutta Pitaka*, ao passo que as regras de disciplina da comunidade monástica ganharam o nome de *Vinaya Pitaka*. Uma terceira coleção de "Ensinamentos Superiores", também atribuída a Ananda, apesar de provavelmente ser o resultado de muitos anos de reflexão e sistematização filosófica, foi chamada de *Abhidhamma* Pitaka. Essas tradições orais e suas versões subsequentes, como os três cestos ou coleções de textos escritos, compõem a fundamentação bíblica daquilo que chamo de tradição Theravada. No entanto, as coisas eram mais complicadas do que tenho demonstrado.

Não é surpreendente que, cerca de 100 anos depois da "primeira recitação pública", uma "segunda recitação pública" tenha sido reunida em Vesali no século IV a.C. Diferentemente do primeiro encontro, que se preocupou em estabelecer e preservar os ensinamentos básicos do Buda, essa reunião se concentrou em tratar de um desacordo em relação às práticas monásticas particulares e as regras disciplinares, em especial aquelas relacionadas aos problemas de manuseio de dinheiro e nove outras questões práticas. Depois de uma série de discussões, essas questões foram decididas de forma objetiva em favor de uma leitura mais rígida e mais conservadora do *Vinaya*, mas as sementes do futuro desacordo e fragmentação já haviam sido plantadas. Por fim, a comunidade de budistas dividiu-se em dois grupos principais, os *theras/thaviras* ou "anciãos", de onde surgiu a tradição Theravada da qual estamos falando, e os *mahasanghika* ou "grande comunidade", de que, por meio que os estudiosos continuam discutindo, surgiu a tradição Mahayana ou contra o que ela se autodefiniu. Seja qual for a verdadeira história da desintegração, a antiga comunidade "unificada" de seguidores continuou a se dividir em facções e comunidades monásticas cada vez mais distintas.

Ao mesmo tempo que questões práticas acerca das regras disciplinares e da prática monástica estavam sendo debatidas e decididas, também havia discussões e desacordos doutrinais a respeito da devida compreensão filosófica e teórica de muitas das ideias e ensinamentos do Buda. Por exemplo, embora esteja claro que o Buda ensinava que há "cinco agregados do apego", não está claro exatamente qual é a natureza de cada um deles ou como estão metafisicamente relacionados uns com os outros ou com a pessoa a quem estão agregados. A própria tradição textual oferece pouca ajuda nesse aspecto exatamente pelo fato de afirmar que o Buda geralmente se recusava a responder questões metafísicas,[29] pois não as considerava de importância prática, ou fundamentalmente respondíveis, ou conducentes à doutrinação. Na verdade, o Buda, de modo admirável, afirmava que qualquer pessoa que declarasse que não iria praticar ou seguir a vida moral ou ética (isto é, o Caminho do Meio) com o Buda até que ele tivesse respondido suas questões metafísicas a respeito de coisas como perpetuidade e infinidade do mundo físico, a natureza da alma, a natureza do corpo e a relação entre alma e corpo, bem como questões da vida e da existência do Buda após sua morte, certamente morreria sem que o Buda as tivesse explicado. Ele comparava uma pessoa assim com um homem que havia sido golpeado por uma flecha envenenada.

> Imagine, Malumkyaputta, um homem ferido por uma flecha untada com fartura de veneno e, então, seus amigos e companheiros, seus parentes de sangue ou não, trazem um cirurgião para cuidar dele. O homem diz: "Não vou deixar o cirurgião tirar essa flecha até descobrir se o homem que me feriu era um nobre ou um brâmane ou um mercador ou um trabalhador". E ele diz: "Não vou deixar o cirurgião tirar essa flecha até descobrir o nome e o clã do homem que me feriu; (...) até descobrir se o homem que me feriu era alto ou baixo ou de estatura mediana; (...) até descobrir se o homem que me feriu tinha a pele escura, parda ou dourada; (...) até descobrir se o homem que me feriu vive em um vilarejo, uma cidade ou em um centro urbano; (...) até descobrir se o arco da flecha que me feriu era alongado ou arqueado; (...) até descobrir se a corda do arco da flecha que me feriu era de fibra, bambu, tendão, cânhamo ou casca de árvore; (...) até descobrir se a haste que me feriu era de material selvagem ou cultivado; (...) até descobrir com que tipo de penas estava decorada a haste que me feriu – se eram de um corvo, uma garça, um abutre, um pavão ou de uma cegonha; (...) até descobrir com que tipo de tendão estava amarrada a haste que me feriu – se era de um boi, búfalo, veado ou de um macaco; (...) até descobrir que tipo de flecha era a que me feriu – se era ungulada, curvada, farpada, dentada ou de oleandro".

Não havia como esse homem descobrir tudo isso, pois nesse meio tempo iria morrer. Portanto, Malunkyaputta, devemos também assim dizer: "Não levarei a vida sagrada sob a orientação do Abençoado

---

29. Veja, em especial, *Majjhima Nikaya, Culamalunkya Sutta, The Shorter Discourse to Malunkyaputta*, p. 533-536.

até que Ele me diga: 'o mundo é eterno' (...) ou 'após a morte um Tathagata não existe nem deixa de existir'", sendo que tudo isso permaneceria sem ser dito pelo Tathagata e, enquanto isso, essa pessoa iria morrer.[30]

Considerando a história a que me refiro, essa visão específica da resposta do Buda para questões metafísicas e filosóficas é apenas uma entre muitas possíveis interpretações de sua posição considerada desses tópicos.

Apesar, ou talvez em função, da relutância do Buda em responder essas questões de maneira clara e não equivocada, seus seguidores diversas vezes se interpelavam a respeito das respostas budistas corretas para essas perguntas. Na realidade, poderíamos ler a história do Budismo depois dos "Conselhos" ou das "recitações públicas" como discussões mais aprofundadas dos cinco pontos da filosofia budista, bem como debates mais detalhados acerca da natureza da autêntica prática budista. Os primeiros surgiram e influenciaram o desenvolvimento do *Abhidhamma Pitaka*, enquanto a segunda surgiu do trabalho missionário dos seguidores do Buda no tempo em que levavam suas ideias e ensinamentos da Índia para o restante da Ásia e até para outros lugares mais distantes. Não tenho a intenção de sugerir, porém, que esses pontos sejam vistos ou compreendidos como eventos ou acontecimentos distintos e não relacionados. Em vez disso, eles eram dois lados de uma mesma moeda budista ou, ainda melhor, na terminologia budista, surgiram de modo interdependente das complexas condições sociais e humanas em que a teoria filosófica e a prática moral são vividas e seguidas.

Diferentes tradições locais

Desse ponto de vista, fica fácil entender o desenrolar histórico e o desenvolvimento das ideias e ensinamentos do Buda como respostas locais diversificadas para questões filosóficas e práticas a respeito do que o Buda queria dizer com aquilo que falavam que ele dissera e como ele devia ser seguido de maneira autêntica.

Na Índia, por exemplo, havia pelo menos 18 diferentes tradições *Abhidhamma* cujas principais questões e preocupações filosóficas enfocavam o esclarecimento e a explicação das ideias do Buda a respeito da natureza metafísica do mundo e de seus eventos e processos, bem

---
30. Ibid, p. 534-535.

como das estruturas básicas da consciência e seus processos de conhecimento. Ao mesmo tempo que essas tradições eram formadas, havia também os textos Mahayana e os *Sutras*, que estavam sendo compostos e circulados, os quais ofereciam visões concorrentes e, às vezes, incompatíveis de tudo, desde o tipo de ser que era o Buda histórico, até práticas alternativas para alcançar a iluminação e o *Nibbana*. Segundo Paul Williams,[31] essa última tradição do Budismo, que começou a tomar forma por volta do século I a.C., produziu sua própria coleção de escritas que também afirmavam ser as palavras do próprio Buda. No entanto, ele também diz que essa literatura não foi criada por um único grupo unificado de budistas, mas por monges que viviam e praticavam as tradições que já existiam.

De acordo com Williams, o tema em questão desses textos se concentrava na supremacia do Buda como um modelo e em sua percepção e compreensão especiais das coisas. Como um todo, esses textos e *Sutras* defendiam o caminho do *Bodhisattva*, o aspirante à budeidade, como um caminho superior e mais nobre a ser seguido do que o caminho "inferior" do *Arahant*. Na verdade, uma das principais preocupações desses textos veículos "maiores" era a questão do bem-estar de todos os seres e não apenas de um pequeno grupo específico de seres humanos.

Williams também especula que esses antigos budistas Mahayana podem ter se considerado "um reduto justo"[32] contra o declínio moral e espiritual que acontecia ao redor deles em suas comunidades monásticas, o que era um motivo importante para reunir novos Conselhos e recitações. Apesar de alguns seguidores desse caminho "superior" terem considerado suas crenças e textos mais elevados do que suas contrapartes "Hinayana", Williams não acredita que seu comportamento público ou prática individual era tão diferente de qualquer modo fundamental das práticas dos outros membros do *Samgha*. Entretanto, aqueles que inicialmente eram uma minoria de praticantes do Budismo indiano passaram a se ver como seguidores de um caminho "superior" ou Mahayana.

Entre os seguidores subsequentes dessa tradição indiana "superior" estão a Madhyamika ou escola do "Caminho do Meio" de Nagarjuna, a escola Yogacara de Asanga e Vasubandhu, bem como aqueles que aceitavam a literatura *Tathagata-garbha*. Cada um desses grupos de budistas estava engajado em um estudo filosófico sério e uma

---

31. Williams (1989), em especial o capítulo 1 e p. 32-33.
32. Ibid.

especulação a respeito da devida compreensão da explicação do Buda do significado e propósito da vida e também da natureza fundamental da realidade. Com o tempo, considerando-se esses tipos de buscas intelectuais, alguns mosteiros se transformaram em algo parecido com universidades onde os monges e estudiosos podiam ser treinados e estudar os sistemas filosóficos que estavam sendo criados para explicar e compreender as ideias e ensinamentos específicos do Buda.

Ao mesmo tempo que esses eventos aconteciam na comunidade monástica, budistas leigos buscavam seus próprios meios e métodos para compreender a mensagem do Buda. Alguns recorriam às práticas e aos textos tântricos como uma forma de elevar e suplementar suas crenças e práticas religiosas. Essa união de *Tantra* e Budismo é aquilo que por fim passou a ser chamado de Budismo Vajrayana ou Mantrayana, tendo se tornado uma parte importante do Budismo que conseguiu chegar ao Tibete, como veremos no **capítulo 11**.

Não deve ser surpreendente, considerando-se a história dinâmica da disseminação e do desenvolvimento do Budismo dentro da própria Índia, imaginar tipos semelhantes de mudanças e desenvolvimentos enquanto percorria seu caminho para chegar a todas as partes da Ásia. Foi exatamente isso o que aconteceu.

Diferentes respostas geográficas

Na China, assim como na maioria dos outros lugares onde o Budismo chegou, um dos primeiros problemas a ser superado era a diferença de suas línguas. Os textos do Budismo precisavam ser traduzidos para o chinês e em outros idiomas e, para fazer isso, os significados de termos dos textos originais, bem como das línguas-alvo, precisavam ser especificados e definidos. Como já vimos, havia muitos desacordos entre os seguidores imediatos do Buda com relação não apenas ao que ele dizia, mas também ao que ele de fato queria dizer com o que dizia, sendo que tudo isso ficava ainda mais complicado por o Buda histórico parecer ter dito tantas coisas diferentes para tantas pessoas diferentes ao longo de tantos anos em lugares tão distintos. Quando adicionamos a isso tudo as dificuldades linguísticas encontradas enquanto o Budismo percorria seu caminho até chegar a outras partes da Ásia, parece bastante natural questionarmos se algo como a forma "original" (presumindo que existiu alguma coisa assim) ou a forma ou formas mais antigas de Budismo foram preservadas em sua disseminação.

Se observarmos o Budismo na China, por exemplo, vemos que os próprios chineses reconheciam ao menos dez escolas ou tradições de pensamento diferentes. Muitas dessas formas do Budismo chinês podem ser conectadas às suas origens indianas, o que não deve ser uma surpresa. Entretanto, quase metade das formas chinesas de Budismo – Tiantai, Huayan, Chan e Terra Pura – é considerada parte de uma única concepção ou interpretação chinesa do Budismo. Entretanto, tudo isso é verdadeiro sem qualquer consideração das diversas formas do Budismo popular que se desenvolveu na Índia e por toda a Ásia ao lado de formas mais eruditas e "respeitadas" do Budismo monástico profissional.

Na Coreia e também no Japão, vemos os mesmos tipos de problemas e desenvolvimentos. Em cada um desses países havia inicialmente cinco ou seis escolas reconhecidas do Budismo, algumas cujas raízes podiam ser conectadas até suas origens na Índia, mas outras cujas fontes eram encontradas na experiência e compreensão imprevisível e única do Budismo. No Japão, por exemplo, os estudiosos de modo típico distinguem entre as formas de Budismo especificamente indianas em sua inspiração e aquelas peculiarmente japonesas em seu modo de pensar. Entre as últimas colocamos as escolas Tendai e Shingon, bem como a Terra Pura japonesa e os Budismos Zen e Nichiren.

Uma e muitas formas de Budismo

O que tudo isso parece indicar é que não há uma resposta simples para nossa questão do título original deste capítulo que pergunta se existe um Budismo ou muitas formas de Budismo. Por um lado, a resposta parece indicar a existência de muitas formas únicas de Budismo. O Budismo indiano, que tem suas próprias variações, não é exatamente igual ao Budismo chinês, que é obviamente diferente do Budismo tibetano e também do Budismo japonês. Por outro lado, a resposta também parece indicar a existência de apenas uma forma de Budismo, ao menos com relação às suas ideias mais básicas e seus principais ensinamentos, ou seja, o Caminho do Meio, as Quatro Nobres Verdades e o Caminho Óctuplo.

Essa forma única, porém, parece ter assumido inúmeras qualidades e características locais conforme se adaptava aos diferentes cenários geográficos, culturais e históricos. Sendo assim, no sentido filosófico típico, nossa resposta para a pergunta do início deste capítulo que quer saber se o "Budismo" se refere a uma forma única, isto é, um único sistema filosófico, ou a uma rede complexa de filosofias interligadas deve ser tanto "sim" como "não". Por um lado, ela se refere às ideias e aos ensinamentos do Buda histórico, mas, por outro lado, seus ensinamentos e ideias foram adaptados para situações e contextos culturais especificamente distintos, com o resultado de que o "Budismo" agora designa tanto um sistema filosófico único quanto uma rede complexa de filosofias distintas interligadas (isso para não mencionarmos também suas diversas formas "religiosas"). Que essa é a melhor resposta para a pergunta título deste capítulo será algo que ficará mais claro depois de analisarmos com mais cuidado os elementos específicos de algumas das ideias mais básicas do Buda na **Parte II**, assim como suas adaptações históricas e culturais posteriores na **Parte III**.

Coisas para pensar

1. Qual é sua resposta para a pergunta título deste capítulo?
2. O que podem indicar as mudanças nos ideais a respeito da compreensão budista de seus próprios ensinamentos e práticas?
3. Quais ensinamentos básicos todas as três formas de Budismo aceitam e por quê?
4. Como o conceito de *upaya* ajuda a explicar as diferenças entre os diversos textos das três tradições?
5. Como o fato de o Buda ensinar por 45 anos para diversos tipos de ouvintes afeta a forma e o conteúdo de seus ensinamentos?

Parte II
Detalhes do *Dhamma*

A palavra *dhamma/dharma*, cuja raiz significa "unir", "guardar" ou "manter", refere-se a uma variação bastante ampla de entidades e relações. Na verdade, o termo parece ter o campo mais abrangente de referência semântica do que qualquer outra palavra páli (*dhamma*) ou sânscrita (*dharma*). Por um lado, o *dhamma* é usado para se referir tanto aos objetos quanto às suas partes ou elementos (isto é, objetos físicos no mundo ao nosso redor). O termo pode também se referir às relações entre objetos ou, de modo mais generalizado, a qualquer objeto de referência no pensamento ou na fala – da mesma maneira que a palavra "coisa" é usada no português. Por outro lado, o *dhamma* pode ser visto incluindo a "moralidade social" ou a "lei moral" como aquela que une ou mantém as pessoas unidas. Nesse sentido, o *dhamma* refere-se ao padrão ou à ordem fundamental do cosmo e também ao padrão e à ordem aceitos nas regras e leis sociais e éticas dos seres humanos. Visto dessa forma, o *dhamma* inclui as ideias de virtude, dever ou conduta moral e ética correta. Por fim, como termo técnico, o *Dhamma* também se refere aos ensinamentos específicos do Buda. Assim, o Budismo envolve a experiência, a descoberta, a compreensão, a prática e a percepção do *Dhamma*.

Os **capítulos** de **5** a **8** consideram os ensinamentos básicos do Buda com maior número de detalhes, assim também como seus desenvolvimentos históricos. O **capítulo 5** começa com duas histórias que falam da abrangência dos ensinamentos do Buda, bem como de sua atitude geral com relação às ideias filosóficas. Ele recita o pano de fundo religioso e filosófico ante o qual as ideias do Buda a respeito do *kamma*, *samsara* e renascimento foram formuladas. O capítulo, então, considera a concepção de *kamma* do Buda, as evidências a favor e contra ele e as noções de *samsara* e renascimento, além das relações lógicas entre essas ideias. Essa parte do livro também afirma que as ideias do Buda a respeito do *kamma*, *samsara* e renascimento devem ser compreendidas no contexto mais amplo das práticas meditativas do Buda e de sua percepção mais elementar daquilo que somos e daquilo que acreditamos que existe, que é uma função de nossa mente, seus poderes cognitivo ou intelectual e as ações que realizaremos ou que temos a intenção de realizar. Os leitores serão encorajados a considerar por eles mesmos: 1. as evidências a favor e contra as ideias do *kamma*, *samsara* e renascimento; 2. a relação dessas ideias com o contexto mais amplo das práticas meditativas do Buda; 3. as relações lógicas entre essas ideias e suas ligações com outros conceitos filosóficos relacionados.

O **capítulo 6** considera aquilo que talvez seja a única noção metafísica mais importante do Budismo – o *paticca-samuppada*, que é traduzido de diversas formas, ou seja, "origem dependente", "origem codependente", "origem condicionada", "coprodução condicionada", "despertar dependente" ou "origem interdependente". Essas traduções são apenas formas de expressar a percepção do Buda da interconectividade fundamental de todos os seres. De acordo com esse ensinamento do Buda, tudo o que acontece ou passa a existir é resultado de causas e condições anteriores. **O capítulo 6** considera seis concepções distintas, suas relações com as ideias correspondentes do *kamma*, *samsara* e renascimento, a concepção do eu e a conquista do *Nibbana*, além das evidências dessa ideia fundamental.

O *Anicca*/impermanência é uma das "Três Marcas" (junto com o *dukkha* e o *anatta*) ou características universais de toda a existência. Ele capta a ideia de que tudo o que passa a existir já está sempre no caminho para deixar a existência. Considerando-se a discussão anterior da origem interdependente, o **capítulo 7** fala das relações lógicas entre a origem interdependente, a impermanência, o vazio, o *anatta*, o *dukkha*, o *kamma*, o renascimento, a consciência, o *moksa* e o *Nibbana*. O capítulo também introduz os relatos *Abhidhamma* desses termos e, de modo breve, considera seus desenvolvimentos Mahayana.

O *moksa* e o *Nibbana/Nirvana* são os termos indiano e budista para liberdade ou libertação das limitações do *samsara* e do principal objetivo do estilo de vida budista. O **capítulo 8** fala das possibilidades de libertação do giro contínuo da Roda da Vida, com suas chamas/venenos de ignorância, cobiça e ódio, além das características básicas do estado dessa "liberação/extinção". O capítulo considera as evidências da compreensão e da análise do Buda da experiência comum como algo fundamentalmente mal-entendido em função dos efeitos negativos da ignorância e do desejo que levam ao sofrimento de outro nascimento e morte. Ele também considera os méritos das afirmações epistemológicas e morais do Buda de que a meditação e a consciência levam ao estado de iluminação total em que nenhum *kamma* é gerado e no qual o indivíduo vive como um *Arahant* libertado.

5 | *Kamma, Samsara* e renascimento

Principais termos e ensinamentos

Jhana/Dhyana: Termos páli e sânscrito para estado meditativo profundo ou estado intelectual de absorção envolvendo a consciência e a percepção direta da realidade e da experiência. A tradição budista identifica entre quatro e oito estágios ou níveis distintos de concentração meditativa.

Kamma/Karma: Literalmente "ação" ou "proeza"; esse termo se refere ao fato de que as ações, intenções, volições e, em geral, os estados da mente têm ou produzem consequências. A explicação budista básica dele é que tendências ou hábitos mentais adequados ou inadequados, saudáveis ou prejudiciais, geram ações que fundamentalmente produzem frutos ou consequências.

Renascimento: Antiga ideia indiana de que a pessoa renasce depois da morte. Ele geralmente está ligado à ideia do *kamma*. Segundo a cosmologia budista, há seis reinos do renascimento: o reino dos deuses ou devas, o reino dos semi deuses, o reino humano, o reino animal, o reino dos fantasmas famintos e o reino do inferno. Todos os seis reinos são considerados reais, mas algumas formas do Budismo Mahayana afirmam que são mais bem compreendidos como estados da mente.

Rta: Termo indiano para a estrutura básica e o ritmo normativo fundamental que organiza a energia e a existência de todos os seres no Universo. O termo também se refere à regularidade e harmonia da lei das esferas morais e físicas do Universo.

Samsara: Literalmente "divagando por" ou "fluindo sobre"; esse termo passa a ideia de alguém que "perambula sem objetivo e sem direção" e refere-se ao processo cíclico contínuo e aparentemente sem fim do nascimento, vida, morte e renascimento. Em um aspecto mais geral, o termo refere-se ao mundo condicionado desta vida da maneira que ela é vivida e causada pelo *kamma* de alguém com seu *dukkha* concomitante.

Duas histórias

Para conseguirmos ordenar a discussão dos detalhes do *Dhamma* do Buda que iremos analisar nos quatro capítulos seguintes, quero começar por duas histórias que revelam as crenças do Buda a respeito da abrangência de seus próprios ensinamentos, bem como de sua atitude em relação às visões filosóficas em geral.

As escrituras budistas estão repletas de histórias, parábolas e imagens que têm a intenção de instruir, advertir, inspirar, informar e estimular seus leitores. Muitas dessas imagens e contos, que são um tanto comuns, referem-se aos mesmos fundamentos dos ensinamentos mais técnicos do Buda e, quase sempre, abordam os mesmo tópicos e ideias, mas a partir de pontos de vista diferentes. Duas das histórias mais famosas falam de homens cegos e um elefante e do Buda e um punhado de folhas de simsapa.

De acordo com a primeira história, uma vez, enquanto o Buda vivia no Bosque de Jeta em Savatthi, também havia alguns outros ascéticos, brâmanes e nômades de diversas seitas vivendo ali na mesma área. Cada grupo defendia várias ideias, crenças e opiniões, sendo que cada um deles ensinava suas próprias visões. Eles eram, como podemos imaginar, brigões, fanáticos por uma disputa e discutiam entre si dizendo coisas como: "O *Dhamma* é assim, o *Dhamma* não é assim! O *Dhamma* não é assim, o *Dhamma* é assim!".

Um grupo dos seguidores do Buda, ao voltar de uma caminhada em busca de esmolas, observou essas atividades e as relatou ao Buda, que disse:

> Monges, nômades de outras seitas são cegos e sem visão. Eles não sabem o que é benéfico e prejudicial. Não sabem o que é o *Dhamma*

e o que não é o *Dhamma* e, por essa razão, são tão brigões e fanáticos por discussões.

Antigamente, monges, havia um rei em Savatthi que abordou um homem e lhe pediu que reunisse todas as pessoas na cidade que fossem cegas de nascença. Quando o homem terminou de cumprir sua missão, o rei pediu-lhe que mostrasse um elefante aos cegos. Para alguns deles, ele apresentou a cabeça do elefante; para outros; a orelha, para outros; um dente de marfim, a tromba, o corpo, uma pata, a parte traseira, o rabo ou o tufo na ponta do rabo. E para cada um deles, ele disse, "Isso é um elefante".

Quando relatou ao rei o que havia feito, o rei se dirigiu até os cegos e lhes perguntou, "Digam-me, cegos, como é um elefante?"

Aqueles que haviam tocado a cabeça do elefante responderam, "Um elefante, majestade, é exatamente como um jarro de água". Aqueles que haviam tocado a orelha responderam, "Um elefante é exatamente como uma cesta de abano". Aqueles que haviam tocado o dente de marfim responderam, "Um elefante é exatamente como uma relha de arado". Aqueles que haviam tocado a tromba responderam, "Um elefante é exatamente como uma vara de arar". Aqueles que haviam tocado o corpo responderam, "Um elefante é exatamente como um paiol". E cada grupo, da mesma forma, descreveu o elefante fazendo referência às partes que haviam tocado.

Então, enquanto diziam, "Um elefante é assim, um elefante *não* é assim! Um elefante *não* é assim, um elefante *é* assim!", eles começaram a se agredir fisicamente. E o rei se divertiu com aquela cena. Da mesma forma, monges, os nômades de outras seitas também são cegos e sem visão e, assim, começam a brigar, discutir, insultar e ferir uns aos outros com dardos verbais.[33]

Na segunda história, durante o tempo em que o Buda ficou em Kosambi em um bosque de árvores simsapa, ele juntou algumas folhas em sua mão e disse aos monges:

> O que vocês acham, monges, que é mais numeroso: essas poucas folhas que peguei com a mão ou aquelas que estão espalhadas no bosque?
>
> "Venerável senhor, as folhas que o Abençoado pegou com as mãos são poucas, mas aquelas espalhadas no bosque são numerosas."

---

33. Veja Bhikkhu Bodhi (2005), p. 214-215.

Então, monges, da mesma forma, as coisas que de fato sei, mas que ainda não lhes ensinei, são numerosas, enquanto as coisas que lhes ensinei são poucas. E por que, monges, não lhes ensinei todas essas coisas? Porque elas não trazem benefícios, são irrelevantes para os fundamentos da vida espiritual e não levam ao desencantamento, desinteresse, cessação, paz, conhecimento direto, iluminação e ao *Nibbana*. Portanto, não as ensinei.

E o que, monges, eu lhes ensinei? Eu lhes disse: "Isso é sofrimento"; eu lhes disse: "Essa é a cessação do sofrimento"; eu lhes disse: "Esse é o caminho que leva à cessação do sofrimento". E por que, monges, eu lhes ensinei isso? Porque isso é benéfico, relevante aos fundamentos da vida espiritual e conduz ao desencantamento, desinteresse, cessação, paz, conhecimento direto, iluminação e ao *Nibbana*. Portanto, isso eu lhes ensinei.[34]

Quero sugerir que essas histórias nos dão duas importantes percepções da compreensão do Buda dos limites de seus próprios ensinamentos, bem como de seus pensamentos a respeito do compromisso com nossas próprias ideias. A história do Buda e das folhas de simsapa indicam, de maneira clara, que, apesar de conhecer muitas coisas, ele, na verdade, ensina apenas algumas delas, ou seja, as Quatro Nobres Verdades, pois (somente?) elas nos levam a conquistar a iluminação e o *Nibbana*. Não estamos negando a existência de outros ensinamentos que são interessantes e importantes e, até mesmo, logicamente relacionados às Quatro Nobres Verdades, mas que parecem, assim como as questões na história do homem golpeado pela flecha envenenada, ser irrelevantes ao que está de fato em risco, ou seja, cuidar do problema prático que nos é apresentado – a libertação das condições do *samsara*. Em resumo, o ponto parece ser que o Buda ensinava somente o que realmente importava.

A história dos cegos e do elefante, por outro lado, indica de maneira clara que o apego às ideias, quaisquer ideias, até mesmo as do Buda, pode gerar interpretações tendenciosas e distorcidas de como as coisas realmente são. O Buda reconhecia que aqueles que de modo persistente se prendem às suas próprias visões limitadas e, às vezes, dogmáticas das coisas geralmente entram em conflito com aqueles que veem as coisas de outra forma. Na verdade, o Buda parece indicar seu próprio reconhecimento de que as visões de qualquer espécie costumam gerar conflitos e discussões exatamente em função de sua natureza que as torna, assim

---

34. Ibid, p. 360.

como os cegos na história, limitadas em sua abrangência ou campo de visão. O que isso significa é que devemos sempre estar cientes dos perigos do apego dogmático a qualquer ideia, inclusive as que se baseiam nas visões do Buda. Esse é um ponto importante, que muitas vezes é ignorado, mas que não deve ser esquecido quando começamos a considerar algumas das ideias e ensinamentos mais básicos do Buda.

Crenças culturais contemporâneas

Como vimos no **capítulo 2**, os elementos básicos dos ensinamentos do Buda podem ser ligados às ideias cujas raízes podem ser encontradas nas visões pré-védica e védica das coisas. Da visão pré-védica, ele herdou as ideias básicas a respeito da possibilidade do renascimento, o valor das práticas ascéticas e a importância da meditação. A visão védica, por outro lado, proporcionou o contexto intelectual imediato em que, e contra o qual, o Buda e seus contemporâneos formularam suas próprias explicações pós-védicas das coisas.

As origens históricas exatas das ideias indianas do *kamma*, *samsara* e renascimento são menos óbvias. Elas parecem fazer parte daquilo que chamamos de visão pré-védica dos dasas, mas isso não passa de especulação sem qualquer sustentação textual e com base em evidências arqueológicas limitadas que estão longe de ser garantidas. Quando nos voltamos para a visão védica, os próprios *Vedas* não parecem reconhecer, ou na melhor das hipóteses antecipar, aquilo que iria se tornar algo como a compreensão indiana comum desses três conceitos distintos e, ainda assim, relacionados. Nem mesmo os *Upanishads*, que contêm diversas referências[35] a essas ideias, não apresentam nada semelhante a uma explicação completa e sistemática delas.

---

35. Por exemplo, o *Katha Upanishad* diz, "Aquele, porém, que não consegue compreender, que é precipitado e sempre impuro, não alcança o objetivo, mas também renasce"; o *Chandogya Upanishad* diz, "aqueles que apresentam aqui uma conduta de prazer – o prospecto é, na realidade, que eles entrarão em um útero de prazer, seja no útero de um brâmane, ou no útero de um ksatriya, ou no útero de um vaisya. Mas aqueles que apresentam aqui uma conduta fétida – o prospecto é, na realidade, que eles entrarão em um útero fétido, seja no útero de um cão, ou no útero de um suíno, ou no útero de um excomungado"; e o *Brhadaranyaka Upanishad* diz, "O que disseram era o *kamma*. O que enalteceram era o *kamma*. Verdadeiramente, alguém se torna do bem por suas boas ações, ruim por suas más ações" e "segundo suas atitudes, de acordo com sua conduta, assim ele será. Aquele que faz boas ações se torna do bem. Aquele que pratica o mal se torna do mal." E "quando nossa mente está apegada – o eu interno age dessa maneira, mantendo-se apegado somente a isso. Ao chegar ao fim de suas ações, com tudo aquilo que faz neste mundo, ele volta daquele mundo para este mundo de ações." Em Radhakrishnan e Moore (1957), p. 46, 66-67, 83, 87.

Considerando aquilo que sabemos da história e do desenvolvimento do pensamento indiano, não é difícil imaginar que havia uma série de diferentes ideias concorrentes na Índia antiga a respeito do que acontece após a morte e como isso está, ou pode estar, relacionado com aquilo que fazemos enquanto estamos vivos. Conforme indiquei quando apresentei a visão pré-védica, é fácil entender como os antigos indianos conseguiram chegar às ideias do *kamma*, *samsara* e renascimento.

Lembre-se de que já discutimos o fato de que, assim que as necessidades biológicas básicas de um indivíduo por comida, vestuário e abrigo, bem como as preocupações ambientais práticas de alguém a respeito da vida e da segurança estão cuidadas, é natural imaginarmos que essas pessoas podem voltar sua atenção para questões "metafísicas" mais profundas acerca da razão e do propósito de viver e morrer, já que esses são os fatos básicos de toda a vida humana. Também observamos que é bastante óbvio que muitas coisas no mundo estão além do controle humano, sendo muitas vezes difícil, se não impossível, saber ou prever acontecimentos e resultados futuros de ações como, por exemplo, do tempo e das estações climáticas, de desastres naturais ou, até mesmo, de ações humanas. Contudo, é bastante óbvio que muitas dessas mesmas forças e coisas na natureza, incluindo os seres humanos, parecem seguir padrões e até mesmo processos cíclicos previsíveis em suas ações. Não é difícil imaginar os indianos antigos se sentindo confusos diante de questões envolvendo a origem ou as fontes dessa ordem e desses padrões aparentes. Além disso, é fácil imaginá-los pensando se essa ordem é real ou apenas aparente. Por fim, podemos naturalmente imaginar essas pessoas se perguntando se as coisas não estão sob seu controle, então deve haver alguma coisa ou coisas que agem para controlar ou explicar o padrão e a ordem.

"Crenças dos dasas"

Já mencionei que a maneira dos antigos dasas de compreender e lidar com essas questões e problemas comuns da vida era por meio do reconhecimento de algumas origens sobre-humanas ou divinas de poder por trás das forças e coisas da natureza ou nelas envolvidas. Eles também parecem ter reconhecido que a natureza em si ou o cosmo visto como um todo exerce um tipo de controle em relação às questões humanas.

Como todos os humanos, os dasas parecem ter percebido que nós temos o poder de operar de modo simultâneo com a natureza, suas forças e poder, ou contra ela. Eles reconheciam a verdade imutável e inexorável de que os humanos nascem, vivem e morrem, mas também parecem ter defendido a ideia, baseada em suas práticas funerárias, de que a morte não era o fim da vida. Não se sabe ao certo se eles distinguiam de maneira clara entre o renascimento em um mundo diferente (em algum outro lugar) ou se simplesmente as pessoas renascem neste mundo em algum momento futuro. Se consideraram algum tipo de explicação casual (isto é, cármica) de qualquer possível renascimento é algo também incerto.

Como vimos, de maneira tradicional, temos dois tipos de casos para acreditar em uma espécie de existência após a morte. O primeiro tipo de caso "religioso" está ancorado em uma espécie de revelação de um deus ou deuses a respeito de um pós-vida. Em um cenário assim, alguém afirma ter ouvido ou recebido uma mensagem acerca daquilo que espera daqueles que morrem ou do que acontece com eles e outros preferem acreditar na mensagem e na pessoa que recebeu a revelação.

O segundo tipo de caso "filosófico" ou "científico" é justificado por observações de como as coisas parecem acontecer na natureza e pelas inferências lógicas da melhor explicação como uma forma de dar sentido aos dados da experiência. Nesse tipo de caso, vemos pela observação que as coisas e os eventos na natureza parecem seguir padrões ou ciclos regulares e ordenados. O Sol nasce e se põe, a Lua cresce e mingua, as marés sobem e descem e as estações vêm e vão seguindo uma ordem e uma estabilidade relativas. Além desses fatos óbvios, as plantas e as colheitas parecem seguir padrões sazonais e anuais de crescimento, maturação, fruição e morte. Nos casos de flores e plantas perenes, as "mesmas" plantas e flores parecem voltar ano após ano. Um tipo semelhante de coisa também parece valer para os animais e seres humanos e seus filhos. Como essa semelhança pode ser explicada de maneira racional?

Uma possível explicação está em afirmar que as semelhanças e os padrões ou ciclos que vivenciamos em nossas interações com a natureza e outros seres humanos são mais bem explicadas por meio do uso da ideia de que é literalmente o exato, o mesmo indivíduo que nasceu, viveu, morreu e então renasceu mais uma vez. Esse tipo de inferência é justificado como sendo a melhor explicação da experiência confusa e, às vezes, arrebatadora da observação de alguém que não apenas parece e age, mas também fala como outro ser humano já falecido. Em outras palavras, o simples fato de dois indivíduos temporariamente separados se parecerem e agirem de maneiras que são para todas as intenções e propósitos totalmente ou quase totalmente indistinguíveis uns dos outros pode muito facilmente e de modo racional ser explicado por meio do uso da ideia de um eu durável ou perdurável que passa da vida à morte para uma nova vida.

Uma segunda possível explicação, que pode ou não ser separada dos compromissos metafísicos da primeira, é ponderar a partir dos efeitos observados até as causas não observadas. Essa explicação começa com o fato de que fica claro e evidente para os sentidos que os seres humanos, assim como todos os seres vivos por assim dizer, nascem e, por fim, morrem. A natureza cíclica previamente observada dos fenômenos bem como as questões a respeito de onde vem o recém-nascido (presumindo-se que ele não pode vir do nada) parecem exigir que os vivos venham dos mortos de modo a estarem relacionados com o fato de como os mortos vêm dos vivos. Se isso for verdade, então, os vivos do passado devem não apenas continuar a existir em um "mundo" após a morte, mas também têm de morrer novamente neste "mundo" para que possam nascer mais uma vez neste mundo. Essa conclusão, porém, parece exigir duas consequências infelizes: em primeiro lugar, o ciclo de nascimento-vida-morte-renascimento em si parece ser infinito e, em segundo lugar, existe o problema contínuo e latente de morrer diversas vezes. Uma questão óbvia e instigante é se há algum modo de deixar esse ciclo. Uma segunda questão complementar é se existe alguma forma de fugir do problema de morrer novamente. As respostas para essas e outras perguntas relacionadas são exatamente o que a filosofia e a religião indiana clássica procuram responder.

Devemos observar na passagem, entretanto, que nada disso tem a intenção de sugerir que qualquer uma dessas explicações ou qualquer coisa parecida com essas linhas de raciocínio tenham de fato sido formuladas por qualquer indiano antigo, incluindo os dasas, mas apenas para mostrar que alguma coisa semelhante às concepções comuns e de bom senso do *kamma*, *samsara* e renascimento não são logicamente inconsistentes ou incoerentes.

Crenças védicas

Se voltarmos nossa atenção para a visão védica das coisas, fica claro que o mesmo tipo de pluralidade de ideias a respeito do *kamma*, *samsara* e renascimento existe. Como vimos, a visão védica inclui textos dos *Vedas* e dos *Upanishads*, que nem sempre concordam entre si a respeito do significado e do propósito da vida ou da natureza fundamental da realidade. Como mostra a tabela no **capítulo 2**, aquilo que, em favor da simplicidade, chamamos de "visão védica" são, na realidade, ao menos duas visões distintas e concorrentes.

Por um lado, os próprios *Vedas* falam da vida dos humanos após a morte como se envolvesse o renascimento humano e o animal. Eles também, o que não é uma surpresa, falam da relevância e importância cármica dos rituais que são devidamente realizados pelos brâmanes e seus efeitos na existência mundana de uma pessoa, bem como na existência desse indivíduo após a morte. Por fim, os *Vedas* falam das ideias de harmonia ou equilíbrio cósmico e, até mesmo, da ideia de justiça cósmica com o conceito de *rta*. Cada uma dessas ideias parece antecipar ao menos um aspecto de uma ideia mais plenamente desenvolvida do *kamma*.

Os *Upanishads*, por outro lado, em especial da maneira que são citados na nota 35 página 111, representam uma aproximação cada vez mais íntima de ideias plenamente desenvolvidas do *kamma*, *samsara* e renascimento. Cada um dos *Upanishads* citados apresenta de maneira clara ideias diretamente relacionadas às questões da vida após a morte, renascimento, *kamma* e *samsara*. Na verdade, outras passagens nos *Upanishads* também falam dos poderes causais de ações e seus efeitos nas coisas desta vida, como também na vida após a morte. Diferentemente dos *Vedas*, os *Upanishads* abordam não apenas o valor e o significado de ações rituais, mas também toda a esfera das ações humanas além da prática de rituais.

Contudo, apesar dessas extensões das ideias do *kamma*, *samsara* e renascimento, os *Upanishads* como um todo, infelizmente, não são tão claros a respeito de muitos dos detalhes específicos e mecanismos particulares de como cada uma dessas ideias funciona na realidade. Por exemplo, eles não apresentam uma explicação clara da ontologia do agente humano, das forças psicológicas que operam nesse agente que desempenha suas funções, os mecanismos de consequências causais, a variação das possibilidades de renascimento e os efeitos causais e as contribuições de fatores externos e ambientais como, por exemplo, dos deuses e do acaso, sorte, sina ou destino.

Devemos também nos lembrar que, enquanto essas ideias estavam sendo formuladas e defendidas, visões concorrentes e contraditórias a respeito da impossibilidade da vida após a morte, bem como do determinismo causal de todas as ações, estavam sendo desenvolvidas e defendidas por pensadores materialistas e fatalistas como os Carvakas e Gosala e os Ajivakas. Foi em meio a essas discussões e desacordos filosóficos vigorosos e contínuos que Siddhattha Gotama elaborou suas explicações e defesas de suas ideias a respeito do *kamma*, *samsara* e renascimento.

A visão do Buda

Quando voltamos nossa atenção para as ideias e ensinamentos do Buda, fica bastante claro, a partir das tradições textuais mais antigas, que o Buda histórico não apenas aceitava as ideias do *kamma*, *samsara* e renascimento, mas que sua experiência de iluminação embaixo da árvore de *Bodhi* envolveu uma percepção experimental profunda e direta das verdades de todas as três ideias.

Segundo a tradição budista antiga, na noite de sua iluminação, Siddhattha passou por quatro níveis de meditação ou concentração (*jhanas/dhyanas*) e sua "mente ficou então concentrada, purificada, radiante, imaculada, livre de imperfeição, maleável, manejável, estável e fixa na imperturbabilidade".[36]

No primeiro nível de meditação, ele conseguiu concentrar sua mente e se livrar do prazer sensual e dos pensamentos impuros, mas ela continuou engajada no raciocínio racional discursivo. No segundo nível *jhana*, ele conseguiu transcender o raciocínio discursivo e alcançar um estado de paz mental, tranquilidade e calma mais profundo e unificado. No terceiro nível de meditação, foi capaz de superar seus estados emocionais internos e, assim, alcançar um estado da mente mais equilibrado e claro. Por fim, no quarto nível de meditação, ele alcançou uma experiência completa de equanimidade consciente e clareza intelectual que lhe permitiu ter uma percepção penetrante da verdade fundamental a respeito da natureza elementar da realidade e da existência.

Depois de ascender a essas alturas intelectuais e meditativas, os *Sutras* afirmam que Siddhattha literalmente despertou (isto é, tornou-se "o Buda") para as verdades do renascimento, *kamma*, *samsara*, origem interdependente e as Quatro Nobres Verdades nas três vigílias da noite. Durante a primeira delas (ou seja, ao entardecer, entre 18 e 22 horas), ele viu todas as suas vidas anteriores. Durante a segunda vigília (ou seja, noite a dentro, ou entre 22 e 2 da horas), ele viu o renascimento de outros seres segundo seu *kamma* e, com um "olhar divino",[37] ele viu e compreendeu como os seres morrem e reaparecem de acordo com suas ações. Por fim, durante a terceira vigília (ou seja, no raiar do dia, entre 2 e 6 horas), ele não apenas destruiu todas as impurezas, máculas, profanações, desejos, ideias falsas e ignorância mental e emocional, mas também compreendeu a origem interdependente de todos os seres e de

---

36. *Majjhima Nikaya*, p. 341.
37. Ibid, p. 341 e p. 106.

toda a existência, bem como as Quatro Nobres Verdades. Na realidade, dizem que o Buda afirmou,

> Quando soube e vi tudo isso, minha mente conseguiu se libertar da mácula do desejo sensual, da mácula do ser e da mácula da ignorância. Quando se libertou, surgiu o conhecimento: "Está livre". Soube de maneira direta "O nascimento está destruído, a vida sagrada foi vivida, o que devia ser feito foi feito, não há mais nenhum estado do ser".[38]

O que é especialmente importante a respeito dessa passagem com relação ao ensinamento do Buda do *kamma*, *samsara* e renascimento está em seu contexto e em seu conteúdo. Com respeito ao seu conteúdo, está bastante claro que o Buda afirma que ele "soube de maneira direta", isto é, teve uma experiência cognitiva imediata, de que qualquer forma de nascimento, ou mais especificamente renascimento, que poderia ter acontecido como resultado de suas ações passadas estava agora eliminado como consequência de sua prática e iluminação posteriores. Ele não apenas havia eliminado todos os efeitos e impedimentos intelectuais e emocionais, mas também percebera e compreendera as Quatro Nobres Verdades e, por consequência, alcançara aquilo que tinha determinado conquistar quando renunciou sua vida, seu filho e sua família, seus amigos, seus bens e seu próprio estilo de vida em busca de uma resposta para suas questões acerca do significado e propósito da vida. Não havia mais, em resumo, "qualquer possibilidade de um estado do ser" para aquele que havia feito o que devia ser feito.

Com relação ao seu contexto, não há dúvidas de que a iluminação e conquista posterior do *Nibbana* do Buda era um resultado direto de suas atividades intelectuais e práticas meditativas. Todos os relatos de sua iluminação que conheço falam mais ou menos dos detalhes dos passos meditativos e intelectuais por meio dos quais ele finalmente se tornou ciente e despertou para a verdade acerca da realidade. Na realidade, até mesmo a breve descrição de sua vida no **capítulo 1** indicava que foram suas atividades intelectuais, e não suas práticas físicas ascéticas, que pavimentaram de maneira fundamental o caminho para sua percepção da realidade e sua conquista do *Nibbana*. Quero que esse último ponto fique bastante claro.

---

38. Ibid, p. 106.

Apesar de certamente ser verdade que todas as "coisas" contribuem de modo causal com a existência contínua de todas as outras "coisas" e, desse modo, todos os momentos na vida de uma pessoa contribuem com seu desenrolar, ainda assim é possível distinguir fatores causais primários e secundários que contribuem de diferentes formas com a história de sua vida. De acordo com essa compreensão das coisas, então, embora o Buda tenha de fato se engajado em práticas ascéticas sérias, não foram essas ações físicas em si que, de maneira direta, imediata e fundamental, o fizeram obter sua iluminação. Em vez disso, foram suas práticas intelectuais e meditativas que, por fim, fizeram com que ele despertasse para a verdade a respeito de como as coisas são.

Também não devemos nos esquecer, porém, de que não foi qualquer tipo de meditação que fez com que o Buda alcançasse sua iluminação. É preciso lembrar que pouco depois de Siddhattha renunciar seu antigo estilo de vida materialista e hedonista, ele buscou o conselho e auxílio de professores que puderam treiná-lo nas práticas espirituais que o ajudaram a alcançar seu objetivo. À primeira vista, ele buscara a ajuda e os conselhos de dois mestres da ioga, Alara Kalama e, mais tarde, Uddaka Ramaputra, ambos os quais ensinavam e praticavam sistemas diferentes de meditação e concentração mental. Sob a orientação de Alara Kalama, ele rapidamente passou a dominar seus ensinamentos e alcançou o estado de meditação chamado de "a esfera do nada". Segundo essa forma de prática da ioga, Siddhattha conseguiu alcançar um estado meditativo de concentração em que sua mente foi capaz de transcender todos os objetos mentais distintos de pensamentos e repousar no nada. Embora essa prática tenha criado um estado elevado de tranquilidade mental interior, infelizmente ela não o deixou satisfeito. Na verdade, ele disse, "Esse *dhamma* não leva ao desapego, desinteresse, cessação, paz, conhecimento direto, iluminação e ao *Nibbana*, mas somente ao ressurgimento na base do nada".[39] Como resultado, Siddhattha deixou Alara Kalama, apesar de sua oferta de torná-lo um guia espiritual de sua comunidade de seguidores.

Seu segundo professor, Uddaka Ramaputra, ensinava uma forma diferente de prática da ioga que resultou no estado de concentração conhecido como "nem-percepção-nem-não-percepção". Esse estado foi além do nível meditativo da "esfera do nada" e criou uma experiência de consciência mínima. Mais uma vez, Siddhattha rapidamente conseguiu dominar o ensinamento e a prática ensinada por Uddaka. Embora

---

39. Ibid, p. 258.

essa prática meditativa também criasse uma mente tranquila e serena, Siddhattha rejeitou-a pelas mesmas razões que recusara o método de seu primeiro professor, pois não era capaz de proporcionar o objetivo que ele tanto buscava, isto é, a iluminação e a conquista do fim do sofrimento. Mais uma vez, Siddhattha partiu.

É importante lembrar, porém, que, embora Siddhattha tenha recusado a oferta de orientar o grupo de cada mestre, bem como suas formas específicas de práticas da ioga, ele, mais tarde, incorporou os dois estados meditativos que alcançara em seu próprio esquema de meditação, na forma de passos ou estágios para acalmar e tranquilizar a mente como um modo de preparo para a liberação da percepção da iluminação que ele mesmo por fim atingiu. Mais uma vez, o contexto das afirmações do Buda é crucialmente importante aqui, pois proporciona o pano de fundo diante do qual seus ensinamentos devem ser compreendidos.

Devemos nos lembrar por alguns instantes que, depois de não ter sucesso em sua busca por respostas para os problemas e questões da vida nos dois extremos dos espectros do prazer e da dor, Siddhattha decidiu se sentar e refletir em silêncio, sem qualquer forma de rigor psíquico ou físico, a respeito do empenho humano comum. Conforme palavras de Michael Carrithers, "Isso levou à segunda grande mudança em sua vida, pois, dessa reflexão na tranquilidade, finalmente surgiu o despertar e a libertação. Ele havia 'feito o que devia ser feito,' havia solucionado o enigma do sofrimento".[40] O contexto é nitidamente a busca de Siddhattha da iluminação, assim como a prática específica em que ele estava empenhado é a meditação intelectual e a reflexão na tranquilidade – não em práticas ascéticas físicas ou psíquicas. Isso parece indicar, de modo bastante óbvio, que suas percepções e ensinamentos a respeito do *kamma*, *samsara* e renascimento devem ser compreendidos como resultados das experiências meditativas diretas e pessoais durante a busca da iluminação e a conquista do *Nibbana*. Essas obviamente não foram ideias e experiências que surgiram ao longo do curso de sua vida de prazeres principescos ou de sua vida de práticas ascéticas. Elas foram, na realidade, alcançadas somente em sua busca pelo "Caminho do Meio" do propósito e do significado da vida e a natureza fundamental da realidade.

Considerando esse contexto, a verdade do conteúdo dos ensinamentos do Buda a respeito do *kamma*, *samsara* e renascimento, bem como da verdade de suas afirmações acerca da remoção de defeitos ou

---

40. Carrithers (1983), p. 3.

máculas intelectuais ou emocionais, da origem interdependente e, até mesmo, das Quatro Nobres Verdades em si, parece depender direta e imediatamente do estado dos poderes cognitivos, intelectuais e meditativos daqueles que estão investigando e estudando essas ideias. Em outras palavras, podemos de fato entender e captar a verdade fundamental e o significado dessas ideias somente depois de nos engajarmos nos tipos certos de práticas de meditação.

Como vimos, a tradição budista afirma que, na noite de sua iluminação, Siddhattha passou por quatro níveis de meditação ou concentração e que, como resultado dessa prática meditativa, sua "mente ficou concentrada, purificada, radiante, imaculada, livre de imperfeição, maleável, manejável, estável e fixa na imperturbabilidade". Suas visões de seus próprios renascimentos, assim como os renascimentos de outras pessoas segundo seu *kamma*, só foram possíveis depois de ter passado pelos quatro níveis de meditação descritos anteriormente. Na verdade, suas visões da destruição dos defeitos intelectuais e emocionais da mente, o fato da origem interdependente e, por fim, as Quatro Nobres Verdades não aconteceram antes da vigília final da noite. Então, e somente depois dela, o Buda declarou, "Quando soube e vi isso tudo, minha mente conseguiu se libertar da mácula do desejo sensual, da mácula do ser e da mácula da ignorância". Então, e somente depois disso, Siddhattha de fato se tornou "o Buda", pois, nesse instante, e somente nesse instante, ele foi despertado para a verdade a respeito da realidade, libertado das ideias erradas e finalmente livre para conquistar o *Nibbana*.

Considerando essa leitura de sua experiência de iluminação, acredito que deverá começar a ficar claro por que afirmei no **capítulo 2** que a única e mais importante e elementar percepção do Buda está na afirmação de que aquilo que somos e que acreditamos existir é uma função de nossa mente e de seus poderes cognitivos ou intelectuais.

Lembre-se de que propus uma analogia para ajudar a entender o que acredito que o Buda quis dizer. Eu disse que, se o entendo de maneira correta, o que imagino que o Buda está afirmando é que, da mesma maneira que posso manter, moldar e transformar meu corpo físico por meio de uma dieta adequada e um programa de treinamento físico sério, posso também manter, moldar, transformar e, na verdade, fortalecer, melhorar e aperfeiçoar minha mente por meio de práticas e exercícios meditativos. É exatamente essa ideia e esse poder, como vimos, que o próprio Buda pessoalmente experimentou e, de modo diligente, praticou enquanto estava embaixo da árvore de *Bodhi*. Além disso, foram as experiências do Buda com seus primeiros professores, Alara Kalama e Uddaka Ramaputra, e suas práticas meditativas da ioga que formaram os fundamentos de sua própria compreensão do valor das práticas de meditação e, de forma fundamental, seu "despertar" para as verdades acerca da realidade.

Se essa interpretação do despertar do Buda e de suas afirmações estiver correta, fica fácil entender aquilo que ele disse a respeito do *kamma*, *samsara* e renascimento. É também mais simples entender por que ele disse o que disse de cada um desses elementos.

No caso do renascimento, fica claro, a partir dos registros da tradição budista, que, na noite de sua iluminação, o Buda direcionou sua mente para o conhecimento da lembrança de vidas passadas.

> Posso me lembrar de minhas diversas vidas passadas, isto é, um nascimento, dois nascimentos, três nascimentos, quatro nascimentos, cinco nascimentos, dez nascimentos, vinte nascimentos, trinta nascimentos, quarenta nascimentos, cinquenta nascimentos, cem nascimentos, mil nascimentos, cem mil nascimentos, muitas eternidades de contração do mundo, muitas eternidades de expansão do mundo, muitas eternidades de contração e expansão do mundo: "Lá estava eu com outro nome, de um determinado clã, com uma determinada aparência, uma determinada alimentação, uma determinada experiência de prazer e dor, um determinado tempo de vida; e, passando dali, reapareci em outro lugar; e ali também com outro nome, de um determinado clã, com uma determinada aparência, uma determinada alimentação, uma determinada experiência de prazer e dor, um determinado tempo de vida; e, passando dali, reapareci em outro lugar". Assim, com seus aspectos e particularidades, lembrei-me de minhas diversas vidas passadas.[41]

Não pode haver muitas dúvidas a respeito de que o Buda afirmava possuir o poder intelectual de se recordar de suas vidas passadas como resultado de suas práticas de meditação.

No caso do *kamma* e do *samsara*, é bastante óbvio que os *Sutras* afirmam que, na noite de sua iluminação, o Buda direcionou sua mente purificada para o conhecimento da morte e do ressurgimento dos seres.

> Com o olhar divino, que está purificado e supera o olhar humano, vi os seres morrendo e ressurgindo, inferiores e superiores, belos e feios, felizes e infelizes. Compreendi como os seres transitam

---
41. *Majjhima Nikaya*, p. 105 e p. 341.

segundo suas ações e assim: "Esses seres dignos que tiveram uma má conduta do corpo, na fala e na mente, injuriadores de seres nobres, com suas ideias equivocadas, dando força para visões erradas em suas ações, na dissolução do corpo, após a morte, ressurgiram em um estado de privação, em um destino ruim, até mesmo no inferno; mas esses seres dignos que tiveram uma boa conduta do corpo, da fala e da mente, não injuriadores de seres nobres, corretos em suas ideias, dando força para visões corretas em suas ações, na dissolução do corpo, após a morte, ressurgiram em um bom destino, na perdição e, até mesmo, no mundo celestial." Assim, com o olhar divino, que está purificado e supera o olhar humano, vi seres morrendo e ressurgindo, inferiores e superiores, belos e feios, felizes e infelizes, e compreendi como os seres transitam segundo suas ações.[42]

Essa passagem confirma que, como resultado de suas práticas meditativas, o Buda adquiriu o "olhar divino" necessário para ver a morte e o ressurgimento dos seres em diversos estados baseados na natureza de suas ações. Embora não sejam tão evidentes os detalhes mais específicos do *kamma*, não podemos negar que o Buda certamente reconheceu com seu "olhar divino" nossa escravidão do ciclo aparentemente infinito dos renascimentos, que é conhecido como *samsara* – a palavra páli para "divagando ou fluindo sobre" ou "caminhada sem objetivo e direção". Na verdade, o Buda diz: "Monges, esse *samsara* não possui um início constatável. O primeiro ponto é que não podemos diferenciar esse estado de quando os seres perambulam e divagam, impedidos pela ignorância e algemados pelo desejo sensual". [43]

Apesar do *samsara* não possuir um início verificável, sabemos que o Buda afirmava ter descoberto a libertação dele e alcançado não apenas o conhecimento dessa libertação, mas também sabia de modo direto que o renascimento fora destruído e que não havia mais como assumir qualquer outro estado do ser por ele mesmo. Sob esse aspecto, o *Nibbana* é para o Buda, no mínimo, a resolução ou o fim do *samsara*, além de ser também o ponto de libertação ou o *moksa* almejado pela maioria dos pensadores indianos. Teremos a chance de considerar as relações entre essas três ideias com mais detalhes no **capítulo 8**.

---

42. Ibid, p. 106 e p. 341.
43. *Samyutta Nikaya*, p. 957.

Se voltarmos agora à ideia do *kamma*, não será uma surpresa o fato de haver outras passagens nos *Sutras* onde o Buda oferece mais informações importantes de sua compreensão do *kamma* e suas relações com o *samsara* e o renascimento.

Antes de tudo, é importante lembrar o contexto filosófico e religioso indiano no qual Siddhattha formulou sua compreensão do *kamma*. Como vimos, tanto a visão pré-védica quanto a védica incluem certas noções de que o mundo e o cosmo, assim como os eventos naturais e as ações humanas que agem neles, parecem seguir padrões ou ciclos consistentes, recorrentes e até mesmo previsíveis. O Sol nasce e se põe, a Lua cresce e mingua, as marés sobem e descem, as estações do ano e seus efeitos vêm e vão seguindo uma ordem e uma estabilidade relativas e as pessoas costumam, na maior parte das vezes, agir de acordo com seu caráter estabelecido. Muitos desses padrões ou ciclos de atividade demonstram uma regularidade rígida e a maioria deles não parece ser dependente, em nenhum sentido importante, do lugar ou do ambiente. Como resultado, alguns dos temas centrais dos antigos pensadores indianos questionavam se os padrões e ciclos aparentes aconteciam como resultado apenas das forças naturais, ou se eram causados por forças sobrenaturais invisíveis (ou seja, os deuses), ou talvez por algum tipo de combinação de ambos.

Na época do Buda histórico, está claro que havia no mínimo três ou quatro concepções distintas de como explicar os ciclos e os padrões das ordens naturais e humanas. A primeira explicação fala do reconhecimento de um ritmo normativo fundamental que estrutura a energia e a existência de todos os seres. É isso o que significa o termo *rta*.[44] A segunda explicação está na noção de dever ou obrigação em resposta à natureza normativa da realidade. De acordo com essa compreensão védica da realidade, todos os seres têm um *dhamma* – um conjunto de deveres ou obrigações com relação ao que deve ser feito para manter a si mesmo e a ordem da existência – como resultado direto de sua participação na realidade fundamental. O *dhamma* de cada ser é então compreendido em seu *kamma* ou ações e os efeitos consequentes resultantes de suas ações. Para os brâmanes, como vimos, as ações cármicas mais importantes eram aquelas que estavam associadas às práticas rituais que eles acreditavam serem capazes de ajudar a manter a ordem do Universo por meio da união das esferas humanas e divinas do ser. A terceira

---

44. Koller (2006), p. 52-53.

explicação prolonga a ideia do *kamma* do reino dos rituais para todas as ações humanas. Essa compreensão pós-védica das ações humanas é aquilo em que diversos pensadores que viveram antes, durante e depois da vida de Siddhattha Gotama se engajaram para formular e defender. Siddhattha também formulou sua explicação particular, que analisaremos logo adiante. Por fim, uma quarta explicação materialista do ciclo e dos padrões das ordens naturais e humanas afirmava que as forças e condições materiais que agem no Universo determinavam de modo totalmente causal todos os seres, as ações e os acontecimentos. De acordo com essa explicação, todos os eventos que ocorrem devem acontecer exatamente da maneira que acontecem. Todas as consequências ou efeitos são resultados do destino e todos são causalmente necessários e determinados. Não há liberdade, indeterminação ou livre-arbítrio. É claro que o Buda rejeitava essa explicação em função das percepções meditativas que ele conseguiu obter na noite de sua iluminação.

Como vimos, a tradição budista afirma que a verdade da existência, ou o *Dhamma* do Buda, foi alcançada como uma série de percepções do renascimento, *kamma*, *samsara*, origem interdependente e das Quatro Nobres Verdades. Diversos *Sutras* oferecem explicações diferentes de cada uma dessas ideias e de suas relações.

Em alguns textos, por exemplo, descobrimos que o *kamma* faz parte de uma concepção mais ampla de como o Universo como um todo (incluindo os reinos do renascimento) opera, assim como o papel da moralidade em meio a essa operação. Outros textos falam mais das dimensões e implicações éticas específicas das ações humanas. Por exemplo, o Buda, de modo admirável, diz, "É a 'intenção/volição' que chamo de *kamma*; depois de desejar ou formar a intenção, nossas ações agem por meio do corpo, da fala e da mente".[45] De acordo com esse texto, o *kamma* inclui as ações do pensamento, da palavra dita ou escrita que se originam do exercício da intenção, volição ou escolha consciente. Em outras palavras, para o Buda, o *kamma* inclui a ideia de que as ações escolhidas de maneira livre e pretendidas de modo direto irão gerar consequências necessariamente causais apenas na mente ou na mente, no corpo e no mundo.

A inevitabilidade da relação causal entre a intenção, a ação e a consequência na explicação do Buda a respeito do *kamma* não é compreendida de forma mais clara do que quando ele afirma que "os

---

45. *Anguttara Nikaya*, III, 415 conforme traduzido por Gethin (1998), p. 120 e Bodhi (2005), p. 146.

seres são donos de suas ações, herdeiros de suas ações; eles se originam de suas ações, estão presos às suas ações, têm suas ações como seu refúgio. É a ação que classifica os seres como inferiores e superiores".[46] Segundo essa citação, nós não apenas nos originamos, somos donos e herdamos as consequências de nossas ações, mas elas também nos prendem com suas qualidades morais. Em resumo, somos aquilo que fazemos; somos bons ou superiores por causa de nossas boas ações e maus ou inferiores em função de nossas más ações. Mas o que, podemos perguntar, torna nossas ações boas ou más?

Não é uma surpresa o fato de o Buda achar que somos aquilo que fazemos ou que somos os resultados de nossas ações, pois ele, na verdade, afirma que há quatro tipos distintos de *kamma*.

> Há, oh monges, esses quatro tipos de *kamma* por mim declarados depois que os compreendi por mim mesmo por meio do conhecimento direto. Quais são eles?
> Temos o *kamma* sombrio com resultados tristes; temos o *kamma* radiante com resultados felizes; temos o *kamma* que é sombrio e radiante com resultados tristes e felizes; temos o *kamma* que não é sombrio nem radiante, com resultados que não são tristes nem felizes, que conduzem à destruição do *kamma*.[47]

Segundo a tradição budista,[48] os *kammas* "sombrio" e "radiante" estão relacionados com ações "ruins" ou prejudiciais e ações "boas" ou saudáveis respectivamente. O *kamma* que é "sombrio e radiante" se refere às ações más e boas realizadas de modo alternado pela mesma pessoa, enquanto o *kamma* que não é "nem sombrio nem radiante" se refere à ação que é realizada com intenções ou volições que não são boas nem ruins (ou seja, moralmente neutras ou indiferentes). Acredita-se normalmente que esse quarto tipo de *kamma* seja o da ação realizada por um ser iluminado como o Buda, que transcendeu os limites do mundo do *kamma*, *samsara* e renascimento por meio de sua percepção da verdade fundamental e da realidade.

Além desses quatro tipos de *kamma*, a tradição budista também diz[49] que os ensinamentos do Buda poderiam ser organizados pelo

---

46. *Majjhima Nikaya*, p. 1053 e p. 1057.
47. *Anguttara Nikaya*, 4: 232 conforme traduzido por Bodhi (2005), p. 155.
48. Bodhi (2005), p. 147.
49. *Digha Nikaya*, *Sangiti Sutta*: *The Chanting Together*, p. 479-510.

agrupamento de seus ensinamentos em ordem numérica de um a dez. Por exemplo, o Buda ensinou uma coisa, isto é, que todos os seres são mantidos por condições. Ele também ensinou duas coisas, ou seja, a ignorância e o desejo da existência. Sob o número três, dizem que ele ensinou três raízes prejudiciais de ação: cobiça, ódio e desilusão. Ele também ensinou três raízes saudáveis de ação: não cobiça, não ódio e não desilusão; três tipos de conduta correta: do corpo, da fala e do pensamento; três tipos de desejo e três tipos de sofrimento. Além desses quatro tipos de *kamma,* ele também ensinou os quatro fundamentos da consciência, os quatro *jhanas* e as Quatro Nobres Verdades, para citarmos apenas alguns desses ensinamentos. Essa maneira numérica de organizar e listar os ensinamentos do Buda vai até o número dez, quando aprendemos que o Buda reconhecia dez cursos prejudiciais de ação: tirar a vida, tirar aquilo que não lhe foi dado, prevaricação sexual, mentir, blasfemar, maltratar por meio de palavras, tagarelar de modo fútil, cobiçar, maldizer e seguir visões equivocadas.

O que é particularmente interessante dessa forma de ordenar os ensinamentos do Buda, em especial com relação ao seu ensinamento do *kamma*, é o fato de parecer ter inspirado a tradição budista a organizar suas ideias a respeito da mente, *kamma, samsara* e renascimento de um modo mais sistemático e coerente.

Seguindo a explicação de Rupert Gethin,[50] gostaria de sugerir que as afirmações do Buda a respeito do *kamma* (assim como do *samsara* e do renascimento) podem muito facilmente ser compreendidas quando vistas diretamente relacionadas com a afirmação que diz que aquilo que somos e aquilo que acreditamos existir é uma função de nossa mente, seus poderes cognitivos ou intelectuais e as ações que desejamos ou pretendemos realizar.

Segundo Gethin, "O segredo para entender o esquema cosmológico budista está no princípio da *equivalência da cosmologia e psicologia*".[51] O que ele quer dizer com isso é que os diversos reinos da existência[52] estão correlacionados e, na verdade, determinados de modo causal por estados da mente, que são, como vimos, as fontes principais da ação cármica. Essa ideia pode ser mais bem compreendida quando nos lembramos de que o Buda acredita que o desejo ou a intenção só é o *kamma*

---

50. Gethin (1998), p. 119-126.
51. Ibid, p. 119, sua ênfase.
52. Segundo a cosmologia budista, há seis reinos de renascimento: o reino dos deuses ou devas, o reino dos semideuses, o reino humano, o reino animal, o reino dos fantasmas famintos e o reino do inferno. Todos os seis reinos são considerados reais, mas algumas formas de Budismo Mahayana afirmam que são mais bem interpretados como estados da mente.

porque ações do corpo, fala e mente, ou pensamentos, palavras e ações surgem ou são impulsionados de modo causal por atos conscientes de intenção e desejo ou, de modo mais generalizado, estados da mente.

A mesma ideia é reforçada quando consideramos os dez cursos prejudiciais de ação e as três raízes prejudiciais de ação. Os dez cursos de ação são tradicionalmente divididos em três tipos de ações do corpo (tirar a vida, tirar aquilo que não lhe foi dado e a prevaricação sexual), quatro tipos de ações da fala (mentir, blasfemar, maltratar por meio de palavras, tagarelar de modo fútil) e três tipos de ações mentais (cobiçar, maldizer e seguir visões equivocadas). As três raízes prejudiciais de ação, conforme indicado, são a cobiça, o ódio e a desilusão. Quando juntamos tudo isso às ideias do Buda a respeito da natureza do *kamma*, fica claro que ele parece estar dizendo que os estados mentais ou psicológicos da cobiça, do ódio e da desilusão são causalmente responsáveis pelos dez cursos prejudiciais de ação, que são, por sua vez, responsáveis pelo tipo de vida que levamos e o tipo de renascimento que colhemos. Sem nos aprofundarmos em mais detalhes acerca da natureza e dos tipos de reinos no qual podemos renascer, que de maneira incidental o Buda afirmava ter vivenciado de modo direto, as relações entre o *kamma*, *samsara* e o renascimento parecem agora estar completas.

Se minha leitura dos ensinamentos do Buda que falam do *kamma*, *samsara* e renascimento estiver certa, acho que temos bons motivos para acreditar em minha afirmação anterior de que a única, mais importante e mais básica percepção do Buda é a noção de que aquilo que somos e aquilo que acreditamos existir é uma função de nossa mente e seus poderes cognitivos ou intelectuais. Na verdade, as ideias interligadas do *kamma*, *samsara* e do renascimento não apenas sustentam sua afirmação, mas também ampliam suas implicações do reino das ações humanas, porque, se o Buda estiver certo, aquilo que fazemos é uma função daquilo que pensamos, desejamos e pretendemos, enquanto aquilo que pensamos, desejamos e pretendemos gera ações e consequências cujos principais resultados determinam o tipo de vida que levamos neste mundo, bem como nosso renascimento no mundo seguinte.

É claro que, se tudo isso é verdade ou não, depende, até certo ponto, de como esses elementos são compreendidos e considerados. A antiga tradição budista afirma que o próprio Buda disse que, na noite de sua iluminação, ele teve uma experiência meditativa direta de todos os elementos do *kamma*, *samsara* e renascimento. Até onde o Buda está envolvido, essas coisas são verdadeiras porque ele de fato as viu. A tradição também ensina, porém, que o Buda disse que o mesmo tipo de experiência é possível para qualquer pessoa que decida testar suas afirmações e seguir seu caminho por si mesmo. Sob esse aspecto, ao menos, a oportunidade de ver e acreditar está disponível para todos que decidirem aceitar a oferta do Buda e seguir seu "Caminho do Meio".

Entretanto, para aqueles que se negam a aceitar a oferta do Buda, aquilo que deveria estar bastante claro neste momento é que as ideias e os ensinamentos do Buda a respeito do *kamma*, *samsara* e renascimento estão diretamente relacionados às outras ideias importantes que estão, de maneira lógica, conectadas a eles, ou seja, a origem interdependente dos fenômenos, a impermanência de todas as coisas, uma concepção da pessoa ou do eu que torna e experimenta o seu próprio *kamma* e as possibilidades de libertação das voltas do renascimento e o ciclo do *samsara*, bem como a conquista do *Nibbana*.

Teremos a chance de investigar e refletir acerca dessas e de outras ideias relacionadas quando considerarmos as ideias e os ensinamentos específicos do Buda de cada um desses elementos nos **capítulo 6** a **8**.

Coisas para pensar

1. Qual é o significado filosófico de ações rituais? Por que os humanos se comprometem com as ações rituais? Que evidências temos de que as ações rituais são causalmente eficazes?

2. Qual foi a relação entre as atividades intelectuais e as práticas ascéticas no despertar do Buda e na conquista do *Nibbana*?

3. Como e por que as práticas intelectuais e meditativas seriam as causas do despertar?

4. De que modo as intenções e as ações estão relacionadas com o *kamma*? Todos os *kammas* são ruins segundo o Buda? Por que ou por que não?

5. Como os ensinamentos do Buda a respeito do *kamma*, *samsara* e renascimento estão relacionados com sua percepção filosófica mais elementar?

6 | Origem interdependente

Principais termos e ensinamentos

Dhammas/Dharmas: Termos páli e sânscrito que significam "sustentar", "conservar ou manter"; nos textos *Abhidhamma*, referem-se aos elementos ou fatores individuais, tanto físicos quanto psicológicos, causalmente responsáveis pelo mundo físico e por nossa experiência dele. De certo modo, são as "partes" componentes de onde surge toda a realidade.

Madhyamaka: Escola budista Mahayana indiana, cujo nome quer dizer, a grosso modo, "caminho do meio" e que tradicionalmente acreditam ter sido fundada por Nagarjuna. Suas afirmações metafísicas centrais abordam em especial a ideia de "vazio" ou *sunnatta/sunyata*.

Paticca-Samuppada/pratitya-samutpada: Termos traduzidos diversas vezes como "origem dependente", "criação dependente", "coprodução condicionada", "origem codependente", "despertar interdependente", ou "origem interdependente"; todos se referem à explicação da causalidade oferecida pelo Buda. Em resumo, esse grupo de termos se refere à dinâmica regida pela lei da mudança em que os eventos ou acontecimentos no mundo e na mente são causalmente condicionados por, e dependentes de, outros processos, eventos ou acontecimentos.

Sabhava/Svabhava: Termos páli e sânscrito que significam "próprio ser", "autosser", "autoexistência" substancial ou "natureza intrínseca", que indicam que os fenômenos ou os *dhammas* existem de modo independente uns dos outros.

> ***Yogacara***: Escola budista Mahayana indiana, cujo nome quer dizer "prática da ioga"; é também conhecida como o *Vijnanavada* ou escola do "Caminho da Consciência", voltada para a natureza e as atividades da consciência da compreensão da realidade.

O Buda na causalidade

Apesar de a explicação dos ensinamentos do Buda a respeito do *kamma*, *samsara* e renascimento, mostrada no **capítulo 5,** oferecer uma descrição básica de sua compreensão dessas ideias importantes e interligadas, ela não é tão clara quando fala de algumas das especificações dos elementos filosóficos cruciais do *kamma* – isto é, a ontologia do agente humano, as forças e as causas psicológicas que operam no agente que desempenha sua função, os mecanismos específicos das consequências causais nesta vida, em vidas passadas e também em vidas futuras, bem como os efeitos e as contribuições causais de fatores externos e ambientais, além de outros agentes causais. Se e de que maneira essas especificações podem ser conhecidas, naturalmente, é uma parte indispensável de qualquer visão filosófica do mundo. Na verdade, uma das ideias metafísicas mais importantes na história da filosofia no mundo é a ideia das causas – suas naturezas, seus poderes, suas relações com os efeitos e como tudo isso é ou pode ser interpretado por nós.

Neste capítulo, examinaremos aquilo que muitas pessoas consideram a única noção metafísica mais importante do Budismo, sua explicação das causas, da causalidade e a interconectividade de todos os seres, conhecida como *paticca-samuppada*.

Como vimos no **capítulo 5**, a tradição budista afirma que, na noite de sua iluminação, durante um estado meditativo profundo, o Buda Gotama compreendeu que tudo o que acontece ou passa a existir na mente ou no mundo é resultado de causas ou condições anteriores. Os detalhes de sua experiência e a explicação de sua percepção estão registrados de diversas formas nos diferentes *Sutras*. Neste capítulo, examinaremos alguns desses *Sutras*. Consideraremos também seis concepções distintas de causalidade, suas relações com as ideias correspondentes do *kamma*, *samsara* e do renascimento do **capítulo 5**, a concepção do eu e da conquista do *Nibbana* nos **capítulos 7** e **8** e as evidências dessa ideia filosófica mais fundamental.

Uma formulação geral

Uma das maneiras mais simples de entender o ensinamento do Buda da origem interdependente é começando por sua formulação mais generalizada e, em seguida, ver como ele a aplica aos casos ou situações específicas.

O *Nidanavagga*, ou o *Livro da Causalidade*, na Parte II do *Samyutta Nikaya*, contém no mínimo meia dúzia de exemplos da formulação mais geral do ensinamento do *paticca-samuppada*:

> Assim, quando isso existe, aquilo ganha vida; com o surgimento disso, aquilo surge. Quando isso não existe, aquilo não ganha vida; com a cessação disso, aquilo deixa de existir.[53]

A tradição budista geralmente interpreta o ensinamento do Buda da origem interdependente surgindo de duas maneiras. Em primeiro lugar, ela é vista como uma explicação da causalidade ou do processo por meio do qual as "coisas" surgem, nascem e mudam. Em segundo lugar, ela é uma afirmação a respeito da posição ontológica contínua de todos os seres, de todos os fenômenos e de todas as "coisas" que existem, sejam essas "coisas" e fenômenos seres da mente ou seres do mundo.

Com relação à primeira interpretação, a citação indica de maneira clara que o surgimento de qualquer ser é uma função de suas causas e condições. Assim, por exemplo, vemos que a existência da fumaça, no geral, depende da existência do fogo. O surgimento do fogo causa o surgimento da fumaça e a cessação do fogo causa a cessação da fumaça. Em outras palavras, o fogo causa a fumaça e a fumaça é causada pelo fogo. Se eliminarmos a causa, isto é, o fogo, eliminamos então o efeito, ou seja, a fumaça. O mesmo pode ser dito de muitos outros casos.

Por exemplo, imagine que, em um jogo de bilhar, acerto a bola branca e faço com que ela envie diretamente a bola oito para a caçapa lateral. Nossa compreensão de bom senso do movimento da bola oito (ou seja, o efeito) inclui a ideia de que a ação foi causada pelo movimento da bola branca (ou seja, a causa), que foi em si causada pelo movimento que realizei. Em termos simples, o movimento da bola branca é a causa do movimento da bola oito, o efeito, e se eu não chegar a atingir a bola branca, então a bola oito não irá se mexer (presumindo, naturalmente, que nenhuma outra força aja nas bolas ou na mesa de bilhar).

---

53. *Samyutta Nikaya*, p. 533-620.

No entanto, as coisas são um pouco mais complicadas do que esse ou o exemplo anterior de causalidade parecem implicar. Na verdade, há pelo menos quatro maneiras distintas, apesar de relacionadas, de entender a formulação geral do ensinamento do *paticca-samuppada* e suas aplicações em cada um desses exemplos de causalidade: uma visão comum, uma visão específica, uma visão filosófica e a visão do Buda. Examinemos cada uma delas com mais atenção e cuidado.

As quatro visões da formulação geral

A primeira maneira de entendermos o *paticca-samuppada* espelha nossa compreensão comum da causalidade e destaca duas classes de tipos de coisas ou de seres distintos e relacionados. A primeira classe de coisas, chamada de "causas", é responsável pelo surgimento da segunda classe, chamada de "efeitos". De acordo com esse senso comum, o fogo é a causa da fumaça e é a bola branca que faz com que a bola oito entre na caçapa lateral do jogo de bilhar.

Essa forma comum de compreender eventos causais no mundo se apoia na distinção bastante óbvia, e ainda assim simplista, das causas e efeitos, onde acreditamos que elas tipicamente existem antes dos efeitos e onde são suficientes ou necessárias para explicar o seu surgimento.

Uma segunda e mais sofisticada maneira de entender o *paticca-samuppada* vai além de nossa ideia geral e simples, que é como nossa explicação científica comum da causalidade. De acordo com esse entendimento, mais uma vez destacamos duas classes de tipos de seres distintos e relacionados, ou seja, as causas e os efeitos, mas também reconhecemos a existência de uma classe maior de seres chamada de "condições". Essa terceira classe de seres inclui todos aqueles seres aceitos pelo senso comum como as "causas", mas ela também contém outros seres, chamados de "condições", que podem ou não ser necessários para gerar o efeito de uma causa propriamente dita.

Por exemplo, no caso do fogo e da fumaça, um mínimo de reflexão logo revela que deve existir outros tipos de coisas além do fogo para que a fumaça seja produzida. Essas outras coisas incluem condições atmosféricas adequadas e pressão, uma fonte de combustível, como o oxigênio ou outros gases que permitem a combustão, um estopim, que pode ser um fósforo ou uma faísca e, obviamente, algo que queime, como folhas ou lenha. No caso do jogo de bilhar, é claro que precisamos de uma bola de bilhar capaz de suportar o impacto das colisões, uma superfície nivelada, um bom taco, nenhuma interferência externa, etc.

Uma diferença entre essa compreensão científica e a comum anterior é a explicação mais rica e mais complexa das causas e das condições, geralmente por meio da aplicação do método científico no intuito de isolar os devidos agentes causais, além do reconhecimento explícito de um conjunto de fatores causais maiores, necessários para explicar como os efeitos são produzidos por suas causas adequadas.

A diferença básica entre essa segunda visão e uma terceira explicação "filosófica" abstrata é que essa última vai além dos dados empíricos e tenta esclarecer as relações conceituais entre os termos das explicações causais e as classes de seres envolvidos no processo causal. Diversos filósofos ocidentais[54] formularam e defenderam muitas diferentes explicações concorrentes dos elementos envolvidos nessa concepção de causalidade. Sem nos aprofundarmos em todos os detalhes dessas abordagens controversas e rivais, podemos simplesmente reconhecer que os filósofos costumam apresentar explicações cada vez mais complexas, complicadas e sofisticadas da natureza da causalidade e as relações que existem ou que acreditam existir entre as causas, as condições e os efeitos, bem como sua necessidade e suficiência lógica e metafísica.

Por exemplo, poderíamos iniciar uma explicação puramente filosófica por meio da distinção de uma classe de coisas chamada de "condições" em comparação a outra classe de coisas diferentes, apesar de relacionadas, chamada de "efeitos". Em seguida, com relação a essa classe de "condições" e sua relação com a classe de "efeitos", podemos distinguir as condições necessárias e não necessárias, suficientes e não suficientes para causar os efeitos. Em outras palavras, podemos distinguir as "causas", falando de maneira estrita e adequada, das simples "condições". A primeira seria normalmente, embora não de forma simples, vista como suficiente para gerar seus efeitos ou tão necessária e suficiente para gerar seus efeitos, enquanto a outra seria necessária ou não necessária, mas geralmente nunca suficiente, para gerar um efeito.

Uma quarta maneira de entendermos a causalidade é por meio da própria explicação do Buda do *paticca-samuppada*. Antes de considerarmos a compreensão Theravada tradicional ou a budista Convencional desse ensinamento, devemos, em primeiro lugar, observar que existem outras compreensões não Convencionais ou Mahayana

---

54. Por exemplo, Aristóteles, Thomas Aquinas, William de Ockham, Thomas Hobbes, John Locke, Gottfried Wilhelm Leibniz, David Hume, Immanuel Kant, Alfred North Whitehead e Curt Ducasse, para citarmos apenas alguns.

do *paticca-samuppada*, sendo que a mais famosa delas envolve a equivocação equilibrada de Nagarjuna do *paticca-samuppada* e do "vazio" ou sunyata. Uma segunda interpretação Mahayana importante e influente foi proposta pela escola Yogacara, cujos membros também eram conhecidos como seguidores da *Vijnanavada* ou "Caminho da consciência". Consideraremos essas duas interpretações logo adiante, mas antes iremos examinar a explicação Convencional tradicional.

A interpretação Convencional

Segundo a compreensão Theravada tradicional do *paticca-samuppada*, falando de maneira estrita, não existe qualquer ser ou classe individual de seres que sejam chamados de "causas" que são fundamentalmente de modo metafísico ou real diferentes de outros seres ou classes individuais de seres que sejam reconhecidos como "efeitos". A razão disso é que o "isso" e o "aquilo" da formulação do Buda são apenas métodos comuns e convencionais de se referirem a diferentes "coisas" ou "seres" que, na realidade, não são "seres" ou "coisas" metafisicamente separadas ou distintas.

A compreensão budista Convencional do *paticca-samuppada* é aquilo que o Buda entendeu na noite de sua iluminação que era a percepção intelectual de que todas as "coisas" individuais designadas de modo convencional, na verdade, não são "seres" metafisicamente independentes ou autônomos e subsistentes, mas processos ou acontecimentos, e que esses eventos ou processos estão, em si, ligados de maneira causal literalmente a todos os demais processos que estão acontecendo de maneira simultânea em um determinado momento na corrente e no fluxo de todos os eventos e processos.

De acordo com essa compreensão da causalidade ou dos processos causais, para de fato entendermos nosso exemplo do fogo e da fumaça, ou nosso exemplo da bola de bilhar, temos que aceitar ou compreender que *não* há dois tipos metafisicamente distintos de seres chamados de "causa" e "efeito" (ou seja, fogo e fumaça, ou bola branca e bola oito), mas que há processos, eventos ou acontecimentos causalmente interligados ou de "origem dependente", designados de modo convencional como "fogo" e "fumaça" ou "bola branca" e "bola oito". Não temos "coisas" ou "seres" separados ou metafisicamente distintos que, na verdade, existem de modo independente e isolados uns dos outros.

Ao contrário, o que de fato existe é uma rede gigantesca ou uma cadeia causal complexa de constantes mudanças e acontecimentos, eventos ou processos interagindo de forma causal. Nossa visão comum e até mesmo nossas compreensões científicas e filosóficas daquilo que de modo convencional designamos como "coisas", bem como suas relações causais, não são apenas simplificações exageradas desse verdadeiro cenário da realidade, mas são, na verdade, falsificações de como as coisas realmente são em função de nossa ignorância em não vermos a realidade como de fato ela é.

Em outras palavras, a diferença básica entre pessoas incultas comuns e o Buda é que ele despertou para a verdade acerca da realidade na noite de sua iluminação e, como resultado de uma percepção meditativa, finalmente compreendeu a origem condicionada da realidade – de que as coisas não são coisas, mas acontecimentos. Na verdade, a tradição Convencional afirma que essa parte de sua experiência de iluminação é a percepção mais fundamental alcançada por ele, sendo que seu discípulo chefe, Sariputta, confirmou essa visão, quando disse, "Aquele que vê o *paticca-samuppada* vê o *Dhamma*; aquele que vê o *Dhamma* vê o *paticca-samuppada*".[55]

Antes de voltarmos nossa atenção para a explicação de Nagarjuna e a interpretação Yogacara do ensinamento do Buda a respeito da origem interdependente, poderá ser útil fazermos uma pausa para especificar os elementos básicos da compreensão Theravada tradicional do *paticca-samuppada*. Parece haver, no mínimo, meia dúzia de características básicas dessa explicação.

Características básicas do *paticca-samuppada*

Em primeiro lugar, a antiga tradição budista afirma que o próprio Buda compreendeu de maneira direta a verdade do ensinamento da origem interdependente quando despertou para ela na noite de sua iluminação. Os *Sutras* são bastante claros a esse respeito. Eles também relatam o reconhecimento do Buda da profundidade e dificuldade de ver e entender a verdade do *paticca-samuppada*.

Esse *Dhamma* que alcancei é profundo, difícil de ser compreendido e difícil de ser sentido, sereno e sublime, inalcançável por meio do simples raciocínio, sutil e que só pode ser vivenciado pelos sábios. Mas essa geração se deleita no mundanismo (isto é, sente os

---

55. *Majjhima Nikaya*, p. 283.

prazeres e os pensamentos de desejo associados a eles), deleita-se no materialismo, regozija-se no mundanismo. É difícil para esta geração compreender essa verdade, ou seja, a condicionalidade específica, ou a origem interdependente. E é difícil compreender essa verdade, isto é, a tranquilidade de todas as formações, o abandono de todas as aquisições, a destruição do desejo, o desinteresse, a cessação, o *Nibbana*.[56]

Em segundo lugar, e ainda mais especificamente, o que ele viu ou alcançou foi, apesar de nossas práticas convencionais de classificação do contrário, que não há, falando de maneira estrita, quaisquer "coisas" metafisicamente distintas e de existência independente como essas. Todas as "coisas" designadas de modo convencional são impermanentes, pois estão em constante mudança e, como resultado, não possuem um eu duradouro ou uma essência fixa ou *svabhava*.

É impossível, pois não há como acontecer de uma pessoa com a visão certa considerar qualquer formação como sendo permanente – essa possibilidade não existe.[57]
Bhikkhhus, a forma material é impermanente, o sentimento é impermanente, a percepção é impermanente, as formações são impermanentes, a consciência é impermanente. Bhikkhus, a forma material não é independente, o sentimento não é independente, a percepção não é independente, as formações não são independentes, a consciência não é independente. Todas as formações são impermanentes; nada é independente.[58]

Em terceiro lugar, em outras palavras, as "coisas" vistas como "seres" com essências fixas ou imutáveis não existem. Isso é tradicionalmente chamado de ensinamento do Buda do "eu-não-permanente" que iremos examinar com mais detalhes no **capítulo 7**.

Em quarto lugar, aquilo que existe, existe na forma de processos, eventos ou acontecimentos que são, em si, resultados de interações causais que lhes proporcionaram uma origem interdependente.

Em quinto lugar, todos esses eventos, processos ou acontecimentos ocorrem em uma cadeia causal complexa de origem interdependente.

---

56. Ibid, p. 260.
57. Ibid, p. 928.
58. Ibid, p. 322.

Em sexto lugar, o ensinamento da origem interdependente como parte essencial do *Dhamma* como um todo não é apenas profundo, difícil de ser sentido e compreendido, mas também inatingível por meio do simples raciocínio, sutil e para ser vivenciado apenas pelos sábios. Em resumo, não é algo evidente, como certamente também não é visível para uma pessoa comum, que é limitada pela ignorância, pelo desejo e pelo raciocínio habitual.

Essa compreensão Convencional da origem interdependente foi, entretanto, posteriormente desafiada por duas escolas do pensamento budista Mahayana distintas e influentes, a Madhyamaka e a Yogacara, sendo que ambas oferecem uma reinterpretação fundamental ou uma revisão da ideia Theravada tradicional do *paticca-samuppada*.

A interpretação Madhyamaka

De acordo com a interpretação Madhyamaka da origem interdependente, principalmente da maneira que ela é formulada por seu porta-voz mais famoso, Nagarjuna, o *pratitya-samutpada* é visto como equivalente à doutrina metafísica conhecida como "sunyata" ou "vazio". Nagarjuna afirmava que a doutrina do *pratitya-samutpada* só podia fazer sentido ou ser logicamente coerente se todos os seres e, na realidade, todos os fenômenos não tivessem uma autoessência fixa ou um eu de duração permanente. Em resumo, tudo é vazio de qualquer coisa. Sua defesa dessa afirmação era a de que qualquer tipo de autoessência fixa ou outro modo relativamente imutável de existência em qualquer "coisa" ou "ser" necessariamente seria capaz de impedir e tornar impossível que ela existisse e morresse da forma que o Buda defendia. Em outras palavras, para Nagarjuna, *todas* as "coisas" e "seres" devem ser entendidos como processos, eventos ou acontecimentos que são literalmente vazios de qualquer e todo tipo de autoessência.

A interpretação Yogacara

A interpretação Yogacara da origem interdependente, por outro lado, formulada por Asanga e Vasubandhu foi, como seu nome indica, derivada das práticas meditativas e experiências cognitivas. Ela também foi capaz de corrigir os problemas epistemológicos envolvidos na posição Madhyamaka da causalidade. Segundo a visão Yogacara, o *pratitya-samutpada* estava diretamente relacionado a dois tópicos filosóficos importantes: a natureza da experiência e a natureza da mente.

Os pensadores da Yogacara afirmavam que a equação Madhyamaka da origem interdependente e do vazio estava incorreta, pois, para eles, o verdadeiro vazio era derivado da compreensão direta do estado da mente natural ou original de uma pessoa da não existência ou do vazio do sujeito perceptivo e dos objetos percebidos. Em outras palavras, o *pratitya-samutpada* é uma percepção epistemológica e não metafísica da origem interdependente da experiência, que é inicialmente e de forma ignorante vista como dualista em termos de tópicos e objetos independentes. Entendido de forma adequada, porém, por aqueles que são iluminados, o *pratitya-samutpada* refere-se à compreensão da unidade fundamental de todos os fenômenos como vazios e de origem interdependente da atividade da mente.

Considerando essa breve explicação, da diferença básica entre as interpretações Madhyamaka e Yogacara do *pratitya-samutpada*, restam poucas dúvidas a respeito de minha afirmação anterior de que a tradição budista, de modo geral, interpreta o ensinamento do Buda histórico da origem interdependente de duas maneiras distintas.

Em primeiro lugar, ela é considerada uma explicação da causalidade ou de como as "coisas" surgem, existem e mudam. Em segundo lugar, trata-se de uma afirmação acerca da posição ontológica latente de todos os seres, de todos os fenômenos e de todas as "coisas" que existem, sejam essas "coisas" e fenômenos seres da mente ou seres do mundo. Na verdade, essas duas formas de interpretar o *paticca-samuppada* são também evidentes em suas aplicações mais específicas na existência humana e nos elementos ou "*dhammas*" da existência humana e de todos os outros seres. Consideraremos a aplicação da origem interdependente na existência humana em primeiro lugar e, depois, discutiremos as explicações *Abhidhamma* das coisas.

O *paticca-samuppada* e a existência humana

Para entendermos a aplicação do princípio geral da origem interdependente na existência humana e na esfera moral, é preciso lembrar que a Primeira Nobre Verdade, de modo tradicional, envolve importantes afirmações metafísicas e epistemológicas acerca da natureza da pessoa humana e de nosso conhecimento da ontologia de nós mesmos e de outras "coisas" no mundo. O Buda disse,

> Agora, bhikkhus, essa é a nobre verdade do sofrimento: o nascimento é sofrimento; o envelhecimento é sofrimento; a enfermidade é

sofrimento; a morte é sofrimento; o pesar e a lamentação, a dor, a angústia e o desespero são sofrimentos; a união com aquilo que é desagradável é sofrimento; a separação daquilo que é agradável é sofrimento; não conseguir aquilo que desejamos é sofrimento; em resumo, os cinco agregados sujeitos ao apego são sofrimentos.

Sob a luz do ensinamento geral do Buda a respeito do *paticca-samuppada*, não deve ser muito difícil perceber que cada elemento de sofrimento ou *dukkha* especificado na Primeira Nobre Verdade é, na realidade, um processo ou evento e não uma "coisa" com uma essência fixa e imutável. Na verdade, não é necessário tanta reflexão para entendermos que nascer, envelhecer, adoecer, morrer, sentir dor e desespero, assim como qualquer forma de sofrer, no geral, são acontecimentos ou eventos dinâmicos. Eles não apenas são designados de modo linguístico como ações (isto é, substantivos verbais), mas também tipicamente vivenciados como estados passageiros e transitórios que surgem e desaparecem sem permanecer por um longo tempo. "Os cinco agregados de apego", por outro lado, parecem se referir a uma "coisa" ou uma coleção de "coisas" que não é ou não são processos, eventos ou acontecimentos.

Entretanto, considerando a explicação da origem interdependente que estamos examinando neste capítulo, fica claro que a intenção do Buda ao falar dos "cinco agregados do apego" é mostrar que a pessoa humana é, assim como os "objetos" de experiência, e deve ser, por essa razão, vista e entendida como uma coleção ou agregado de processos ou eventos – como *anatta* e não como algo que possui um eu substancial fixo ou imutável. Examinaremos as características metafísicas particulares dessa explicação da pessoa humana com mais detalhes no **capítulo 7**, mas, enquanto isso, gostaria de apresentar de maneira breve a compreensão do Buda dos "cinco agregados" no intuito de delinear o contexto de sua aplicação do *paticca-samuppada* na pessoa humana e na esfera da moralidade.

Conforme observado anteriormente, a tradição budista identificou os cinco processos, agregados ou grupos como constitutivos de nosso verdadeiro "eu": *Rupa* – formato/forma material; *Vedana* – sentimento/sensação; *Sanna/Samjna* – cognição; *Sankhara/Samskara* – atitudes temperamentais; e *Vinnana/Vijnana* – consciência. Considerando o princípio geral da origem interdependente que estamos analisando, isso pode indicar que o Buda achava que cada um desses "elementos" ou "partes" do "eu" é, na verdade, apenas um padrão transitório que surge dentro do contexto contínuo e perpetuamente mutável das interações dos processos. Isso é, na verdade, exatamente aquilo que aprendemos quando consideramos esses comentários acerca do *paticca-samuppada* no caso da existência humana. O Buda disse,

> E, monges, o que é a origem interdependente? Com a ignorância como condição, vemos surgir formações volitivas; com as formações volitivas como condição, a consciência; com a consciência como condição, o nome e a forma; com o nome e a forma como condição, as seis bases dos sentidos; com as seis bases dos sentidos como condição, o contato; com o contato como condição, o sentimento; com o sentimento como condição, o desejo sensual; com o desejo sensual como condição, o apego; com o apego como condição, a existência; com a existência como condição, o nascimento; com o nascimento como condição, o envelhecimento e a morte, o pesar, a lamentação, a dor, a depressão e o desespero surgem. Essa é a origem de toda essa massa de sofrimento. Isso, monges, é chamado de origem interdependente.
>
> Entretanto, com o desaparecimento restante e a cessação da ignorância, surge a cessação das formações volitivas; com a cessação das formações volitivas, a cessação da consciência; com a cessação da consciência, a cessação do nome e da forma; com a cessação do nome e da forma, a cessação das seis bases dos sentidos; com a cessação das seis bases dos sentidos, a cessação do contato; com a cessação do contato, a cessação do sentimento; com a cessação do sentimento, a cessação do desejo sensual; com a cessação do desejo sensual, a cessação do apego; com a cessação do apego, a cessação da existência; com a cessação da existência, a cessação do nascimento; com a cessação do nascimento, o envelhecimento e a morte, o pesar, a lamentação, a dor, a depressão e o desespero deixam de existir. Essa é a cessação de toda essa massa de sofrimentos.[59]

A primeira coisa que devemos observar nessa explicação da origem interdependente é que ela envolve as causas e condições que, de modo interdependente, fazem surgir a pessoa humana e sua experiência do *dukkha*.

O Buda distingue de maneira clara os 12 diferentes elementos, componentes ou fatores que, de forma causal, contribuem com o

---
59. *Samyutta Nikaya*, p. 533-534.

surgimento e a cessação do sofrimento: ignorância (*avijja/vijnana*), formações volitivas (*sankhara/samskara*), consciência (*vinnana/vijnana*), nome e forma (*nama-rupa*), as seis bases dos sentidos (*salayatana/sadayatana*), contato (*phassa/sparsa*), sentimento (*vedana*), desejo sensual (*tanha/trsna*), apego (*upadana*), existência ou transformação (*bhava*), nascimento (*jati*) e envelhecimento e morte (*jaramarana*). Cinco dos 12 (isto é, formações volitivas, consciência, forma, sentimento e as seis bases dos sentidos da experiência perceptiva) correspondem de maneira direta aos "cinco agregados" ou *skandhas* anteriormente identificados como os elementos ou processos básicos que, de modo interdependente, fazem surgir a pessoa humana. Além desses cinco processos fundamentais, os fatores restantes (ou seja, ignorância, contato, desejo sensual, apego ou avareza, existência, nascimento, envelhecimento e morte) parecem ser as propriedades específicas, as características acidentais ou as qualidades morais dos cinco *skandhas* mais básicos.

Uma segunda coisa que devemos observar a respeito dessa explicação da causalidade é o fato de ela estar obviamente relacionada aos seus ensinamentos acerca do *kamma*, *samsara* e renascimento, assim como à possibilidade de eliminar toda a massa de sofrimento e alcançar o *Nibbana*.

Na verdade, pouco depois de especificar os 12 elementos da origem interdependente na pessoa humana, o Buda novamente pergunta,

> E, monges, o que é a origem interdependente? Com o nascimento como condição, surgem o envelhecimento e a morte: se existe ou não uma origem de Tathagatas ou, esse elemento ainda persiste, a estabilidade do *Dhamma*, o curso fixo do *Dhamma*, a condicionalidade específica. Um Tathagata surge e desperta para ele. Depois disso, ele o explica, ensina, proclama, estabelece, revela, analisa, elucida. E ele diz: "Vejam! Com o nascimento como condição, monges, envelhecimento e morte".[60]

Ele repete esse mesmo grupo de afirmações com relação a cada um dos outros 12 elementos e então conclui: "Assim, monges, a realidade, o fato, a invariabilidade, a condicionalidade específica nisso: isso se chama origem interdependente".[61]

Esses comentários adicionais parecem destacar outras três características importantes do ensinamento da origem interdependente. Em primeiro lugar, o Buda "despertou" para ela como parte de sua experiência

---
60. Ibid., p. 551.
61. Ibid.

de iluminação. Em segundo lugar, a ordenação das causas e condições conforme foram especificadas por ele não é aleatória ou confusa, mas proposital e invariável. Em terceiro lugar, aqueles que viram (no sentido de compreender) o *paticca-samuppada* têm o poder de ensinar e explicá-lo. Em outras palavras, pessoas comuns, ignorantes e não iluminadas não conseguem e não entendem a origem interdependente, embora seja uma característica imutável básica da natureza fundamental da realidade.

Uma sexta característica dessa explicação da origem interdependente é que ela envolve causas e condições que fazem parte dos *dois* aspectos, isto é, a origem e a cessação de "toda a massa de sofrimento" que caracteriza a existência humana. Essa é uma característica importante de sua explicação, pois, quando aliada à característica anterior que destaca a invariabilidade do processo (tanto para a frente quanto para trás ou na origem e na cessação), revela a verdadeira possibilidade para acreditarmos que somos capazes, por meio de nossas próprias ações, de trabalhar para eliminar os poderes e as condições causais que nos prendem ao ciclo do renascimento ou *samsara* e, em última análise, permite que alcancemos o *Nibbana*. Ao que tudo indica, é exatamente isso que o próprio Buda alcançou na noite de sua iluminação.

Devemos também nos lembrar, porém, de que o Buda afirmou que seu ensinamento é "profundo, difícil de ver e difícil de entender". Não será uma surpresa então se descobrirmos que a tradição budista reconhecia tanto a complexidade quanto a natureza complicada da explicação do Buda da origem interdependente quando compilou seus ensinamentos. Há, no mínimo, meia dúzia de problemas ou dificuldades distintas que podemos encontrar nas inúmeras versões dos ensinamentos da forma em que foram preservados nos textos Convencionais.

Algumas dificuldades conceituais

Em primeiro lugar, até mesmo a pesquisa mais casual dos *Suttas* em páli revela que existem variações na lista de elementos envolvidos no processo da origem interdependente. Em segundo lugar, algumas listas de *Suttas* dos elementos omitem alguns dos fatores relacionados à origem interdependente. Em terceiro lugar, algumas das listas alteram a ordem dos elementos envolvidos no processo. Em quarto lugar, às vezes, as listas começam com a ignorância e prosseguem com o envelhecimento e a morte e, às vezes, começam com o envelhecimento e a morte e terminam com a ignorância. Em quinto lugar, alguns *Suttas*, na verdade, começam no meio do padrão tradicional e, então, caminham em direção à ignorância ou ao envelhecimento e à morte. Em sexto lugar, e o mais surpreendente, apesar das listas em si, não existe, na realidade, nenhuma direção específica ou explicação formal a respeito de como podemos entender os elementos e suas inter-relações.

Só podemos imaginar que foram esses mesmos fatos que, mais tarde, levaram os budistas Madhyamaka como Nagarjuna e budistas Yogacara como Asanga e Vasubandhu a formular sua própria compreensão e interpretação do ensinamento do Buda a respeito do *paticca-samuppada*. Talvez tenham sido essas mesmas dificuldades que inspiraram Vasubandhu[62] e Buddhaghosa[63] a formular suas próprias explicações de "vidas múltiplas" dos ensinamentos da origem interdependente.

De acordo com essas últimas interpretações do ensinamento do *pratitya-samutpada*, temos que entender a explicação comum da origem interdependente envolvendo fatores causais que são operantes a partir da vida ou vidas passadas do indivíduo, em sua vida presente, assim também como em sua vida ou vidas futuras. Em outras palavras, é em função do que a pessoa pensou, disse e fez em suas vidas passadas que, no momento presente, ela vivencia as consequências cármicas nesta vida ou na vida ou vidas futuras. Seja qual for a verdade fundamental de qualquer um desses desenvolvimentos históricos no Budismo, as coisas ficavam ainda mais complicadas em função das reflexões filosóficas adicionais dos ensinamentos do Buda encontrados nos textos budistas *Abhidhamma*.

A visão *Abhidhamma*

Os termos "*Abhidhamma*"/"*Abhidharma*" são as palavras em páli e sânscrito que, a grosso modo, significam *Dhamma* "superior" ou ensinamento. Na tradição budista, elas se referem aos textos da terceira parte dos "três cestos" – o *Tipitaka* –, a terceira parte do cânone budista Convencional, e aos métodos filosóficos para a compreensão do conteúdo dos ensinamentos do Buda. Em geral, os textos *Abhidhamma* estão envolvidos com duas atividades distintas e, ao mesmo tempo, relacionadas. Em primeiro lugar, eles tentam oferecer uma explicação completa, exaustiva e detalhada da natureza fundamental da realidade por meio

---

62. Veja *Visuddhimagga*.
63. Veja *Abhidhammakosa*.

da análise de suas estruturas, tanto físicas quanto psicológicas, em seus elementos ou constituintes mais básicos, chamados de *"dhammas/dharmas"*. Em segundo lugar, eles tentam adjudicar desacordos que surgem como consequência de sua primeira atividade.

Sem nos aprofundarmos nos detalhes específicos das diversas análises *Abhidhamma* do *paticca-samuppada*, ou das inúmeras discussões envolvidas nas diferentes tentativas filosóficas de explicar o que o Buda queria dizer com cada um dos elementos do ensinamento da origem interdependente, além de como entender o ensinamento como um todo, devemos observar que as tradições *Abhidhamma* Theravada e Sarvastivada afirmam que o ensinamento se aplica a todos os níveis ou tipos de seres ou coisas na realidade. Por um lado, como vimos, essa é uma explicação de causalidade ou de como as coisas ou os seres surgem, existem e mudam. Por outro lado, ela também é uma explicação da posição metafísica ou ontológica de todos os seres, todos os fenômenos e todas as "coisas' que existem, independentemente de "coisas" e fenômenos a serem classificados como seres da mente ou seres do mundo.

Segundo a tradição *Abhidhamma*, o *paticca-samuppada* explica como "coisas" comuns como pedras, plantas, árvores, animais e seres humanos surgem, existem e sofrem mudanças por meio de interações causais de *dhammas*. Ele também explica como as "coisas" ou, de maneira mais precisa, os processos, como ações humanas acontecem como resultado do efeito recíproco dos *dhammas*. Na esfera da moralidade e das ações humanas, por exemplo, ele esclarece o processo por meio do qual "eu" ou meus "cinco agregados" respondem às situações de desenvolvimento no mundo pela consideração dos diversos possíveis cursos de ação e depois pela decisão daquilo que "eu" vou fazer com base em meus pensamentos, vontades e desejos, bem como de minhas experiências passadas. Por fim, o ensinamento da origem interdependente se aplica a cada momento da consciência em si, isto é, os processos fundamentais da consciência e seus *dhammas* que fazem surgir os pensamentos, as crenças e ideias que fortalecem e de maneira causal contribuem com minhas experiências no mundo, minha conduta e meus planos e intenções futuras.

O que é especialmente interessante e importante a respeito dessa última característica da compreensão *Abhidhamma* do *paticca-samuppada* é que ela enfatiza o papel que a mente ou a consciência e seus *dhammas* representam em nossos pensamentos acerca do mundo e de nós mesmos, assim também como de nossas ações.

Lembre-se de que, no **capítulo 2**, eu disse que a única percepção mais importante ou mais básica do Buda histórico é a ideia ou afirmação de que aquilo que somos e aquilo que pensamos que existe é uma função de nossa mente e de seus poderes cognitivos. Em outras palavras, é nossa mente e os usos que fazemos dela que, de forma causal, determinam aquilo que somos e como vemos e entendemos o nosso eu, o mundo e outras coisas. Isso parece ser diretamente sustentado pela terceira característica da explicação *Abhidhamma* da origem interdependente, pois ela não apenas explica como objetos comuns de experiência passam a existir, mas também explica como nossa mente e nossa consciência desperta e como está causalmente relacionada aos objetos de experiência e até mesmo à experiência em si. Na verdade, a explicação *Abhidhamma* do *paticca-samuppada*, principalmente com referência à sua análise da consciência e seus *dhammas*, enfatiza a dinâmica e a natureza processional de toda a realidade, apesar de sua aparente estabilidade.

De acordo com a compreensão *Abhidhamma*, as interações causais dinâmicas entre os *dhammas* e os 12 elementos ou condições que, de modo interdependente, fazem surgir a pessoa humana e sua experiência do *dukkha* ocorrem simultaneamente e de forma bastante literal no momento e, a partir de cada momento, no momento seguinte. Elas não acontecem de maneira sucessiva (pois todas são causalmente eficazes ao mesmo tempo) ou de forma contínua ao longo do tempo (pois isso iria exigir uma natureza intrínseca fixa que perdurasse no tempo) com cada elemento oferecendo sua contribuição causal única no devido tempo e lugar na sequência causal, mas, literalmente, todas juntas ao mesmo tempo e todas de uma só vez.

Essa compreensão da origem interdependente, de maneira clara, enfatiza a percepção de iluminação do Buda na natureza fundamentalmente dinâmica e causalmente inter-relacionada da realidade e de nossa experiência dela. Reforça também a afirmação do Buda de que seu *Dhamma* é o "Caminho do Meio" entre os extremos metafísicos do eternalismo (isto é, a afirmação de que a pessoa e a realidade subsistem com uma natureza intrínseca imutável) e do aniquilacionismo (ou seja, a afirmação de que não existe nenhuma relação causal entre os eventos ou os momentos em um processo).

Além dessas características, a interpretação *Abhidhamma* do ensinamento do Buda acerca do *paticca-samuppada* se concentra na mente e em suas ligações com toda a rede causal de relações e condições que faz surgir nossa experiência contínua da realidade. Sua explicação da realidade e das relações causais nos ajuda a entender que as "coisas" ou, mais precisamente, os processos são tão estruturados que até mesmo pequenas mudanças em suas condições "iniciais" ou locais podem surtir consequências e efeitos grandiosos no decorrer ou em toda a rede causal.

Com relação a isso, a compreensão *Abhidhamma* da causalidade deve nos fazer lembrar da teoria quântica contemporânea, assim como do "efeito borboleta" da teoria do caos. Na primeira, os eventos atômicos com seus graus variáveis de aleatoriedade, apesar de tudo, combinam grandes números para produzir padrões gerais de grande confiabilidade. Os padrões, como fica claro a partir da experiência dos sentidos, existem. A única questão é se eles são causados pela mente, pela matéria ou por uma combinação de ambas. No outro, conforme relatado por John Polkinghorne,[64] os cientistas concluíram que o mundo é composto por uma série de sistemas ou processos interligados tão delicadamente sensíveis às circunstâncias que a menor interrupção é capaz de gerar mudanças enormes e cada vez maiores em seu comportamento. Esse fato a respeito da realidade foi descoberto (ou confirmado, se o Buda estava certo) por Edward Lorenz, enquanto tentava modelar o comportamento dos sistemas do clima da Terra. O que ele "descobriu", e aquilo que o Buda, ao que tudo indica, já havia compreendido na noite de sua iluminação, foi que as menores variações de intensidade de suas equações (ou seja, suas condições "iniciais") produziam, de maneira exponencial, grandes desvios no comportamento de suas soluções (ou seja, os resultados ou efeitos das causas). Esse fenômeno é hoje conhecido como o "efeito borboleta"; para o Buda ele era conhecido como *paticca-samuppada* ou origem interdependente.

Esses dois exemplos referentes à ciência do século XX parecem confirmar, ou ao menos valer como evidências que sustentam, a percepção de iluminação do Buda de que a estrutura metafísica real e aparente da realidade é, na verdade, o resultado de apenas uma configuração específica de fatores e condições causais que já estão sempre interagindo de modo dinâmico entre si. O problema, segundo o Buda e a tradição budista, é que a maioria de nós não tem ciência alguma desse fato por causa dos efeitos debilitantes da ignorância e do desejo sensual. Em suma, nós simplesmente não conseguimos despertar e, portanto, não somos capazes de enxergar a verdade fundamental a respeito de como as coisas realmente são.

---

64. Polkinghorne (1995), p. 79.

Há, entretanto, esperança de corrigirmos essa situação, ao menos se considerarmos que o Buda está certo a respeito da causalidade. Por que devemos achar que ele está certo?

Uma avaliação filosófica

Com exceção do testemunho da tradição budista, assim como das afirmações do próprio Buda, há no mínimo oito razões filosóficas para acreditarmos que o Buda está certo a respeito do *paticca-samuppada*.

Em primeiro lugar, a formulação mais geral do ensinamento não apenas parece estar intuitivamente correta, mas também é minimamente consistente com a experiência comum, se não absolutamente confirmada por ela. De qualquer modo, ela obviamente não é contrária à experiência, mesmo que a prática convencional de dar nome às "coisas" costume esconder a verdade de como elas realmente são.

Em segundo lugar, parece claro que nossa compreensão comum da causalidade seja uma simplificação colossal de como as coisas realmente são. Esse fato é fácil e prontamente confirmado quando assistimos aos canais de televisão que falam do clima e a força causal dos sistemas que realizam a previsão do tempo.

Em terceiro lugar, apesar de nossas explicações científicas e filosóficas da causalidade serem mais sofisticadas do que nossa visão comum das coisas, a explicação científica newtoniana de uma aula elementar de Física é ainda uma grande simplificação das coisas – em especial da ideia da teoria quântica. Além disso, a história das explicações filosóficas ocidentais da causalidade é simplesmente repleta de controvérsias para que possamos, de forma racional, acreditar que qualquer compreensão dela esteja completamente correta.

Em quarto lugar, apesar das controvérsias que cercam as diversas interpretações da explicação do Buda do *paticca-samuppada*, ela não apenas é consistente com uma das ciências mais sofisticadas do século XX, mas é também um "caminho do meio" entre as explicações causais gerais do caos aleatório de um extremo e o completo determinismo mecânico do outro.

Em quinto lugar, ao mesmo tempo, no nível da pessoa humana e da ação humana, sua explicação do *paticca-samuppada* é um "caminho do meio" entre a liberdade absoluta e o completo livre-arbítrio e o difícil determinismo da não escolha – uma controvérsia aparentemente intransigente na filosofia ocidental.

Em sexto lugar, a explicação do Buda da causalidade é ampla o suficiente para incluir papéis cruciais para muitos tópicos que geralmente são considerados importantes, incluindo a mente, a liberdade, a natureza, a educação, a habituação, a sabedoria, a ignorância e um propósito e um objetivo para a vida. Tudo o que os seres humanos vivenciam, de acordo com a explicação do Buda de nossa situação, é condicionado, apesar de não ser totalmente determinado, por escolhas que estão sempre abertas, ao menos até certo ponto, para serem mudadas ou revisadas. Essa compreensão da realidade tem a vantagem de tornar úteis nossas práticas espirituais, em especial pelo fato de estar ancorada em uma visão de causalidade que reconhece que as causas e as condições podem realmente ser influenciadas e alteradas.

Em sétimo lugar, a visão do Buda é ampla o suficiente para aceitar que as coisas podem ser diferentes do que são, mas também que elas são da maneira que são em função de causas anteriores e condições cármicas. Uma das percepções mais básicas da explicação do Buda da causalidade é que os devidos tipos de ações podem mudar o que as coisas são, e o que elas são é uma função da maneira como as vemos e as moldamos.

Essa ideia também é decididamente otimista com relação ao presente e ao futuro, principalmente com respeito ao *dukkha*, que nos oferece uma oitava razão para aceitarmos sua explicação do *paticca-samuppada*. Na verdade, no nível mais prático, sua explicação da causalidade insiste que o *dukkha* possa ser superado, pois, se eliminarmos suas causas e condições, também somos capazes de eliminar seus efeitos. Por fim, se eliminarmos as condições do *dukkha*, não apenas podemos eliminar o *dukkha*, mas também seremos capazes de alcançar o *Nibbana*.

Certamente temos outras razões para acreditarmos que a explicação do Buda da origem interdependente está correta. Há também objeções razoáveis e formidáveis que igualmente podem ser levantadas contra sua explicação. Deixo que o leitor formule suas objeções como parte de sua avaliação pessoal dos ensinamentos do Buda. Enquanto isso, é importante lembrar que, seja qual for o resultado fundamental dessa avaliação, há poucas dúvidas de que ele deve conter uma avaliação de sua explicação das consequências lógicas e metafísicas do *paticca-samuppada*, ou seja, a impermanência, o vazio e o eu-não-permanente, além de suas possíveis consequências práticas, isto é, o *moksa* e o *Nibbana*. Consideraremos cada uma dessas ideias com mais detalhes nos **capítulos 7** e **8**.

Coisas para pensar

1. Por que uma explicação da causalidade é tão importante para a filosofia?

2. Como você explicaria a formulação mais generalizada do ensinamento do Buda da origem interdependente? De que maneira as interpretações tradicionais do *paticca-samuppada* são diferentes e relacionadas?

3. De que formas a compreensão *Abhidhamma* do *paticca-samuppada* é diferente das interpretações Theravada, Madhyamaka e Yogacara?

4. Como a origem interdependente se aplica às questões relacionadas ao livre-arbítrio e ao determinismo?

5. Quais são os pontos fortes e fracos da explicação do Buda do *paticca-samuppada*?

7 | A impermanência, o eu-não-permanente e o vazio

Principais termos e ensinamentos

Anatta/Anatman: Literalmente "não eu"; esse termo se refere à negação de uma alma ou de um eu fixo, permanente e imutável (*atta/atman*) e é, junto com o *dukkha* e o anicca, uma das Três Marcas da existência. Em um sentido mais geral, o termo refere-se à negação do Buda de qualquer natureza substancial fixa ou permanente em qualquer objeto ou fenômeno. De acordo com o Buda, nada tem uma existência inerente, pois todas as coisas surgem em dependência de causas e condições impermanentes.

Anicca/Anitya: Termos para a primeira das "Três Marcas" da existência segundo os ensinamentos do Buda histórico; eles significam "impermanência". A impermanência e refere-se ao nascimento e à morte de todos os fenômenos condicionados, sejam eles físicos ou psicológicos, que surgem de maneira interdependente.

Puggalavadins/Pudgalavadins: Termos páli e sânscrito para "Personalistas", ou aqueles que acreditam que o *puggala/pudgala* ou "pessoa" existe como uma entidade subsistente.

Sarvastivadins: Termo sânscrito para aqueles que acreditam que "tudo existe" no passado, no presente e no futuro de modo simultâneo.

Sautrantikas: Termo sânscrito para aqueles que rejeitam a autoridade do *Abhidhamma Pitaka* e, ao contrário, são "seguidores dos *Suttas*".

> ***Sunnatta/Sunyata***: Termos páli e sânscrito que significam "vazio" ou "nada"; geralmente se referem às interpretações Mahayana da origem interdependente e do estado original da mente, embora tenhamos boas evidências de uma antiga compreensão budista Convencional que envolve a estrutura metafísica da pessoa humana. As escolas Madhyamaka e Yogacara do Budismo Mahayana oferecem suas próprias explicações e defesas únicas do vazio.

O que veio primeiro?

Uma das maneiras mais fáceis de analisarmos o emaranhado de termos a serem considerados neste capítulo é questionar como estão relacionados com a ideia do *paticca-samuppada*. Por exemplo, as "coisas" são impermanentes/*anicca* pelo fato de surgirem de modo interdependente, ou elas surgem de maneira interdependente pelo fato de serem impermanentes? Os "objetos" de experiências comuns são vistos e, na realidade, caracterizados como possuidores de um eu-não-permanente/*anatta* pelo fato de surgirem de modo interdependente, ou eles surgem de maneira interdependente pelo fato de não terem um eu permanente? Finalmente, os "seres" são vazios/*sunnatta* pelo fato de surgirem de modo interdependente, ou surgem de maneira interdependente pelo fato de serem vazios?

Essa maneira de pensar a respeito dos termos-chave deste capítulo devem lembrar aqueles que estão familiarizados com as obras de Platão e suas explicações das atividades de Sócrates da cena no *Euthyphro* [Eutifron][65] quando Sócrates pergunta a respeito da piedade e de suas relações com os deuses na tentativa de descobrir se os deuses amavam as coisas pelo fato de serem piedosas, ou se as coisas piedosas eram piedosas porque eram amadas pelos deuses. De acordo com Sócrates, o último cenário tornava as coisas acidentalmente dependentes, às vezes inconstantes e caprichosas da vontade dos deuses, enquanto o cenário anterior claramente dizia que há coisas (ou seja, formas ou padrões eternos imutáveis ou essências de coisas) além do poder e controle dos deuses.

As respostas para perguntas como as de Sócrates incitam importantes questões filosóficas, incluindo questões metafísicas a respeito de como as coisas são ou de como elas existem, além de questões episte-

---

65. *Euthyphro* [Eutifron], 10a.

mológicas que perguntam se e como podemos, na verdade, saber aquilo que afirmamos saber a respeito de como as coisas são. O mesmo pode ser dito de nossas perguntas acerca do *anicca*, *anatta* e *sunnatta*, assim como de suas relações com o *paticca-samuppada*. Na verdade, acredito que seja possível destacarmos ao menos três respostas "budistas" distintas para nossas perguntas originais: em primeiro lugar, temos a resposta atribuída por seus seguidores imediatos ao Buda histórico; em segundo lugar, temos as respostas *Abhidhamma* filosóficas e psicológicas mais bem desenvolvidas da antiga tradição budista; e, em terceiro lugar, temos as respostas Mahayana.

A finalidade deste capítulo é, portanto, investigar a compreensão original do Buda, os detalhes *Abhidhamma* e os desenvolvimentos Mahayana de cada um desses termos e as explicações de suas relações com outros termos que já consideramos (isto é, *kamma*, *samsara*, renascimento e origem interdependente) bem como suas ligações com termos que ainda não consideramos (isto é, *moksa* e *Nibbana*). Em favor da simplificação e da dependência lógica, começaremos por suas relações com a origem interdependente e, em seguida, consideraremos suas relações com o *kamma*, *samsara* e renascimento. Encerraremos o capítulo com as considerações de suas relações com o *moksa* e o *Nibbana*, que são os tópicos do capítulo seguinte.

O Buda na impermanência

Uma das formas mais diretas de abordarmos a compreensão do Buda da impermanência é começando por sua explicação daquilo que é tradicionalmente chamado de o ensinamento das "Três Marcas" da existência. Duas das versões mais famosas do ensinamento são encontradas no *Anguttara Nikaya* e no *Dhammapada*. De acordo com esse último texto, o Buda disse,

> Quando você olha com discernimento/sabedoria, "Todas as coisas compostas são *anicca*/impermanentes", "Todas as coisas compostas são *dukkha*" e "Todas as coisas/estados são *anatta*/sem um eu ou um eu-não-permanente", (...) Esse é o caminho em direção à pureza.[66]

---

66. *Dhammapada*, 277-279.

No texto anterior, o Buda disse,

> Se os *Tathagatas* surgem no mundo ou não, continua sendo um fato, uma condição firme e necessária da existência, que todas as formações são impermanentes (...) que todas as formações estão sujeitas ao sofrimento (...) que todas as coisas são desprovidas de um eu.
> Um *Tathagata* desperta totalmente para esse fato e o faz penetrar. Depois de despertar totalmente para ele e o fazer penetrar, ele o divulga, ensina, torna conhecido, apresenta, revela, analisa e explica: que todas as formações são impermanentes, que todas as formações estão sujeitas ao sofrimento, que todas as coisas são desprovidas de um eu.[67]

Há, no mínimo, meia dúzia de características especialmente surpreendentes dessas citações. Em primeiro lugar, no intuito de serem entendidas ou compreendias, as "Três Marcas" exigem sabedoria ou discernimento; temos que ser despertados de maneira intelectual ou cognitiva para elas – elas não são e não podem ser compreendidas por humanos comuns que são ignorantes. Voltaremos a esse ponto mais adiante.

Em segundo lugar, as duas primeiras marcas ou sinais de existência (ou seja, a impermanência e o *dukkha*) são verdadeiras em relação a todos os seres e fenômenos condicionados ou revelados de modo interdependente. Tudo o que ganha vida e morre por meio do processo do *paticca-samuppada* é necessariamente impermanente e insatisfatório.

Em terceiro lugar, a Marca ou característica restante é tradicionalmente vista como incluindo não apenas todas as coisas condicionadas, mas também as incondicionadas (isto é, o *Nibbana*). Para aqueles que estão despertos e veem as coisas como realmente são, simplesmente não há nada que tenha um eu ou uma natureza ou essência permanente.

Em quarto lugar, a ideia dessas "Marcas" ou características de existência surge no caminho longe do desejo sensual, do ódio e da desilusão, além de ser compreendida por aquelas pessoas cuja ignorância é superada pela sabedoria e pela percepção de como as coisas realmente são.

Em quinto lugar, independentemente de o Buda histórico ou quaisquer outros seres iluminados, por assim dizer, compreendê-las, as "Três Marcas" são "condições necessárias" de toda a existência. Esse ponto pode parecer demonstrar que não é possível, seja de maneira lógica ou metafísica, que qualquer ser ou coisa exista de modo permanente, sem o

---

67. *Anguttara Nikaya*, p. 77.

dukkha, e por si mesmo. Se isso for verdade, há no mínimo três questões que devemos considerar. A primeira, por que isso é verdade? A segunda, existe alguma relação lógica ou metafísica entre as "Três Marcas?" A terceira, por que as "Marcas" estão relacionadas dessa ou dessas formas?

Em sexto lugar, o Buda, ou um Buda, está, como tal, desperto para a verdade dessas Marcas ou características e faz com que elas penetrem, ensina-as, torna conhecidas e as explica para aqueles que são ignorantes e não despertos para elas.

Além dessas observações, de acordo com o *Mahasudassana Sutta* do *Digha Nikaya*, o Buda diz ao seu discípulo Ananda, "estados condicionados são impermanentes, são instáveis, incapazes de nos proporcionar conforto e, sendo esse o caso, não devemos nos alegrar em estados condicionados, devemos deixar de nos interessarmos por eles e nos libertarmos deles".[68] Na verdade, pouco depois de informar Ananda de que não renasceria de novo, ele ainda diz, "Impermanentes são coisas compostas, propensas a subir e cair, e, depois de surgir, são destruídas, com sua mais verdadeira glória passageira".[69]

Essas citações destacam com clareza a relação metafísica entre os "estados condicionados" e as "coisas compostas" (isto é, os seres que surgem de modo interdependente ou por meio do processo do *paticca-samuppada*) e a impermanência. Elas também, entretanto, vão além da natureza puramente metafísica da relação e oferecem aconselhamentos práticos ou morais a respeito de como devemos agir em resposta a esses tipos de seres. O Buda, de maneira clara, estimula e instrui Ananda com relação à atitude adequada e cursos de ação que deve tomar com referência às coisas condicionadas e impermanentes. Ele não deve se alegrar com elas. Por que, podemos perguntar, Ananda ou qualquer outra pessoa deve acreditar naquilo que o Buda ensina seguir e suas orientações?

Uma resposta para essa pergunta é bastante óbvia – porque o Buda disse que deveríamos agir assim. Ele é um professor e fala com a autoridade de alguém que entendeu como as coisas realmente são e, por assim dizer, "esteve lá e fez o que devia ser feito". Uma segunda resposta, que também é mais abrangente, está no fato de acreditarmos, acharmos ou sabermos que o Buda está certo a respeito das coisas condicionadas, compostas e impermanentes. Mas por que devemos acreditar que o Buda estava certo? Que tipo de argumento, defesa ou justificativa poderíamos dar para sustentar suas afirmações?

Gostaria de sugerir que, se você parar para pensar a respeito dos conceitos envolvidos no ensinamento das "Três Marcas" e de suas

---

68. *Digha Nikaya*, p. 290.
69. Ibid.

alegações acerca da origem interdependente, poderemos então formar uma linha de raciocínio contundente para apoiar a aceitação das alegações do Buda a respeito da impermanência e seus conselhos acerca de como agir com relação aos estados condicionados e às coisas compostas.

Origem interdependente, mais uma vez

Lembremos por um instante que o ensinamento do Buda a respeito do *paticca-samuppada* é fundamentalmente justificado, segundo a tradição budista, por sua percepção na noite de sua iluminação. Como vimos no **capítulo 6**, a compreensão do Budismo Convencional do *paticca-samuppada* insiste que o Buda Sakyamuni literalmente despertou e viu como as coisas realmente são ou compreendeu a verdade acerca da realidade na noite de sua iluminação e, como resultado de sua percepção meditativa, finalmente entendeu a verdade a respeito da natureza fundamental da realidade.

O que o Buda entendeu ou percebeu foi, apesar de nossas práticas convencionais de classificação e de nosso limitado raciocínio comum contrário, que não existem, falando de maneira estrita, quaisquer seres metafisicamente distintos e de existência independente como esses. Todas as "coisas" ou "seres" designados de modo convencional são impermanentes, pois a rede de causas e condições que faz com que eles surjam está em constante processo de alteração e, como resultado, eles não têm um eu permanente ou uma essência fixa (isto é, eles são *anatta* e não têm *svabhava* – natureza intrínseca ou existência autônoma). Na verdade, quase imediatamente após afirmar que não há como acontecer de uma pessoa com a visão certa conseguir tratar qualquer coisa que surge de modo interdependente como permanente, o Buda ainda diz: "É impossível, não há como acontecer de uma pessoa com a visão certa conseguir tratar qualquer coisa como autônoma – essa possibilidade não existe".[70] Isso parece indicar de forma bastante clara que existem uma ligação e uma relação íntima e importante entre as características individuais das "Três Marcas" e o *paticca-samuppada*.

Há pelo menos duas maneiras de considerarmos essas ligações e relações. Em primeiro lugar, podemos começar pelas "Três Marcas" e perguntar a respeito de suas inter-relações e, então, considerar como estão relacionadas com o ensinamento da origem interdependente. Por exemplo, poderíamos perguntar: as coisas são impermanentes pelo fato

---
70. *Majjhima Nikaya*, p. 928.

de serem *dukkha* e *anatta*, ou *anatta* e *dukkha*? Existe uma ordem específica entre os termos, ou não, e será que essa ordem importa, em especial com relação ao surgimento, à extinção e às inter-relações das "Marcas", ou não? As coisas são *anatta* em função do *dukkha* e da impermanência, ou impermanência e *dukkha*? Elas são *dukkha* pelo fato de serem impermanentes e *anatta*, ou *anatta* e impermanentes?

Podemos imaginar diversas respostas para essas perguntas. Por exemplo, é possível acreditar que a resposta mais óbvia é que as coisas são *dukkha* (D), pelo fato de serem *anatta* (A) e impermanentes (I). Visto dessa maneira, isso pode significar que, já que as "coisas" são impermanentes, elas são *anatta* e, por serem *anatta*, fazem surgir o *dukkha*, que é a experiência de pessoas ignorantes que ainda não despertaram e não conseguem ver as coisas como realmente são (isto é, I => A => D). Entretanto, se pensarmos de outra forma, isso pode significar que a experiência do *dukkha* é o produto da conjunção da impermanência e do *anatta* (ou seja, I + A => D). No entanto, também podemos imaginar que alguém acredite que as coisas são impermanentes pelo fato de não possuírem um eu e por serem *dukkha*. Em outras palavras, é possível acharmos que as pessoas que, de modo acidental, apesar de concluírem de maneira correta que as coisas são *anatta*, também podem unir sua experiência do *dukkha* a essa percepção para entender que a impermanência surge pelo fato de as coisas não possuírem um eu permanente e por serem *dukkha* (isto é, A + D => I). Poderíamos também imaginar outra situação em que alguém acredita que as coisas são *anatta*, por serem impermanentes e *dukkha*. Em outras palavras, as experiências de impermanência e insatisfação, sejam vistas em conjunto (ou seja, I + D => A) ou de forma sucessiva (ou seja, I => D => A), fazem surgir a experiência do *dukkha*.

Obviamente, há outros possíveis cenários, linhas diferentes de interações causais, bem como outras formas de pensarmos a respeito da impermanência, *dukkha* e *anatta*, que alguém poderia imaginar como sendo respostas para as questões anteriores; porém, o objetivo deste exercício não é apenas pensar com mais cuidado e de maneira mais profunda a respeito do ensinamento das "Três Marcas", mas também enfatizar a natureza interdependente das relações entre essas características peculiares da existência. Isso é, afinal, exatamente o que o próprio Buda fez na noite de sua iluminação e também precisamente o que ele ensinou com relação ao *paticca-samuppada*.

Uma segunda maneira de analisarmos as relações entre o ensinamento das "Três Marcas" e o *paticca-samuppada* é começando pelo último e considerando sua relação com as características ou "Marcas" da existência.

Como vimos no capítulo anterior, o ensinamento da origem interdependente é fundamentalmente uma afirmação da dinâmica legal da mudança em que os eventos, processos ou acontecimentos no mundo e na mente são causalmente condicionados e dependentes de outros eventos, processos e acontecimentos. Em outras palavras, as "coisas", que são, de forma geral, consideradas "seres" com essências ou naturezas fixas ou imutáveis, na verdade, não existem dessa maneira e tudo o que existe, existe na forma de um evento, processo ou acontecimento que é, em si, o resultado latente de interações causais que o fazem surgir de modo interdependente.

Se aplicarmos essa compreensão do *paticca-samuppada* às características individuais das "Três Marcas", duas consequências distintas podem ser inferidas. Em primeiro lugar, pareceria que cada "Marca" ou característica de existência é, na realidade, um evento, processo ou acontecimento – e não uma "coisa" da forma que as "coisas" são aceitas de maneira convencional. Em segundo lugar, pareceria também que cada "Marca" de existência deve sua realidade a uma rede complexa de causas e condições da qual cada uma delas surge de modo interdependente e à qual cada uma delas e todas elas estão interconectadas de maneira causal.

É importante entender, porém, que essas consequências, que são resultados lógicos da explicação do Buda da origem interdependente, infelizmente não são obviamente consistentes com nossas experiências comuns do mundo (isto é, lembre-se de nosso exemplo dos cenários do fogo e da fumaça ou das bolas do jogo de bilhar) ou de nossa forma comum de considerar ou designar de modo convencional aquilo que entendemos que está acontecendo ao nosso redor e/ou até mesmo em nossos próprios pensamentos e em nossas mentes. Isso então explica a multiplicidade dos possíveis cenários considerados anteriormente, assim como a insistência do Buda histórico de que precisamos despertar para a verdade a respeito da realidade. Sendo assim, essa situação, por mais contrária à experiência que possa ser, não deve nos surpreender. A tradição budista sempre afirmou que a ignorância e, por consequência, o fato de não conseguir ver as coisas como elas realmente são, constituem dois problemas básicos para todos os seres humanos incultos. A verdade disso é que somente aqueles que são realmente iluminados e despertados, que conseguem enxergar por meio da percepção, do discernimento e da sabedoria, que de maneira diligente seguem o caminho puro do Buda, são capazes de ver e entender que todas as coisas e formações compostas surgem de modo interdependente e são fundamentalmente impermanentes.

Se voltarmos nossa atenção para a concepção do Buda da segunda "Marca" de existência, o *dukkha*, o que e por que ele acredita em uma determinada coisa já deve estar bastante claro a partir de sua explicação do *dukkha* nas Quatro Nobres Verdades. Isso nos leva diretamente a considerar a terceira "Marca" de existência, o *anatta*.

O Buda no *dukkha* e no *anatta*

Aprendemos no **capítulo 3** que, na noite de sua experiência de iluminação, o Buda passou por uma revisão radical da vida e de sua compreensão dela. Vimos também que seus ensinamentos básicos envolvem uma nova visão filosófica, o *dassana*, ou "verdade" – uma nova forma de ver e entender o mundo e sua estrutura metafísica. Essa maneira radicalmente nova de conhecer e estar no mundo foi proposta em seu Primeiro Sermão e resumida de maneira sucinta naquilo que é normalmente chamado de as Quatro Nobres Verdades.

Segundo o Buda, o caminho para a libertação do *kamma*, *samsara* e renascimento começa com uma reorientação de nosso conhecimento, compreensão e interações causais com o mundo. O primeiro passo nesse caminho para a libertação começa, de modo bastante literal, com uma percepção, e subsequente reconhecimento e aceitação, da Primeira Nobre Verdade, ou seja, que tudo envolve o *dukkha*. As demais Nobres Verdades simplesmente especificam a origem, as causas, as e condições e os meios pelos quais podemos superar e impedir o *dukkha*.

De acordo com o Buda, as fontes mais básicas do *dukkha* são "os cinco agregados do apego". Em outras palavras, a causa raiz do *dukkha* é o desejo e a vontade que surgem de maneira interdependente dentro e a partir dos cinco agregados que compõem aquilo que somos, como uma consequência direta e imediata das ideias ou visões equivocadas que normalmente formamos de nosso "eu" e de outras "coisas". Nosso erro elementar é, na verdade, duplo: em primeiro lugar, achamos que somos ou possuímos um eu fixo, substancial ou essencial – um ser imaterial (isto é, *atman*) –, que transmigrou de vidas passadas para esta vida e irá continuará existindo na vida seguinte também; e, em segundo lugar, achamos que todas as outras "coisas" possuem uma natureza intrínseca e autônoma (ou seja, *svabhava*), por meio da qual elas mantém sua identidade imutável e sua existência permanente e que, ao seguir e mantê-las, nos sentiremos realizados e satisfeitos. O Buda, porém, afirma que esses dois pensamentos estão equivocados.

O primeiro deles está errado pelo fato de se recusar a postular a existência de uma entidade cujo próprio ser não pudesse ser verificável por meio da experiência direta. Como vimos, ele se entregara de forma pessoal aos tipos de experiência meditativa introspectiva que, ao que tudo indica, poderiam e teriam confirmado a existência latente e contínua de seu próprio *atman*, mas havia fracassado após muitas tentativas de descobrir qualquer essência interior fixa dele mesmo. Ao menos inicialmente, ele e seus seguidores negaram a existência do eu permanente que permeava o fluxo constantemente mutável da experiência diária, exatamente em função de simplesmente não existirem evidências empíricas de um eu permanente. Em vez disso, o Buda ensinava o *anatta* ou a ideia do eu-não-permanente da pessoa humana e de todos os seres – a terceira "Marca" de existência.

Ele também dizia, segundo o *Khandhasamyutta*, que, se existisse um eu, ele então jamais estaria sujeito à aflição e ficaria totalmente sujeito ao nosso controle. No entanto, todos sabemos por experiência que as duas consequências são falsas e, portanto, não existe um eu permanente. No mesmo *Sutta*, o Buda também ofereceu um excelente argumento contra qualquer "coisa" impermanente e mutável que fosse considerada como "Isso é meu, esse sou eu, isso vem de mim". Sua linha básica de raciocínio era que, se todas as coisas impermanentes causam sofrimento e mudam de maneira constante, não é certo que sejam vistas como "eu" – ao menos não como o "eu" é geralmente compreendido por seus companheiros indianos. De acordo com o Buda, todos os agregados que constituem minha existência latente obviamente satisfazem o antecedente e, portanto, todos eles devem ser "Isso não é meu, esse não sou eu, isso não vem de mim".[71]

Ao mesmo tempo, como vimos, o Buda rejeitava a existência do *atman* como algo logicamente necessário para explicar os ensinamentos indianos do *kamma*, *samsara* e renascimento. Como pudemos observar no **capítulo 5**, o Buda admite a existência de uma série ou um ciclo contínuo de renascimentos que de fato acontece, mas não existe nenhum eu, nenhuma alma ou *atman* fixo e imutável que sobreviva à transmigração. A explicação causal e cármica disso é, naturalmente, o *paticca-samuppada*, que, se estiver certo, explica por que a outra ideia

---

71. *Samyutta Nikaya*, p. 901-902.

está errada e por que nenhum estado condicionado ou coisa composta é capaz de nos deixar realizados ou satisfeitos.

Ensinamentos independentes

Vimos que a compreensão budista Convencional do *paticca-samuppada* é que aquilo que o Buda obteve na noite de iluminação foi a percepção intelectual de que todas as "coisas" individuais designadas de modo convencional não são, na realidade, "seres" metafisicamente independentes ou de subsistência autônoma, mas processos ou acontecimentos, e que esses eventos e processos estão, em si, causalmente ligados, de maneira literal, a todos os outros processos e eventos que acontecem de forma simultânea em qualquer momento no fluxo de uma rede complexa de eventos e processos inter-relacionados. Gostaria agora de sugerir que esse ensinamento específico se baseia na interseção de alguns dos ensinamentos mais elementares e importantes do Buda, isto é, as Quatro Nobres Verdades, as "Três Marcas", o *kamma*, *samsara* e renascimento. Quero também afirmar que ele oferece respostas claras para nossas perguntas anteriores que questionam por que não é possível que qualquer ser exista de modo permanente, sem o *dukkha*, e por si mesmo; a natureza das relações entre as "Marcas" de existência; por que as "Marcas" são relacionadas dessa maneira; e por que devemos acreditar e seguir os conselhos do Buda a respeito de nossas atitudes e ações com relação aos estados condicionados e as coisas compostas.

As respostas curtas são: em primeiro lugar, por causa de nossa ignorância, acreditamos falsamente que nosso "eu" e as "coisas" são "seres" que existem de modo interdependente e que, se possuirmos alguns ou todos eles, nos sentiremos satisfeitos e realizados. Em segundo lugar, na realidade, todos os "seres" e "coisas" surgem de maneira interdependente a partir de outros processos em uma rede complexa de causas e condições inter-relacionadas. Em terceiro lugar, as mesmas relações originadas de forma dependente se aplicam às "Três Marcas". Em quarto lugar, as mesmas forças causais e cármicas que conduzem ao *samsara* e ao renascimento também tornam todos os seres impermanentes, *dukkha* e *anatta*.

As ideias e afirmações contidas nessas respostas também oferecem soluções para as perguntas originais do início deste capítulo. Acredito agora ter deixado claro que, para o Buda, todas as "coisas" são impermanentes, *anatta* e vazias exatamente pelo fato de não existirem da forma que normal e costumeiramente acreditamos que o fazem, sendo que existem da maneira que elas de fato existem pelo fato de surgirem de modo interdependente.

Detalhes *Abhidhamma*

As explicações *Abhidhamma*[72] da impermanência, *anatta* e do vazio, assim também como de suas respostas para as questões originais do capítulo, são de algum modo mais complexas e complicadas do que as explicações e respostas iniciais do Buda, embora afirmem ser autenticamente budistas.

De acordo com essa compreensão das "coisas", a impermanência é uma característica de todas as "coisas", já que todas elas passam a existir e desaparecem como resultado da origem interdependente. Em resumo, as "coisas" são como são e aquilo que são como resultado das causas e condições, que são processos, eventos ou acontecimentos. Como as causas e as condições em si estão sempre comprometidas com o processo de mudança, as "coisas" que se originam com elas ou a partir delas também sofrem constantes alterações. No entanto, as "coisas" em si são mais metafisicamente complicadas do que parecem ser nos sermões do Buda ou para nossos sentidos.

A visão *Abhidhamma* é de que as "coisas" são, na verdade, compostas de "partes" ou "elementos" constituintes, e essas "partes" são, em si, compostas de *dhammas*. Em outras palavras, "coisas" comuns não são apenas seres compostos, mas sim, na realidade, seres duplamente compostos.

Por exemplo, lembre-se de que vimos que o Buda ensinava que a pessoa humana é, na verdade, composta de cinco "agregados" ou acúmulos, ou seja, forma ou formato material, sentimentos ou sensações, cognições, atitudes temperamentais e consciência. De acordo com a compreensão *Abhidhamma* do processo de mudança e origem interdependente, os próprios agregados que constituem a pessoa humana exigem um princípio para explicar como cada um deles surge, parece perdurar e, então, sofre o processo de decadência e, por fim, desaparece. A justificativa disso é que cada agregado parece ter algum aspecto de existência latente e contínuo, embora as "coisas" que eles compõem

---

72. Há duas coleções *Abhidhamma* canônicas – a *Theravada* e a *Sarvastivada* – e inúmeros manuais do "Dharma Superior." No intuito de facilitar e esclarecer as coisas, farei uso de termos mais generalizados para falar das diversas explicações *Abhidhamma*, a menos que indicado de modo contrário.

estejam sempre mudando. Na verdade, a experiência introspectiva de minha própria consciência e dos estados conscientes parecem revelar que eles não são apenas meus, mas também que continuam a ser meus ao longo do tempo. Algum princípio ou ponto de partida de explicação é, portanto, necessário, de acordo com os pensadores *Abhidhamma*, para explicar essa situação. Em suma, algum elemento mais básico de existência, além dos agregados, é necessário para explicar esses fatos. Para os pensadores *Abhidhamma*, as bases fundamentais da construção de minha experiência e também da realidade são chamadas de *dhammas*. Esses *dhammas* são os elementos metafísicos elementares da existência física e mental.

De acordo com a visão *Abhidhamma* das coisas, os *dhammas* em si não são, falando de maneira estrita, "coisas" ou seres substanciais, mas apenas partes e princípios metafísicos de explicação do processo de mudança ou origem interdependente. Sua existência, que não é, nem pode ser, diretamente confirmada pela experiência dos sentidos, é, apesar de tudo, necessária para explicar as partes, os passos ou os estágios no processo de mudança ou transformação, assim como nossa maneira de compreender ou dar sentido aos eventos e situações mutáveis. Eles são, em resumo, os constituintes materiais básicos dos objetos físicos no mundo ao nosso redor, como os quarks, os glúons e os meons na ciência contemporânea, como também os elementos fundamentais de nossa vida mental (isto é, de nossa mente ou consciência e seus estados mentais).

Em termos simples, os *dhammas* são as principais partes metafísicas das "coisas" como, por exemplo, os seres humanos, os animais, as plantas e as pedras. Eles são os alicerces ou acontecimentos metafísicos mais elementares causalmente responsáveis pelo surgimento, duração contínua, decadência subsequente e desaparecimento das "coisas" ou processos dos quais são as "partes". Eles também são os princípios básicos de explicação e fontes finais de justificativa epistemológica com relação à maneira pela qual conhecemos as "coisas" e as mudanças que elas sofrem. O problema, porém, é que o Buda e seus seguidores negam que nossos estados mentais comuns, ignorantes e incultos, sejam suficientes para ver as "coisas" como realmente são e, na verdade, afirmam que nossas condições mentais iludidas estão entre as causas mais básicas do *dukkha* e da ignorância.

Segundo a antiga tradição budista, a ignorância e o desejo sensual de uma mente inculta nos impedem de conhecer as coisas como elas de fato são e é por essa razão que eles afirmam que, para o Buda, o caminho para a libertação do *kamma*, *samsara* e renascimento, e por fim a conquista da iluminação, começa com uma reorientação de nosso conhecimento, compreensão e interações causais com o mundo. Em resumo, a menos que e somente se formos capazes de mudar nossa mente e nossas atitudes com relação às "coisas" – tanto da maneira como as vemos e de como reagimos em relação a elas – ou, em outras palavras, a menos que e somente se despertarmos para a verdade a respeito de como as "coisas" realmente são, é que continuaremos sem conseguir ver nem entender (isto é, permaneceremos ignorantes acerca de) a única e mais importante e básica percepção do Buda histórico, que está em nossa mente e nos usos que fazemos dela e que determinam como vemos e entendemos o nosso eu, o mundo e todas as "coisas". A iluminação é possível, segundo o Buda e seus primeiros seguidores, mas somente com a cessação da ignorância, do desejo sensual e das ideias erradas que geralmente temos. Se não formos capazes de eliminar as causas e as condições que, de modo interdependente, fazem surgir a ignorância e o desejo sensual, infelizmente, jamais veremos as "coisas" da forma que realmente são e jamais alcançaremos o *Nibbana*.

Os Puggalavadins

Ao mesmo tempo que esses ensinamentos *Abhidhamma* a respeito da mente e de sua relação com a realidade estavam sendo reunidos e compilados, havia também seguidores do Buda que abertamente defendiam que, embora as "coisas", que não os seres humanos, sejam processos ou eventos impermanentes, deve existir algum tipo de fonte de unidade metafísica e permanência ou, no mínimo, uma quase permanência, para os humanos, que possa explicar nossa experiência contínua de nós mesmos como conhecedores conscientes e unificados, assim como nosso *kamma* e suas consequências. Esses budistas, chamados de Puggalavadins, ou "Personalistas", afirmavam que a análise *Abhidhamma* da pessoa humana nos *dhammas* mentais e físicos impessoais não apenas deixavam de explicar sua pessoalidade ou humanidade, mas também ignorava a realidade da experiência de um eu unificado. Em outras palavras, a análise reduzida da pessoa humana em *dhammas* omitia o todo de onde suas partes eram separadas (ou seja, a "pessoa") e também sua unidade formal de operação. A mesma análise reduzida da pessoa humana também não conseguia explicar de modo satisfatório como o *kamma* e seus efeitos causais e continuidade em vidas múltiplas operavam e podiam ser compreendidos de forma significativa.

Segundo esses pensadores, o *puggala/pudgala* ou "pessoa" era tão real quanto os cinco agregados dos quais ele surgia, embora eles afirmassem, até certo ponto de modo paradoxal, que a "pessoa" em si não era idêntica aos cinco agregados nem diferente deles. Essa explicação um tanto confusa parece sugerir uma ideia da pessoa e a identidade pessoal em que a primeira, de maneira dinâmica, surge em um estado quase permanente a partir das interações complexas dos agregados, enquanto a outra é apenas uma distinção conceitual convencional que não está ancorada em quaisquer diferenças ontológicas reais entre a pessoa e seus componentes físicos e mentais. Essa ideia obviamente possui a vantagem de reconhecer o processo contínuo de mudança e impermanência no ser humano. Sua explicação da pessoa, infelizmente, porém, não parece ser consistente com o antigo ensinamento budista do *anatta*. Talvez por essa razão, conforme indicado por Peter Harvey,[73] quase todas as outras escolas budistas criticavam os seguidores da doutrina da "pessoalidade".

Os Sarvastivadins

Outros budistas, conhecidos como Sarvastivadins, propuseram suas próprias explicações das interações causais dos *dhammas*, além de tentarem explicar como somos capazes de ver, perceber e compreender os eventos que surgem dos *dhammas*, assim como os *dhammas* em si.

Conforme observado anteriormente, os textos *Abhidhamma* tentavam explicar como os *dhammas* são os alicerces ou acontecimentos metafísicos mais básicos causalmente responsáveis pela origem, duração contínua e subsequente decadência e desaparecimento das "coisas" ou processos dos quais fazem parte. Um dos problemas mais elementares envolvidos nessa explicação é identificar exatamente como muitas partes, passos, estágios ou momentos existem no processo contínuo de mudança. Os pensadores Theravada afirmavam que somente três estágios ou momentos existem: surgimento, permanência e desaparecimento. Os pensadores Sarvastivada, porém, discordavam e identificaram quatro momentos distintos: surgimento, permanência, decadência e desaparecimento.

Sem nos aprofundarmos nos detalhes específicos dessa discussão particular, é importante entender que os seguidores do Buda foram forçados a elaborar respostas específicas para algumas questões filosóficas muito complexas e complicadas a respeito dos detalhes de seus ensinamentos. Nesse caso, os pensadores Theravada e Sarvastivada ficaram

---
73. Harvey (1990), p. 85.

com a missão de tentar explicar como os diversos *dhammas* estavam relacionados de modo causal no intuito de elucidar a aparente existência contínua das "coisas", assim como a existência dos agentes humanos que conhecem a si mesmos e essas "coisas" que surgem de forma interdependente.

De acordo com os Sarvastivadins, os *dhammas* devem ser vistos como tudo aquilo que existe o tempo todo – no passado, no presente e no futuro – de uma só vez, no intuito de explicar como a memória e o conhecimento de coisas passadas operam, como também o *kamma* passado causalmente afeta e influencia o presente e o futuro, como o presente de modo interdependente surge e existe no momento atual e também como os eventos futuros surgem e podem ser compreendidos. Eles defendiam essas ideias afirmando que cada *dhamma* possuía sua própria natureza intrínseca, autoexistência ou *svabhava*. Em outras palavras, eles transformavam os próprios *dhammas* em seres independentes metafisicamente distintos, da mesma maneira que os Puggalavadins reificavam a pessoa. Como resultado dessa concepção dos *dhammas*, eles conseguiram explicar como os *dhammas* podiam perdurar ao longo do tempo e continuar existindo no passado, presente e futuro de maneira simultânea.

Os Sautrantikas

Já outros budistas, chamados de Sautrantikas ou "seguidores dos *Suttas*", discordavam com veemência dessas ideias e afirmavam que somente o presente existe de verdade e que o passado e o futuro não existem, embora o passado exerça uma influência causal tanto no presente quanto no futuro por meio de uma espécie de "momento cármico" das ações do passado. Eles também criticavam com bastante cuidado a reificação dos *dhammas* não somente como contrários às ideias da impermanência e da origem interdependente, mas também como obviamente contrários ao ensinamento original do Buda acerca do *anatta*. Em sua visão, nós podíamos, de modo conceitual, distinguir os *dhammas* das "coisas" que eles formavam, mas, como uma "coisa" não é nem pode existir de maneira independente de qualquer outra (por causa do ensinamento da origem interdependente), todas essas explicações dos *dhammas* são apenas alegações convencionais e instrumentais que, na verdade, não chegam até a natureza fundamental das coisas. Esse último ponto, em particular, ajudou a preparar o caminho para o ensinamento Madhyamaka posterior das "Duas Verdades" que analisaremos em instantes.

Nesse momento, é preciso deixar claro que não existe uma resposta *Abhidhamma* única, unificada e descomplicada para qualquer das questões originais deste capítulo, ou qualquer coisa parecida com uma explicação simples e geralmente aceita da impermanência, *anatta* e do vazio. Apesar de tudo, essa situação não deve ser tão surpreendente se considerarmos a complexidade das questões envolvidas, a aparente ambiguidade de alguns dos próprios ensinamentos do Buda, bem como sua falta óbvia de detalhes filosóficos e psicológicos. Cada um desses fatos contribuiu à sua própria maneira com o estudo, investigação e desenvolvimento contínuo de inúmeras explicações budistas da natureza fundamental da realidade. Esse desenvolvimento é especialmente claro nas respostas Mahayana de nossas questões originais e suas explicações da impermanência, *anatta* e, principalmente, do vazio. Antes de considerarmos suas respostas, porém, devemos em primeiro lugar considerar a explicação do Buda a respeito do vazio.

O Buda no vazio

O leitor observador não deixará de perceber que nós, na realidade, não consideramos as explicações *Abhidhamma* ou as do Buda acerca do vazio em si. Há três razões para explicarmos isso: em primeiro lugar, segundo a tradição budista Convencional e seus *Suttas*, o Buda histórico simplesmente não tinha muito a dizer a respeito do vazio, ao menos em comparação com outras ideias importantes; em segundo lugar, as explicações *Abhidhamma* simplesmente são complexas e complicadas demais para um texto e uma plateia introdutória; e, em terceiro lugar, como resultado de circunstâncias históricas, o vazio passou a ser associado, quase que de modo exclusivo, com o Budismo Mahayana e, em especial, com o *Prajnaparamita* ou *Sutras da Perfeição da Sabedoria*, o *Sutra Diamante* e o *Sutra do Coração*.

Se considerarmos o que dizem os *Suttas* Convencionais a respeito daquilo que o próprio Buda ensinou, ao contrário do que alguns de seus discípulos diziam acerca do vazio, seu foco parece ser duplo: em primeiro lugar, com relação à metafísica e à natureza do mundo e, em segundo lugar, com relação à epistemologia e à prática da meditação. Com respeito ao primeiro item, o Buda responde a pergunta de seu discípulo Ananda, "De que forma dizemos 'Vazio é o mundo'?"

> É vazio, Ananda, porque é desprovido de um eu e daquilo que pertence ao eu que dizem "Vazio é o mundo". E o que é desprovido de um eu e daquilo que pertence ao eu? O olho, Ananda, é desprovido de um eu e daquilo que pertence ao eu. As formas são desprovidas do eu e daquilo que pertence ao eu. O olho-consciência é desprovido de um eu e daquilo que pertence ao eu (...) Qualquer sentimento que surge com o contato da mente como condição – seja prazeroso ou doloroso ou nem prazeroso e nem doloroso – isso também é desprovido de um eu e daquilo que pertence ao eu.
>
> É vazio, Ananda, porque é desprovido de um eu e daquilo que pertence ao eu que dizem que "Vazio é o mundo".[74]

Fica claro a partir dos textos que se referem a essa resposta, que falam das questões a respeito daquilo que está sujeito à desagregação, impermanência e o pedido de Ananda de uma versão resumida do *Dhamma*, que o Buda vê uma ligação, um conexão claramente de surgimento interdependente, entre os conceitos de desagregação, impermanência, vazio, falta de um eu, uma revulsão contra os cinco agregados, desinteresse, libertação, conhecimento e a conquista do *Nibbana*. Na verdade, o Buda propõe-se a ensinar o caminho adequado para erradicar todas as concepções.

> Pois, bhikkhus, tudo o que concebemos, tudo o que concebemos em, tudo o que concebemos de, tudo o que concebemos como "meu" – isso é o contrário. O mundo, tornando-se de outro modo, apegado à transformação, busca prazer somente na transformação.
> Tudo, bhikkhus, que é a extensão dos agregados, dos elementos e da base dos sentidos, ele não entende que, não entende em que, não entende de que, não concebe que, "Isso é meu".
> Como ele não concebe nada, então, ele não se apega a nada no mundo. Não sofrendo com o apego, ele não se sente agitado. Não se sentindo agitado, ele pessoalmente alcança o Nibanna. Ele entende: "Destruído é o nascimento, a vida sagrada foi vivida, o que tinha de ser feito foi feito, não há mais nada para esse estado do ser".
> Esse, bhikkhus, é o caminho adequado para erradicar todas as concepções.[75]

---

74. *Samyutta Nikaya*, p. 1163-1164.
75. Ibid., p. 1145-1146.

E ele continua,

> O que vocês acham, bhikkhus, que é o olho (e todos os agregados restantes considerados de maneira individual), permanente ou impermanente? – "Impermanente, venerável senhor." – "Aquilo que é impermanente é sofrimento ou felicidade?" – "Sofrimento, venerável senhor." – "Aquilo que é impermanente é sofrimento e está sujeito a mudanças para poder ser considerado assim: 'Isso é meu, esse sou eu, esse é meu eu'?" – "Não, venerável senhor."...
> Ao ver isso, bhikkhus, o nobre discípulo instruído experimenta a revulsão com relação ao olho (e todos os demais agregados considerados de maneira individual) (...) como condição – seja prazerosa, dolorosa ou nem uma nem outra coisa (...) Ao experimentar a revulsão, ele se torna desinteressado. Com o desinteresse [sua mente] é libertada. Quando ela é libertada, vemos surgir o conhecimento: "Ela está livre". Ele compreende: "Destruído é o nascimento, a vida sagrada foi vivida, o que tinha de ser feito foi feito, não há mais nada para esse estado do ser".
> Esse, bhikkhus, é o caminho adequado para erradicar todas as concepções.[76]

Sob a luz desses ensinamentos, há poucas dúvidas de que o Buda vê ligações metafísicas (isto é, com relação à ontologia da pessoa e das "coisas" materiais) e epistemológicas (isto é, com relação à maneira como concebemos e compreendemos nosso eu e as "coisas") nessa rede de termos, ideias e seres inter-relacionados que levam à percepção penetrante da liberação do conhecimento, à cessação desse estado atual do ser e à conquista final do *Nibbana*.

Com relação à epistemologia e meditação, o *Culasunnata Sutta* e o *Mahasunnata Sutta* ou os *Discursos mais Longos e mais Curtos do Vazio*, o Buda explica a Ananda o que quis dizer com "permanecer no vazio". No *Discurso mais Curto*, ele descreve os inúmeros estágios e estados mentais (ou seja, da sensação e percepção comuns por meio dos quatro *jhanas* e, por fim, ao estado sem forma da mente) pelo qual o indivíduo passa em prática meditativa enquanto considera os diversos tipos de "coisas" e "objetos" do pensamento que constituem os reinos distintos da cosmologia do Buda (isto é, o mundo dos cinco sentidos, o mundo de formas puras e o mundo sem forma, que inclui o espaço

---

76. Ibid. e para ler observações semelhantes veja o *Majjhima Nikaya*, p. 231-233.

infinito, a consciência infinita, a base do nada e a base daquilo que não é percepção nem não percepção). Segundo o Buda, esses estágios meditativos culminam na "concentração sem sinal (isto é, desprovida de qualquer sinal de permanência) da mente" conhecida como percepção. Nesse estágio, o Buda afirma que o meditador percebe que,

> "Essa concentração sem sinal da mente é condicionada e produzida de forma volitiva. No entanto, tudo aquilo que é condicionado e gerado de maneira provisória é impermanente, sujeito à cessação." Quando ele percebe e entende isso, sua mente é libertada da mácula do desejo sensual, da mácula do ser e da mácula da ignorância. Quando ela é libertada, ele conquista o conhecimento: "Ela está livre". Ele entende: "O nascimento é destruído, a vida sagrada foi vivida, o que tinha de ser feito foi feito, não há mais como alcançar qualquer estado do ser".[77]

Parece claro, a partir dessa citação, que o Buda ensina que existe uma relação causal direta e interdependente entre as práticas meditativas da permanência no vazio, a percepção de como as "coisas" são, a libertação da mente das três máculas, o conhecimento dessa libertação, a cessação do *samsara* e do renascimento e a conquista final do *Nibbana*.

No *Discurso mais Longo do Vazio*, no contexto da consideração de uma dúvida que questiona se os monges que se alegram com a companhia de outros serão capazes de obter a bem-aventurança da renúncia, a bem-aventurança do isolamento, a bem-aventurança da paz e a bem-aventurança da iluminação, o Buda mais uma vez descreve o processo por meio do qual podemos entrar e permanecer no vazio. Segundo seu ensinamento, devemos firmar nossa mente de maneira interna, aquietá-la, trazê-la para a simplicidade, concentrá-la e, assim, entrar, permanecer e proceder segundo os quatro *jhanas*. O resultado é que adquirimos confiança, estabilidade e consciência plena da verdade a respeito do vazio e da natureza fundamental da realidade.

O Buda (e Thich Nhat Hanh conforme veremos mais adiante) também afirma que esse estado de mente e consciência concentrada pode ser estendido para atividades comuns como caminhar, levantar-se, sentar-se, deitar-se, conversar e, até mesmo, pensar. Por fim, por meio

---

77. *Majjhima Nikaya*, p. 969.

da prática da atenção plena e nossos próprios esforços, somos capazes de abandonar o apego aos desejos sensuais e também o apego aos cinco agregados. Na verdade, o Buda insiste,

> Quando ele permanece contemplando os altos e baixos dos cinco agregados abalados pelo apego, o conceito de "Eu sou" baseado nesses cinco agregados abalados pelo apego é abandonado por ele. Quando isso acontece, os bhikkhus compreendem: "O conceito de 'Eu sou' baseado nesses cinco agregados abalados pelo apego é abandonado em mim".[78]

No final do *Sutta*, o Buda aconselha Ananda dizendo que a verdadeira razão para buscar a companhia de um orientador como o Buda é evitar sua própria ruína ao ser "golpeado pelos terríveis estados prejudiciais que mancham, trazem a renovação do ser, dificultam, amadurecem no sofrimento e levam a um futuro nascimento, envelhecimento e morte".[79] O caminho para evitar esses resultados é buscar a companhia do professor que o instruirá quanto a aniquilação, libertação da mente, total desilusão, desinteresse, cessação, paz, conhecimento direto, iluminação e *Nibbana*. No nível mais prático, isso significa ter de seguir seus conselhos que dizem para desejar poucas coisas, sentir-se satisfeito, isolado e distante da sociedade, assim como despertar sua energia, virtude, concentração, sabedoria, entrega, conhecimento e visão de libertação, no intuito de alcançar nosso objetivo final: libertação e *Nibbana*.

O Buda oferece o mesmo tipo de aconselhamento meditativo e prático a seu próprio filho no *Maharahulalovada Sutta* ou o *Discurso Longo de Conselho a Rahula*. Em resposta à pergunta de Rahula a respeito de como a plenitude da respiração pode ser desenvolvida e cultivada no intuito de produzir grandes benefícios, o Buda inicialmente lhe pede que considere os elementos materiais básicos de seu corpo e de todas as "coisas" físicas (ou seja, o elemento terra, o elemento água, o elemento fogo, o elemento ar e o elemento espaço) e entenda que "Isso não é meu, esse não sou eu, esse não é meu eu".[80] Ele então lhe diz para desenvolver a meditação naquilo que é tradicionalmente chamado de as "quatro moradas ou permanências divinas" – benevolência, compaixão, satisfação altruística e serenidade –, assim também como na impureza,

---
78. Ibid., p. 975.
79. Ibid., p. 976.
80. Ibid., p. 527-530.

no intuito de abandonar a luxúria, o desejo sensual e a ganância. Por fim, o Buda instrui Rahula a "desenvolver a meditação na percepção da impermanência; pois, quando você desenvolve a meditação na percepção da impermanência, o conceito de 'eu sou' será abandonado".[81]

A estratégia pedagógica do Buda em cada um desses contextos parece ser notavelmente consistente. Comece com as ideias e os dados empíricos derivados da experiência inculta direta da estrutura física e metafísica presumida das "coisas", considere a ontologia da pessoa humana e os cinco agregados, permaneça no vazio ou no vácuo, ascenda pelos quatro *jhanas* meditativos enquanto purifica a mente de elementos distorcidos no intuito de ver as "coisas" como realmente são, alcance a percepção na impermanência e no *anatta* e, finalmente, conquiste a iluminação, a libertação e o *Nibbana*.

Embora os seguidores do Buda possam, de maneira racional, discordar a respeito do qual, se é que algum, desses passos, estágios ou momentos no processo em direção à conquista do *Nibbana* é o mais importante ou o mais crítico, ou seja, a meditação em si, a impermanência, o vazio, o *anatta*, a origem interdependente, a libertação do *samsara* e do renascimento e, até mesmo, o *Nibbana*, não há muito desacordo a respeito da interconectividade dessas ideias – é simplesmente impossível pensar de modo coerente, correto e completo acerca de qualquer um deles de maneira isolada ou sem referência aos demais. Isso é especialmente verdadeiro se considerarmos as imagens particulares que o Buda usa para ilustrar seus ensinamentos.

Por exemplo, considere um bloco de espuma, uma bolha de água, uma miragem, uma ilusão mágica, fumaça, um sonho, um círculo formado pelo giro de um tição, o lampejo de um raio ou o reflexo da Lua na água. À primeira vista, cada uma dessas "coisas" tem a aparência de ser um objeto individual discreto, que existe de maneira independente e por si só. Contudo, aos poucos, com o passar do tempo, a experiência e a reflexão cuidadosa nos mostram que elas são, na verdade, produtos de uma autoexistência passageira, impermanente e transitória. Por fim, se formos bastante disciplinados para investigá-las, perceberemos duas coisas a respeito delas: em primeiro lugar, sua aparente existência tem mais a ver com nossa forma de ver e pensar a respeito delas do que sua real existência; e, em segundo lugar, sua existência verdadeira depende de muitas causas e condições que, de modo interdependente, fazem com que ganhem vida.

---

81. Ibid., p. 531.

Conforme observado por Bhikkhu Bodhi,[82] muitas dessas imagens foram mais tarde adotadas por pensadores budistas, em especial os Madhyamakas, que destacavam a antiga noção Convencional de que nossas concepções do mundo e de nossa própria existência são amplamente distorcidas pelo processo de cognição comum e inculta. Em outras palavras, a maneira ignorante pela qual, de modo habitual, vemos e pensamos a respeito de "coisas" ordinárias surte um efeito profundo e distorcido em relação ao modo que acreditamos que elas são. Nossa função, de acordo com o Buda, é ver as "coisas" como de fato são – de origem interdependente, impermanentes, *anatta* e vazias.

Podemos dizer o mesmo acerca dos cinco agregados, da pessoa humana e de outras coisas aparentemente permanentes, como as pedras e as montanhas. Cada uma delas é, de uma forma importante e fundamental, exatamente como os exemplos anteriores, "vazias, ocas, frágeis"[83] e desprovidas de substância. O problema, em resumo, é que, quando elas são vistas com e através de uma mente que é habitualmente ignorante e inculta, parecem assumir formatos que não condizem com suas verdadeiras formas. Em vez de serem vistas como impermanentes, *anatta* e vazias, elas parecem ser substâncias fixas com naturezas intrínsecas e autoexistências. Segundo o Buda e seus seguidores, é nossa visão e compreensão equivocadas daquilo que de fato são, que posteriormente nos levam ao desejo sensual, à vontade e a toda rede de consequências de origem interdependente do ensinamento do *paticca-samuppada*.

Mais uma vez, estamos de volta à tese central deste livro, ou seja, que a percepção mais básica do Buda se ocupa da mente e de suas operações – que é a nossa mente e os usos que fazemos dela que determinam como vemos e entendemos o nosso eu, o mundo e todas as "coisas". Na realidade, se essa percepção estiver correta, a resposta para nossas questões originais parece ser: "Depende de como você pensa nas coisas". E aqueles que pensam de forma correta a respeito delas sabem que elas surgem de maneira interdependente.

Desenvolvimentos Mahayana

Considerando-se a diversidade das respostas *Abhidhamma* para as perguntas originais deste capítulo, assim como suas diversas explicações da impermanência e do *anatta*, não devemos nos surpreender

---

82. Bodhi (2000), p. 1086.
83. *Samyutta Nikaya*, p. 951.

com o fato de haver um espectro de respostas Mahayana e explicações para elas. Também não devemos ficar surpresos com o fato de muitos dos desenvolvimentos Mahayana ajudarem a sustentar e esclarecer a percepção mais básica do Buda. Nesse ponto de nossa discussão dos "Detalhes do *Dhamma*" iremos apenas de modo breve ressaltar os ensinamentos Mahayana a respeito do vazio, o ensinamento Madhyamaka das "Duas Verdades", o tema central da Yogacara que fala da mente e os ensinamentos Vajrayana da consciência e da natureza do Buda.

Com relação ao ensinamento Mahayana do vazio, é comum destacar duas principais visões, a Madhyamaka e a Yogacara. De acordo com a visão Madhyamaka, em especial da forma que foi articulada por Nagarjuna, o vazio literalmente é equivalente à origem interdependente, pois se refere ao fato de que nada pode existir ou existe isolado de suas causas e condições. Como resultado, todas as "coisas" são desprovidas de uma natureza intrínseca e de um ser próprio. Na realidade, a impossibilidade de compreender essa "verdade elementar" a respeito de todas as "coisas" leva à criação de formações mentais que não apenas causam o *dukkha*, mas também são fontes do *samsara*. Essas mesmas formações mentais negativas são as fontes de nossa experiência comum e inculta do mundo e são também as fontes de nossa "verdade convencional" das "coisas" (isto é, o fato de serem substâncias de existência independente com naturezas intrínsecas). A diferença básica entre essas "Duas Verdades" (ou seja, a elementar e a convencional) é que a primeira é somente vista na sabedoria da pessoa iluminada, enquanto a outra é o resultado de profanações mentais comuns e de pensamentos convencionais e incultos. Segundo Nagarjuna, a compreensão correta da "verdade elementar", porém, elimina formações mentais negativas e o *dukkha*, pavimentando em seguida o caminho para a conquista do *Nibbana*.

De acordo com a visão Yogacara, por outro lado, o vazio refere-se ao estado original ou natural da mente em que não existe uma distinção dualista entre o conhecedor e o conhecido ou o sujeito que percebe e o objeto percebido. Nessa visão das "coisas", é a mente ou a consciência e suas operações que servem como o fundamento da origem interdependente de nosso "eu" e das "coisas" que vivenciamos. Seres ignorantes, de maneira falsa, acreditam que existe uma distinção metafísica real entre eles como conhecedores e os objetos de seu conhecimento. Eles também, de forma equivocada, acreditam que tanto os sujeitos quanto os objetos possuem suas próprias naturezas intrínsecas ou autoexistências independentes. Sua incapacidade de ver as "coisas" como de fato são – como elementos de origem interdependente da mente e da consciência – é o que causa suas experiências do *dukkha*, *samsara* e do renascimento. Seres iluminados ou despertos, por outro lado, por intermédio de práticas meditativas rigorosas, aquietam suas mentes, eliminam profanações mentais e alcançam a percepção da verdadeira natureza da mente e da consciência condicionada. O resultado dessa percepção é a libertação do *samsara* e a conquista do *Nibbana*.

Por fim, os budistas Vajrayana adotaram práticas e textos tântricos que envolvem rituais e técnicas de meditação no intuito de aumentar seus esforços para a libertação do ciclo de renascimento e a conquista do *Nibbana*. Ao seguir a visão Yogacara das coisas, eles se envolviam em práticas meditativas que buscavam excluir a ignorância e as profanações mentais que interferem na realização de nossa natureza de Buda inata e intrínseca. Sem nos aprofundarmos nos detalhes dessa ideia importante, que consideraremos com mais atenção no **capítulo 11**, os budistas Vajrayana afirmavam que, por meio de uma série de práticas meditativas, incluindo técnicas de visualização e diversas formas de ioga, podemos eventualmente compreender a unidade fundamental de todas as coisas em nossa natureza ou essência comum de Budas e seu vazio básico de um ser independente.

De acordo com os budistas Vajrayana, os praticantes das formas mais superiores de ioga conseguem obter uma percepção dos níveis mais sutis de consciência onde somos capazes de atingir o "vazio" profundo e a unidade de todas as "coisas" em nossa natureza transcendente de Budas. O principal objetivo dessa forma de prática budista é ajudar seus seguidores a reorientar suas faculdades mentais não apenas para ver as "coisas" como realmente são, mas também compreender essa verdade na prática em uma vida compassiva, na libertação do *samsara* e na conquista final do *Nibbana*.

Deixaremos as características restantes dos desenvolvimentos Mahayana para a **Parte III**. Enquanto isso, devemos deixar claro que há inúmeras respostas Mahayana para nossas questões originais deste capítulo. Na verdade, convido o leitor a formular suas próprias respostas para elas enquanto analisa os quatro últimos capítulos do livro. Também quero ressaltar que as respostas Mahayana contêm uma dimensão prática importante, pois têm o objetivo de vivenciar as respostas e, assim, alcançar a libertação do *samsara* e conquistar o *Nibbana*. É com a intenção de oferecer uma explicação mais detalhada dessas consequências práticas da prática budista que iniciamos o **capítulo 8**.

Coisas para pensar

1. Como as "Três Marcas" estão relacionadas umas com as outras para suas existências e como estão relacionadas com o ensinamento do Buda da origem interdependente?
2. Por que os textos *Abhidhamma* postulam a existência dos *dhammas*? Seu argumento é convincente?
3. Qual explicação dos *dhammas* parece convencê-lo mais e por quê? A explicação dos *dhammas* é consistente com o ensinamento do vazio? Por que ou por que não?
4. Qual o papel da meditação na realização e compreensão do vazio?
5. Como a atenção ajuda o indivíduo a transcender a verdade convencional e compreender a verdade elementar?

8 | *Moksa* e *Nibbana*

Principais termos e ensinamentos

Asavas/Asravas: Termos em páli e sânscrito que são geralmente traduzidos como "fluxos"; referem-se às profanações ou impurezas que causam renascimentos repetidos. Nos textos em páli temos três ou quatro impurezas: desejos dos sentidos, o desejo da existência contínua, visões erradas e ignorância.

Samyojana: Termo em pali e sânscrito que quer dizer "ligação" ou "corrente". A tradição budista reconhece dez correntes que nos prendem ao *samsara*: a crença de que existe um eu individual permanente, uma dúvida injustificada com relação ao Buda e seus ensinamentos, o apego excessivo aos rituais e aos preceitos monásticos e éticos, o desejo sensual, a luxúria ou a sensualidade, o ódio, a má vontade ou a aversão, o desejo pelo reino da forma, o desejo pelo reino dos fenômenos amorfos, o narcisismo excessivo, o estado de inquietação ou agitação e a ignorância. Os primeiros cinco são conhecidos como as "correntes menores" (que nos prendem ao Reino do Desejo) e os outros cinco são conhecidos como "correntes maiores" (que nos prendem aos Reinos da Forma e Amorfo).

Upaya: Termo em sânscrito para "meios hábeis" ou "habilidade-nos meios". Apesar de ser geralmente associado à tradição Mahayana e às perfeições de um *Bodhisattva*, refere-se também à habilidade do Buda de adequar seus ensinamentos à capacidade de seus discípulos e de seus ouvintes no intuito de conduzi-los à iluminação.

Raízes intelectuais e principais objetivos

É justo e oportuno, agora que concluímos a **Parte II** a respeito dos "Detalhes do *Dhamma*", considerarmos os dois termos (isto é, *moksa* e *Nibbana*) que, de maneira simultânea, fazem-nos voltar às raízes indianas e ao contexto do Budismo, assim como nos levam aos objetivos elementares das práticas hindu e budista. Essa consideração tem as vantagens de confirmar as funções dos contextos religiosos, intelectuais e culturais nos quais, e a partir dos quais, os ensinamentos do Buda histórico foram formulados, assim também como ressaltar a distinção de seus ensinamentos.

O *moksa* e o *Nibbana* não apenas se referem aos bens mais elevados e aos objetivos finais das práticas hindu e budista, mas também pressupõem conhecimento de outras ideias importantes (isto é, *dukkha*, *tanha*, *paticca-samuppada*, *kamma*, *samsara*, renascimento impermanência, vazio, *anatta*, ignorância e iluminação) no intuito de serem compreendidos de maneira correta. Considerando nosso prévio tratamento dessas ideias relacionadas nos capítulos anteriores da **Parte II**, neste capítulo começaremos com a noção indiana geral do *moksa* como libertação do *samsara* e, em seguida, destacaremos dele os ensinamentos do Buda a respeito do *Nibbana*. Nosso objetivo é completar a apresentação dos "Detalhes do *Dhamma*" e antecipar as condições para o "Desenvolvimento do *Dhamma/Dharma*" na **Parte III**.

A concepção indiana do *moksa*

Apesar de haver diferenças nos detalhes entre os *dassanas* clássicos da filosofia e da religião indiana com relação às suas compreensões do significado e do propósito da vida, a natureza fundamental da realidade, assim como suas explicações do *moksa*, existe ao menos um consenso geral, inclusive entre os sistemas heterodoxos dos jainas e dos budistas, a respeito das possibilidades para a conquista da liberdade do ciclo do nascimento, vida, morte e renascimento. Como consequência, em um determinado nível de generalidade, as características básicas daquilo que, em favor da simplicidade, podemos chamar de "a concepção indiana do *moksa*" são bastante claras.

Em primeiro lugar, o *moksa* é a meta ou o objetivo final da vida. Todas as outras metas e objetivos (ou seja, dever ou obrigação, bens e posses materiais, desejos e prazeres sexuais, reputação, etc.), sempre e da maneira que são buscados, não passam de sensações temporárias e transitórias, além de serem, finalmente, substituídos pelo objetivo de romper a prisão do *samsara*.

Em segundo lugar, no intuito de superar nosso aprisionamento no *samsara*, devemos nos comprometer com práticas, sejam elas físicas, mentais ou as duas coisas, que possam ser capazes de eliminar as causas e condições de nossa prisão no ciclo do nascimento, vida, morte e renascimento.

Em terceiro lugar, sejam quais forem os meios específicos para a eliminação das causas e das condições desse aprisionamento (isto é, a aquisição de conhecimento, o comprometimento com rituais religiosos, a realização de ações morais, a prática da meditação ou qualquer combinação desses elementos), os resultados das práticas devem incluir a sabedoria (em vez de ignorância) a respeito do significado e propósito da vida, a generosidade ou o não apego (em vez de cobiça ou desejo sensual) com relação aos diversos tipos de itens da vida, amor ou compaixão (em vez de ódio) por aqueles que compartilham de nossa condição, a eliminação do *kamma* (independentemente da forma que ele seja constituído) e as ações que nos prendem ao ciclo e, por fim, a superação das diversas mortes e renascimentos e a conquista da libertação final do *samsara*. O resultado permanente de todas essas práticas, ao menos para a maioria dos *dassanas* ortodoxos, será a união com a origem fundamental da realidade e da glória e felicidade permanente.

Em quarto e último lugar, o *moksa* deve ser, de maneira lógica e prática, possível ou então não haveria significado e propósito na vida e nenhuma razão para fazermos o que quer que fosse.

Ao mesmo tempo, porém, há no mínimo dois desacordos básicos entre os *dassanas* e suas explicações do *moksa*: em primeiro lugar, podemos ver diferenças metafísicas na posição ontológica dos elementos envolvidos no *samsara* e, em segundo lugar, vemos também diferenças práticas nos tipos de métodos que nos levam à libertação do *samsara*. Sem nos aprofundarmos nos detalhes específicos dessas diferenças, é preciso ficar claro, com base nos capítulos anteriores, que o Buda discorda das explicações ontológicas e das características práticas dos *dassanas* ortodoxos. As diferenças ontológicas foram discutidas em suas explicações da impermanência, *anatta*, vazio e *paticca--samuppada*, assim como as diferenças práticas foram esclarecidas em seus ensinamentos das Quatro Nobres Verdades, o Caminho Óctuplo e seu posicionamento a respeito das práticas meditativas. Além desses ensinamentos, porém, sua contribuição particular nas ideias indianas filosóficas e religiosas a respeito do *moksa* é sua concepção única do *Nibbana* – em especial suas dimensões metafísicas, epistemológicas e éticas. É para sua concepção bastante complexa do *Nibbana* que voltamos agora nossa atenção.

A questão do *Nibbana*

Até mesmo a pesquisa mais casual dos *Suttas* revela que os ensinamentos do Buda a respeito do *Nibbana* não são nada simples. Não apenas sabemos da existência de etimologias múltiplas do termo em si, mas há também inúmeras visões e interpretações acerca de tudo, desde o fato de o Buda histórico ter dado ou não uma explicação completa e coerente a respeito do *Nibbana*, até as alegações acerca de sua recusa em responder questões específicas a seu respeito e sua insistência de que é simplesmente melhor, considerando-se tudo, não se preocupar demais com os detalhes de sua natureza e conquista final. Há, no mínimo, três compreensões gerais (ou seja, a Convencional, a Mahayana e até mesmo a Ocidental) daquilo que o Buda disse e o que ele quis dizer com "*Nibbana*", assim como inúmeras interpretações específicas do termo. Há também, no mínimo, dois tipos distintos de *Nibbana* que a tradição budista reconhece, bem como dois tipos de *Nibbana* que dizem que o próprio Buda experimentou durante a vida e após sua morte.

Além desses fatos, temos questões e tópicos filosóficos complexos envolvendo a ideia do *Nibbana*. Sabemos de questões metafísicas relacionadas à ontologia daqueles que o alcançam, exatamente daquilo que alcançam e quando isso acontece, assim como, de maneira precisa, qual é a essência do *Nibbana*. Epistemologicamente, vemos dúvidas que questionam se e como ele pode ser entendido, assim como se e como ele pode ser descrito ou imaginado. Há também questões epistemológicas relacionadas às recusas claras do Buda em responder perguntas específicas diretamente ligadas ao *Nibbana*, bem como seu uso dos diversos sinônimos para explicar o que é o *Nibbana*. Em terceiro lugar, sabemos da existência de questões éticas e morais relacionadas aos tipos de práticas necessárias para alcançar a libertação do *samsara* e a conquista do *Nibbana*.

E exatamente no momento em que você acha que as coisas não podem ficar mais complicadas, vemos desenvolvimentos históricos na compreensão da tradição budista do *Nibbana* conforme o Budismo ia da Índia para outros lugares do mundo, nos quais podemos sentir uma subestimação de sua importância; por exemplo, na tradição da Terra Pura, e uma subsequente reavaliação de sua imediação, e nas tradições Chan e Zen. Por fim, e talvez da forma mais frustrante, temos as concepções e compreensões ocidentais equivocadas do termo e seu significado e os ensinamentos do Buda a seu respeito que formam o contexto contemporâneo em que a maior parte dos ocidentais simplesmente confundiu noções acerca do *Nibbana* e a explicação do Buda a seu respeito.

Como resultado, a parte restante deste capítulo será dedicada a esclarecer cada uma dessas considerações e situações. Começaremos com uma explicação da etimologia do termo e, em seguida, consideraremos os ensinamentos originais atribuídos ao Buda. Em segundo lugar, examinaremos todas as questões e os temas filosóficos relacionados às primeiras alegações a respeito do assunto. Em terceiro lugar, consideraremos as interpretações Mahayana do termo e os ensinamentos do Buda. Em quarto e último lugar, tentaremos explicar como e por que as concepções ocidentais do *Nibbana* surgiram e como elas deveriam ser substituídas por uma compreensão correta do objetivo final de todas as práticas budistas.

A etimologia do *"Nibbana"*

Estudiosos contemporâneos como Damien Keown[84] e Bhikkhu Bodhi[85] mostram que a palavra *"Nibbana"* tem uma etimologia ambígua e interessante. Segundo Keown, "a palavra nirvana é formada pelo sufixo negativo [*sic*] *nir* e uma raiz sânscrita que pode ser *va*, que significa soprar, ou *vr*, que significa cobrir. Ambos implicam imagens da extinção de uma chama, no primeiro caso por meio do sopro e no segundo pela ação de abafar ou impedir seu reabastecimento de combustível".[86] Ele então diz, "Dessas duas etimologias, antigas fontes geralmente preferem a segunda, sugerindo que viam o nirvana como um processo gradual, algo como interromper o abastecimento de uma fogueira e deixar as brasas se apagarem, ao contrário de um evento repentino e dramático".[87] Bhikkhu Bodhi, por outro lado, afirma que, mesmo se explicarmos a filologia de um termo, isso não resolve a questão de sua interpretação. Na verdade, ele insiste que exatamente aquilo que devemos compreender das diversas explicações do *Nibbana* oferecidas nos Nikayas tem sido objeto de discussão desde os primeiros dias do Budismo.[88]

Bodhi começa sua explicação da filologia do *"Nibbana"* observando que todos sabem que sua raiz simboliza o ato de apagar uma fogueira ou uma lamparina. Ele também diz que, em obras populares do Budismo, o "Nibbana" simplesmente significa algo que experimentamos na vida,

---
84. Keown (2003), p. 195.
85. Bhodi (2000), p. 49.
86. Keown (2003), p. 195.
87. Ibid.
88. Bodhi (2000), p. 50.

enquanto o *"parinibbana"* se refere ao *Nibbana* alcançado na morte. Segundo Bhodi, essa é uma interpretação equivocada e ele afirma, seguindo E. J. Thomas em sua *História do Pensamento Budista*, que o prefixo *pari-* transforma um verbo da expressão de um *estado* na expressão da *realização de uma ação*, fazendo com que o substantivo correspondente *"Nibbana"/"nirvana"* se refira ao estado de libertação, enquanto *"parinibbana"/"parinirvana"* se refere à realização desse estado. Ele afirma, porém, que "a distinção não funciona tão bem assim para o verbo, já que vemos os dois termos '*parinibbayati*' e '*nibbayati*' sendo usados para designar o ato de alcançar a libertação, mas ela parece ser um tanto sustentável em relação aos substantivos".[89] A partir daí, ele imediatamente ainda diz, parenteticamente, que nós, apesar de tudo, às vezes, vemos *"Nibbana"* sendo usado para denotar um *evento*. Ele conclui que tudo isso parece indicar que as diversas palavras relacionadas e usadas em referência ao *"Nibbana"/"nirvana"* e ao *"parinibbana"/"parinirvana"* designam tanto a conquista da libertação durante a vida por meio da experiência da iluminação total, quanto a conquista da libertação final da existência condicionada mediante a separação do corpo físico da morte."[90]

Bodhi continua sua explicação da filologia do *"Nibbana"* observando que as formas do particípio passado, *"nibbuta"* e *"parinibbuta"*, vêm de uma raiz verbal diferente daquela dos substantivos *"Nibbana"* e *"parinibbana"*. Os primeiros termos vêm de *nir + vr*, enquanto os outros vêm de *nir + va*. Segundo Bhodi, "O substantivo certo dos particípios é *nibbuti*, que em determinados momentos aparece nos textos como sinônimo de *Nibbana*, mas com uma função que é mais evocativa (de tranquilidade, descanso total, paz absoluta) do que sistemática".[91] Depois de mostrar que parece que nenhum substantivo prefixado *"parinibbuti"* é usado em páli, ele conclui,

> No passado, as duas formas verbais se confundiam, de modo que o particípio *parinibbuta* se tornou o adjetivo padrão usado para denotar aquele que se submete ao *parinibbana*. Assim como o verbo, o particípio é usado em aposição tanto para o Buda vivo ou arahant quanto para o Buda morto. Possivelmente, entretanto, *parinibbuta* é usado em relação ao arahant vivo somente em verso, enquanto na prosa seu uso técnico fica limitado àquele que já faleceu. No

---

89. Ibid., p. 49.
90. Ibid.
91. Ibid., p. 49-50.

uso dos Suttas, mesmo quando o substantivo *parinibbana* denota o falecimento de um arahant (em especial o Buda), isso não quer dizer "*Nibbana* após a morte". Ao contrário, refere-se ao acontecimento da passagem a que foi submetido aquele que já alcançou o *Nibbana* durante a vida.[92]

Tudo isso, de maneira clara, confirma minha alegação inicial a respeito da ambiguidade da etimologia do "*Nibbana*". Por um lado, temos a palavra cujas diversas formas linguísticas (ou seja, substantivo, verbo, adjetivo, particípio) estão plausivelmente abertas a uma série de diferentes interpretações que também estão interligadas (isto é, coisa, ação, estado, qualidade, processo) e compreensões filosóficas. Por outro lado, temos uma palavra cujos significados evocativos (paz, descanso, tranquilidade, cessação, segurança e libertação) são tão conceitualmente ricos e relacionados de modo complexo tanto com o processo em si, quanto com aqueles que estão se submetendo ou que já foram submetidos ao processo, que fica praticamente impossível determinar de qualquer maneira clara e consistente todas as distinções conceituais entre elas. Então, o que tudo isso significa?

Talvez a melhor estratégia seja começar pelo reconhecimento de que qualquer discussão do *Nibbana* é sempre e necessariamente temporária na natureza, isto é, está sujeita às condições e limitações do contexto em que está sendo considerada. Essa estratégia tem duas vantagens distintas e interligadas. Em primeiro lugar, reconhece de maneira clara que, ao interpretar os ensinamentos do Buda, devemos estar atentos e sensíveis às circunstâncias em que são apresentados e nas pessoas a quem são direcionados. Isso significa estar ciente daquilo que a tradição budista chama de prática do Buda do *upaya* ou meios hábeis – adequando seus ensinamentos à capacidade de seus discípulos e de seus ouvintes no intuito de conduzi-los até a iluminação e seu objetivo final.

Em segundo lugar, ela também reconhece a realidade das circunstâncias históricas e das situações locais em que seus ensinamentos foram levados para além da Índia e que contribuíram com a subsequente e contínua reavaliação e reinterpretação desse termo específico, bem como todos os seus ensinamentos pela tradição budista. Essa segunda vantagem é especialmente importante pelo fato de nos fazer reconhecer o desenvolvimento histórico da tradição budista (que iremos considerar com mais detalhes na **Parte III**) e uma compreensão cada vez maior

---

92. Ibid.

de seus ensinamentos. Também ajuda a explicar por que temos tantos ensinamentos diferentes, que geralmente são compatíveis e, às vezes, incompatíveis, a respeito do *Nibbana*.

A antiga concepção do *Nibbana*

Quando voltamos nossa atenção para os ensinamentos originais atribuídos ao Buda histórico com relação ao tema do *Nibbana*, o que inicialmente encontramos é uma explicação do bem ou objetivo final de seu ensinamento e prática. Por exemplo, no *Mahaparinibbana Sutta* do *Digha Nikaya* (uma coleção dos Longos Discursos do Buda para uma plateia popular) vemos que o tema discute aquilo que o Buda compreendeu, ensinou e para onde ele foi.

> Moralidade, samadhi, sabedoria e libertação final,
> Essas coisas gloriosas que Gotama compreendeu.
> O *Dhamma* que ele havia compreendido, ensinou aos seus monges:
> Aquele cuja visão findou a desgraça partiu para o *Nibbana*.

No *Mahagovinda Sutta,* aprendemos que o Buda sozinho ensinou o verdadeiro caminho da prática que leva ao *Nibbana*.

> O Senhor bem explicou aos seus discípulos o caminho (da verdadeira prática, contrária ao simples ensinamento do Caminho Óctuplo) que leva ao *Nibbana*, e eles unem o *Nibbana* e o caminho da prática, assim como as águas do Ganges e do Yamuna se unem e fluem juntas. E não podemos encontrar nenhum proclamador do caminho que leva ao *Nibbana* (...) que não seja o Senhor.[93]

O *Agganna Sutta*[94] diferencia, ao menos de modo nominal, o *Nibbana* do *Parinibbana* e afirma que o Buda ensinava que qualquer pessoa de qualquer classe contida no corpo, na fala e no pensamento, e que já tenha desenvolvido os sete fatores ou requisitos da iluminação (isto é, atenção plena, investigação de fenômenos físicos e mentais, energia, prazer, tranquilidade, concentração e equanimidade), irá alcançar o "*Nibbana* final" (que infelizmente é deixado sem definição) nesta mesma vida. Esse ensinamento claramente indica uma ligação direta entre

---
93. Ibid., p. 302.
94. Ibid., p. 415.

a disciplina física e mental, a meditação e a conquista do *Nibbana*. Na verdade, ele afirma, de maneira explícita, que qualquer pessoa, independentemente de sua situação na vida, que se compromete com os tipos adequados de práticas, é capaz de alcançar aquilo que o Buda alcançou. No entanto, o que na verdade ele (e talvez eles) alcançou?

O *Brahmajala Sutta* ajuda a esclarecer essa questão mostrando que alguns ascéticos não budistas defendiam cinco visões diferentes e equivocadas a respeito da possibilidade de conquistar o *Nibbana* final nesta vida. A primeira identificava o prazer sensual como o *Nibbana* supremo. As outras quatro se identificavam com cada um dos quatro *jhanas*. O Buda, no entanto, afirma que ele ensina

> libertação-sem-apego conquistada depois de ver as seis bases de contatos (isto é, os cinco sentidos e a mente) como elas de fato são, ou seja, seu surgimento e desaparecimento (isto é, a origem interdependente), a gratificação e o perigo delas, bem como a fuga dessas bases (...) E por estar calmo, saciado e em paz já nesta vida, proclamo o *Nibbana* supremo que é livre do apego.[95]

Em outras palavras, o Buda não ensina que o *Nibbana* possa ser identificado com qualquer dos prazeres dos cinco sentidos ou qualquer dos estados profundos de meditação. Porém, o que exatamente isso significa?

Maurice Walshe[96] afirma que, quando se trata daquilo que sabemos a respeito do *Nibbana*, um sábio estudioso disse certa vez que tudo o que temos de analisar é nossa própria concepção equivocada do *Nibbana*, pois, até que tenhamos alcançado ou experimentado esse estado por nós mesmos, não temos como conhecê-lo como de fato ele é. Ele imediatamente diz ainda que, se não podemos dizer muita coisa a seu respeito, podemos ao menos dizer alguma coisa daquilo que sabemos que ele *não* é.

Por um lado, alguns estudiosos (em especial os antigos eruditos ocidentais, como veremos a seguir), seguindo a etimologia relacionada ao ato de soprar ou apagar uma chama ou uma lamparina, acreditam que o *Nibbana* implica a extinção total ou aniquilação completa. Com base nessa ideia, não apenas destruímos as profanações associadas à mente e suas operações prejudiciais, mas também, de modo literal, somos extinguidos de qualquer e de todas as formas de existência. Outros estudiosos, por outro lado, indicam textos nos quais o Buda parece

---
95. Thera e Bodhi (1999), p. 247.
96. Walshe (1995), p. 27.

mostrar que o *Nibbana* pode ser um estado de glória ou felicidade (isto é, um estado psicológico subjetivo) ou a forma ou estado mais elevado de realidade em si (ou seja, um ser metafísico objetivo). Infelizmente, essas ideias concorrentes e obviamente inconsistentes do *Nibbana* não nos ajudam a compreender muito mais aquilo que o Buda, na verdade, pensava a seu respeito.

No intuito de ajudar com essa situação, Walshe aconselha-nos a considerar as palavras do venerável Nyanatiloka em seu *Dicionário Budista*:

> Não podemos com frequência demais ou de modo enfático demais garantir o fato de que não apenas para a verdadeira conquista do objetivo do *Nibbana*, mas também para uma compreensão teórica a seu respeito, temos uma condição preliminar indispensável de entender por completo a verdade do *Anatta*, a ausência de um eu e a não substancialidade de todas as formas de existência. Sem essa compreensão, iremos necessariamente compreender mal o *Nibbana* – de acordo com nossas tendências materialistas ou metafísicas – como a aniquilação de um ego, ou como um estado eterno de existência em que um Ego ou um Eu entra ou com o qual se funde.[97]

Uma leitura cuidadosa das palavras de Nyanatiloka, porém, confirma que o *Nibbana* não é a aniquilação nem um estado no qual entramos ou com o qual nos fundimos. O resultado é que nós, mais uma vez, não sabemos com mais certeza o que de fato o Buda acredita que seja o *Nibbana* do que quando começamos. Outra possibilidade de resposta para nossa pergunta é simplesmente analisar mais *Suttas*.

Alcançando o *Nibbana*

Como vimos no **capítulo 6**, o Buda afirma,

> Esse *Dhamma* que alcancei é profundo, difícil de ser visto e difícil de ser compreendido, tranquilo e sublime, impossível de ser alcançado apenas pelo pensamento, sutil, que deve ser experimentado pelos sábios. No entanto, essa geração se deleita com as coisas mundanas (isto é, os prazeres dos sentidos e os pensamentos do desejo sensual associado a eles), sente prazer com as coisas do mundo e se exulta com elas. É difícil para essa geração enxergar essa verdade, ou

---

97. Ibid., p. 28.

seja, a condicionalidade específica ou a origem interdependente. E é difícil enxergar essa verdade, ou seja, a quietude de todas as formações, a renúncia de todas as aquisições, a destruição do desejo, o desinteresse, a cessação, o *Nibbana*.[98]

De acordo com esse texto, o *Dhamma* e, por extensão, tudo o que ele envolve, incluindo o *Nibbana*, está além do "simples pensamento" e deve "ser experimentado pelos sábios". O *Nibbana* não é algo que pode ser alcançado apenas se pensarmos nele, ele tem que ser "experimentado" – "pelos sábios" – e o que deve ser experimentado pelos sábios é o estado quando a ignorância e todas as formas de desejo, vontade e volúpia são eliminadas, erradicadas e destruídas.

Pouco antes desse ensinamento, o Buda informa seus seguidores monásticos a respeito de sua iluminação e das diferenças fundamentais entre ele próprio e o *Nibbana*. De acordo com o Buda, aquele que estava "sujeito ao nascimento, envelhecimento, enfermidade, morte, sofrimento e desonra" estava "em busca da segurança suprema ainda não nascida, não envelhecida, não adoecida, imortal, não contrita, não profana da prisão, o Nibbana".[99] Na noite de sua iluminação, ele alcançou seu objetivo e conquistou essa "segurança suprema não profana da prisão, o Nibbana". Ele também ganhou o conhecimento e a visão desse fato quando entendeu, "Minha libertação é inabalável; esse é meu último nascimento; agora não há mais nenhuma renovação do ser".

Analisados em conjunto, esses textos parecem oferecer uma explicação surpreendentemente clara, se não do próprio *Nibbana*, ao menos do tipo de pessoa que devemos ser para compreendê-lo e os passos necessários para alcançá-lo. Seja qual for a definição fundamental do *Nibbana*, aqueles que vivem na ignorância, ganância, luxúria e ódio, definitivamente não são capazes de compreendê-lo. Na realidade, o Buda, de maneira clara, ensina que ele pode ser visto *apenas* por aqueles que destruíram suas profanações mentais, renunciaram toda forma de apego das coisas materiais e se comprometeram com os tipos adequados de concentração e meditação necessários para criar a visão intelectual desse estado. Ele também afirma que devemos entender a verdade da origem interdependente *antes* de conseguirmos ver a verdade do *Nibbana*. Em outras palavras, esses textos parecem indicar que, para ver e alcançar o *Nibbana*, temos que renunciar nosso antigo, comum e inculto

---

98. *Majjhima Nikaya*, p. 260.
99. Ibid., p. 259-260.

modo de vida, aceitar as Quatro Nobres Verdades e trilhar o Caminho Óctuplo, ao que tudo indica, como um monge, apesar de que, como vimos no *Agganna Sutta*, isso não é absolutamente necessário.

Mais tarde, na mesma coleção de *Suttas*, o Buda explica a Ananda qual é o caminho meditativo ou a maneira de abandonar as cinco correntes inferiores.

> Aqui, com a reclusão das aquisições, com o abandono dos estados prejudiciais, com a tranquilidade completa da inércia física, muito longe dos prazeres sensuais, isolado dos estados prejudiciais, um bhikkhu entra e permanece no primeiro *jhana*, que vem acompanhado de um pensamento aplicado e sustentado, com o êxtase e o prazer nascidos da reclusão.
>
> Tudo o que existe ali dos cinco agregados, ele vê esses estados como impermanentes, sofrimento, enfermidade, um tumor, uma farpa, uma calamidade, uma aflição, algo alheio, fragmentado, vazio, *anatta*. Ele distancia sua mente desses estados e a direciona para o elemento imortal assim: "Isso é calmo, isso é sublime, a quietude de todas as formações, a renúncia de todas as formas de apego, a destruição do desejo sensual, o desinteresse, a cessação, o *Nibbana*".[100]

Ele então conclui sua explicação das práticas meditativas que levam à conquista do *Nibbana* quando fala do caminho para abandonar as cinco correntes superiores ou o caminho para se tornar um *Arahant*.

> Bhikkhus, um bhikkhu que é um arahant com máculas destruídas, que vive a vida sagrada, que faz o que deve ser feito, tranquiliza a aflição, alcança seus próprios objetivos, destrói as amarras do ser e se liberta completamente por meio do conhecimento final, conhece de modo direto (...) o *Nibbana* como o *Nibbana*.[101]

O que esse texto afirma é que todos os que destroem as máculas ou *asavas* livram-se dos principais obstáculos intelectuais e afetivos, das impurezas e das profanações que são causalmente responsáveis por dar continuidade ao renascimento no *samsara*. Segundo a antiga tradição budista, as três máculas são desejos dos sentidos ou desejos gerais que buscam o prazer, o desejo da existência contínua e a defesa de visões

---
100. Ibid., p. 539-540.
101. Ibid., p. 87-88.

enganosas que, às vezes, são diferenciadas de uma quarta mácula, ou seja, a ignorância ou o fracasso em compreender de maneira correta os ensinamentos específicos do Buda das Quatro Nobres Verdades, do *kamma*, da origem interdependente e das Três Joias ou Três Refúgios (isto é, o Buda, o *Dhamma* e o *Samgha*).

O *Arahant*, ou "o digno", é o seguidor do Buda que alcançou o objetivo de conquistar o *Nibbana* por intermédio da eliminação das máculas e da destruição das profanações cognitivas e emocionais que levam ao renascimento contínuo no *samsara*. Em outras palavras, o *Arahant*, que tipicamente, apesar de não necessariamente, é um monge, é alguém que, ao aceitar as Quatro Nobres Verdades e viver a vida sagrada do Caminho Óctuplo, desperta para a verdade acerca do significado e do propósito da vida e a natureza fundamental da realidade. Ele ou ela (apesar de haver alguns desacordos na antiga tradição budista que discutem se a laicidade (raramente) e/ou as mulheres (muito raramente) podem ser *Arahants*) consegue alcançar a iluminação e conquistar o *Nibbana* assim como o Buda. A única diferença entre os dois, segundo a tradição budista Convencional, é que o Buda alcançou a iluminação por meio de seus esforços particulares ou por ele mesmo, enquanto "o digno" o faz ao seguir os ensinamentos do Buda.

Essa pessoa, como resultado de uma vida moral, uma prática meditativa e pelo ato de seguir a sabedoria do Buda, faz o que devia ser feito para garantir que, na morte, ele ou ela possa se libertar do *samsara* e não renascer. Eles não apenas eliminam os impedimentos intelectuais, emocionais e morais para se libertar do ciclo do nascimento, vida, morte e renascimento, mas também afastam as restrições ou aquilo que é tradicionalmente chamado de "correntes" ou amarras que nos prendem ao *samsara*.

De modo não surpreendente, o *Alagaddupama Sutta* apresenta o objetivo de se tornar um *Arahant* como um processo gradual que envolve três passos ou estágios preliminares (cada um deles com seus próprios estados iniciais e de realização final): aquele que entra na sucessão, aquele que volta uma vez e aquele que não volta.

Aqueles que entram na sucessão são de dois tipos: alguns entram com a sabedoria ou a razão como sua faculdade dominante e outros entram usando a fé como sua faculdade dominante. Esse tipo de seguidor do Buda tem um certo conhecimento e compreensão das Quatro Nobres Verdades e do Caminho Óctuplo, assim como um bom entendimento intelectual do *Nibbana*. Eles também são capazes de eliminar três correntes: conseguem compreender o ensinamento do Buda a respeito do *anatta*, não duvidam do Buda ou de seus ensinamentos e entendem que uma simples observação ritual formal não basta para garantir a iluminação. A antiga tradição budista afirma que o Buda disse que aquele que entra na sucessão alcançará o *Nibbana* final em no máximo sete outros renascimentos, sendo que todos acontecem no mundo humano ou em um dos reinos celestes.

Aquele que volta uma vez, que irá retornar para este mundo apenas mais uma vez e então alcançar o *Nibbana*, é aquele que foi capaz de eliminar por completo as primeiras três correntes e que está agora centrado na eliminação do desejo sensual e do ódio.

Aqueles que não voltam eliminam totalmente as primeiras cinco correntes ou grilhões e são aqueles que dizem renascer em um dos reinos celestes chamados de Moradas Puras (os níveis mais elevados do reino da Forma), de onde todos eles alcançarão o *Nibbana* final sem ter de voltar para este mundo.

Por fim, o *Arahant* elimina os cinco grilhões restantes e, de maneira transitória, alcança o *Nibbana* nesta vida e na morte do corpo alcança o *Nibbana* final.

O *Nibbana* e outros ensinamentos

Essa explicação da ascensão por meio dos estágios que levam ao *Nibbana* final deve lembrar o leitor dos passos ou estágios do Caminho Óctuplo. Como vimos no **capítulo 3**, o Caminho Óctuplo, conforme tradicionalmente apresentado, foi dividido em três agrupamentos: *sila* ou moralidade (o devido discurso, ação e meio de vida), *samadhi* ou meditação (o devido esforço, atenção e concentração) e *panna* ou sabedoria ou percepção (a devida visão ou pensamento). Também pudemos observar naquele capítulo que, embora a verdadeira ordem de apresentação dos *Suttas* dos agrupamentos seja a excelência moral, concentração e sabedoria, a maior parte dos estudiosos não acredita que exista qualquer relevância significativa quanto à ordem de qualquer dos elementos do Caminho Óctuplo ou suas subdivisões. A razão para isso está no fato óbvio de que cada elemento está contínua e iterativamente cultivando e reforçando os demais elementos por meio de nossa prática. Como foi dito por Peter Feldmeier,

> Talvez, porém, o caminho também possa entendido como todas as três purificações que, de forma mútua, desenvolvem-se e reforçam umas as outras. A repressão mental, na prática, é impossível sem o

processamento mental encontrado na concentração ou, o que é ainda mais importante, na prática da percepção. Além disso, conforme aprendemos mais a respeito da natureza da mente presa ao apego, podemos nos tornar ainda mais moralmente virtuosos e rejeitar formas mais sutis de ganância e apegos. Essa liberdade da mente permite a conquista de níveis ainda mais profundos de concentração. Em suma, todas as três práticas costumam, de forma mútua, cultivar e sustentar cada uma das demais.[102]

Bhikkhu Bodhi expressa a mesma ideia:

> A moralidade restringe as profanações em sua forma mais rudimentar, seu fluxo em ações prejudiciais; a concentração elimina suas manifestações mais refinadas em pensamentos confusos e inquietos; a sabedoria erradica suas tendências sutis e latentes ao penetrar com a percepção direta.[103]

Esses dois comentários destacam as relações claramente interdependentes que existem entre os passos do Caminho Óctuplo e não é difícil enxergar esses passos ou estágios como mais um exemplo do ensinamento do Buda do *paticca-samuppada*. O que é especialmente relevante a respeito de tudo isso, entretanto, é que o Buda propôs um plano ético específico e manejável para a conquista do *Nibbana*. Na verdade, o Buda parece ter oferecido um plano de camadas e facetas múltiplas para a realização da libertação final do *samsara*.

Como vimos, as primeiras três Nobres Verdades basicamente se referem às alegações metafísicas e epistemológicas relacionadas à conquista do *Nibbana*. A Primeira Nobre Verdade fala de como as coisas são em nosso "eu" e no mundo e de como elas devem ser vistas. A Segunda Nobre Verdade ocupa-se da causa da Primeira Verdade. A Terceira Nobre Verdade determina que a causa pode ser eliminada. A Quarta Nobre Verdade, então, oferece o aconselhamento moral prático necessário para eliminar o *tanha* e o *dukkha* e alcançar o objetivo final, que é o *Nibbana*.

Segundo a tradição budista, o caminho da Quarta Nobre Verdade para o *Nibbana* começa com uma aceitação inicial do Buda e de seus ensinamentos como provisionalmente verdadeiros. Em outras

---
102. Feldmeier (2006), p. 66.
103. Bodhi, ed. (2000), em sua introdução em *A Visão do Dhamma*, p. xxi.

palavras, devemos antes ouvir e então nos comprometermos com o Buda e com aquilo que ele ensina como o ponto de partida do caminho. Para iniciarmos no caminho ou entrarmos na sucessão, devemos, ao menos de maneira transitória, acreditar no *kamma*, *samsara*, renascimento e em nossa responsabilidade pelas consequências de nossos atos e intenções. Devemos também nos comprometer com a adequação da visão do Buda. Em resumo, devemos aceitar a palavra do Buda e então seguir seus conselhos.

Em segundo lugar, nossos pensamentos e emoções devem ser direcionados para o "Caminho do Meio" entre os extremos do prazer sensual e a mortificação excessiva.

Em terceiro lugar, devemos empregar formas adequadas de discurso. Devemos evitar a mentira e todas as formas de discurso prejudicial e, em vez disso, falar como o próprio Buda, com compaixão e bondade com todos os seres.

Em quarto lugar, devemos sempre agir da maneira mais adequada e correta possível, isto é, cultivando a sabedoria e a compaixão.

Em quinto lugar, devemos conduzir nossa vida por meios moralmente louváveis que não causam nenhum mal e sofrimento a outras pessoas.

Em sexto lugar, devemos nos comprometer totalmente com o esforço necessário para seguir nesse caminho. Devemos estar conscientes e atentos, o tempo todo e em todos os lugares, com relação aos pensamentos e às respostas que recebemos de acordo com a forma com que as coisas acontecem em nosso "eu" e no mundo ao nosso redor.

Em sétimo lugar, devemos o tempo todo cultivar a motivação e a consciência mental necessárias para a prática do caminho da forma correta o tempo todo.

Por fim, devemos estimular os diversos níveis de tranquilidade e controle mental, que são os frutos da devida concentração mental. Esse é exatamente o caminho que aquele que entra na sucessão, aquele que volta uma vez e aquele que não volta estão começando a trilhar e que o *Arahant* já conseguiu concluir.

Os tipos de *Nibbana*

A discussão dos passos ou estágios para se tornar um *Arahant* também questiona quantos são os tipos de *Nibbana* que o Buda e a tradição budista reconhecem. Uma das maneiras mais simples de responder essa pergunta é começar pelas Quatro Nobres Verdades.

O próprio Buda disse: "Monges, é por não compreender e não aceitar as Quatro Nobres Verdades que vocês e eu continuamos perambulando sem rumo por esse longo caminho do *samsara*".[104]

Parece bastante claro, a partir dessa citação, que o Buda acreditava que a causa mais elementar do renascimento era a ignorância, ou o fracasso em compreender e deixar entrar as Verdades a respeito do *dukkha*, sua origem, sua cessação e o caminho para a reorientação de nossas práticas e de nossa vida no intuito de alcançar a iluminação, a libertação do *samsara* e a conquista do *Nibbana*. O apego à ignorância como uma causa de nascimento, vida, morte e renascimento, assim como uma causa do *dukkha*, também deve lembrar o leitor de seu papel fundamental em seu ensinamento da origem interdependente citado no **capítulo 6**.

> E, monges, o que é a origem interdependente? Com a ignorância como condição, as formações volitivas ganham vida; com as formações volitivas como condição, a consciência; com a consciência como condição, o nome e a forma; com o nome e a forma como condições, as seis bases dos sentidos; com as seis bases dos sentidos como condição, o contato; com o contato como condição, o sentimento; com o sentimento como condição, o desejo sensual; com o desejo sensual como condição, o apego; com o apego como condição, a existência; com a existência como condição, o nascimento; com o nascimento como condição, o envelhecimento-e-morte, o pesar, a lamentação, a dor, a melancolia e o desespero ganham vida. Essa é a origem de toda essa massa de sofrimento. Isso, monges, é o que chamamos de origem interdependente.
>
> Mas com o desaparecimento e a cessação da ignorância, vemos a cessação das formações volitivas; com a cessação das formações volitivas, a cessação da consciência (...) Essa é a cessação de toda essa massa de sofrimento.

Esse texto, de maneira clara, indica que a ignorância – não ver ou não conseguir ver as coisas como realmente são – é a causa raiz do problema da condição humana inculta. No intuito de corrigir esse problema, o Buda sugere que o sigamos no caminho trilhado por ele. Para o seguirmos, devemos ter fé no Buda e em seus ensinamentos, acreditar em sua palavra e então decidir seguir seus conselhos. Em outras palavras, devemos nos esforçar para acreditar no professor e tentar

---

104. *Samyutta Nikaya*, p. 1852.

entender aquilo que é "real, infalível e imutável",[105] ou seja, as Quatro Nobres Verdades. Em resumo, devemos nos tornar aquele que entra na sucessão.

Assim que o indivíduo entra na sucessão ou começa a trilhar o caminho, ele deve se comprometer totalmente em realizar os passos necessários para remover os grilhões, eliminar o desejo sensual, que é a causa do *dukkha* e, com isso, alcançar a cessação do *dukkha*, que é comumente conhecida como *Nibbana*. Segundo o Buda, somente por meio do trabalho constante, árduo e incansável na busca da sabedoria capaz de finalmente superar nossa ignorância é que podemos alcançar a verdadeira, infalível e imutável verdade a respeito da natureza fundamental da realidade, o significado e o propósito da vida e, por fim, alcançar o *Nibbana*.

A prova ou justificativa de tudo isso é que o Buda histórico afirmava que ele compreendera totalmente isso tudo durante seu ciclo final de existência no *samsara* e que, na noite de sua iluminação, alcançara o *Nibbana*.

O *Nibbana* em Vida e o *Nibbana* Final

A antiga tradição budista aceitava a palavra do Buda com relação a esse tópico e chamava isso de um tipo de *Nibbana* – o *Nibbana*-em-vida ou *Nibbana* com substrato ou resto. A tradição Convencional diferenciava esse tipo de *Nibbana* de um segundo tipo que só podia ser alcançado na morte – o *Nibbana* final ou *Parinibbana* – o *Nibbana* sem substrato ou resto. Esse segundo tipo de *Nibbana*, que não pode ser alcançado neste estado presente de existência, só é alcançado com a morte do corpo ou a dissolução dos cinco agregados. Esse tipo de *Nibbana* foi o que o Buda alcançou no momento de sua morte física e também é exatamente o mesmo tipo de *Nibbana* que um *Arahant* conquistará com sua própria morte física. O primeiro tipo de *Nibbana*, por outro lado, é aquele que o Buda alcançou na noite de sua iluminação e no qual ele permaneceu e viveu por todos os anos restantes de sua vida. Esse mesmo tipo de *Nibbana*-em-vida é aquele que o *Arahant* conquista enquanto ainda está vivo. Depois de alcançar esse estado, tanto o Buda quanto o *Arahant* ficam totalmente despertos para as verdades fundamentais a respeito da natureza da realidade e o significado e propósito da vida. Eles se libertam dos dez grilhões, superam todas as formas de

---

105. Ibid., p. 1851.

apego, eliminam a ignorância, o desejo sensual e o *kamma*, além de se libertarem do ciclo do nascimento, vida, morte e renascimento. Uma pergunta óbvia, porém, é: o que acontece com "eles", então?

A antiga tradição budista afirma que o Buda histórico simplesmente se recusava a responder essa pergunta. Na verdade, ela afirma que essa é apenas uma das inúmeras perguntas que o Buda se recusava a responder. No *Culamalunkya Sutta*, o Buda fala daquilo que é tradicionalmente chamado de as dez perguntas "indeterminadas", "inexplicadas" ou "não declaradas". O *Sutta* diz:

> Então, enquanto o venerável Malunkyaputta estava sozinho em meditação, o seguinte pensamento veio à sua mente:
> "Essas ideias especulativas foram deixadas sem resposta pelo Abençoado, deixadas de lado e rejeitadas por ele, a saber: 'o mundo é eterno' e 'o mundo não é eterno'; 'o mundo é finito' e 'o mundo é infinito'; 'a alma é a mesma que o corpo' e 'a alma é uma coisa e o corpo é outra'; e 'após a morte um Tathagata existe' e 'após a morte um Tathagata não existe' e 'após a morte um Tathagata existe e não existe' e 'após a morte um Tathagata não existe nem não existe.' O Abençoado não me responde essas questões e eu não aprovo nem aceito o fato de ele não as responder, portanto, devo me dirigir ao Abençoado e lhe perguntar qual o significado disso. Se ele me responder (as soluções dos disjuntos lógicos) (...) então eu viverei a vida sagrada; se ele não me responder, então eu abandonarei o treinamento e voltarei para a vida baixa (...)
> "Se alguém dissesse assim: 'Não viverei a vida sagrada sob a orientação do Abençoado até que Ele me responda (as soluções dos disjuntos lógicos) (...) o que ainda permanece sem resposta pelo Tathagata e, enquanto isso, essa pessoa pode morrer' (assim como a pessoa ferida pela flecha envenenada que queria saber muitas coisas a respeito da pessoa que o havia ferido antes de permitir que o médico cuidasse dele) (...)
> "Malunkyaputta, (mesmo) se (ou se) existe (uma solução para o disjunto), a vida sagrada não pode ser vivida (...) existe o nascimento, o envelhecimento, a morte, o pesar, a lamentação, a dor, o sofrimento e o desespero, a destruição daquilo que eu prescrevo aqui e agora. (...)
> "Por que deixo tudo isso sem resposta? Porque isso não proporciona benefício algum, porque não pertence aos elementos fundamentais da vida sagrada, não leva ao desapego, desinteresse, cessação, paz,

conhecimento direto, iluminação, *Nibbana*. É por essa razão que deixo isso tudo sem resposta."

"E o que declaro? 'Isso é sofrimento' – declarado está. 'Essa é a origem do sofrimento' – declarado está. 'Essa é a cessação do sofrimento' – declarado está. 'Esse é o caminho que leva à cessação do sofrimento' – declarado está."

"Por que declaro isso? Porque isso traz benefícios, porque pertence aos elementos fundamentais da vida sagrada, leva ao desapego, desinteresse, cessação, paz, conhecimento direto, iluminação, *Nibbana*. É por essa razão que declaro tudo isso."

"Portanto, Malunkyaputta, lembre-se daquilo que deixei sem resposta como algo que não foi declarado e pense naquilo que declarei como algo declarado."[106]

A tradição budista oferece, no mínimo, meia dúzia de interpretações que tentam explicar por que o Buda se recusava a responder essas questões. A primeira e mais óbvia é que o Buda não achava que as respostas para esses tipos de perguntas fossem relevantes para seus ensinamentos. Em outras palavras, saber suas respostas não ia ajudar o indivíduo a alcançar o objetivo de seu caminho, ou seja, o *Nibbana*.

Uma segunda interpretação é que as respostas não estão, de modo algum, relacionadas ao propósito do Buda, que é ajudar seus seguidores a alcançar a libertação do *samsara*.

Uma terceira interpretação é que o Buda simplesmente não tinha as respostas para essas perguntas e por isso se recusava a respondê-las.

Uma quarta interpretação é que ele tinha sim as respostas dessas perguntas, mas, por ser um bom professor, sabia que Malunkyaputta e seguidores como ele não seriam capazes de entendê-las ou não saberiam como lidar com as respostas. Em outras palavras, o Buda percebeu que alguns de seus seguidores simplesmente não possuíam habilidades intelectuais ou disposições morais (ou ambas) necessárias para entender as respostas para esses tipos de perguntas e lidar com elas em suas vidas e em suas práticas.

Uma quinta interpretação é que o Buda simplesmente se recusava a responder qualquer tipo de questão especulativa ou metafísica. Nessa interpretação, toda sua vida deve ser vista como uma tentativa de solucionar uma questão prática específica a respeito de como eliminar

---

106. *Majjhima Nikaya*, p. 533-536.

o *dukkha* e alcançar o *Nibbana*, em vez de investir em uma busca de respostas de questões profundas, metafísicas e acima de tudo teóricas.

Uma sexta interpretação é que o Buda não respondia essas perguntas porque, em virtude de suas próprias naturezas como questões de um determinado tipo, elas simplesmente não podem ser respondidas. Em outras palavras, ele não declarava as respostas pelo fato de não serem respondíveis.

Certamente há outras possíveis interpretações desse ensinamento (isto é, com relação aos tipos de suposições que elas pressupõem a respeito de seus termos, assim como as possibilidades lógicas e reais com respeito às suas respostas), mas acredito estar bastante claro que, independentemente de qual interpretação ou interpretações estiverem corretas, não há muitas dúvidas, ao menos com relação a Malunkyaputta, de que o Buda provavelmente acreditava que ele estava ou ficaria preso a essas respostas ou ideias, sendo que uma atitude dessas não representava apenas um impedimento para seu progresso no caminho, mas era também uma indicação de seu próprio desejo de buscar coisas que só causariam mais sofrimento e o levariam ao renascimento no *samsara*.

Também acredito estar bastante claro que a resposta para nossa questão original a respeito do que acontece com o Buda ou um *Arahant* quando alcançam o *Nibbana* final ou o *Parinibbana* é algo que o Buda nunca chegou a dizer e que de fato isso não importa. Todos aqueles que alcançaram o *Nibbana*-em-vida ou o *Nibbana* Final conseguem, finalmente, por intermédio de seus próprios esforços (ou com a ajuda dos ensinamentos do Buda), superar a ignorância fundamental e habitual que caracteriza a vida inculta de alguém que está preso no *samsara*. Eles foram capazes de apagar as chamas da cobiça e do ódio, adquirindo uma nova compreensão iluminada e alcançando uma resposta desapegada com relação ao mundo e suas situações. Eles estão de fato e literalmente além das categorias conceituais que se aplicam a qualquer e a todas as transformações condicionadas e, assim, o Buda não pode dizer se eles existem, não existem, existem e não existem ou não existem nem não existem.

Questões filosóficas do *Nibbana*

Talvez nesta parte do capítulo estejamos agora em condições de responder todo o emaranhado de questões e temas filosóficos relacionados às primeiras explicações do *Nibbana*. Também acredito que as respostas para esses tipos de perguntas servem como um indicador das linhas de subsequentes desenvolvimentos nas compreensões e nos ensinamentos da tradição budista a respeito do *Nibbana*.

Lembre-se de que no início deste capítulo afirmei que há importantes questões metafísicas relacionadas à ontologia daqueles que alcançam o *Nibbana*, do que exatamente eles alcançam e quando alcançam, bem como qual é a verdadeira essência do *Nibbana*. Ao mesmo tempo, temos situações epistemológicas interessantes que questionam se e como o *Nibbana* pode ser entendido e se e como pode ser definido e descrito de forma significativa. Há também questões epistemológicas relacionadas à recusa clara do Buda em responder perguntas específicas diretamente relacionadas ao *Nibbana*, bem como seu uso de inúmeros sinônimos para explicar o que é o *Nibbana*. Por fim, temos questões éticas e morais relacionadas aos tipos de práticas necessárias para alcançar a libertação do *samsara* e a conquista do *Nibbana*. Essas, obviamente, não são os únicos tipos de questões filosóficas que podemos fazer a respeito do *Nibbana*, mas acredito que as respostas para elas nos farão trilhar um longo caminho para uma compreensão melhor do ensinamento do Buda a respeito do objetivo final de todas as práticas budistas.

Se considerarmos essas questões em uma ordem inversa, veremos que ficará claro que a resposta curta da questão ética ou moral acerca dos tipos de práticas que são necessárias para alcançar a libertação do *samsara* e a conquista do *Nibbana* é se tornar aquele que entra na sucessão, seguindo o Caminho Óctuplo e, por fim, tornar-se um *Arahant*.

Com relação às questões epistemológicas, já consideramos uma série de possíveis interpretações relacionadas à aparente recusa do Buda em responder questões específicas diretamente relacionadas ao *Nibbana*. A segunda pergunta, porém, de seu uso dos diversos sinônimos para explicar o que é o *Nibbana*, é uma questão diferente.

De algum modo paradoxal, a tradição Convencional diz que o "*Nibbana* é diretamente visível" e que o Buda propôs mais de três dúzias de sinônimos para o termo.

No *Anguttara Nikaya*, por exemplo, o Buda responde a pergunta do brâmane Janussoni a respeito da forma com que o *Nibbana* é diretamente visível, imediato, convidando o indivíduo para vir e ver, digno de aplicação, para ser pessoalmente vivenciado pelos sábios, da seguinte maneira:

> Quando, brâmane, uma pessoa está tomada pela luxúria (...) corrompida pelo ódio (...) desnorteada na desilusão, sobrepujada e envolvida pela desilusão, ela então planeja seu próprio mal, o mal de outras pessoas, o mal de todos; e ela experimenta em sua mente o sofrimento e a dor. No entanto, quando a luxúria, o ódio e a

desilusão são abandonados, ela não planeja seu próprio mal, o mal de outras pessoas, o mal de todos; e ela não experimenta em sua mente o sofrimento e a dor. Dessa forma, brâmane, o *Nibbana* é diretamente visível, imediato, que convida o indivíduo para vir e ver, digno de aplicação, para ser pessoalmente experimentado pelos sábios.[107]

No *Asankhatasamyutta* ou *Discursos Conectados do Incondicionado*, o Buda explica o não condicionado e o caminho que leva a ele. O primeiro ele descreve como a destruição da luxúria, do ódio e da desilusão, sendo que o outro ele diz envolver "a atenção direcionada ao corpo", "serenidade e percepção", "concentração", "as quatro instituições da atenção", "os quatro esforços certos", "as quatro bases do poder espiritual", "os cinco poderes espirituais", "os sete fatores da iluminação" e "o Caminho Óctuplo".[108] Ele então descreve o incondicionado como

> o não influenciado ... o imaculado ... o verdadeiro ... o porto distante ... o sutil ... o que é muito difícil de se ver ... o que não envelhece ... o estável ... o que não se dissolve ... o que não se manifesta ... o que não se prolifera ... o sereno ... o imortal ... o sublime ... o auspicioso ... o seguro ... o rompimento do desejo ... o maravilhoso ... o surpreendente ... o que não adoece ... o estado da não enfermidade ... o *Nibbana* ... o não aflito ... o desinteresse ... o puro ... o livre ... o não apego ... a ilha ... o abrigo ... o esconderijo ... o refúgio ... o destino e o caminho que leva ao destino.[109]

Talvez a explicação mais famosa do *Nibbana* em termos estritamente metafísicos seja encontrada no *Udana* do *Khuddaka Nikaya* (uma coleção de diversos textos populares que formam a quinta divisão dos *Nikayas*), quando o Buda ensina:

> Existe, monges, aquela base onde não há terra, nem água, nem calor, nem ar; nem a base da infinidade de espaço, nem a base da infinidade da consciência, nem a base do nada, nem a base da não percepção; nem esse mundo nem outro mundo; nem o sol nem a lua. Aqui, monges, digo que não existe vinda, ida, não há calmaria; não há morte nem renascimento. Não está estabelecido, não se move, sem apoio. Esse simplesmente é o fim do sofrimento.[110]

---

107. Thera e Bodhi (1999), p. 57.
108. *Samyuta Nikaya*, p. 1372-1374.
109. Ibid., p. 1378-1379.
110. Bodhi (2005), p. 365-366.

E pouco depois, ele diz,

> Existe, monges, algo que não nasceu, que não se transformou, que não foi feito, incondicionado. Se, monges, não houvesse algo que não nasceu, que não se transformou, que não foi feito, incondicionado, nenhum tipo de fuga teríamos para discernir daquele que nasceu, transformou-se, foi feito, condicionado. No entanto, como existe algo que não nasceu, que não se transformou, que não foi feito, incondicionado, existe então uma fuga para discernirmos daquele que nasceu, transformou-se, foi feito, condicionado.[111]

Na realidade, a antiga tradição afirma que o Buda falava a respeito do *Nibbana* de muitas maneiras diferentes, que não podemos deixar de tentar entender a razão.

Acredito que seja possível destacarmos nada menos do que quatro formas Convencionais distintas de descrever ou caracterizar exatamente o que é o *Nibbana* (ou seja, como um estado psicológico em que a pessoa elimina as profanações, como um estado psicológico em que a pessoa elimina o *dukkha*, um estado metafísico de Buda ou de um *Arahant* após a morte ou um estado metafísico além do reino comum da experiência e da existência condicionada), sem nem ao menos mencionarmos suas diversas interpretações *Abhidhamma*. Há também, no mínimo, três maneiras Mahayana distintas de caracterizar exatamente o que é o *Nibbana* (ou seja, a interpretação Madhyamaka com relação ao vazio, a interpretação Yogacara com relação à não dualidade ou ao pensamento não-sujeito-objeto e o foco Mahayana geral do *Nibbana* e sua relação com as práticas morais e éticas de um *Bodhisattva* contrárias às do *Arahant*), que examinaremos mais adiante.

Antes de considerar essas diversas caracterizações, quero insistir que não acredito que qualquer descrição ou grupo de interpretações seja melhor para esclarecer ou revelar a natureza do *Nibbana*. Contudo, isso não deve nos surpreender, pelo o uso do Buda do *upaya* ou meios

---

111. Ibid., p. 366. Esse texto em particular levanta a questão muito relevante de como exatamente devemos ler e interpretar os ensinamentos do Buda. Em sua superfície, o ensinamento, se é que tem a intenção de ser um argumento, é claramente ilusório, pois parece negar o antecedente no intuito de inferir a negação do consequente. Há, entretanto, outras formas de ler esse ensinamento – não como um argumento, mas como uma série de alegações a respeito daquilo que o Buda, na verdade, experimentou na noite de sua iluminação e aquilo que acontece a partir desses discernimentos. Em outras palavras, ao discernir a fuga, deve ser verdade que existe um incondicionado, pois, se ele não existisse, não haveria então uma fuga que pudesse ser discernida.

hábeis, bem como pela distinção Mahayana entre as verdades convencionais e as verdades elementares discutidas no último capítulo.

Segundo essa última noção, todos os sinônimos, termos e interpretações do *Nibbana* são simplesmente diversas formas convencionais de tentar expressar aquilo que não pode ser dito em palavras, mas apenas vivido de maneira direta. A verdade fundamental do *Nibbana* está, como disse o próprio Buda, além do "raciocínio simples" e deve "ser experimentado pelos sábios" – como algo além dos fenômenos da experiência condicionada comum. Em outras palavras, o *Nibbana* não pode ser alcançado se pensarmos nele como algo conceitual; ele deve ser vivenciado de modo direto – "pelos sábios" –, quando a ignorância e todas as formas de desejo, vontade e necessidade tiverem sido eliminadas, erradicadas e destruídas.

Com relação à outra noção, devemos deixar claro, a partir de suas respostas a Malunkyaputta, bem como por seus ditados em muitos outros *Suttas*, que o Buda reconhecia que seus ensinamentos precisavam ser adequados aos seus ouvintes. Assim como todos os bons professores, ele reconhecia que diferentes seguidores são encontrados em diferentes lugares ao longo do caminho ou da sucessão que leva ao objetivo da libertação do *samsara* e à conquista do *Nibbana*. Não há como falarmos com alunos graduados da mesma forma que falamos com alunos primários. Como resultado, é natural que o Buda empregasse o maior número possível de termos e maneiras diferentes para explicar o que é o *Nibbana,* no intuito de ajudar seus seguidores a compreender seus ensinamentos e evitar coisas que não apenas causariam ainda mais sofrimento, mas também levariam ao renascimento no *samsara*.

As questões epistemológicas restantes que perguntam se e como o *Nibbana* pode ser conhecido, e se e como ele pode ser entendido e descrito de forma significativa, são fáceis de serem respondidas. As respostas da primeira pergunta são que ele pode ser conhecido – "pelos sábios" – e também, ao que tudo indica, ao menos até certo ponto, por aqueles que decidem seguir o Buda e seu Caminho ou aqueles que entram na sucessão de seus ensinamentos. As respostas das últimas perguntas são todas as diversas formas e significados que o Buda usava para descrever e explicar seus ensinamentos do *Nibbana*.

Mesmo sem apelarmos para a distinção Mahayana entre as verdades convencional e elementar, reconhecendo também a insistência do Buda de que o *Nibbana* deve ser experimentado e não pode ser alcançado pelo "simples raciocínio", acredito que seja possível darmos algum sentido, por mais imperfeito, confuso e limitado que seja, àquilo que o Buda ensina a seu respeito. Se isso não fosse verdade, simplesmente não haveria motivos para estudarmos seus ensinamentos ou seguir seu caminho.

Por fim, as importantes questões metafísicas relacionadas à ontologia daqueles que alcançam o *Nibbana*, o que de fato eles alcançam e quando o alcançam, e exatamente qual é a essência do *Nibbana*, deveriam ser respondidas pelo leitor com base na explicação do *Nibbana* apresentada neste capítulo, assim como as explicações dos outros termos-chave que consideramos como elementos nos detalhes do *Dhamma* do Buda.

Outras interpretações do *Nibbana*

Gostaria de concluir este capítulo dizendo algo a respeito dos desenvolvimentos históricos na compreensão do *Nibbana* da tradição budista e como e por que ele foi inicialmente mal-interpretado e mal-entendido por estudiosos no Ocidente. Esses pontos deverão ajudar a pavimentar o caminho para a **Parte III** – o "Desenvolvimento do *Dhamma/Dharma*".

Conforme indicado anteriormente, há pelo menos três diferentes interpretações Mahayana fundamentais do ensinamento do Buda a respeito do *Nibbana*. Por um lado, temos a interpretação Madhyamaka, segundo a qual ele é visto como a realidade fundamental. Com base nessa interpretação, o *Nibbana* é o único ser completamente incondicionado e, com relação a isso, ele é *sunyata* ou vazio; todas as outras coisas são condicionadas e surgem de maneira interdependente por intermédio de suas diversas causas e condições. Em nosso estado inculto ou não desperto, simplesmente não somos capazes de ver esses seres condicionados como de fato são, ou seja, vazios ou *sunyata,* e, em vez disso, de modo habitual e falso, acreditamos que eles possuem essências ou naturezas fixas. Ser iluminado, porém, significa ver o *Nibbana* como equivalente à nossa verdadeira natureza, nossa natureza ou essência de Buda – aquilo que algo realmente é.

Por outro lado, temos a interpretação Yogacara, segundo a qual conquistar o *Nibbana* de modo pleno é entender que não existe uma diferença metafísica real entre ele e o *samsara*. Com base nessa interpretação, ser desperto ou iluminado é o mesmo que entender que não existe nenhuma verdadeira base para o pensamento ou consciência do sujeito-objeto. Como resultado de ver as coisas como de fato são, entendemos que não existe sequer a mínima diferença entre o *Nibbana* e o *samsara*. Na verdade, eles são apenas duas maneiras diferentes de vivenciar a realidade – seja como um ser iluminado ou não iluminado.

Uma terceira interpretação Mahayana envolve o ato de ver e conceber o *Nibbana* em relação às práticas do *Bodhisattva*. De acordo com essa interpretação, que de forma consciente critica o *Arahant* por ser egoísta na preocupação com sua própria iluminação e libertação do *samsara*, o *Bodhisattva* promete prorrogar sua própria realização ou conquista do *Nibbana* até que todos os outros seres o tenham alcançado por meio de seus esforços particulares ou com a ajuda de um Buda ou *Bodhisattva*.

Essa terceira interpretação Mahayana é responsável pela diminuição gradual da importância do *Nibbana* em si, além de uma mudança de atenção nos componentes morais e éticos dos ensinamentos do Buda histórico. Essa compreensão "mais prática" do ensinamento do Buda costuma se concentrar na vida e nas ações do Buda histórico seguindo sua iluminação em vez de se voltar para as ideias ou conceitos específicos de seus ensinamentos. Sua maior preocupação está na necessidade de cultivar a sabedoria e a compaixão para que possamos alcançar a iluminação e o *Nibbana*. Essa tendência de subestimar a importância do *Nibbana* e, em vez disso, focar nas ações adequadas de alguém que tem sabedoria e compaixão foi mais tarde adotada pelos budistas da Terra Pura que acreditavam que o objetivo final do Budismo estava tão aquém da capacidade comum das pessoas de alcançá-lo, que o melhor que podiam esperar é renascer em uma Terra Pura e então agir para conquistar a libertação final do *samsara*. Examinaremos os ensinamentos do Budismo da Terra Pura com mais detalhes no **capítulo 10**.

Devo também dizer, porém, que a tendência de subestimar a importância do *Nibbana* e, no lugar dele, concentrar-se na possibilidade e nas oportunidades da(s) Terra(s) Pura(s) era equilibrada pelas tendências Chan e Zen de focar as práticas das pessoas no desenvolvimento da percepção de que o *Nibbana* pode ser visto nesta vida como absorvendo todos os elementos do *samsara*. Teremos a oportunidade de investigar essas ideias com mais detalhes quando estudarmos o Budismo de Huineng no **capítulo 9**.

Finalmente, permita-me dizer algo a respeito da tendência ocidental de interpretar mal os ensinamentos do Buda a respeito do *Nibbana*. Por um lado, havia uma tendência entre alguns antigos estudiosos de igualar o *Nibbana* à noção cristã ocidental do paraíso. Embora seja possível entender como isso pode ser feito, nesse ponto é preciso estar claro que o Buda jamais imaginou o *Nibbana* como algo parecido com o paraíso – ao menos nada parecido com sua compreensão cristã ortodoxa. Na verdade, a antiga tradição budista é enfática em sua insistência de que o Buda ensinava que nenhum deus ou deuses podiam nos ajudar a alcançar ou conquistar o *Nibbana*. Por outro lado, sempre existiu uma tendência entre alguns outros estudiosos ocidentais de afirmar que o Buda ensinava que a conquista do *Nibbana* exigia a aniquilação completa do eu. Mais uma vez, acredito que é fácil entender como alguém poderia interpretar seus ensinamentos dessa maneira, em especial se tivermos o hábito de nos concentrarmos apenas em uma série limitada de textos e ditados, lendo-os seguindo determinadas formas idiossincráticas. Acredito que a explicação ampla e detalhada de seus ensinamentos complexos a respeito do *Nibbana* neste capítulo ajudará o leitor a entender por que essas interpretações ocidentais estão corretas e como podem ser substituídas por uma compreensão mais apurada do objetivo final de todas as práticas budistas. Também espero que a riqueza de sua explicação desse tópico e de suas diferentes compreensões das tradições budistas sirva como exemplo da diversidade de formas em que os ensinamentos do Buda foram interpretados e ampliados por seus seguidores. É para esses "desenvolvimentos" do *Dhamma* que voltamos nossa atenção na **Parte III**.

Coisas para pensar

1. Qual é a concepção indiana do *moksa* e como ele está relacionado com o significado e o propósito da vida? De que maneiras o Buda aceitava e rejeitava essa noção do *moksa*?

2. Quais problemas filosóficos específicos são criados pela etimologia do *Nibbana*?

3. Por que você acha que o *Nibbana* deve ser "experimentado" para que possa ser compreendido?

4. Por que você acha que o Buda se recusava a responder perguntas a respeito do *Nibbana*?

5. Você acha que o ideal Mahayana do *Bodhisattva* diminui a importância do *Nibbana* como um objetivo da prática budista? Como e por que isso aconteceu?

Parte III
Desenvolvimento do *Dhamma/Dharma*

A **Parte III** deste livro fala do desenrolar histórico e geográfico e do desenvolvimento filosófico do Budismo. O **capítulo 9** aborda a história e o desenvolvimento da incorporação chinesa do Budismo. Ele considera a relação conceitual do Budismo com os ensinamentos de Confúcio e do Taoismo abordando os textos e ideias particulares do Bodhidharma e de Huineng. O capítulo conclui com uma breve discussão dos ensinamentos do extremamente influente *Sutra do Lótus*.

O **capítulo 10** continua traçando o desenvolvimento do Budismo da maneira que foi transmitido da China para o Japão. Diferentemente do **capítulo 9**, que fala do desenvolvimento do *Dharma* do ponto de vista de seus professores, esse capítulo considera o desenvolvimento lógico dos ensinamentos em si. Ele começa dando atenção às raízes filosóficas das fontes indianas das ideias da Terra Pura e afirma que uma das questões centrais do Budismo japonês é a relação entre os textos, as doutrinas, a disciplina e a prática. O capítulo conclui com uma consideração da lógica de algumas das ideias e ensinamentos-chave do Budismo da Terra Pura na China e no Japão.

O **capítulo 11** fala da incorporação tibetana do Budismo. Ele começa com uma consideração das fontes do Budismo tibetano e o diferencia das crenças pré-budistas. O capítulo, então, traça o desenvolvimento do Budismo tibetano a partir de seu reconhecimento oficial por seus reis "*Dharma*" até o estabelecimento de suas escolas mais importantes. O capítulo termina com uma consideração das diversas interpretações tibetanas da prática meditativa e da iluminação, proporcionando o contexto das ideias e dos ensinamentos do Dalai Lama.

O capítulo final do livro, o **capítulo 12**, explora os ensinamentos de dois budistas contemporâneos influentes: o Dalai Lama e Thich Nhat Hanh. Nesse capítulo, consideramos o trabalho atual do Dalai Lama junto ao Instituto Mind & Life e seu livro mais recente, *O Universo em Um Átomo*. Thich Nhat Hanh, por outro lado, está preocupado em apresentar e defender o "Budismo engajado" e esse capítulo considera suas alegações a respeito desse tipo de prática. O capítulo conclui com o reconhecimento e um argumento de que as ideias e os ensinamentos metafísicos e epistemológicos budistas são fundamentalmente direcionados, confirmados e realizados segundo as práticas iluminadas de seus seguidores.

9 | Os Budismos do Bodhidharma e de Huineng

Principais termos e ensinamentos

Tao: Termo chinês para o "caminho"/"passagem" e origem de todo o ser.

Sutra do Diamante: Nome em inglês [*Diamond Sutra*] do *Vajracchedika-prajnaparamita Sutra* Mahayana. Trata da perfeição da sabedoria e do ensinamento do vazio.

Iluminação Gradual: No Budismo chinês, essa é a visão da "Escola do Norte" de que a iluminação é alcançada somente de modo gradual depois de muitos anos de prática e meditação.

Koan: Termo Zen (do chinês *kung-an*) que literalmente quer dizer "caso público". Refere-se a uma questão ou enigma que tem a intenção de ajudar os praticantes a superar pensamentos dualistas e alcançar a percepção da realidade.

Sutra Lankavatara: Coleção de ensinamentos Mahayana, em especial do Budismo Yogacara, voltada para o papel da mente, as diversas formas de consciência, vazio e *tathagata-garbha* (ventre do Buda). Era bastante influente nas tradições Chan e Zen.

Sutra do Lótus: Nome em inglês [*Lotus Sutra*] para o *Sutra Saddhammapunarika* que expõe a ideia de que existe de fato apenas um verdadeiro veículo ou *Ekayana* e que o Buda, por compaixão, continua presente no mundo para ajudar aqueles que precisam de seu auxílio.

Paramitas: Termo sânscrito para "perfeições" ou "qualidades virtuosas" possuídas pelo ideal Mahayana da prática, o *bodhisattva*. Elas incluem: generosidade ou doação – *dana*; moralidade – *sila*; paciência ou abstenção – *khanti/ksanti*; esforço ou empenho zeloso – *viriya/virya*; meditação ou mente centrada – *jhana/dhyana* ou *samadhi;* e sabedoria ou percepção – *prajna*.

Sutra da Plataforma: *Sutra* chinês que contém a biografia e os ensinamentos de Huineng, o sexto patriarca da escola Chan do Budismo.

Paccekabuddha/Pratyekabuddha: Páli e sânscrito para um Buda "solitário" que não ensina o *Dhamma* para outros seres.

Iluminação Repentina: No Budismo chinês, essa é a visão da "Escola do Sul" de que a iluminação é alcançada de maneira instantânea em um único momento de percepção.

Duas Entradas e Quatro Práticas: Um dos poucos trabalhos no qual as pessoas acreditam conter os ensinamentos autênticos do Bodhidharma. Esse texto também é conhecido como a *Descrição da Prática*.

Wu-wei: Chinês para "não ação". Refere-se à ação não coerciva, espontânea, de acordo com a verdadeira natureza do indivíduo.

Yana: Termo sânscrito para "veículo". Refere-se aos diversos caminhos espirituais que podemos seguir. É geralmente visto em conjunto com outros termos para designar caminhos particulares, isto é, *Hinayana* (veículo Menor), *Mahayana* (veículo Maior) e *Ekayana* (Um veículo).

O Budismo na China

Além das perguntas acerca da história e do desenvolvimento do Budismo na Índia, um dos episódios mais fascinantes e interessantes na rica e complexa história da disseminação e desenvolvimento dos ensinamentos do Buda é a história de sua disseminação e assimilação na China. Apesar de um relato completo desse conto estar muito além do alcance desse texto, acredito que seja possível resumir as características básicas desse importante evento ou série de eventos se voltarmos nossa atenção para as ideias e ensinamentos do Bodhidharma e de Huineng e também para um único *sutra*, o *Sutra do Lótus*, como sendo ilustrativo do desenvolvimento e adoção e adaptação eventual do Budismo na China. Como resultado, o objetivo deste capítulo é considerar a transmissão e a transformação final do Budismo, conforme deixava as fronteiras da Índia rumo à China. Realizaremos essa tarefa de três maneiras.

Em primeiro lugar, começaremos considerando as circunstâncias históricas da disseminação inicial do Budismo da Índia para a China. Com relação a esse ponto, consideraremos suas relações conceituais com os ensinamentos de Confúcio e os do Taoismo. Em segundo lugar, examinaremos os primeiros desenvolvimentos da incorporação chinesa do Budismo. Nesse contexto, examinaremos os ensinamentos e as ideias do Bodhidharma e de Huineng. Por fim, voltaremos nossa atenção para os ensinamentos específicos do extremamente influente *Sutra do Lótus*, como um exemplo das evidências Mahayana do caminho Bodhisattva, a perfeição da sabedoria, a natureza do Buda, os meios hábeis, a eficácia latente do Buda além de seu *Parinirvana* e a importante distinção entre um único veículo e múltiplos veículos ou *yanas* para a transmissão dos ensinamentos do Buda.

O cenário histórico

Até mesmo a versão mais curta da história da disseminação do Budismo da Índia até a China deve começar com o rei Asoka da Índia (século III a.C.), um dos maiores antigos patronos políticos do Budismo. Depois de renunciar suas antigas atividades militares, o rei não apenas se tornou um seguidor leigo do *Dharma*, mas também enviou embaixadores e missionários para outros reinos com a missão de espalhar os ensinamentos do Buda, e seus filhos e sucessores fundaram mosteiros e universidades por todo seu reinado.

Além dessa atividade missionária e apoio político, o Budismo também conseguiu chegar à Ásia Central pela Rota da Seda, conforme mercadores e comerciantes levavam seus ensinamentos e suas mercadorias da Índia até a Ásia Central, chegando também na China. Acredita-se geralmente que existiram, na verdade, duas diferentes rotas de disseminação na China, uma rota por terra ao norte e uma rota marítima do sul. A rota do norte inicialmente levou os ensinamentos do Buda para o Norte e para o Oeste da Índia (dos séculos III ao I a.C.) em direção aos lugares hoje conhecidos como Paquistão e Afeganistão. Quase dois séculos depois (século I a.C. até o século I d.C.), o *Dharma* foi levado por mercadores, comerciantes e monges missionários que seguiam a Rota da Seda ao Leste pela Ásia Central até a China e, um pouco mais tarde, percorreu seu caminho da China até a Coreia (séculos IV e V d.C.) e da Coreia até o Japão (século VI d.C.). Por fim, foi da Índia e da China até o Tibete no século VII d.C.

Assim como sua contraparte ao norte, a rota do sul incluiu uma série de ondas temporariamente distintas de transmissão. Inicialmente, a rota do sul levou os ensinamentos do Buda do sul pela Índia até o Sri Lanka e ao leste até Mianmar (século III a.C.). Mais tarde, correu o caminho pelo Sudeste, por mar, da Indonésia até o Cambódia, Vietnã e Sul da China (séculos I a II d.C.). Por fim, espalhou-se mais uma vez da Índia do Sul e do Sri Lanka até Mianmar nos séculos V e VI d.C.

De acordo com essas cronologias das rotas, fica fácil entender por que alguns estudiosos sugerem que existiu, na verdade, transmissões pelo norte e pelo sul do Budismo até a China. Sejam quais forem os fatos históricos dessa situação, parece claro que algumas versões dos ensinamentos do Buda e elementos da cultura budista conseguiram chegar até o Norte e Sul da China logo no início do século I d.C. Uma questão bastante óbvia é, que tipo de ideias budistas, textos e artefatos culturais conseguiram chegar à China?

Antes de responder essa pergunta, devemos fazer uma pausa para lembrar que, além da rede complexa de ideias, conceitos, ensinamentos, textos e práticas monásticas budistas, uma das outras exportações culturais importantes do Budismo indiano foi na forma de suas produções artísticas e rituais religiosos. É fácil ignorarmos o fato, em especial no ar rarefeito do estudo acadêmico, intelectual e filosófico do Budismo, de que, antes de tudo, o Budismo é uma forma de vida praticada por seguidores particulares (tanto leigos quanto ordenados), em um determinado período de tempo, em um lugar específico e por razões particulares. Em outras palavras, trata-se de uma resposta particular às circunstâncias peculiares de nossa vida e um método escolhido para lidar com as questões, dilemas, problemas e situações do dia a dia que encaramos na vida diária. Não acho que exista uma forma de ressaltar esse ponto com veemência suficiente. Na verdade, gostaria de sugerir que, além da coerência e consistência lógica das ideias e crenças de um estilo de vida, a outra razão mais convincente para que alguém pense em adotar um estilo de vida novo e diferente (presumindo a existência da liberdade de escolha e nenhuma forma de coerção) é a qualidade de vida manifestada nas práticas particulares daqueles que já estão comprometidos em seguir esse modo de vida.

As evidências históricas disso, naturalmente, são os esforços missionários de todas as grandes tradições religiosas e filosóficas do mundo, no qual, além da persuasão de seus ensinamentos, muitas pessoas são convencidas a adotar um novo estilo de vida baseado no poder persuasivo das vidas de seus praticantes. Isso é especialmente verdadeiro entre as massas e aqueles que costumam ser menos bem-educados do que a elite social e política, que detém o poder, se não sempre a inteligência ou disposição, para efetuar amplas mudanças sociais em suas próprias comunidades. As consequências práticas dessa distinção são novas maneiras de pensar e agir capazes de invadir uma sociedade em uma de duas maneiras diferentes.

Em primeiro lugar, temos o método mais prático de apelar e convencer os líderes e regentes de uma comunidade que, por sua vez, influenciam e direcionam seus seguidores e súditos. Em segundo lugar, temos o método direto de apelar para as massas de uma comunidade que, por sua vez, influenciam e incitam seus líderes a adotar sua maneira de ver as coisas. É claro que nada impede que alguém se utilize dos dois métodos ao mesmo tempo, pois é o que geralmente tem de acontecer para que toda a comunidade se convença da eficácia de um novo estilo de vida. Contudo, a verdadeira situação de uma comunidade, por exemplo, a China, onde o Budismo se espalhou no início da Era Cristã, geralmente envolve um compromisso "negociado" ou um "caminho do meio" entre esses dois métodos, em que o resultado "final", apesar de contínuo, é um evento de origem dependente no qual as pessoas e seus líderes, assim como a comunidade como um todo, de maneira constante falsificam sua identidade pública em suas interações diárias como um grupo.

Estou tão convencido das vantagens pedagógicas desse modelo de compreensão das mudanças sociais, bem como de sua justeza quando aplicado à história, disseminação e desenvolvimento do Budismo, que quero usá-lo para ajudar a explicar a assimilação chinesa dos ensinamentos do Buda.

Uma das formas mais simples de idealizar a história e o desenvolvimento do Budismo na China é pensar nela como uma série de compromissos negociados, ou uma série de tentativas para encontrar um "caminho do meio" entre dois extremos ou posições opostas. Por exemplo, acredito que seja possível distinguir formas "altas" e "baixas" de Budismo (como fizemos acima), formas da "cidade" e do "campo" do Budismo e maneiras "rígidas" e "brandas" de seguir os ensinamentos do Buda. O primeiro par de opostos refere-se às diferenças entre a elite educada e culta e os seguidores monásticos ordenados do Buda e das massas de praticantes leigos, simples e comuns. O segundo par de extremos refere-se às diferenças entre os tipos de Budismo encontrados em grandes cidades, em especial, importantes centros de poder político e as versões rurais remotas do Budismo. O terceiro par de posições rivais refere-se (ao menos em teoria, se não sempre na prática) às diferenças entre aqueles que seguem de maneira rígida os preceitos e as regras disciplinares prescritas pelo Buda e seus primeiros seguidores (ou seja, monges e freiras ordenados) e aqueles que seguem uma abordagem mais pragmática das regras da prática budista (isto é, seguidores leigos comuns). A forma resultante de Budismo em qualquer comunidade que pratica essas maneiras distintas de seguir o *Dharma* será um compromisso dinâmico ou "caminho do meio" entre esses extremos concorrentes da teoria e da prática.

Apesar de estarmos apresentando uma grande simplificação, essa forma de pensar no Budismo na China e no Budismo chinês possui a vantagem de aplicar o próprio método do Buda de encontrar um "caminho do meio" entre posições extremas, assim como de esclarecer um fenômeno impressionantemente complexo. Ela também ajuda a distinguir as diversas formas de Budismo presentes na China. Para esclarecer meu ponto de vista, gostaria de sugerir os "extremos" adicionais seguintes ou as posições rivais que se reconciliaram na assimilação chinesa do Budismo: o modelo *Arhat* e o modelo *Bodhisattva* de iluminação; o modelo meditativo e o modelo de ação da prática; o caminho fácil e a forma gradual de iluminação; o modelo de estudo textual e o modelo de experiência direta para aprender e ganhar percepção; o Buda presente após sua visão *Parinirvana* e o Buda ausente após sua visão *Parinirvana*; e, por fim, o caminho único em busca do objetivo da prática budista e os caminhos múltiplos para se alcançar esse objetivo.

Antes de considerarmos o caminho budista chinês entre esses extremos, quero voltar, por um instante, aos meus comentários anteriores com referência aos modelos prático e direto de como as novas formas de pensar e agir são capazes de invadir uma sociedade, além da ideia relacionada de que os ensinamentos técnicos por trás das práticas budistas já haviam obtido avanços significativos na China por meio de outras expressões culturais de suas crenças e ideias, em especial a arte, os rituais religiosos e os poderes extraordinários de seus seguidores.

Conforme observado anteriormente, muitos estudiosos acreditam ter existido duas linhas separadas de transmissão do Budismo da Índia até a China. Embora quase nada se saiba com certeza a respeito desses primeiros encontros, não há grandes dúvidas de que muitos chineses, tanto líderes políticos quanto pessoas comuns, sentiam-se intrigados com o Budismo e as práticas de seus seguidores.

Apesar de seu sistema avançado de organização social, seu próprio histórico de pensamentos filosóficos e religiosos, e talvez em função de sua tendência natural e cultivada de voltar a atenção para suas próprias questões etnocêntricas, os chineses estavam fascinados por algo que era, segundo seus próprios padrões culturais, novo e interessante. Conforme indicado por William LaFleur[112] entre outros, a arte budista e outros artefatos culturais indianos eram diferentes de tudo o que os chineses já tinham visto ou criado eles mesmos. Embora os chineses tivessem suas próprias artes e rituais religiosos, ficaram fascinados com as práticas religiosas dos budistas, os poderes e as proezas extraordinárias de seus seguidores, além das ideias novas e intrigantes apresentadas com referência ao significado e propósito da vida, a natureza fundamental da realidade, moralidade e o que acontece após a morte. De maneira particular, os chineses parecem ter sido atraídos pelas ideias budistas do *kamma*, *samsara*, renascimento, origem interdependente e, talvez, o que é ainda mais importante, a ideia do Buda de que podemos, por intermédio de nossos próprios esforços, cultivar nossa mente e nosso caráter no intuito de nos tornarmos sábios (um objetivo chinês tradicional da vida) e alcançar o *Nibbana* (o objetivo budista da vida).

Quanto aos modelos prático e direto de como essas novas formas de pensar e agir foram capazes de invadir a sociedade chinesa, não é difícil entender como os diferentes níveis da sociedade hierarquicamente organizada da China poderiam responder de modos diferentes a essas ideias e ensinamentos novos e exóticos. Na verdade, temos conhecimento de histórias "oficiais" conflitantes a respeito de como os ensinamentos do Buda chegaram até a Índia.

Richard Robinson, Willard Johnson e Thanissaro Bhikkhu[113] afirmam que os budistas chineses preservaram a história de que suas crenças e práticas foram trazidas até a China mediante a instigação do imperador Ming Ti (que regeu de 58 a 75 d.C.) da última dinastia Han, cuja curiosidade a respeito do Budismo fora incitada em virtude de um sonho. Eles dizem também, entretanto, que outros registros históricos indicam que os ensinamentos e as ideias do Buda, mais provavelmente,

---

112. LaFleur (1988), p. 21-22.
113. Robinson *et al.* (2005), p. 176.

foram levados para China Han por mercadores, comerciantes e monges da Ásia Central, que fundaram mosteiros dentro de suas próprias colônias imigrantes nas maiores cidades chinesas ao longo da Rota da Seda.

Independentemente dos verdadeiros métodos de transmissão, não deve ser difícil imaginar que, apesar dessas interações de alto nível estar acontecendo na corte e na maior parte das cidades da China, outras interações mais comuns e cotidianas ocorriam por todas as cidades e também no campo entre cidadãos chineses comuns e mercadores, comerciantes e monges budistas. Como resultado, fica fácil entender como as crenças e práticas do Budismo conseguiram tomar conta de toda a China.

Em resumo, o Budismo parecia oferecer ao povo chinês algo novo e de grande utilidade. Suas ideias e práticas ofereciam aos chineses ajuda e soluções para algumas de suas questões e problemas mais elementares da vida, sendo que isso acontecia de maneiras simultaneamente distintas de suas crenças e práticas tradicionais e também, em alguns aspectos importantes, consistentes e complementares de suas próprias sensibilidades religiosas e filosóficas. É para as abordagens particulares dessas relações entre as ideias taoistas e confucianas indígenas e os ensinamentos do Buda que voltamos agora nossa atenção.

Confucionismo e Taoismo

Desde o princípio, é importante lembrar que a assimilação do Budismo na China não aconteceu da noite para o dia. A maioria dos eruditos sugere uma extensão de tempo de, no mínimo, meio século ou mais para os chineses negociarem suas compreensões, interpretações e aceitação final dessa forma "estrangeira" de pensar e viver. Na verdade, quase todos os estudiosos concordariam que a era de ouro do Budismo na China ocorreu durante a dinastia Tang (618-907) quando, apesar de alguns obstáculos bastante severos, desfrutou de um patronato real ilimitado e seus mosteiros adquiriram influência política significativa, bem como enormes propriedades e grandes riquezas. Contudo, é também importante lembrar que a aceitação e o sucesso do Budismo na China não foi algo garantido.

Entre os inúmeros obstáculos que teve de superar, estavam os problemas do idioma, dificuldades textuais, diferenças ideológicas com tradições filosóficas e religiosas indígenas dos chineses, fatores geográficos impressionantes e as reviravoltas sociais, econômicas e políticas causadas pelo declínio gradual e subsequente queda da dinastia Han (206 a.C. - 220 d.C). Obviamente, está muito além da abrangência desse texto considerar todos esses elementos em detalhes e, portanto, limitaremos nossa atenção aos obstáculos linguísticos, textuais e ideológicos.

A linha comum que une os obstáculos linguísticos, textuais e ideológicos à recepção do Budismo na China é o simples fato de que, além do pequeno contato direto e das experiências diretas limitadas entre os budistas e os não budistas, havia enormes barreiras de linguagem em ambas as direções. No geral, os chineses sabiam muito pouco do sânscrito e os mercadores, comerciantes e monges não sabiam quase nada do chinês. Nesse contexto, como fica bastante óbvio para qualquer pessoa que já viajou para o exterior e tentou se comunicar com um conhecimento muito restrito dos idiomas e costumes locais, não é difícil imaginar que houvesse grandes confusões e apenas uma compreensão bastante limitada. Além disso, considerando-se a natureza técnica da maior parte dos discursos religiosos e filosóficos, assim como os inúmeros e, geralmente, conflitantes textos que afirmavam conter os verdadeiros ensinamentos do Buda, fica fácil imaginar que o nível de compreensão mútua era, na verdade, muito baixo. E tudo isso ficava ainda mais complicado diante da dimensão geográfica e regionalização da China em termos não apenas físicos, mas também sociais e culturais, além dos efeitos subsequentes de tudo isso nas diversas e amplamente distintas localizações em que o Budismo surgiu pela primeira vez ali. De maneira especial, as principais diferenças entre as circunstâncias regionais do norte e do sul não devem ser subestimadas – principalmente se considerarmos suas subsequentes diferenças históricas na compreensão e interpretação dos textos e ideias do Budismo.

Peter Harvey[114] e outros estudiosos afirmam que um dos principais eventos e causas (se não condições) da adoção, adaptação e eventual assimilação e ascensão bem-sucedida do Budismo em seu lugar de principal religião de todas as classes da China foi o declínio e a queda da dinastia Han. Harvey afirma que o colapso da dinastia Han levou a "uma crise de valores em virtude do aparente fracasso do Confucionismo"[115] e sugere que a incerteza causada pela instabilidade política, social, econômica e cultural desse acontecimento proporcionou uma excelente oportunidade para o Budismo preencher o vácuo criado por essa situação. Ele também observa que, de certa forma, as circunstâncias do declínio

---
114. Harvey (1990), p. 149.
115. Ibid.

e da queda da dinastia Han espelham ou se comparam às circunstâncias das origens do Budismo na Índia.

Lembre-se de que no **capítulo 1** observamos que Siddhattha Gotama, o homem que se tornaria o Buda histórico, nasceu em uma sociedade em meio a grandes mudanças sociais e políticas. Ele viveu em uma época em que as certezas dos modos tradicionais de pensamento e estilo de vida estavam sendo desafiadas pelos novos problemas e preocupações que surgiam do rompimento das federações tribais e do desenvolvimento de poderosas monarquias e vibrantes centros urbanos. Siddhattha também viveu em meio à transição de uma economia agrária de vilarejo para uma forma de vida baseada nas cidades com todos os seus problemas e possibilidades latentes.

A situação na China na época do colapso da dinastia Han era impressionantemente semelhante. Foi um tempo de grandes mudanças políticas, sociais e econômicas. Foi também uma época de grande ansiedade e incerteza, já que as formas de pensamento e estilos de vida tradicionais e de confiança não pareciam mais funcionar. O cidadão chinês comum, assim como seus líderes mais sofisticados e educados, deve ter começado a questionar por que as coisas estavam tão confusas. Eles devem ter começado a questionar como e por que as coisas que já duravam mais de 400 anos não mais podiam ser vistas com bons olhos, além também de terem se preocupado em entender como as coisas ficariam no futuro. Em meio a todas essas questões e incertezas, eles recorreram às ideias e aos ensinamentos do Budismo como uma nova fonte de respostas e valores que poderiam lhes ser úteis para compreender as coisas e lidar com as circunstâncias em que se encontravam. O colapso da dinastia Han e o surgimento dos ensinamentos a respeito de uma forma "nova" e fundamentalmente diferente de vida os forçaram a repensar seus valores tradicionais e seu próprio estilo de vida que já estava claramente ultrapassado. Em resumo, as novas ideias, ensinamentos e práticas do Budismo proporcionaram uma excelente oportunidade para reexaminar e reavaliar o valor prático e a mais nova verdade incerta das crenças estabelecidas e práticas tradicionais do Taoismo e do Confucionismo.

Se começarmos pelas ideias de Confúcio, não será um exagero sugerir que, de modo geral, a dinastia Han sobreviveu e floresceu durante todo seu tempo, ao menos em parte, como resultado de sua unção e proteção de Confúcio e seus princípios e valores morais na forma de ortodoxia estatal. Na verdade, os confucianos da dinastia Han parecem tê-lo venerado como um "rei não coroado", tendo praticado sacrifícios rituais em sua honra pelo fato de acreditarem que ele era, em um sentido moral importante, o fundador de uma nova dinastia.

Xinzhong Yao[116] relata que, durante a dinastia Han, a escala e a importância do sacrifício cresceram da concessão dos feudos hereditários a seus descendentes, para os reparos do templo da cidade natal de Confúcio patrocinada pelo Estado, até sua designação de "duque" e a emissão de um decreto de que sacrifícios em seu nome estariam ligados aos sacrifícios ao duque de Zhou, uma das maiores figuras políticas da China antiga. O imperador Ming promulgou uma ordem em 59 d.C. dizendo que os sacrifícios a Confúcio deveriam ser realizados em todas as instituições educacionais. Em 492, Confúcio recebeu o título de "o Venerável Ni, o Perfeito Sábio"; em 630, o fundador da dinastia Tang decretou que todos os distritos e condados deveriam fundar templos em homenagem a Confúcio e, em 657, Confúcio ganhou o título de "o Perfeito Sábio, o Antigo Professor".[117]

Todos esses fatos confirmam a importância social, política, educacional e cultural de Confúcio, mas não revelam nada a respeito de sua relevância filosófica. Quando analisamos seus ensinamentos, descobrimos que ele defendia uma série de ideias profundas e inter-relacionadas que incluíam: o cultivo da piedade filial e o respeito pelos pais, ancestrais e pela família; o autocultivo e a busca da harmonia social; a entrega pessoal de seu melhor empenho em todas as situações e circunstâncias, em especial nas questões educacionais e políticas; o aprendizado de como desempenhar seu papel na sociedade e ser um cidadão confiável ou um líder comunitário respeitado; e, finalmente, o cultivo da excelência moral por meio do respeito aos rituais sociais e religiosos, além de trilhar seu caminho como aluno do Tao. Para aqueles que estavam no poder, em especial, os ensinamentos do Buda certamente pareciam minar esses valores tradicionais de Confúcio e dos chineses.

Antes de tudo, a vida de um monge mendicante celibatário é claramente oposta ao ideal cultural chinês do ato de se casar, constituir uma família e gerar filhos do sexo masculino. Essa vida também não parece oferecer qualquer benefício tangível à comunidade em termos de trabalho produtivo e, na verdade, impõe uma responsabilidade para aqueles que de fato trabalham no intuito de sustentar aqueles que não trabalham. Além disso, ela inclui custos econômicos e militares adicionais para a comunidade, pois os monges geralmente eram dispensados do serviço militar e muitas pessoas ajudavam os mosteiros com doações

---

116. Yao (2000), p. 204.
117. Ibid.

de terras e outros bens que normalmente seriam entregues ao Estado ou, no mínimo, seriam taxados por essa instituição. Politicamente, os monges e suas comunidades monásticas causavam preocupações a respeito de sua lealdade e obediência aos regentes e à comunidade como um todo pelo fato de serem inicialmente e no geral vistos como grupos autônomos que não seguiam qualquer autoridade civil ou leiga.

Além dessas questões sociais, políticas e econômicas, havia sérias diferenças ideológicas entre o Confucionismo e alguns princípios fundamentais do Budismo. Acima de tudo, as ideias budistas a respeito do *kamma*, *samsara* e do renascimento não eram apenas inconsistentes, e talvez contrárias aos ensinamentos de Confúcio, mas também não tinham evidências suficientes para serem aceitas. Confucianos e taoistas eram comprometidos com a ideia de que o destino das pessoas na vida era controlado, ao menos até certo ponto, por suas escolhas e ações, mas, o que era ainda mais importante, por *Tian*, ou Tao ou "a vontade dos Céus" e não pelo *karma*. Os confucianos também criticavam a ideia indiana e budista do renascimento, pois parecia ir contra suas próprias práticas da veneração ancestral. Os mesmos confucianos tinham dúvidas e eram bastante críticos quanto a venerarem ou adorarem o Buda, que claramente não era um ancestral chinês autêntico.

Contudo, obviamente seria errado afirmar que tudo nas ideias, ensinamentos e práticas do Budismo era totalmente incompatível com o Confucionismo, ou o Taoismo, ou as sensibilidades culturais chinesas de modo geral. O chinês comum, que viveu durante os séculos I e II da Era Cristã, não precisava de provas além do declínio imanente e do colapso iminente da dinastia Han para entender que algo muito sério estava acontecendo naquele momento. Independentemente de quais tenham sido as causas daquela situação devastadora, a assimilação e ascensão subsequentes do Budismo que atingiu seu ponto mais alto na era de ouro da dinastia Tang são uma evidência histórica mais que suficiente para mostrar que certamente algumas coisas no Budismo eram, no mínimo, aceitáveis tanto para a elite chinesa quanto para as massas de pessoas comuns.

De acordo com o modelo prático de assimilação, parece bastante óbvio que, entre as razões que explicam por que o Budismo conseguiu se tornar aceitável para as massas de pessoas comuns, em especial aqueles que viviam em áreas rurais, foi o fato de se sentirem impressionados com os supostos poderes mágicos dos praticantes budistas. Isso não é surpreendente, considerando suas crenças e práticas religiosas antigas.

Além dos poderes especiais que os budistas exibiam, Peter Harvey[118] afirma que seus ensinamentos também eram vistos como mais orientados para o povo e, por isso, mais justos do que os do Confucionismo. Também não há muita dúvida de que uma das razões mais convincentes para as pessoas comuns adotarem o Budismo é que ele oferecia uma mensagem de esperança e a possibilidade de libertação das circunstâncias e condições que estavam abarrotadas de dor, sofrimento, ansiedade e infelicidade – em uma palavra, o *dukkha*. O Budismo oferecia uma série de rituais e práticas que eram relativamente fáceis de serem realizadas, semelhantes às práticas religiosas e taoistas do povo comum, além de economicamente acessíveis, em especial para aqueles com meios limitados de subsistência. Por fim, ele parecia oferecer ou, ao menos, prometer um auxílio sobrenatural poderoso com relação ao objetivo final das vidas de seus seguidores na forma do *Bodhisattva*, que não apenas havia garantido ajudar todos os seres, mas que também estava disposto a transferir seus méritos para ajudar seus devotos. Para o chinês comum, que viveu durante as ruínas do colapso da dinastia Han, essas coisas bastante práticas tinham de parecer muito convincentes, em especial se considerarmos suas circunstâncias daquele momento.

Segundo o modelo direto de assimilação, por outro lado, uma das razões que explica por que o Budismo conseguiu se tornar aceitável para a elite educada e os líderes políticos da China foi que, assim que os problemas linguísticos foram superados, o colapso da dinastia Han, a divisão da China em reinos separados e as diversas rotas de transmissão, assim como as diferentes formas de Budismo transmitidas por essas rotas, tudo criava uma oportunidade de adaptação de seus ensinamentos para as culturas e condições dos chineses locais.

Para que a elite educada entendesse os ensinamentos do Buda, não bastava ouvi-los, ela também queria textos para estudar, analisar e interpretar. Entre as primeiras traduções, que começaram a surgir por volta da metade do século II da Era Cristã na capital de Loyang, havia textos e manuais resumidos e práticos que falavam da meditação, consciência plena e das técnicas de respiração. Outros textos antigos incluíam o *Pequeno Sutra da Perfeição e da Sabedoria* e uma *Terra do Sutra da Bem-Aventurança*. Esses textos não eram tratados filosóficos técnicos, mas manuais passo a passo que tinham a intenção de orientar as pessoas em relação às práticas meditativas budistas.

---
118. Harvey (1990), p. 149.

Donald Mitchell[119] diz que esses textos eram principalmente populares porque, assim como o Confucionismo e, em especial, o Taoismo daquela época, eles valorizavam a cultivação interior e o aperfeiçoamento do espírito. Na verdade, apesar do desapontamento taoista com a incapacidade do Budismo de proporcionar os elixires e as práticas que os levariam ao tipo de imortalidade e união com o Tao que muitos taoistas buscavam, a primeira onda de traduções textuais usava termos, conceitos e ideias taoistas no intuito de transmitir as ideias budistas. Apesar de inicialmente úteis, fica fácil perceber como essa prática gerava muita confusão a respeito exatamente daquilo que o Buda ensinava e que eram, na verdade, ideias e interpretações taoistas. E o problema só aumentava ainda mais com os monges indianos e chineses que traziam novos textos para a China. Na realidade, a divisão entre os reinos do norte e do sul após o colapso da dinastia Han, assim como as diferentes rotas de transmissão, também representou um importante papel no desenvolvimento dos tipos de Budismo na China.

No Norte, onde a ruptura social e política causada pelo colapso da dinastia Han era pior do que nas áreas ao sul do rio Yangzi, os chineses, com o passar do tempo, perderam todo o controle político por quase três anos para regentes estrangeiros que decidiram usar o Budismo como sua religião. Nessas circunstâncias, os monges budistas representavam o papel dos líderes religiosos e, com frequência, também se tornavam conselheiros políticos e militares. Como resultado, o principal foco do Budismo no norte costumava ser na prática ritual e individual a serviço do Estado.

No Sul, por outro lado, onde muitos integrantes da elite política e educada fugiram após perderem os reinos do norte, seu foco costumava estar no estudo textual e literário do Budismo. Nessas circunstâncias, estudiosos confucianos e taoistas trabalhavam para traduzir e compreender os ensinamentos escritos do Buda. Na verdade, durante esse tempo, estudiosos chineses como Tao-an (312-385) e outros colecionaram, catalogaram e produziram edições críticas dos textos budistas. Eles também começaram a perceber que havia muitos detalhes e dificuldades de traduções com os textos que tinham. Por fim, os monges chineses foram até a Índia em busca de mais textos confiáveis, enquanto outros trabalhavam em equipes de tradução para aperfeiçoar sua compreensão dos textos e seus ensinamentos.

Em geral, o Budismo recorria à elite confuciana pelo fato de oferecer conselhos políticos práticos, sendo que algumas de suas ideias

---
119. Mitchell (2002), p. 180.

mais básicas – o cultivo mental, a origem interdependente, a harmonia social e a sapiência – não eram apenas consistentes com os ensinamentos de Confúcio, mas também extensões deles.

De certa maneira, podemos dizer o mesmo da resposta taoista ao Budismo. O Budismo dos séculos I e II recorreu à elite taoista pelo fato de oferecer ideias que eram consistentes com suas próprias ideias a respeito da necessidade de se harmonizar com o *Tao*, agir de modo natural e espontâneo e buscar a longevidade ou a imortalidade por meio da alquimia, práticas alimentares, e união meditativa com *Tao*. De fato, muitos dos termos-chave e conceitos de Taoismo e Neotaoismo que eram populares naquela época foram usados para traduzir importantes ideias budistas. Já pudemos observar os problemas e as dificuldades que isso causava aos chineses em seus esforços para entender os ensinamentos do Buda. Entretanto, é importante lembrarmos que esses mesmos problemas e dificuldades também permitiram que os chineses, de maneira criativa, adotassem e adaptassem as versões indianas do Budismo para suas próprias situações e circunstâncias peculiares. É para uma dessas adoções e adaptações mais importantes e influentes que voltamos agora nossa atenção.

Bodhidharma

A discussão um tanto longa do cenário histórico do Budismo na China na seção anterior foi necessária para estabelecer o palco do surgimento do Bodhidharma e seus ensinamentos acerca do Budismo, bem como para ajudar a moldar e explicar a posição e as contribuições de Huineng. O primeiro é um exemplo perfeito de um típico monge e missionário indiano budista que veio para a China a fim de divulgar os ensinamentos do Buda, enquanto o segundo é um dos mais influentes budistas chineses indígenas. Embora representem uma única tradição no espectro dos ensinamentos budistas, como uma dupla, eles proporcionam uma perfeita ilustração de duas características essenciais do desenrolar e do desenvolvimento histórico do Budismo fora da Índia. Por um lado, representam as origens históricas do *Dhamma* na Índia. Por outro, representam o processo contínuo de adoção, adaptação e assimilação do Budismo da forma que foi transmitido para lugares e comunidades além da Índia. É por essas razões, bem como por suas interpretações específicas dos ensinamentos do Buda, que escolhi o Bodhidharma e Huineng como exemplos de uma forma chinesa de Budismo.

Segundo relatos tradicionais, o Bodhidharma provavelmente nasceu por volta da metade do século V da Era Cristã, o terceiro filho de um rei indiano do sul da casta dos guerreiros. Depois de se tornar um budista, foi instruído por Prajnatara, o suposto 27º patriarca da tradição Chan, que o enviou para a China a fim de ensinar e espalhar o *Dharma*.

O Bodhidharma chegou pelo mar na China do sul por volta do final do século V ou início do século VI. Após desembarcar na cidade portuária de Nanhai (hoje o Cantão) e, ao que tudo indica, depois de ter aprendido o idioma chinês, por fim, foi convidado a se encontrar com o imperador Wu da dinastia Liang – um dos patronos políticos mais generosos e pródigos do Budismo na história chinesa. Não se sabe ao certo quantas vezes o Bodhidharma se encontrou com o imperador, mas a tradição relata duas importantes interações.

Em primeiro lugar, como fica fácil imaginar com base nas atividades caridosas e filantrópicas do imperador em prol da fé budista (ou seja, os templos budistas, os textos traduzidos e o apoio aos monges, freiras e outros seguidores leigos), ele perguntou ao Bodhidharma a respeito do suposto mérito de seus trabalhos religiosos. De maneira inesperada, o Bodhidharma respondeu negando a existência de qualquer mérito nessas ações. Um tanto surpreso, o imperador então fez uma segunda pergunta a respeito da verdade e o propósito do Budismo. Nesse momento, o Bodhidharma deu uma resposta ainda mais intrigante e desconcertante a respeito do ensinamento budista do vazio. Já que todas as coisas, incluindo o mérito e até mesmo os ensinamentos em si, não possuem uma natureza ou essência fixa, elas podem ser descritas de forma convencional, mas fundamentalmente estão além das categorias da verdade e da falsidade, assim como do propósito e do significado.

Segundo o Bodhidharma, o Budismo não tem relação alguma com aquilo que o imperador acredita ter. O Budismo é um modo de pensar e agir no mundo que está além dos métodos ordinários e incultos por meio dos quais o imperador e todos os outros seres ignorantes pensam e agem. Ao perceber que o imperador era incapaz ou não estava disposto a compreendê-lo, e por não querer colocar em risco sua missão e sua vida, o Bodhidharma deixou a corte imperial, foi em direção ao norte, atravessou o rio Yangzi e estabeleceu sua residência próximo ao templo Shaolin na montanha Song.

Nesse ponto, a tradição relata que o Bodhidharma passou os nove anos seguintes engajado em um tipo de prática meditativa chamada de "contemplação de parede". A compreensão mais comum dessa prática é que ele simplesmente se sentava diante de uma parede de uma caverna com o objetivo de aquietar e focar sua mente, minimizar as distrações e superar as profanações e obstruções habituais da mente com relação à consciência, lucidez e iluminação. Contudo, essa prática vai muito além de apenas se sentar em frente a uma parede e purificar sua mente, como veremos mais adiante.

Obviamente, muitos monges budistas da Índia e na China ensinavam e praticavam a meditação da ioga, mas uma das questões históricas e filosóficas mais interessantes é por que o Bodhidharma, e não qualquer outro monge, ficou tão famoso por sua versão do *Dharma* – principalmente pelo fato de a tradição que tem sua linhagem ligada a ele não ter começado a florescer antes de 200 anos após sua morte.

Podemos imaginar inúmeras respostas possíveis para essa pergunta, que vão desde as verdades a respeito do próprio Bodhidharma e sua personalidade, até as características e qualidades de seu ensinamento e de suas práticas e, talvez, outros fatores externos como, por exemplo, as circunstâncias sociais, políticas e até religiosas e filosóficas que poderiam ter limitado a extensão de sua influência. Por exemplo, embora a tradição indique que o Bodhidharma tinha apenas um pequeno número de alunos, ela também diz que foi em algum momento durante suas práticas da "contemplação de parede" que o Bodhidharma encontrou seu sucessor e herdeiro do *Dharma*, Huike, o qual estava tão determinado a estudar seguindo sua orientação que, depois de ter sido ignorado e rejeitado uma série de vezes, decepou um de seus braços e o ofereceu ao Bodhidharma em troca de seu ensinamento e como uma forma de demonstrar seu total comprometimento com o *Dharma* e sua prática. Mesmo que essa história seja verdadeira apenas em parte, ela oferece algumas indicações bastante óbvias acerca do tipo de homem que era o Bodhidharma e o tipo de aluno que ele buscava.

Essa mesma tradição não apenas registra outras histórias claramente apócrifas a respeito do Bodhidharma (isto é, que, por causa da frustração causada por sua sonolência e no intuito de evitar pegar no sono durante a meditação, ele arrancou suas pálpebras e, quando as jogou fora, folhas de chá cresceram no lugar; que sua prática da contemplação de paredes e da ioga era tão intensa e prolongada que, com o passar do tempo, suas pernas começaram a se degenerar em função do ato excessivo de ficar sentado – essa é a origem do boneco Daruma japonês; que, ao descobrir que os monges do templo Shaolin eram incapazes de se defender dos ladrões locais, ensinou-os alguns exercícios físicos e técnicas das artes marciais de autodefesa conhecidas como *kung fu*; e que ele só morreu depois de completar 150 anos de idade), mas ela também atribui inúmeros textos a ele. A maioria dos eruditos contemporâneos,[120] porém, são da opinião que, além de uma breve biografia, duas pequenas cartas e alguns diálogos registrados, somente as *Duas Entradas e as Quatro Práticas* (ou a *Descrição da Prática,* como também é conhecida) contêm os verdadeiros ensinamentos do Bodhidharma. Tentaremos responder nossa questão anterior que pergunta por que o Bodhidharma ficou tão famoso por examinar esse texto.

O ensinamento básico das *Duas Entradas e Quatro Práticas*[121] é que há duas entradas para o caminho budista: princípio/razão e prática; e há quatro práticas ou atos: o ato de suportar o sofrimento com paciência, o ato de reconhecer e seguir causas e condições, a busca do nada e o ato de viver de acordo com o *Dharma* ou praticá-lo.

O primeiro – a entrada por meio do princípio/razão – significa ver as coisas como elas realmente são e a compreensão total de que todos os seres compartilham de uma mesma natureza. O problema, segundo o Bodhidharma, é que fracassamos nesse ponto exatamente por causa do "pó adventício" das sensações e conceitos falsos que nos desviam de nosso caminho ou em função do qual nos permitimos ser desviados por ele. Em outras palavras, desilusões ou profanações cognitivas interferem em nossa capacidade de ver as coisas como de fato são. Contudo, o Bodhidharma afirma que podemos corrigir esse equívoco por meio da vigilância firme da meditação inabalável da contemplação da parede, compreendendo a identidade elementar de todas as coisas, sem se preocupar ou se distrair com textos escritos.

A primeira parte da solução do Bodhidharma para nossa ignorância da verdadeira natureza das coisas é nos dedicarmos aos tipos de prática meditativa disciplinada que dizem ele mesmo ter experimentado durante seus nove anos de realização da contemplação. Com relação a isso, devemos imediatamente lembrar do Buda histórico e do tipo de prática que ele realizou no intuito de alcançar a iluminação. A segunda parte de sua solução para nossa ignorância é, ao que tudo indica, uma referência ao fruto dessa prática.

Peter Hershock de maneira proveitosa sugere que "o 'princípio' do ensinamento do Bodhidharma consiste em se abrir para os padrões de relação ou da interdependência de obter entre todas as coisas e ver nesses padrões sua verdadeira natureza".[122] Ele também afirma que essa atividade não significa "buscar identidades", ou "naturezas comuns",

---

120. Broughton (1999) e Hershock (2005).
121. Broughton (1999), p. 9-12.
122. Hershock (2005), p. 85.

ou "essências", ou, até mesmo, distinções de pensamentos entre diversas "coisas", mas, ao contrário, trata-se do "reconhecimento de que eles participam de um significado compartilhado, com cada um deles contribuindo de maneira especial com um movimento profundamente comum".[123] Em resumo, para Hershock, entrar no caminho budista do Bodhidharma por meio do "princípio" é o mesmo que conseguir de maneira ativa a parceria de todas as coisas ou, conforme o Buda histórico ensinou depois de sua noite de iluminação, compreender a origem interdependente e ver as coisas como elas realmente são. A terceira parte da solução Bodhidharma para nossa desilusão está relacionada com um verso tradicional atribuído a ele a respeito daquilo que o Budismo Chan é:

Uma transmissão especial de fora das escrituras;
Não dependente de palavras ou letras;
Que aponta diretamente para a mente humana;
Ver dentro de sua própria natureza, com a conquista da budeidade.

Esse verso é tradicionalmente visto como uma forma usada para expressar a ideia de que, na prática Chan, o estudo textual possui uma importância limitada e secundária. O mais importante na tradição Chan é que a percepção e a iluminação – superar a ignorância e ver as coisas como realmente são aqui e agora – surgem da transmissão direta de uma mente à outra, do professor para o aluno ou do mestre ao pupilo. Na verdade, toda a tradição tem todas as suas raízes ligadas a Mahakasyapa, um seguidor imediato do Buda histórico que, conforme os registros da tradição, se tornou iluminado de modo instantâneo como consequência da compreensão do significado do Buda quando Sakyamuni mostrou uma flor como parte de um de seus ensinamentos.

A segunda entrada para o caminho budista, que é a entrada por meio da prática, tem a intenção de oferecer conselhos específicos e práticos a respeito de como podemos viver o ensinamento do Buda. Segundo o Bodhidharma, as quatro práticas (isto é, o ato de suportar o sofrimento com paciência, o ato de reconhecer e seguir causas e condições, a busca do nada e o ato de viver de acordo com ou praticar o *Dharma*), na verdade, incluem todas as demais práticas. Na realidade, basta uma simples reflexão a seu respeito para confirmar que elas parecem ser apenas variações das Quatro Nobres Verdades do Buda.

---

123. Ibid.

O ato de suportar o sofrimento com paciência ou o sofrimento de injustiças significa entender que as coisas e as circunstâncias são os resultados do *karma*. Em outras palavras, o ato de enfrentar a adversidade oferece uma oportunidade de iniciar no caminho budista, conseguindo ver e entender por que as coisas são como são e como já contribuímos para a forma como as coisas são e como serão.

O ato de se adaptar às causas e condições das circunstâncias aumenta a compreensão de nós mesmos como *anatta* – a ausência do eu – e nossa compreensão das circunstâncias como sendo de origem interdependente de causas e condições cármicas. Em resumo, a maneira como as coisas de fato são depende fundamentalmente da rede complexa de causas e condições que "eu" e minhas circunstâncias de modo interdependente criamos.

Todas as "coisas", como vimos na **Parte II**, são os resultados de suas causas e condições e, quando as "coisas" mudam, como sempre acontece, os processos e eventos continuam. Para vermos as "coisas" como realmente são, isto é, como processos, eventos ou acontecimentos contínuos e não objetos reificados imutáveis, é preciso transcender a limitação da ignorância comum e não se deixar levar pelas alegrias e dores do apego das "coisas" impermanentes. Para isso é preciso, como diz o Bodhidharma, estar "misteriosamente de acordo com o caminho".[124]

A "busca do nada" é aquilo que fazem aqueles que, assim como o próprio Buda, estão totalmente despertos. Aqueles que se encontram nessa condição entendem que todas as "coisas" são desprovidas de um "eu" e, portanto, não são dignas de buscar, desejar ou satisfazer por completo suas vontades. No entanto, aqueles que estão desiludidos e que são ignorantes não conseguem ver essa verdade. A ignorância habitual e o pensamento dualista falso os levam a acreditar que existe uma diferença, distinção ou vazio metafísico fundamental entre eles mesmos e as "coisas" ao seu redor que eles não possuem e das quais não podem se separar. Como resultado, estão sempre procurando, desejando ou buscando algo. Em outras palavras, não estão vendo as coisas como de fato são – mútuas e de origem interdependente, além de dinamicamente contribuintes entre si –, não são capazes de compreender toda a extensão do problema causado pelo processo de desejar ou querer algo.

Desejar ou ter vontade de alguma "coisa" é o mesmo que acreditar que tanto "você" quanto a "coisa" possuem uma essência ou natureza que pode ser possuída e desfrutada. Entretanto, a verdade, ao

---

124. Broughton (1999), p. 10.

menos para o Buda e o Bodhidharma, é que você jamais pode se sentir satisfeito com aquilo que não tem e deseja, pois na verdade não existe nada a ser buscado nem "você", no sentido de um eu ou de uma alma fixa, a ser satisfeito Compreender essa máxima é, para o Bodhidharma, deixar de buscar e entender que "a busca do nada é a felicidade".[125] É entender de fato que a busca do nada é realmente a prática do caminho.

A quarta prática é o ato de concordar com e, de fato, viver o *Dharma*. É, por assim dizer, o lugar onde o pneu do Budismo se encontra com a estrada da vida cotidiana. É o ato de fazer, viver e caminhar no dia a dia pelo caminho budista. Comprometer-se com esse ato final significa não apenas ver e entender, mas também agir e viver as verdades do vazio, da origem interdependente, do desapego e do *anatta*. Na realidade, o Bodhidharma insiste que a verdadeira pessoa iluminada, que realmente compreende o ensinamento do Buda do eu-não-permanente, viverá o *Dharma* da forma exatamente oposta daqueles que buscam e desejam as coisas do modo ignorante habitual – com um espírito de generosidade e doação –, que não esperam por nada nem se apegam a nada. Além disso, esse indivíduo perceptivo se autobeneficia, assim também como a outras pessoas, vivendo a vida de um Bodhisattva – um ser iluminado ou futuro Buda –, que cultiva os seis paramitas ou "virtudes e perfeições morais" (isto é, generosidade, moralidade, paciência, empenho ou esforço zeloso, meditação ou mente focada e sabedoria ou percepção) que ajudam todos os seres a superar o *dukkha* do *samsara* e conquistar a libertação do *Nirvana*.

Conforme esperado, no final de seu relato das *Duas Entradas e Quatro Práticas*, o Bodhidharma oferece conselhos práticos a respeito de como eliminar pensamentos falsos, ignorantes e desiludidos, bem como uma percepção profunda e poderosa do que realmente é a prática budista. Com relação ao primeiro item, ele afirma que a prática atenta das seis perfeições elimina os pensamentos falsos, ignorantes e desiludidos. Em outras palavras, em sentimentos retrospectivos da concepção budista tradicional das relações entre os diversos elementos do Caminho Óctuplo, assim como do ensinamento do Buda a respeito da origem interdependente, a prática correta direciona-nos aos pensamentos certos e os pensamentos nos levam à prática correta. Entretanto, ele também fala de um caminho que é perfeitamente consistente com as noções confucianas e taoistas de *wu-wei*, como também daquilo que se tornaria a típica prática *koan* das tradições Chan e Zen, de que esse tipo de prática é, na verdade, a prática de absolutamente nada.

---

125. Ibid., p. 11.

Para o Bodhidharma e seus seguidores Chan, a prática budista não é uma questão de não fazer absolutamente nada. Ela não envolve recompensas, benefícios, objetivos, resultados e mérito – como o imperador Wu erroneamente pensava. Em vez disso, a prática significa não fazer nada, não buscar coisa alguma, não desejar nada e não pensar em nada – *agora*. Para resumir, em uma simplicidade profunda, a prática significa entender aqui e agora, neste exato momento, onde quer que você esteja, que este é o lugar do despertar e da iluminação. O local da iluminação está dentro de nós, na única verdadeira natureza em que todos os seres contribuem de forma mútua transformando tudo em pensamentos, palavras e ações. Foi exatamente essa visão do *Dharma*, juntamente com sua túnica, sua tigela e uma cópia do *Sutra Lankavatara* que o Bodhidharma deixou como herança para Huike, seu herdeiro do *Dharma*, e seus subsequentes seguidores na tradição Chan e Zen.

Huineng

Segundo a linhagem tradicional de seus patriarcas, Huineng (638-713) foi o sexto patriarca da versão Chan do Budismo chinês e seu primeiro herdeiro nativo do *Dharma*. Como acabamos de ver, dizem que a linhagem chinesa dos Chan começou com o monge indiano Bodhidharma, que foi o professor de Huike (487-593), que foi o professor de Sengcan, que foi o professor de Daoxin (580-651), que foi o professor de Hongren (601-674), que escolheu Huineng como seu sucessor e herdeiro do *Dharma*. Também dizem que o próprio Bodhidharma foi o 28º patriarca da linhagem indiana dos patriarcas Chan, que têm suas raízes ligadas ao discípulo do Buda, Mahakasyapa.

Embora pouco se saiba com certeza de Huineng, sendo que muito mais controvérsias cercam as origens, o conteúdo e a precisão dos dados históricos do suposto registro de seus ensinamentos, isto é, o *Sutra da Plataforma de Huineng*, existe muito pouco desacordo na tradição Chan em si a respeito de sua importância como a transmissora chinesa do ensinamento e da prática da "iluminação repentina". Na verdade, não acho que seja incorreto sugerir, presumindo em favor da argumentação que existe somente um ensinamento e linhagem autêntica dos Chan, que Huineng e "seus" ensinamentos representam um papel essencial na preservação e transmissão da única e verdadeira interpretação e prática Chan do Budismo. Em outras palavras, ele se coloca na junção crítica quando a tradição Chan estava, ao menos a partir de seu próprio ponto de vista, correndo o risco de se separar de sua compreensão original e correta do *Dharma* do Buda.

Os fatos básicos do relato tradicional do momento em que Huineng recebeu a túnica e a tigela do Bodhidharma do quinto patriarca Hongren são muito simples de serem relatados. De acordo com a tradição, no intuito de escolher seu sucessor, Hongren decidiu testar as compreensões de seus pupilos de seu ensinamento propondo um concurso de poesias em que cada um deveria escrever um verso que demonstrasse seu nível de percepção e compreensão de seu ensinamento. A comunidade de monges que, ao que tudo indica, conhecia o suficiente acerca das habilidades de cada um, decidiu como um grupo que o monge chefe e melhor aluno, Shenxiu (600-706), escrevesse o verso sem participar de qualquer competição. Depois de ter assumidamente superado sérias dúvidas pessoais a respeito de sua capacidade, bem como suas preocupações dolorosas de possivelmente fracassar em demonstrar um entendimento profundo e suficiente do ensinamento de seu mestre, Shenxiu, por fim, escreveu o seguinte verso no muro do mosteiro:

> O corpo é a árvore de Bodhi;
> A mente é como um espelho vívido e claro com um pedestal.
> Devemos o tempo todo, e de modo diligente, limpá-lo e poli-lo.
> E não devemos permitir nenhum acúmulo de poeira.

Após ler o verso, Hongren publicamente o elogiou e instruiu os outros monges que o recitassem. Entretanto, depois de determinar quem era seu autor, Hongren em particular disse a Shenxiu que seu verso, infelizmente, não era tão perfeito para expressar seu ensinamento.

Por volta do mesmo período, Huineng, um lenhador pobre, inculto e analfabeto da região sul, que alcançara a iluminação repentina enquanto ouvia por acaso alguns versos do *Sutra do Diamante* e que chegara antes ao mosteiro da Montanha Leste para estudar com Hongren, escutou os monges recitando o verso de Shenxiu e imediatamente percebeu que ele não expressa a percepção mais profunda dos ensinamentos do mestre ou do *Dharma* do Buda.

É importante também observar que a chegada e a recepção de Huineng no mosteiro da Montanha Leste não foram nada calorosas. A tradição relata que, embora Hongren inicialmente tivesse desprezado suas raízes sulistas e sua falta de educação, sentiu-se suficientemente impressionado com a réplica de Huineng, "embora haja homens do norte e homens do sul, o norte e o sul não representam diferença alguma em sua natureza de Buda e na iluminação",[126] que ele decidiu colocá-lo para trabalhar na cozinha sem ordená-lo.

---

126. *O Sutra de Huineng*, p. 68.

Ao ser informado do concurso de poesias e ao perceber a compreensão limitada do único participante envolvido, Huineng decidiu pedir a um monge do convento que escrevesse o seguinte verso no muro da competição:

> Bodhi originalmente não possui árvore alguma;
> O espelho vívido também não possui um pedestal.
> A natureza do Buda é para sempre clara e pura;
> Onde há qualquer lugar para poeira?

Depois de ler o novo verso, Hongren publicamente o criticou, mas também decidiu dispensar o pintor que estava preparando o muro da competição para pintar cenas do *Sutra Lankavatara*. Em suma, ele decidiu manter o verso no lugar das cenas do *sutra* e quis saber quem era seu autor. Por fim, Hongren descobriu que Huineng era o autor do verso e o chamou até sua sala, onde, por causa da política do mosteiro e da real possibilidade do ciúme de Shenxiu, entregou em segredo a Huineng a túnica e a tigela que originalmente tinham pertencido ao Bodhidharma, tornando-o assim seu herdeiro do *Dharma*, e enviou logo em seguida para um esconderijo no Sul da China.

A história subsequente a esse assunto bastante confuso é que Shenxiu, por fim, se autoproclamou o sexto patriarca e se tornou o líder daquela que ficou conhecida como a "Escola do Norte" ou escola de iluminação gradual do Budismo Chan. Ao mesmo tempo, acharam também que Huineng era o sexto patriarca daquela que ficou conhecida como a "Escola do Sul" ou escola da iluminação repentina do Budismo Chan. Em última análise, a disputa entre as escolas concorrentes foi decidida em um conselho em 796 quando o imperador determinou em favor da Escola do Sul e, como resultado, Huineng foi finalmente reconhecido como o "verdadeiro" sexto patriarca da tradição Chan.

Quanto ao próprio Huineng, ele foi mais tarde ordenado e atraiu muitos alunos que também se tornaram figuras importantes na linhagem chinesa da tradição Chan. Na verdade, sua importância e contribuição para o estabelecimento da linhagem autêntica e duradoura do *Dharma* do Buda na China são confirmadas não apenas pelas reputações de seus antigos alunos, mas também pela história tradicional de que, quando morreu, a túnica e a tigela do Bodhidharma foram colocadas dentro de sua tumba. O último relato é tradicionalmente interpretado de modo a confirmar a autoridade fundamental e a contínua validade da linhagem chinesa. Com relação ao primeiro, não precisamos olhar muito além de Shenhui (670-762), um dos seguidores mais influentes de Huineng, que, além de ser um ex-aluno de Shenxiu, não apenas ganhou o crédito de ter iniciado as controvérsias envolvendo as Escolas do Norte e do Sul, mas também foi responsável por ajudar a convencer o imperador a decidir a questão em favor de Huineng.

O que é especialmente incrível e, ainda mais importante, relevante a respeito desses acontecimentos é o fato de oferecerem algumas indicações claras a respeito dos tipos de questões envolvidas na adoção e na adaptação chinesa do Budismo. A história de Huineng, o conteúdo de seus ensinamentos e a vitória final da Escola do Sul do Budismo Chan nos mostram uma janela com os termos sociais, políticos e filosóficos da discussão de como o Budismo vinha sendo assimilado na China. Eles também oferecem uma ilustração perfeita do cenário e do contexto contra o qual e no qual as versões chinesas do Budismo foram elaboradas. Na verdade, quero sugerir uma maneira budista de analisarmos esse momento da história do Budismo Chan que nos permitirá vê-lo em seus próprios termos e também nos ajudará a apreciar as questões mais amplas envolvidas na transmissão, na evolução e no desenvolvimento geral do Budismo na China.

O Budismo chinês

Acredito que seja relativamente fácil entender, a partir do ponto de vista das questões filosóficas, que alguns dos temas centrais envolvidos nessa análise rápida da história Chan do Budismo chinês incluem: a natureza e a origem da iluminação, a natureza e as qualidades da mente, a natureza e a importância da meditação, as relações entre o vazio, a mente, a consciência e a natureza de Buda, o papel da prática budista e suas relações com o objetivo do Budismo, a natureza do *Dharma* e sua transmissão autêntica, a relação entre aluno e professor, a natureza e o papel da autoridade e, claro, a ideia de *upaya* ou meios hábeis.

Duas características dessa lista de fenômenos devem ser destacadas. Em primeiro lugar, há poucas ou nenhuma menção a muitas das questões éticas e morais descritas nas Quatro Nobres Verdades ou no Caminho Óctuplo. Em segundo lugar, os fenômenos identificados estão, na verdade, principal e primeiramente relacionados com questões metafísicas e epistemológicas. Essas características confirmam duas verdades a respeito da assimilação chinesa do Budismo. Em primeiro lugar, enfatizam a realidade de que ao menos uma forma de Budismo chinês estava claramente propensa a interpretar os ensinamentos do Buda como primordialmente relacionados às questões metafísicas e epistemológicas. Em segundo lugar, esses mesmos fatos reforçam e ajudam a sustentar a tese central deste livro de que única percepção mais importante e mais elementar do Buda histórico era a alegação, tão obviamente confirmada pela tradição Chan chinesa, de que quem somos e aquilo que pensamos que existe é uma função de nossa mente e de suas práticas e poderes cognitivos. Peter Hershock confirma isso quando fala a respeito do *Sutra do Diamante* e de seu papel na iluminação de Huineng, "aquilo que pensamos das pessoas e das coisas nos diz mais a respeito da qualidade e dos horizontes de nossa própria consciência do que de qualquer outra coisa".[127] Para resumir, tanto o Buda quanto a tradição Chan acreditam que é nossa mente e os usos que fazemos dela que determinam como vemos e entendemos nosso eu, o mundo e as outras coisas.

Além desses elementos básicos da análise rápida, gostaria também de sugerir que, quando essas questões metafísicas e epistemológicas são unidas a uma consideração das circunstâncias sociais e políticas, assim como uma consideração dos diversos textos autorizados que foram citados de passagem, conseguimos uma noção mais ampla e mais rica em detalhes da assimilação chinesa do Budismo.

Quanto às circunstâncias sociais envolvidas na recepção e interpretação chinesa Chan do Budismo, fica bastante claro, a partir de nossa discussão anterior dos modelos prático e direto, que havia ao menos duas linhas fundamentalmente distintas de adaptação social: a primeira, a do modelo prático, envolvia uma classe regente e as camadas da elite educada da sociedade; a outra, a do modelo direto, envolvia as pessoas comuns e ordinárias. As histórias Chan do Bodhidharma e de Huineng claramente envolvem traços e características dos dois níveis.

Do ponto de vista da política e das instituições, deve ficar claro, em especial a partir do sucesso fundamental de Huineng e do fracasso inicial do Bodhidharma, que o destino das visões filosóficas, às vezes, depende e é quase sempre determinado pelas forças e fatores que estão muito além da simples clareza, coerência e plausibilidade dos ensinamentos em si. Isso, porém, não deve ser uma surpresa se considerarmos o ensinamento geral do Buda da origem interdependente e as interpretações específicas tanto do Bodhidharma quanto de Huineng. Segundo este último, como vimos, literalmente todas as "coisas" são resultantes da origem interdependente e da participação causal complementar de todas as "coisas" com a produção de eventos e processos contínuos.

---

127. Hershock (2005), p. 96.

Por fim, até onde dizem respeito os textos em si, todos ajudaram, incluindo o *Sutra Lankavatara*, o *Sutra do Diamante*, as *Duas Entradas e Quatro Práticas* e *O Sutra da Plataforma de Huineng*, a explicar as preocupações e os focos centrais da tradição chinesa Chan. Cada um deles, à sua própria maneira, refere-se às questões citadas no início desta seção.

Por exemplo, o Sutra Lankavatara, que de modo tradicional é associado ao Bodhidharma, um suposto mestre do texto, e que foi mencionado na história do verso de Huineng, foi uma obra de grande influência na tradição Yogacara na Índia. Além desses fatos, o texto em si é importante por uma série de razões. Em primeiro lugar, o texto, assim como muitas traduções chinesas dos textos indianos, parece ter sido alterado com o passar do tempo, pelo fato de haver diversas versões dele. Em segundo lugar, seu tratamento desordenado de diferentes tópicos também provoca questões a respeito do significado e da interpretação fundamental dos textos budistas. Seus ensinamentos centrais envolvem questões de como o Buda está presente e disponível para todos os seres, o vazio e como compreendê-lo, a consciência e seu papel e relação com a experiência, o *karma*, o renascimento, a origem interdependente e o despertar ou iluminação. Na verdade, parte de sua solução para questões a respeito de como os diversos *Sutras* devem ser lidos e compreendidos serve para enfatizar a ideia do *upaya* ou meios hábeis. Essa ideia foi utilizada para explicar as aparentes inconsistências nos ensinamentos do Buda e dos *Sutras* budistas por intermédio de uma analogia com um médico e vários pacientes adoecidos. De acordo com a analogia, o Buda, como médico tentando livrar a mente da ignorância para chegar à iluminação, teve que oferecer diferentes formas de medicamentos para as diversas condições médicas de seus pacientes. Em outras palavras, já que diferentes pessoas enfrentam diferentes estágios de ignorância e sofrimento do *dukkha*, o Buda ofereceu diferentes tipos de ajuda para suas diversas condições. Seus ensinamentos e os *Sutras* são apenas muitas diferentes formas de medicação mental.

Outra maneira de pensar a respeito da ideia do *upaya*, principalmente no contexto da incorporação chinesa Chan do Budismo, é entender que, como o *Dharma* do Buda só pode realmente ser vivenciado, é possível falar ou escrever a seu respeito como uma experiência que ocorre de diversas maneiras diferentes. Vistos dessa forma, os vários *Sutras* são simplesmente guias úteis das inúmeras avenidas pelas quais podemos alcançar um mesmo destino.

O *Sutra do Diamante*, assim como o *Sutra do Coração*, é um dos textos da *Perfeição da Sabedoria* no Budismo Mahayana. Além de ser conhecido como o texto que iniciou a iluminação ou o despertar de Huineng, esse *sutra* fala da noção budista do vazio e da relação de todos os seres com a mente. Assim como o *Sutra Lankavatara*, o *Sutra do Diamante* também é um texto difícil e enigmático de ser entendido. Na realidade, alguns estudiosos sugeriram que ele não tem a finalidade de ser lido e estudado como outros textos, mas que foi, na verdade, elaborado para fins de práticas meditativas – tanto para orientar o indivíduo no caminho para a iluminação, quanto para revelar a verdade de como as coisas realmente são (ou seja, seu vazio e dependência da mente).

Já consideramos as *Duas Entradas* e alguns elementos importantes do *Sutra da Plataforma*. O que é especialmente fascinante e enigmático a respeito desse último é o fato de ele ser considerado um *sutra*, embora não contenha qualquer ensinamento ou sermão direto do Buda histórico. Além dos mesmos temas e problemas causados por suas diversas versões, o texto também começa com uma autobiografia anômala de Huineng. Entre seus inúmeros ensinamentos estão suas preocupações com a relação entre a prática budista e a iluminação, a relação entre a mente, a ignorância e o ato de ver as coisas como elas realmente são e a questão da iluminação gradual contrária à iluminação repentina. Alguns eruditos sugeriram que sua falta de um sermão direto do Buda histórico é uma indicação e confirmação cabal da autenticidade do Budismo chinês.

O *Sutra do Lótus*

Nesse ponto, não nos surpreende o fato de que os mesmos tipos de problemas, ideias, tópicos, preocupações e suas diversas relações podem ser vistos na incorporação chinesa de muitos outros textos budistas, incluindo o extremamente influente *Sutra do Lótus*. Como resultado, quero concluir este capítulo descrevendo de maneira sucinta a transição das formas indianas de Budismo na China para o desenvolvimento de outras formas chinesas indígenas de Budismo e quero usar o *Sutra do Lótus* e sua recepção como um exemplo final da mudança do caráter chinês do Budismo.

É bastante comum,[128] ao apresentar a história e o desenvolvimento do Budismo na China, começarmos pela observação de que, em seu princípio, é possível identificar ao menos meia dúzia de escolas indianas de Budismo na China. A característica comum entre essas diversas escolas

---
128. Veja, por exemplo, Mitchell (2002), p. 185-190.

é que elas eram simplesmente formas indianas de Budismo geográfica e ideologicamente transplantadas para a China. Entre essas escolas estavam: a escola Kosa inspirada no Sarvastivada, a escola Satyasiddhi inspirada no Sautrantika, a escola Lu Vinaya, a escola Zhenyen tântrica, a escola Madhyamaka Sanlun e a escola Yogacara Fazang. As formas indígenas ou locais do Budismo chinês, por outro lado, são indicativas de uma experiência exclusivamente chinesa de Budismo. Suas escolas mais famosas foram: a escola T'ient'ai, cujo texto central era o *Sutra do Lótus*; a escola Huayen, cujo texto central era o *Sutra Avatamasaka*; a escola Chan, que estudamos ao longo de todo este capítulo; e a escola Jingtu ou da Terra Pura.

Se, em favor dos limites de espaço, mas também em virtude de sua influência, concentrarmos nossa atenção no *Sutra do Lótus* e sua recepção somente na China, descobriremos outro texto que fala das diversas questões citadas anteriormente. O *Sutra do Lótus*, que está entre as mais antigas escrituras Mahayana, sem dúvida é o texto budista mais influente e importante em toda a Ásia. Entretanto, apesar de sua variação de influência, seus ensinamentos não são nada óbvios. O texto em si nos alerta de que a sabedoria do Buda é profunda e difícil de ser entendida. Na realidade, os ensinamentos são tão difíceis e obscuros que George Tanabe[129] descreveu o *Sutra do Lótus* como um texto "a respeito de um discurso que nunca chega a ser pronunciado" e um "prefácio sem um livro". De acordo com Burton Watson, a razão para isso é que o "Budismo Mahayana" – lembre-se do verso do Bodhidharma a respeito do Budismo Chan – "sempre afirmou que sua verdade máxima jamais pode no final ser expressa em palavras, já que as palavras imediatamente criam o tipo de distinções que violam a unidade do Vazio".[130]

Contudo, mesmo que a verdade completa e fundamental esteja além da expressão, os ensinamentos centrais do *Sutra do Lótus* se referem às questões dos diversos caminhos e objetivos dos ensinamentos e das práticas budistas, o posicionamento ontológico e a acessibilidade do Buda, os meios hábeis, o desenvolvimento do caráter dos *bodhisattvas* e a importância e o valor da devoção e das práticas rituais religiosas. De acordo com a escola T'ien-t'ai do Budismo (e, mais tarde, a escola Tendai no Japão), o *Sutra do Lótus* representa o ensinamento final e mais elevado do Buda histórico, exatamente pelo fato de reconhecer que o ensinamento em si é inexprimível.

---

129. Tanabe (1989), p. 2.
130. Watson (1993), p. xx.

Considerando esse pano de fundo, não devemos nos surpreender com o fato de o *Sutra do Lótus* ensinar que, embora o Buda inicialmente ensinasse três caminhos para a libertação (isto é, o caminho *Arhat*, o caminho *Pratyekabuddha* e o caminho *Bodhisattva*), existe, na verdade, somente um caminho e um veículo para o objetivo único da budeidade. O *Sutra do Lótus* também ensina que os demais caminhos eram apenas exemplos de *upaya* e que o Buda está, na verdade, presente e disponível para ajudar todos os seguidores do único verdadeiro veículo ou *Ekayana*. De acordo com esse ensinamento, o objetivo final do Budismo não é aquilo que os seguidores mais antigos do Buda achavam, ou seja, o *Nibbana*, mas, em vez disso, a realização de nossa natureza de Budas ou budeidade, que está além das palavras e dos conceitos e que só pode ser experimentado de maneira direta em atos de devoção.

O *Sutra do Lótus* também, de maneira um tanto provocativa, prediz uma era de declínio e fim do *Dharma* na história. Essa previsão e o subsequente desenvolvimento das novas e diferentes formas e ensinamentos do Budismo têm a intenção de explicar e confirmar o próprio reconhecimento do Buda das limitações dos diversos veículos e, assim, seu uso dos meios hábeis para ensinar o *Dharma*. Em resumo, ele nos ajuda a entender os diversos ensinamentos concorrentes e, às vezes, inconsistentes de sua subsequente disseminação e assimilação em outras partes da Ásia e do restante do mundo.

Nesse ponto, não acho que seja incorreto sugerir que a complexa dinâmica das questões filosóficas e das forças e fatores sociais, políticos e institucionais, junto com questões e interpretações hermenêuticas relacionadas aos textos autorizados e aos seus professores, é bastante útil e contribui de maneira mútua com o complexo fenômeno chamado de "Budismo chinês". Em resumo, todos esses fatores causalmente afetaram e influenciaram as várias formas que o Budismo assumiria conforme era incorporado e assimilado na visão mundial filosófica e religiosa chinesa. A história da tradição Chan chinesa do Bodhidharma até Huineng que descrevemos neste capítulo é apenas um ponto a ser considerado. Os mesmos tipos de questões também estavam envolvidos na recepção e assimilação japonesa do Budismo, conforme trilhava seu caminho da China até a Coreia, chegando finalmente ao Japão. É para uma consideração dessas questões, com ênfase especial no desenvolvimento do Budismo da Terra Pura, que voltamos nossa atenção no capítulo seguinte.

Coisas para pensar

1. Como as ideias budistas divergem e complementam as ideias chinesas tradicionais?
2. Que efeitos os primeiros tipos de textos introduzidos na China surtiram no desenvolvimento do Budismo chinês?
3. Segundo o Bodhidharma, o que devemos fazer para sermos budistas? Você aceita essa explicação? Por que ou por que não?
4. O que está em jogo na discussão entre as iluminações "repentina" e "gradual"? Qual posição lhe parece correta e por quê?
5. Quais são as semelhanças e as diferenças entre as versões do Bodhidharma e de Huineng do Budismo?

10 | Budismo da Terra Pura

Principais termos e ensinamentos

Buddhaksetra: Termo sânscrito para "Terra do Buda" ou "Campo do Buda". No Budismo Mahayana, ele se refere a um "lugar" onde um Buda exerce seu poder.

Buddhanusmrti: Termo sânscrito para "recordação do Buda", "meditando no Buda" ou "mantendo a atenção no Buda". É um elemento importante das práticas meditativas em muitas formas do Budismo Mahayana.

Dharmakaya: Termo sânscrito para o "Corpo da Verdade" do Buda. É um dos três corpos do Buda e se refere à sua presença permanente na forma de seus ensinamentos e como a fonte de toda a realidade.

Nirmanakaya: Termo sânscrito para o "Corpo de Emanação" ou corpo físico do Buda. No Budismo Mahayana, refere-se à capacidade do Buda de estar fisicamente presente para ensinar o *Dharma* para os seres que estão no *samsara*.

Sambhogakaya: Termo sânscrito para o "Corpo de Júbilo" ou "Corpo de Glória" do Buda. Refere-se ao corpo sutil pelo qual o Buda está presente para os *Bodhisattvas* e para os outros seres.

Sukhavati: Termo sânscrito para a "Terra da Felicidade" ou "Terra de Glória". É a Terra Pura de Amitabha ou do Buda Amida localizada no oeste.

Trikaya: Termo sânscrito para o ensinamento Mahayana dos "três corpos" do Buda.

> ***Sutra Vimalakirti***: Um *Sutra* Mahayana importante e de grande influência nomeado em homenagem ao seu personagem principal, o leigo Vimalakirti. Seu objetivo primário é o método e meio para se alcançar a perfeição da percepção.

Budismo "local"

Uma maneira especialmente proveitosa de considerarmos a história e o desenvolvimento do Budismo em geral e do Budismo da Terra Pura em particular é pensar em ambos como uma série de tentativas contínuas e interligadas de responder às preocupações específicas e aos problemas particulares das pessoas e das culturas com as quais elas entram em contato. Como as pessoas e suas preocupações e problemas, bem como suas culturas, variam de um lugar para outro e ao longo do tempo, não deve nos surpreender o fato de formas locais do Budismo serem diferentes umas das outras. Ao mesmo tempo, porém, é preciso ficar claro que, independentemente do tempo ou do lugar, todos os seres humanos se veem diante dos mesmos tipos de circunstâncias e situações universais. Todos nós nascemos, vivemos e, por fim, morremos. Todos nós, em graus maiores ou menores, temos preocupações, medos e aflições acerca das necessidades básicas que envolvem nossa alimentação, vestuário e abrigo. Todos nós temos pensamentos, proferimos palavras e realizamos atos cujas consequências atingem não somente a nós mesmos, mas também aqueles que vivem ao nosso redor. E cedo ou tarde, todos nos perguntamos o que acontecerá quando morrermos. Essa associação de experiências no espaço e no tempo ajuda a explicar, em parte, por que as diversas formas de Budismo citadas acima também têm características ou elementos comuns apesar de suas diferenças particulares.

A realidade dessa situação é confirmada pelo estudo do Budismo conforme percorreu seu caminho da Índia até a China e também da China até o restante da Ásia e do mundo. Na verdade, nesse ponto, tivemos a oportunidade de considerar a continuidade e as mudanças no Budismo desde sua origem nos ensinamentos do Buda histórico, passando pelo desenvolvimento de suas tradições e de seu cânone, até sua assimilação em uma cultura estrangeira na China. Um dos propósitos deste capítulo, portanto, é continuar a traçar o desenvolvimento e o crescimento do Budismo conforme era transmitido da China para o Japão. Considerando as alegações já mencionadas anteriormente, devemos esperar encontrar ao menos duas coisas. Em primeiro lugar, devemos esperar encontrar novas formas de Budismo em resposta às novas situações e circunstâncias locais. Planejo mostrar como isso é verdadeiro com relação às diferentes formas do Budismo da Terra Pura na China e no Japão. Em segundo lugar, também devemos esperar ver algumas das mesmas características mais duradouras do Budismo. Acredito que isso ficará mais óbvio quando considerarmos as respostas chinesas e japonesas particulares das questões a respeito do método de ensinamento do Buda, a natureza da iluminação e do *Nirvana*, a importância e o papel da meditação e a compaixão e os poderes causais do Buda.

Duas abordagens do desenvolvimento do *Dharma*

Apesar de a verdadeira disseminação e o desenvolvimento do Budismo na China serem muito mais complexos e complicados do que o relato simplificado apresentado no capítulo anterior, uma vantagem de nos concentrarmos na antiga evolução da linhagem Chan e nos ensinamentos de apenas dois dos seus mais importantes e influentes patriarcas ou herdeiros do *Dharma*, o Bodhidharma e Huineng, é que ela nos permite considerar algumas das circunstâncias históricas, sociais e culturais que permeiam o desenvolvimento latente do *Dharma,* conforme percorria seu caminho da direção leste da Índia até a China. Uma segunda vantagem dessa abordagem é que nos permite considerar tanto a continuidade fundamental dos ensinamentos quanto o desenvolvimento doutrinal iniciado por professores que tinham sua autoridade e genealogia do *Dharma* ligadas ao Buda. Nesse sentido, quero sugerir que o **capítulo 9** sirva como um relato do desenvolvimento do *Dharma* do ponto de vista de seus professores e herdeiros. Exatamente pelo fato de o Bodhidharma e Huineng terem sido identificados como herdeiros do *Dharma* do Buda histórico, eles foram reconhecidos como professores e intérpretes legítimos dos pensamentos e ideias de Sakyamuni. Como resultado, a autoridade de sua linhagem pedagógica validava o conteúdo de seus ensinamentos.

Uma segunda vantagem alternativa do desenvolvimento do *Dharma* do Buda é considerar o desenvolvimento lógico dos ensinamentos em si, independentemente da autoridade de seus professores. De acordo com essa abordagem, podemos considerar a consistência interna dos ensinamentos no todo ou em parte, ou a extensão externa dos ensinamentos em situações e circunstâncias novas e diferentes não previamente incluídas nos ensinamentos particulares em questão.

Por exemplo, acredito que deve estar suficientemente claro, com base em nossa discussão da tradição chinesa Chan, que, apesar das tendências decididamente intelectuais e metafísicas de seus ensinamentos, é evidente que ela defendia uma abordagem pragmática e prática de questões acerca do método e do meio para se chegar à iluminação, em especial no cenário monástico. Considerado dessa forma, ao menos, não fica difícil ver os ensinamentos do Bodhidharma ou de Huineng como reafirmações da insistência do Buda histórico com relação à importância de colocar seus ensinamentos em prática na vida diária, em vez de se preocupar com questões e problemas metafísicos abstrusos.

Ao mesmo tempo, no entanto, é preciso estar claro, a partir de nossa consideração dos modelos prático e direto da assimilação discutida no **capítulo 9**, que as raízes monásticas da tradição Chan são mais evidentemente parte do primeiro modelo do que do segundo. Na verdade, até onde são considerados seus ensinamentos, sua maior falha está no fato de não oferecer um método de prática que esteja realmente disponível para seguidores leigos comuns do Buda. Sua ênfase na relação entre mestre e aluno como um método ideal para transmitir o *Dharma* e a iluminação está efetivamente além do alcance da maior parte dos praticantes leigos. Como consequência dessa limitação, alguns budistas começaram a considerar outros métodos para a transmissão dos ensinamentos do Buda para aqueles que viviam fora da comunidade monástica ordenada. O que eles buscavam era um método de prática que fosse, de uma só vez, simples, prático, controlável e também autenticamente budista. Em suma, a prática que buscavam tinha de ser consistente com os ensinamentos básicos do Buda e também adaptada às circunstâncias de seus seguidores que não eram monges nem freiras.

Uma das maneiras mais antigas de alcançar esse objetivo era estudar os *Sutras*, refletir com base nas ideias elementares dos ensinamentos do Buda, considerar sua história e desenvolvimento e aplicá-los em questões e problemas contemporâneos para que fossem levados de forma lógica até novas situações e circunstâncias.

Assim como nos capítulos anteriores, gostaria de recomendar a reflexão da história desse processo como uma série de transições envolvendo o estudo de diversos *Sutras*, a busca de inúmeros métodos de manutenção e cultivação do contato e da consciência do Buda e também a busca constante de um método simples e singular de prática que garantisse que todos os seres tivessem acesso à sabedoria, à compaixão e ao poder do Buda.

Nos casos particulares dos monges e dos seguidores leigos do Buda na China e no Japão, acredito estar claro que esse é exatamente o método utilizado por aqueles que foram responsáveis pelo desenvolvimento do Budismo da Terra Pura. Ao estudar diversos *Sutras* Mahayana (isto é, em especial o *Sutra do Lótus*, bem como os *Sutras Prajnaparamita*, os *Sutras Sukhavati-vyuha mais Longos* e os *mais Curtos* e o *Sutra Amitayurdhyana* ou *Sutra da Meditação*), por meio da reflexão de seus ensinamentos e a ampliação de sua ideias por todos os seus textos escritos, comentários e práticas, os mestres da Terra Pura na China e no Japão conseguiram proporcionar contribuições importantes e duradouras para a tradição budista.

Considerando esse relato da origem do Budismo da Terra Pura, o propósito deste capítulo é traçar o desenvolvimento contínuo do *Dharma* do Buda conforme ia da China até o Japão seguindo suas formas de Terra Pura. Concluiremos essa tarefa com a aplicação da abordagem da avaliação lógica discutida acima com seus ensinamentos. Em primeiro lugar, começaremos voltando nossa atenção para as raízes históricas e filosóficas das origens indianas das ideias da Terra Pura. Em segundo lugar, prosseguiremos com nossa consideração da complexa questão da relação entre os textos, doutrinas, disciplinas e práticas, considerando a influência do *Sutra do Lótus* e dos *Sutras Sukhavati-vyuha mais Longos* e os *mais Curtos*. Por fim, tornaremos o tema em questão da segunda tarefa mais concreto dando atenção especial à lógica de algumas das ideias e ensinamentos-chave do Budismo da Terra Pura na China e no Japão.

As origens do Budismo da Terra Pura

Embora as origens exatas do Budismo da Terra Pura sejam um tanto confusas, há poucas dúvidas de que suas raízes estão ligadas aos primórdios da tradição Mahayana na Índia. De acordo com os estudiosos mais contemporâneos, aquele que se tornaria o Budismo da Terra Pura na China, Coreia e Japão, na verdade, começou como uma forma de prática religiosa indiana centrada em determinados *Sutras* em resposta aos problemas práticos e questões filosóficas causados por reflexões constantes dos ensinamentos do Buda e seu *Parinirvana*.

Para entender os tipos de questões e tópicos envolvidos no desenvolvimento do Budismo Mahayana, imagine por um instante que você tem a oportunidade de ouvir os ensinamentos do Buda histórico, Sakyamuni. Na verdade, imagine que você tem idade suficiente para ter a chance de ouvi-lo falar a respeito de uma série de casos diferentes, ao longo do curso de muitos anos, e que você passa a acreditar que aquilo que ele diz é verdade. Em um determinado momento, porém, começa a perceber que, conforme o Buda envelhece, ele se aproxima da morte. Pelo que sabemos da experiência humana, é quase totalmente certo, ou ao menos temos boas evidências para acreditar, que todos os seres humanos e coisas vivas morrem. Sendo assim, você conclui que o Buda irá morrer e, por fim, isso de fato acontece. Nesse momento, você se vê diante de pelo menos dois problemas ou questões: em primeiro lugar, o que acontece com as pessoas, incluindo o Buda, depois que elas morrem; e, em segundo lugar, depois da morte do Buda e do *Parinirvana*, onde podemos buscar ajuda quando tivermos perguntas a respeito de seus ensinamentos?

A resposta da primeira pergunta, como vimos, depende de analisarmos se as pessoas em questão são iluminadas ou não, se elas alcançaram ou conquistaram o *Nirvana* e o que exatamente ele representa. Parece haver uma série de possíveis respostas para a segunda pergunta. Na verdade, os problemas e os desafios que permeiam as duas questões são exacerbados pelo fato de você se lembrar de que o Buda ensinou diferentes coisas em diferentes momentos para diferentes plateias. Em outras palavras, seus ensinamentos nem sempre eram logicamente consistentes e até mesmo seus seguidores mais próximos ofereciam relatos distintos e conflitantes a seu respeito. Além disso, mesmo que pudesse dar um sentido lógico para seus ensinamentos e, de modo simultâneo, harmonizar as explicações de seus seguidores, você também percebe que, considerando o estado atual das questões no mundo (ou seja, um mundo caracterizado pela impermanência, *dukkha* e o eu-não-permanente), bem como suas próprias limitações e falhas intelectuais e morais (ou seja, profanações – ganância, ódio e desilusão), é simplesmente impossível, ou ao menos extremamente improvável, que você um dia consiga alcançar o objetivo que foi descrito pelo Buda e, ao que tudo indica, conquistado por ele. Desesperado e exasperado, você se pergunta o que um seguidor devoto deve fazer.

Essa experiência do pensamento não é difícil de ser imaginada. Na realidade, gostaria de sugerir que ela capta com exatidão aquilo que muitos dos seguidores do Buda devem ter experimentado após sua morte e possível *Parinirvana*.

Parinirvana – questões e problemas

O cânone páli relata em diversos textos que o Buda disse aos seus seguidores que ele lhes dera tudo o que era preciso para alcançar o mesmo fim que ele estava prestes a conquistar e que tudo o que deveriam fazer era seguir o *Dhamma* e trabalhar de modo diligente em busca de sua libertação do *samsara*. Esse conselho, porém, pressupõe ao menos duas condições importantes: em primeiro lugar, que o *Dhamma* em si não era inconsistente (isto é, que ele tem um sentido lógico e que era possível de ser praticado); e, em segundo, que temos a capacidade, oportunidade, motivação e perseverança para buscar nossos objetivos, principalmente quando as circunstâncias e/ou os traços de caráter tornam tudo mais difícil ou quase impossível. Analisemos cada uma dessas condições mais de perto.

Como vimos, uma resposta budista tradicional para a acusação de que o *Dharma* não é consistente é o ensinamento do Buda do *upaya* ou meios hábeis. Segundo esse ensinamento, sempre que existe uma discrepância aparente entre quaisquer dois ensinamentos do Buda, a solução do problema é lembrar que o Buda adequava sua mensagem aos seus ouvintes e, portanto, ele geralmente dava respostas diferentes para ouvintes diferentes. Uma segunda resposta mais sofisticada para essa situação vai além e distingue as verdades convencionais das verdades elementares, enquanto também reconhece e enfatiza a relevância da ignorância e seus efeitos nos poderes cognitivos do indivíduo. Qualquer conjunto de ensinamentos aparentemente inconsistentes deve antes ser verificado como um possível exemplo de *upaya* e então seus verdadeiros valores poderão ser estimados contra os padrões das verdades convencionais e elementares do *Dharma*. Presumindo que essas sejam respostas satisfatórias para casos em que o *Dharma* parece ser logicamente inconsistente, temos ainda o problema de dificuldades que surgem das condições ambientais ruins, das falhas de caráter ou ambas.

Gostaria de sugerir que uma das fontes mais importantes do Budismo da Terra Pura pode ser traçada às soluções desse segundo conjunto de condições para seguirmos os conselhos do Buda. Quero ainda afirmar que as questões envolvidas no desenvolvimento do Budismo da Terra Pura estão diretamente relacionadas com os tipos de questões, dúvidas e inquietações que todos nós temos quando perdemos alguém que amamos e admiramos. Com relação a isso, essas questões têm referência com as crenças que temos a respeito daquilo que acontece após a morte e os tipos de existência que são possíveis ou prováveis nesse estado. Por fim, gostaria de propor que elas correspondem de maneira íntima às experiências que os alunos tipicamente vivem quando seus professores, de repente, deixam de estar disponíveis.

Como sugeri anteriormente, não é difícil imaginar que uma das questões mais insistentes e latentes com que os seguidores do Buda tiveram de lidar após sua morte foi sua perda pessoal e questões profundas acerca de sua existência. Eles tiveram de lidar com o fato de que seu professor e orientador não estava mais prontamente disponível e, portanto, precisavam explicar os sentidos ou as maneiras pelas quais dizer que o Buda estava presente para ajudar e instruí-los. Sendo assim, essas duas preocupações ficavam ainda mais complicadas por um histórico de especulação e teorias a respeito do qual é ou de qual pode ser o caso não apenas neste mundo, mas também em outros, se é que eles existem. Essas situações são obviamente difíceis e problemáticas, pois envolvem questões profundas, mas no final todos temos de lidar com elas, da mesma forma que os seguidores do Buda o fizeram.

Algumas respostas preliminares

Até onde sabemos, as mais antigas respostas indianas e budistas para questões a respeito das circunstâncias e condições em que buscamos a libertação do *samsara* estavam diretamente relacionadas com visões mais amplas da estrutura metafísica e cosmológica da realidade. Sem nos aprofundarmos nos detalhes dessas teorias, é importante entender que o Budismo herdou muito de sua própria cosmologia dos relatos indianos mais importantes da natureza, origem e estrutura do Universo. Segundo esses relatos especulativos, impressionantemente similares a algumas teorias cosmológicas ocidentais a respeito do Universo, o cosmo é infinito tanto no espaço quanto no tempo, sendo que como um todo ele passa por ciclos e padrões recorrentes de progresso evolucionário e declínio gradual. A cosmologia budista tradicional afirma que o espaço é repleto de uma infinidade de universos ou "sistemas de mundos". Na verdade, Paul Williams[131] diz que nessa rede de "mundos", um mundo individual conhecido como um Buddhaksetra – "Terra do Buda" ou "Campo do Buda" – é um lugar onde um Buda exerce seus poderes causais de maneiras análogas a como um rei exerce controle político em seu reino. A linha básica de raciocínio usada para sustentar essas alegações parece ter originado, ao menos em parte, com as questões especulativas acerca do que aconteceu com o Buda após sua morte e seu *Parinirvana*.

---

131. Williams e Tribe (2000), p. 181-184 e principalmente o rodapé 23, p. 268-269.

Como vimos no **capítulo 8**, alguns dos primeiros seguidores do Budismo Convencional afirmavam que, como resultado de seu *Parinirvana*, o Buda histórico foi, assim como uma chama que é soprada, totalmente eliminado por sua morte. Eles também diziam que as questões a respeito de onde ele está ou para onde foi após a morte são simplesmente mal-interpretadas e ignoradas. Outros, porém, que por fim ficaram conhecidos como budistas Mahayana, não apenas rejeitavam essa explicação da conquista do Buda do *Nirvana* e da extinção como inconsistente com seus ensinamentos da compaixão, mas também afirmavam que os *Bodhisattvas* e os Budas não deixam de existir nem são eliminados quando alcançam o *Nirvana* ou a budeidade.

Aqueles que aceitavam essa explicação do *Parinirvana* do Buda histórico parecem ter sido influenciados pelos *Contos Jataka* de suas vidas anteriores e ter se engajado em práticas religiosas centradas na veneração ritual das relíquias de seu corpo, bem como peregrinações aos diversos lugares sagrados associados às suas atividades de ensinamento. Eles também parecem ter praticado a meditação nas diversas qualidades do Buda no intuito de visualizar sua presença, sendo que parte dessa atividade incluía cantos ou recitações de seu nome em silêncio ou em voz alta. Por fim, passaram a acreditar que o próprio Buda possuía o poder espiritual de salvá-los guiando-os até sua "Terra Pura". Em outras palavras, ao enfatizar a compaixão do Buda e a eficácia de seus ensinamentos, eles afirmavam que ele e outros Budas e *Bodhisattvas* continuam existindo – neste mundo ou em algum outro *Buddhaksetra* – para ajudar todos os seres a alcançar a libertação do *samsara*. A razão que explica por que essas alegações são necessárias, naturalmente, está no estado moral de declínio do mundo e também da ubíqua fraqueza humana.

A lógica desse argumento parece ser que, como os Budas e os *Bodhisattvas* continuam a existir e exercer poderes causais (o que deve ser verdade, já que os *Sutras*, isto é, em especial o *Sutra do Lótus*, dizem que isso acontece e a lógica das práticas religiosas exige que isso aconteça), eles devem existir em algum lugar, sendo que esse "lugar" é um *Buddhaksetra* ou Terra Pura. Presumindo que, em favor da argumentação, essa linha de raciocínio é coerente e convincente, ela ainda não nos diz nada a respeito das características particulares do *Buddhaksetra*, como também não nos diz nada acerca das atividades dos Budas e dos *Bodhisattvas* que ocupam esses lugares. É para esses detalhes particulares que voltamos agora nossa atenção.

Budas e *Buddhaksetras*

Não nos surpreende o fato de os budistas Mahayana parecerem discordar das características particulares das Terras dos Budas. Para ajudar a esclarecer esses desacordos, podemos destacar os itens relacionados com as Terras em si, bem como aqueles que falam dos meios e dos métodos para conseguir acesso a elas. Com respeito ao primeiro aspecto, uma linha de pensamento garante que, como um Buda é purificado de toda forma de apegos e profanações, o lugar onde ele existe deve também ser puro. Essa ideia parece ser a fonte do termo chinês *"Jingtu"* – "Terra Pura" – que foi usado para traduzir a ideia do *Buddhaksetra*.

Um problema com essa tradução de *"Buddhaksetra"*, porém, é que não precisamos de muita reflexão para entender a verdade bastante óbvia de que nosso mundo não é nada puro. Na realidade, o que fica claro e evidente para nossos sentidos parece conferir pela "lógica das Terras Puras" que o Budas e os *Bodhisattvas* não existem aqui, ou ao menos que o Buda histórico não tinha o poder de purificá-la. Alguns budistas garantem que a segunda alternativa parecia claramente falsa, ou ao menos extremamente duvidosa, sendo que, então, os Budas e os *Bodhisattvas* existem em algum outro lugar de onde eles oferecem auxílio para os seres em nosso mundo. Além disso, os budistas que defendiam esse primeiro desacordo também garantiam que sua verdade confirmava a necessidade de uma explicação de como aqueles seres que viviam em um mundo assim eram capazes de conquistar a libertação por meio da ajuda de Budas e *Bodhisattvas* "ausentes". É exatamente isso que eles acreditavam fazer parte dos *Sutras Sukhavati-vyuha mais Longos* e os *mais Curtos*, o *Amitayurdhyana* ou *Sutra da Meditação* e seus relatos do Budismo da Terra Pura que examinaremos mais adiante.

Ao mesmo tempo, outros budistas, que aceitavam a ideia das Terras dos Budas, rejeitavam a ideia de que esses lugares necessariamente devem ser puros. Em outras palavras, como eles viam as coisas, nem todos os *Buddhaksetras* são Terras Puras. Na verdade, eles destacavam três tipos de *Buddhaksetras*: puras, impuras e mescladas. Eles também parecem ter oferecido explicações alternativas para a pureza ou impureza relativa dessas Terras. Por um lado, parecem ter reconhecido que a falta de pureza, fosse ela completa ou mesclada, não é inconsistente com os esforços latentes dos *Bodhisattvas*, que estão o tempo todo trabalhando por meio de ações compassivas para purificar suas Terras em preparação para se tornarem Budas. Por outro lado, alguns textos, como o *Sutra Vimalakirti*, afirmam que a pureza e a impureza das Terras dos Budas são, na realidade, características das mentes daqueles que as habitam e não das terras em si. Em outras palavras, todos os *Buddhaksetras* (haja somente um ou muitos) são Terras Puras, sendo que sua impureza aparente é, na verdade, uma função da impureza das mentes daqueles que as ocupam ou que nelas meditam, e não uma característica das terras em si.

Apesar dessa última explicação certamente ser plausível e também consistente com a tese central deste livro a respeito da importância da mente na formação e no conhecimento da realidade, sua explicação da pureza e da impureza de um *Buddhaksetra* parece claramente contrária à experiência comum dos sentidos (presumindo, naturalmente, que temos boas razões para acreditar em nossos sentidos), principalmente no caso de nosso mundo. Na realidade, ela parece nos apresentar duas concepções fundamentalmente distintas e radicalmente incompatíveis da natureza de nosso mundo.

Segundo essa primeira concepção, a natureza das coisas no mundo é uma função dos seres daquelas coisas que a compõem, sendo completamente independente de sua ideia da mente. De acordo com a segunda concepção, por outro lado, a natureza e as características das coisas no mundo são totalmente determinadas pela maneira com que a mente as vê. As diferenças entre essas duas concepções não poderiam ser mais absolutas, sendo que as consequências filosóficas de optar por uma delas também não poderiam ser mais graves.

Os budistas que preferem a segunda concepção do mundo desejam afirmar o papel fundamental da mente nos ensinamentos do Buda. Eles, por fim, ficaram conhecidos como os budistas Yogacara e causaram uma influência direta no desenvolvimento de determinadas ideias da Terra Pura, como veremos mais adiante.

Aqueles que optam pela primeira concepção, entretanto, desejam confirmar o realismo e o empirismo do Buda. Eles afirmam que as Quatro Nobres Verdades e o Caminho Óctuplo são ensinamentos a respeito de como as coisas são no mundo e não alegações acerca da mente ou de suas funções. Eles também dizem que o realismo implacável do Buda exige que encaremos as coisas como elas são. Para esses budistas, a Primeira Nobre Verdade do Buda é que tudo é *dukkha* e que a triste verdade é que ele morreu e não está mais neste mundo. O ponto-chave de seus ensinamentos é nos ajudar a compreender esses fatos e aprender como lidar com eles. Nenhum outro ensinamento é necessário ou exigido – assim como disse o Buda.

Entretanto, é bastante interessante notar que essa mesma linha de raciocínio também ajuda a sustentar a "nova" ideia, originalmente concebida na China e mais bem desenvolvida no Japão (apesar de ser relacionada de modo retroativo à intenção inicial do Buda), de que, como o Buda já "deixou" este mundo, esse fato nos ajuda a explicar por que seus ensinamentos e sua influência estão se degringolando e esvaecendo ao longo do tempo.

Conforme observado anteriormente, essa noção do "fim do *Dharma*", *mofa* em chinês, ou "os últimos dias do *Dharma*", *mappo* em japonês, representou um papel importante no desenvolvimento e na justificativa do Budismo da Terra Pura. Aqueles que aceitavam essa linha de raciocínio, por fim, elaboraram diversas explicações das localizações das Terras Puras e dos Budas que as ocupam, bem como os meios e métodos para conseguir acesso a elas. A mais famosa delas é a Terra Pura do Buda Amitabha, que está localizada no oeste e é conhecida como Sukhavati. Consideraremos esse Buda e sua Terra Pura mais adiante.

Ao mesmo tempo, outros budistas discordavam desse relato de nosso mundo e sua aparente falta de um Buda. De acordo com esses budistas, que foram influenciados pelas ideias Yogacara discutidas acima, podemos dizer que o Buda histórico, Sakyamuni, purificou nosso mundo por intermédio de seus ensinamentos e ações compassivas. O que eles querem dizer com essa afirmação é que aquilo que Siddhattha entendeu na noite de sua iluminação foi que este mundo já é puro. A razão de ele "parecer" impuro está no fato de não ser visto por uma mente iluminada. Aqueles que não são capazes de compreender que este mundo já é puro são simplesmente desviados por sua própria ignorância habitual e seu raciocínio falso. Esse estado de ignorância é exatamente o que a iluminação do Buda eliminava e seus ensinamentos desejavam corrigir.

Em outras palavras, o problema, falando de maneira estrita, não é o mundo, mas a maneira como o encaramos – com uma mente perturbada pela ignorância, pelas profanações e pelos padrões habituais de pensamentos falsos e equivocados – que nos fazem ver o mundo e as coisas de maneira incorreta. Com relação a isso, devemos logo nos lembrar da afirmação de Peter Hershock do capítulo anterior referente à iluminação de Huineng de que "aquilo que pensamos a respeito das coisas ou das pessoas nos diz mais acerca da qualidade e dos horizontes de nossa própria consciência do que de qualquer outra coisa".[132] Essa

---

132. Hershock (2005), p. 96.

maneira de entender o mundo e a relação da mente com ele também enfatiza uma das diferenças fundamentais entre os budistas com relação às características das Terras dos Budas.

Com referência aos desacordos entre os budistas acerca dos meios e métodos para ganhar acesso a um *Buddhaksetra*, não devemos nos surpreender com o fato de haver explicações diferentes e conflitantes de como conseguir acesso a uma Terra de Buda.

Segundo diversos *Sutras* Mahayana, parece existir no mínimo meia dúzia de diferentes formas de conseguir acesso a uma Terra Pura: práticas meditativas, técnicas de visualização, cânticos ou recitações do nome do Buda que exerce poder na Terra, atos sinceros de fé na força e na compaixão do Buda que é sua Terra, purificação de nossa mente no intuito de entender que já estamos em uma Terra Pura e diversas combinações desses métodos em conjunção com práticas morais rígidas.

Paul Williams[133] sugere não apenas que uma forma de visitar uma Terra de Budas é por meio da meditação, mas também que essa ideia de uma Terra Pura tinha alguma ligação com as experiências de visões que aconteciam durante a meditação. De acordo com esse relato, o *buddhanusmrti*, ou "lembrança do Buda",[134] é uma técnica meditativa cujas raízes podem ser traçadas a um dos mais antigos textos budistas do cânone páli, o *Sutta Nipata*. Nesse texto, um dos seguidores do Buda relata que, apesar de não conseguir seguir o Buda de maneira física por causa de sua idade e problemas do corpo, não existe tempo quando ele não está na presença do Buda, porque sempre está com ele na consciência de sua mente. Em outras palavras, meditar no Buda e em suas qualidades tem a força de o tornar visível e presente para a mente da mesma maneira que ele era visível e presente aos olhos e ao corpo. Na verdade, Williams afirma que uma das razões que motiva o desenvolvimento da prática da lembrança do Buda era o arrependimento de viver em uma era posterior à vida do Buda.[135] Também parece provável que essa mesma abordagem meditativa da presença do Buda tenha ajudado a inspirar as práticas de visualização de outros *Sutras* Mahayana.

Um segundo meio de acesso a um Buda em uma Terra Pura é por intermédio de determinadas técnicas de visualização. Esse método de acesso é explicado no *Sutra Pratyutpanna*, onde como resultado de uma reflexão extensiva e uma meditação profunda no Buda Amitabha (o

---

133. Williams e Tribe (2000), p. 183.
134. Williams (1989), p. 217-220.
135. Williams e Tribe (2000), p. 183.

Buda da Luz Infinita) ou Amitayus (um nome alternativo de Amitabha, que quer dizer "Vida Infinita") e sua Terra Pura, Sukhavati, o meditador torna-se literalmente capaz de ver o Buda e receber sua orientação.

O terceiro método de acesso a um Buda em um *Buddhaksetra* é por intermédio de cânticos ou recitações em voz alta do nome do Buda que exerce poder na Terra onde tentamos renascer. Por exemplo, para renascermos no Sukhavati, devemos recitar ou cantar o nome Amitabha – "*Namo Omito-Fo*" em chinês ou "*Namu Amida Butsu*" em japonês ("Glória ao Buda Amitabha"). No entanto, há duas diferenças importantes entre as compreensões chinesa e japonesa das práticas do *Nien-fo* e *Nembutsu* (recitação do Buda). O primeiro, ao menos inicialmente, parece ter feito parte de uma concepção de prática mais ampla que enfatizava os poderes pessoais do praticante. De acordo com essa concepção, o indivíduo declama o nome do Buda no intuito de acalmar, purificar e concentrar a mente, bem como para criar ligações cármicas com o Buda e sua Terra Pura. O objetivo específico dessa prática, então, é conseguir assegurar que o indivíduo, por seus próprios esforços, possa renascer nessa Terra Pura do Buda e posteriormente alcançar o *Nirvana* nesse lugar. Essa forma de prática também parece ter envolvido a visualização de uma imagem do Buda, a meditação no nome do Buda e as qualidades virtuosas.

A abordagem japonesa, por outro lado, depende totalmente da compaixão e do auxílio do Buda Amitabha/Amida e não reconhece qualquer poder causal ou contribuição cármica da parte do praticante. De acordo com essa concepção, a prática de recitar o nome do Buda está diretamente relacionada com um conjunto de votos prestados pelo Buda Amitabha enquanto ele ainda era um *Bodhisattva*. *O Sutra Sukhavati-vyuha mais Longo* relata que o *Bodhisattva* Dharmakara prometeu (como um dos quase 50 votos) que, se depois de se tornar um Buda, qualquer ser provido de sentimentos que desejasse renascer em seu *Buddhaksetra* e chamasse seu nome dez vezes e não renascesse ali, ele então não alcançaria a iluminação e não se tornaria um Buda. O fato de que ele fundamentalmente se tornou o Buda Amitabha mostra, porém, que sua promessa deve ter sido cumprida e, portanto, aqueles que desejam renascer em Sukhavati e que invocam o Buda Amitabha irão, de fato, renascer nesse lugar.

Sem nos aprofundarmos em maiores detalhes das diferenças específicas entre as diversas formas do Budismo chinês e japonês da Terra Pura neste momento, devemos deixar claro que há muitas questões intrigantes e importantes alegações filosóficas envolvidas nos detalhes dessas práticas para conseguir acesso às Terras Puras. Entre outras coisas, essas questões e alegações envolvem temas que incluem tópicos que tratam exatamente de quantas vezes o nome deve ser invocado (as respostas variam de uma única vez até a invocação constante), os tipos de disposições, intenções e atitudes necessárias para a devida recitação do nome do Buda (isto é, sinceridade, fé profunda e um desejo ardente de renascer em sua Terra Pura de acordo com *Sutra Sukhavati-vyuha mais Longo*), a relação das práticas *Nien-fo* e *Nembutsu* com outros tipos de ações morais e imorais (ou seja, seguir o Caminho Óctuplo ou se envolver em ações inadequadas) e as especificações do *karma* (isto é, do *Bodhisattva*, do Buda e do praticante individual), autopoder e outropoder e a lógica e a possibilidade de transferência de mérito, para citarmos apenas alguns. Entretanto, apesar dessas importantes questões, o que é particularmente interessante a respeito do desenvolvimento das tradições budistas da Terra Pura na China e no Japão é seu compromisso contínuo em responder de modo criativo aos tópicos e às dificuldades metafísicas e epistemológicas.

Considerando o ensinamento do Buda da origem interdependente, assim como o histórico do desenvolvimento do Budismo que analisamos nos dois últimos capítulos, não deve nos surpreender o fato de que as questões a respeito do *Buddhaksetra* não tenham sido consideradas de forma isolada de outras questões. Na verdade, os diversos relatos das características particulares das Terras dos Budas que descrevemos foram elaborados com outras questões relacionadas a eles. Um dos tópicos metafísicos e epistemológicos mais urgentes era a questão da existência e da eficácia contínuas do Buda.

Trikaya – os três corpos do Buda

Quase ao mesmo tempo em que os diversos relatos das Terras dos Budas estavam sendo elaborados, outras questões a respeito da ontologia do Buda histórico também eram analisadas. Como vimos, de acordo com os primeiros seguidores do Budismo Convencional do Buda, Siddhattha Gotama nasceu e viveu como um ser humano, com um corpo humano e, depois de alcançar o *Parinirvana*, fugiu do *samsara* e desapareceu. Entretanto, seguidores Mahayana posteriores do Buda afirmaram que sua iluminação e conquista do *Nirvana* permitiram que ele transcendesse as categorias convencionais do *samsara* e do *Nirvana* e que, como resultado, alcançou um estado ou condição mais elevada do que aquela compartilhada por todos os Budas.

De acordo com os budistas Mahayana, os grandes poderes de concentração e meditação do Buda permitiram que ele alcançasse diversos poderes "espirituais", incluindo o poder de gerar corpos sutis por meio dos quais ele podia transmitir o *Dharma* para os seres em outros planos de existência e em outras partes do Universo. Como resultado dessas ideias, alguns budistas Mahayana desenvolveram a ideia de que o Buda tem o poder de se apresentar em três formas ou modos físicos distintos de ser: em primeiro lugar, temos o seu Corpo da Verdade ou do *Dharma* ou *Dharmakaya*, em virtude do qual o Buda é o todo de suas qualidades aperfeiçoadas, bem como igual à verdade imutável ou o *"suchness"* (ou seja, a coisa tal como ela é ou a qualidade essencial) de todas as coisas (isto é, o Buda como sinônimo da realidade fundamental e a natureza do Buda ou budeidade); em segundo lugar, temos seu Corpo de Júbilo ou *Sambhogakaya*, que se refere à sua forma cósmica ou celestial por meio da qual ele está "presente" em sua Terra do Buda; e, em terceiro lugar, temos seu Corpo de Emanação ou *Nirmanakaya*, por meio do qual ele aparece na Terra como um exemplo de *upaya* no intuito de instruir seres humanos ignorantes no *Dharma*.

O objetivo dessas distinções parece ser duplo: em primeiro lugar, elas ajudam a explicar, esclarecer e ampliar a noção dos meios hábeis, apresentando os diversos caminhos por meio dos quais o Buda pode ser vivenciado por aqueles que buscam seu estilo de vida; e, em segundo lugar, elas proporcionam as explicações metafísicas das diversas maneiras pelas quais podemos dizer que o Buda existe e age, em especial no contexto de sua Terra de Buda. Na verdade, quando a ideia dos "três corpos" do Buda é considerada dentro do contexto da história do Budismo da Terra Pura e contra ela, acredito que ajuda a esclarecer os desenvolvimentos conceituais do Budismo. Para tornarmos esses desenvolvimentos mais óbvios, consideraremos mais adiante as ideias e os ensinamentos particulares de algumas formas do Budismo da Terra Pura na China e no Japão.

Budismo chinês da Terra Pura

Antes de considerarmos as ideias básicas do Budismo chinês da Terra Pura, pode ser útil revermos de maneira breve as situações e circunstâncias, bem como as questões e os problemas, que fizeram surgir o pensamento da Terra Pura. Como vimos, a situação mais confusa e problemática enfrentada pelos antigos seguidores do Buda foi sua morte e *Parinirvana*. Além das questões práticas a respeito do que fazer em resposta a esse fato, como se organizar e os tipos de vidas que deveriam levar, eles também se viram diante de questões filosóficas mais profundas acerca do significado de seus ensinamentos e as relações entre as inúmeras ideias usadas para transmitir seu *Dharma*.

Podemos imaginar que a morte do Buda gerou um espectro de reações em seus seguidores mais próximos. Aqueles que aceitavam sua autoridade e seus ensinamentos de forma absoluta, ao que tudo indica, acreditavam em sua palavra e afirmavam que ele alcançara o *Nirvana* e que eles também o fariam se seguissem seu caminho. No outro extremo, aqueles que duvidavam, questionavam ou rejeitavam sua autoridade e seus ensinamentos, provavelmente ainda tinham dúvidas quanto à sua posição final. Aqueles que se encontravam entre esses dois extremos, possivelmente apresentavam uma reação mesclada, aceitando o que parecia ser verdadeiro e questionando a respeito do que parecia duvidoso.

Pelo que sabemos, parece que inicialmente seus seguidores conseguiram se organizar em comunidades monásticas sem grandes dificuldades. Entretanto, os problemas logo começaram a surgir com relação às interpretações discrepantes de seus ensinamentos. Uma questão especialmente importante envolvia a posição e as práticas de seguidores leigos.

Por um lado, não havia muito desacordo com relação aos elementos básicos das práticas monásticas. Como vimos, os monges budistas que seguiam o exemplo do Buda histórico se envolviam com práticas ascéticas, as técnicas de meditação e de visualização, o ato de pedir esmolas e ensinar. No intuito de conseguirem treinamentos para essas práticas, eles também se engajavam em estudos textuais de seus ensinamentos e atividades religiosas. Aqueles que conseguiam seguir essas práticas, ao que tudo indica, ansiavam por um renascimento melhor ou pela conquista do *Nirvana*. Por outro lado, os primeiros seguidores monásticos do Buda, ao menos inicialmente, somente ofereciam aos seus seguidores leigos a promessa de mérito e de um renascimento melhor se ajudassem a garantir a vida mais difícil dos monges. Entretanto, alguns deles começaram a questionar a pertinência desse ensinamento de "segunda classe", em especial dentro do contexto das discussões acerca do poder e da compaixão do Buda.

De acordo com essa linha de raciocínio, uma reflexão simultânea no poder impressionante do Buda, na dificuldade do caminho monástico e na difusão da fraqueza e da ignorância humana nos leva a compreender que a possibilidade de alcançar o objetivo da prática budista está muito literalmente além da compreensão da maior parte dos seres humanos. Aqueles que se sentiam especialmente sensibilizados por considerarem a compaixão do Buda não conseguiam reconciliar esse fato com sua crença de que ele pretendia ensinar e ajudar todos os seres a alcançar o *Nirvana*. No intuito de superar essa falha na interpretação Convencional de seus ensinamentos, os budistas Mahayana desenvolveram sua própria concepção mais ampla das práticas que eram mais fáceis de realizar e que estavam mais prontamente disponíveis para os seguidores leigos. Essas práticas incluíam atividades religiosas de devoção como orações e invocações, além de peregrinações a lugares sagrados, planejadas para ajudar aqueles que não tinham tendências para as práticas monásticas a superar os obstáculos externos e internos da conquista final de seu objetivo. O Budismo da Terra Pura é o resultado direto dessa linha de raciocínio.

Quando começamos a analisar o contexto chinês em que as antigas ideias da Terra Pura foram introduzidas, duas características em particular são importantes para a compreensão de sua recepção e assimilação: em primeiro lugar, o ambiente politicamente instável na era pós-Han criou condições deploráveis que a maior parte das pessoas buscava qualquer tipo de esperança no futuro; e em segundo lugar, os ensinamentos da Terra Pura de uma situação melhor após esta vida eram extremamente consistentes com a busca neo taoista da vida após a morte. Outros ensinamentos da Terra Pura a respeito do valor da meditação, assim como a promessa de desenvolver a mente e a vida das pessoas, também correspondiam com as sensibilidades chinesas. Em suma, a lógica dos ensinamentos da Terra Pura combinava com suas experiências.

Uma maneira de dar sentido à aceitação chinesa das ideias da Terra Pura é começar por uma questão acerca do papel da fé ou da crença na aceitação dos ensinamentos do Buda. Parece haver quatro momentos ou passos nesse processo. Em primeiro lugar, devemos nos expor e ouvir o ensinamento. Em segundo lugar, devemos entender as ideias que estão sendo transmitidas por meio da ponderação e da reflexão de seus tópicos. Em terceiro lugar, temos que tomar a decisão de colocar as ideias em prática. Em quarto lugar, aprendemos a verdade das ideias por meio da experiência dos resultados de sua prática.

Inicialmente, os chineses aprendiam que o Budismo da Terra Pura proporcionava um método de purificação da mente que não apenas serviria para melhorar a qualidade de suas mentes, mas também permitiria que recebessem ajuda do Buda. Como resultado, a primeira versão da prática da Terra Pura na China agia como um grupo de apoio para aqueles que desejavam testar as promessas religiosas e os benefícios meditativos de seus ensinamentos. Depois de gozar do sucesso inicial de suas práticas, os primeiros seguidores chineses começaram a propagar seus ensinamentos, garantindo a facilidade de sua prática em comparação à dificuldade associada ao caminho tradicional. Como eles viam as coisas, as técnicas de meditação e visualização junto com as invocações religiosas do Buda proporcionavam uma maneira simples para ajudar aqueles que buscavam o renascimento durante uma época de decadência moral. Apesar de haver alguns desacordos entre eles com relação às práticas específicas, de maneira geral, os budistas chineses da Terra Pura afirmavam que, com o simples ato de invocar o Buda, eles conseguiam se beneficiar de seu poder e, assim, nascer em uma Terra Pura, sendo que, posteriormente, podiam conquistar o objetivo final do *Nirvana*.

Em outras palavras, se imaginarmos, em favor da argumentação, que os budistas estão certos a respeito do nascimento e que uma infinidade de vidas passadas garante a real possibilidade de uma quantidade ilimitada de maldade cometida por um ser inculto e, além disso, que o estado atual dos interesses no mundo não é exatamente propício para se envolver com práticas as quais, mesmo nas melhores circunstâncias, são muito difíceis, se não praticamente impossíveis até mesmo para seus seguidores mais dedicados e comprometidos, eles afirmavam que para existir qualquer possibilidade real das massas de seres incultos se libertarem do *samsara*, algum tipo de auxílio externo era sem dúvida necessário para salvá-los da morte sem fim e do renascimento. Como resultado, eles garantiam que as práticas da Terra Pura envolviam a meditação, a visualização, as práticas religiosas e a fé no Buda e em seus ensinamentos que, com os votos do Buda Amitabha, garantiam que até mesmo os ignorantes e profanos conseguiriam escapar do *samsara* e renascer em uma Terra Pura.

Vista dessa forma, a lógica da concepção chinesa da Terra Pura do objetivo do Budismo é que, como até mesmo um bom renascimento no céu nesse sistema do mundo é um renascimento no *samsara* e, como a iluminação em uma época de declínio do *Dharma* é extremamente improvável, não é possível alcançar o *Nirvana* de modo direto a partir deste mundo. No entanto, se pudermos confiar no Buda e acreditar em seus ensinamentos, seremos capazes de superar esses obstáculos por meio de uma fé sincera em seu poder e pela determinação sólida de renascer em sua Terra Pura para que possamos receber sua ajuda e, por fim, sermos libertados do *samsara*. Diferentemente de alguns filósofos e teólogos medievais do Ocidente como Agostinho e Anselmo, que acreditavam que a fé gera a compreensão, os budistas chineses da Terra Pura acreditavam que a fé conduz à libertação em uma Terra Pura. Os budistas japoneses da Terra Pura, no entanto, rejeitavam até mesmo a mínima sugestão de que o indivíduo possuía qualquer "autopoder" nessas questões, sendo que eles afirmavam que a lógica do pensamento da Terra Pura garantia que tudo era dependente do "outro-poder" do Buda. É para essa concepção do pensamento da Terra Pura que voltamos agora nossa atenção.

Budismo japonês da Terra Pura

Para ajudar a esclarecer a reação japonesa aos ensinamentos do Buda, é importante lembrarmos que, assim como na China, eles receberam seus ensinamentos de duas maneiras – no nível da população comum e no nível dos estudiosos e oficiais do governo. É também necessário entender que, quando o *Dharma* do Buda surgiu pela primeira vez no Japão no século VI da Era Cristã, ele já havia sido alterado de forma significativa quando chegou à China e à Coreia. Sem entrarmos nos detalhes dessa transformação, basta dizer que, quando surgiu de forma oficial pela primeira vez no Japão, ele foi anunciado como uma fonte de benefícios mundanos, incluindo bens materiais, saúde física, poder político e sucesso militar.

Assim como seus predecessores chineses, os japoneses ficaram inicialmente impressionados com o imenso volume e variedade de textos e ensinamentos atribuídos ao Buda. Como podemos imaginar, por fim, cada uma das diversas escolas indianas e chinesas do Budismo conseguiu chegar ao Japão. Uma das preocupações centrais dos japoneses era dar sentido às interpretações diferentes, concorrentes e, às vezes, claramente inconsistentes das ideias do Buda. Considerando esse contexto e cenário, portanto, acredito que seja útil pensar no desenvolvimento japonês do Budismo da Terra Pura (e também o Zen e o Nichiren) como uma busca por uma única forma de prática disponível para todos os praticantes que acabassem vivendo no *mappo* – a era corrompida do *Dharma*.

Conforme indicado anteriormente, a diferença mais básica entre as formas chinesa e japonesa do Budismo da Terra Pura está em seu desacordo na questão do "autopoder" e do "outro-poder". Enquanto os budistas chineses da Terra Pura normalmente reconheciam uma determinada função do "autopoder" ao escolher acreditar e ter fé no Buda e em seus ensinamentos, os budistas japoneses da Terra Pura discordavam e enfatizavam o "outro-poder" do Buda e o completo e total desmerecimento e de impotência do indivíduo. Em outras palavras, se levarmos a sério o ensinamento do *mappo* e o unirmos a uma avaliação realista da ignorância e da fragilidade humana, os budistas da Terra Pura no Japão chegaram à conclusão de que a única maneira de se libertar do *samsara* é pelo "outro-poder" de salvação do Buda. Eles também afirmavam que sua interpretação das ideias da Terra Pura era mais consistente com os ensinamentos originais do Buda, em especial de seu ensinamento do *anatta*, pois, como entendiam a ideia do eu-não--permanente, não era apenas contrário ao ensinamento do Buda, mas também logicamente incoerente afirmar que um seguidor do Buda possuía qualquer "autopoder" com o que eles sozinhos seriam capazes de decidir acreditar no Buda.

Quando nos voltamos para as ideias específicas do Budismo japonês da Terra Pura, não devemos nos surpreender com o fato de ele compartilhar de muitas das ideias de seus predecessores chineses. Por exemplo, muitos de seus praticantes mais antigos foram atraídos para as ideias da Terra Pura que promoviam os benefícios intelectuais e espirituais de suas práticas meditativas. Eles também eram atraídos por suas promessas com relação ao renascimento. Ao mesmo tempo, porém, não tinham certeza absoluta das relações entre as diversas formas de prática que acompanhavam a invocação oral do nome do Buda. Por um lado, o Budismo da Terra Pura, da maneira como eles inicialmente o entendiam, parecia não exigir nada além da recitação oral do nome do Buda para receber seus benefícios meditativos e também garantir o renascimento em uma Terra Pura. Por outro lado, algumas formas de Budismo da Terra Pura pareciam exigir uma meditação prolongada, técnicas de visualização complexas, práticas ascéticas, uma vida moral disciplinada e outras atividades religiosas. Por fim, os japoneses desenvolveram duas formas distintas, apesar de relacionadas, do Budismo da Terra Pura.

A primeira forma, *Jodu Shu* (isto é, termo japonês para "Terra Pura"), foi fundada pelo monge da escola Tendai, Honen (1133-1212). Segundo sua versão do Budismo da Terra Pura, a invocação oral do nome do Buda é suficiente para transmitir benefícios meditativos nesta vida e renascer em uma Terra Pura na vida seguinte. Considerando o estado atual de interesses no mundo (ou seja, *mappo*), Honen afirmava que a única prática eficaz capaz de garantir a alguém um renascimento em uma Terra Pura era manter o nome do Buda fixo na mente o tempo todo e invocá-lo em voz alta com a maior frequência possível. Além da invocação, porém, ele também dizia que era preciso ter uma fé sincera e profunda no poder do Buda e uma resolução sólida de renascer em uma Terra Pura. Todas as demais práticas estão simplesmente além da capacidade humana, em especial quando ela é considerada no contexto da era final do *Dharma*.

A segunda forma de Budismo da Terra Pura, *Jodo Shinshu* (isto é, "Verdadeira Terra Pura"), foi fundada por Shinran (1173-1262), um ex-aluno de Honen. Assim como Martin Luther, Shinran parece ter tido um senso profundo de sua própria fraqueza e indignidade moral. Considerando essas práticas, assim também como o ensinamento do Buda do *anatta*, ele afirmava que não era apenas impossível realizar qualquer ação cujo mérito pudesse garantir acesso a uma Terra Pura, mas também que tudo era fundamentalmente uma função do poder e da graça do Buda. Ele parece ter acreditado de modo bastante franco que uma avaliação honesta e realista de nossas próprias fraquezas, limitações e profanações necessariamente nos levará à conclusão de que existe apenas um ser, o Buda, capaz de nos ajudar a alcançar a libertação do *samsara* ao mesmo tempo em que oferece acesso à sua Terra Pura. Na verdade, ele afirmava que o desejo de recitar o *Nembutsu* mesmo uma só vez era, em si, um dom do Buda. Como resultado, Shinran disse que ele (e não Honen) descobrira a única prática – aceitar a ajuda do Buda com uma fé sincera e humilde e com sinceros agradecimentos – necessária para o acesso à Terra Pura.

Não será preciso muita reflexão para o leitor perceber as sérias implicações desta visão. Apesar de uma de suas virtudes estar em sua aparente simplicidade e facilidade de prática, ainda assim, entre suas debilitações mais óbvias está o fato de que ela não oferece justificativa ou argumento que explique um comportamento moral. Na realidade, se Shinran estiver correto, ações morais como seguir o Caminho Óctuplo são totalmente supérfluas para a conquista da iluminação ou do acesso a uma Terra Pura. Uma consequência dessas não é apenas inconsistente com as concepções de senso comum da moralidade, mas ela também é obviamente contrária aos ensinamentos explícitos do Buda histórico.

Contudo, em defesa de Shinran, poderíamos argumentar que os ensinamentos originais do Buda eram pronunciados sob circunstâncias e condições muito distintas, sendo que os diferentes momentos e situações, em especial aquelas conseguidas no *mappo*, pedem por ensinamentos novos e convenientes. Nesse sentido, ao menos, podemos afirmar com certeza que o Budismo da Verdadeira Terra Pura, assim como os próprios ensinamentos, era apenas uma balsa para nos levar até a praia distante da iluminação, ou *Nirvana*, ou, em tempos especialmente difíceis, a segunda melhor alternativa – uma Terra Pura.

Apesar desse problema óbvio, o Budismo da Terra Pura e o Budismo da Verdadeira Terra Pura tinham muitos seguidores. Na verdade, sua preocupação central e o desenvolvimento das técnicas de meditação e visualização, aliados à sua busca de uma única forma de prática para ganhar acesso a uma Terra Pura, alcançar a iluminação e, por fim, conquistar a budeidade, surtiram um efeito duradouro na história subsequente do Budismo. Isso de fato aconteceu conforme o Budismo finalmente conseguiu chegar ao Tibete no século VII da Era Cristã, e à medida que o Budismo da Terra Pura continuava se desenvolvendo e se estabelecendo como uma das formas mais populares e influentes de Budismo no mundo. Contudo, suas aparentes falhas devem inspirar o leitor a considerar com cuidado as importantes ligações entre os ensinamentos metafísicos e epistemológicos do Budismo e suas implicações e consequências éticas. Teremos a oportunidade de fazer isso de um modo preliminar quando considerarmos o desenvolvimento do Budismo no Tibete no **capítulo 11** e então, de maneira mais consciente, quando concluirmos o livro e estudarmos dois de seus professores mais importantes e reconhecidos, o Dalai Lama e Thich Nhat Hanh.

Coisas para pensar

1. Que questões específicas relacionadas ao *Parinirvana* do Buda motivaram o pensamento da Terra Pura?

2. Quais são as diferenças básicas entre as práticas e as crenças chinesas e japonesas de invocação do Buda?

3. Que tipos de questões particulares e práticas surgem da "lógica das Terras Puras?"

4. De que maneira(s) o Budismo da Terra Pura é uma tentativa de tornar as práticas budistas menos pesarosas? De que modo o Budismo da Terra Pura é "fácil"? Como essa situação está relacionada com o desenvolvimento contínuo de outras filosofias e religiões?

5. Quais são as semelhanças e as diferenças entre os Budismos *Jodu Shu* e *Jodo Shinshu*? Que explicação lhe parece ser mais convincente e por quê?

11 | Budismo tibetano

Principais termos e ensinamentos

Bodhicitta: Termo sânscrito para "pensamento de iluminação/despertar". No Budismo Mahayana, ele se refere à mente iluminada de um *bodhisattva*.

Dharani: Termo sânscrito para um mantra prolongado usado para concentrar a mente e ajudá-la a absorver os ensinamentos.

Guru: Termo sânscrito para "professor", geralmente encontrado na tradição Vajrayana.

Dalai Lama: Literalmente "Grande Oceano" (*dalai*) "Professor" (*lama*), o título designa o líder secular e espiritual do Tibete. O regente mongol Altan Khan originalmente concedeu o título ao "terceiro" Dalai Lama.

Mahamudra: Termo sânscrito para "Grande Selo"; no Budismo Vajrayana, ele se refere às práticas meditativas que levam à iluminação e à percepção na unidade da sabedoria, da compaixão, do *samsara* e do vazio.

Mandala: Termo sânscrito para um círculo sagrado que simbolicamente representa a mente, o corpo e a fala de um Buda e é usado em práticas de meditação.

Mantra: Termo sânscrito para sons sagrados que acreditam possuir poderes sobrenaturais/espirituais.

Mudra: Termo sânscrito que quer dizer "selo" ou "sinal" refere-se a um gesto simbólico feito com as mãos ou com o corpo para representar um aspecto do ensinamento do Buda.

Por que estudar o Budismo tibetano?

O objetivo dos dois últimos capítulos da **Parte III** é completar nosso relato do "Desenvolvimento do *Dhamma/Dharma*" por meio da consideração das características do Budismo tibetano e das ideias e ensinamentos específicos de dois professores influentes e populares do Budismo contemporâneo – o Dalai Lama e Thich Nhat Hanh.

Além da ordem histórica e cronológica de seu desenvolvimento, há pelo menos duas razões adicionais para considerarmos o Budismo tibetano. Em primeiro lugar, sua ênfase na relação professor-aluno ou mestre-discípulo ajuda a destacar esse importante ensinamento do Budismo. Com relação a isso, a história e as ideias do Budismo tibetano servem para relacionarmos os **capítulos 9** e **10**, que falam do desenvolvimento das tradições chinesa e japonesa, com o **capítulo 12**, que se preocupa principalmente com os ensinamentos específicos do Dalai Lama e de Thich Nhat Hanh. Em outras palavras, a preocupação tibetana central com a importância da relação professor-aluno nos permite retomar uma consideração dos ensinamentos específicos de professores particulares que não apenas se veem, mas que também são vistos por seus seguidores, como verdadeiros transmissores do *Dharma* do Buda.

Em segundo lugar, a prática budista tibetana da meditação, do cultivo mental e das técnicas de visualização para a conquista da iluminação, do despertar ou de nossa natureza de Budas é outra prova importante de sustentação da alegação de que o único e mais importante ensinamento do Buda é a reorientação de nossa mente e de nosso pensamento no intuito de ver as "coisas" como elas realmente são.

Contudo, é importante lembrarmos que também temos boas razões para sermos cautelosos com as alegações a respeito do Budismo tibetano em função do número limitado de textos confiáveis, bem como de discussões e desacordos eruditos contínuos de seu desenvolvimento e de sua relação com o Budismo indiano, as ideias tântricas e as formas chinesas de Budismo. Como resultado, este capítulo tem três finalidades específicas: em primeiro lugar, considerar as origens indianas e tântricas do Budismo tibetano; em segundo lugar, examinar algumas das ideias elementares do Budismo tibetano; em terceiro lugar, proporcionar o contexto histórico e intelectual das ideias e dos ensinamentos do Dalai Lama.

Origens do Budismo tibetano

É comum destacar duas transmissões ou disseminações historicamente distintas do Budismo no Tibete. A "primeira transmissão" ocorreu em algum momento entre os séculos VII e IX da Era Cristã e está associada ao rei Songtsen Gampo (650 d.C.), cujas esposas, chinesa e nepalesa, eram budistas. Essa primeira onda do Budismo tibetano foi, segundo Peter Harvey,[136] uma combinação do Budismo Mahayana de bases monásticas, iniciado pelo monge e erudito indiano Santaraksita (705-788) da universidade monástica budista em Nalanda, Índia, e o misticismo e os rituais tântricos ensinados pelo iogue indiano Padmasambhava (século VIII), que é geralmente aceito como o fundador da Escola Nyingma do Budismo tibetano. Como resultado, não é errado sugerir que a história subsequente e o desenvolvimento do Budismo tibetano sejam frutos da elaboração da relação, às vezes contenciosa, entre as formas monásticas e tântricas do Budismo.

A "segunda transmissão" do Budismo ocorreu durante os séculos X e XI e é tipicamente datada do segundo maior influxo de monges e eruditos indianos, incluindo Atisa (982-1054) e o desenvolvimento posterior das Escolas Kadam, Kagyu e Sakya do Budismo no Tibete. A última grande escola do Budismo tibetano, a Escola Geluk-pa ou "Virtude", que eventualmente substituiu as escolas Kadam e "Nova Kadam", tem suas raízes intelectuais ligadas às obras dos estudiosos indianos Asanga (século IV, fundador da escola Yogacara do Budismo indiano), Vasubandhu (irmão mais jovem de Asanga e também um filósofo Yogacara), Candrakirti (século VII, filósofo e logicista Madhyamaka) e Dharmakirti (século VII, lógico e epistemologista budista indiano). Como resultado de suas ligações políticas com a corte mongol no século XVI, seus professores ou gurus de destaque (que acreditavam ser a reencarnação de seus predecessores e as emanações de Avalokitesvara) receberam o título de "Dalai Lama" – "professor (*lama*) cuja sabedoria é tão profunda quanto o oceano (*dalai*)" ou "sabedoria tão profunda quanto um professor do oceano".

Antes de analisarmos algumas das ideias básicas envolvidas na assimilação e no desenvolvimento da forma tibetana de Budismo, poderá ser de grande utilidade considerarmos suas raízes tântricas, assim também como a relação com seu próprio pensamento e religião indígena pré-budista.

Crenças tibetanas pré-budistas

Apesar de todo o mistério desse tema de grandes incertezas em função da falta de textos de origem antiga e desacordos eruditos muito

---
136. Harvey (1990), p. 145.

sérios a respeito de sua relação posterior com o Budismo – contra o qual foram definidas, distinguidas e, até certo ponto, construídas –, as ideias (talvez?) indígenas intelectuais e religiosas do Tibete antes do advento do Budismo são de modo convencional chamadas de "Bon". Sejam quais forem suas crenças e práticas particulares (ou seja, cerimônias fúnebres reais e um culto de reis falecidos, práticas de magia para o controle de forças e poderes sobrenaturais e uma crença no renascimento), parece seguro dizer que foi contra essas ideias e práticas que o Budismo fez sua primeira aparição no Tibete. Na verdade, o que é especialmente interessante a respeito da disseminação do Budismo no Tibete é sua incrível semelhança com a antiga disseminação do Budismo em lugares como a China e o Japão.

Como vimos, embora tivéssemos como diferenciar as formas "superior" e "inferior" do Budismo quando chegou à China e ao Japão, somente depois que os líderes políticos desses países o abraçaram e apoiaram é que sua assimilação foi garantida. Em outras palavras, parece ser um fato empírico da história que o apoio político de uma religião ou de uma filosofia é uma condição *sine qua non* para seu sucesso, se não sua aceitação inicial. No caso do Budismo, foi isso o que aconteceu não apenas na China e no Japão, mas também no Tibete. Entretanto, também é verdade que um apoio popular amplo sempre surte um efeito positivo na viabilidade de uma religião ou de uma filosofia. Já vimos como isso aconteceu na China e no Japão em suas diferentes formas de ideias e práticas budistas, o que também parece ter ocorrido no Tibete. Nesse último caso, os relatos tradicionais mostram que uma série de reis "Dharma" tibetanos foi responsável pela transmissão e propagação inicial do Budismo. Ao mesmo tempo em que reis tibetanos abraçavam as ideias e as práticas budistas, crentes comuns da antiga religião "Bon" estavam sendo apresentados às ideias budistas que eram, ao menos em parte, semelhantes às suas próprias crenças e práticas. É para uma consideração de cada uma dessas circunstâncias que voltamos agora nossa atenção.

Crenças e práticas da religião Bon

Até onde sabemos, os praticantes Bon parecem ter participado de rituais relacionados às cerimônias fúnebres reais, sendo que esses trabalhos parecem, ao menos na teoria, ter sido motivados por crenças baseadas no renascimento. Eles também parecem ter se engajado em práticas rituais de magia para controlar poderes e forças sobrenaturais.

Na verdade, alguns estudiosos sugeriram que essas atividades parecem ter sido apoiadas por crenças e práticas animistas e/ou xamanistas. Em outras palavras, os praticantes da religião Bon parecem ter se envolvido com a crença de que determinados rituais e práticas eram capazes de apaziguar os espíritos, controlar o tempo, curar diversos tipos de doenças e, até mesmo, garantir diversos tipos de sucesso material.

Embora pouco se saiba a respeito dos rituais Bon, não é difícil imaginar que eles teriam incluído vários tipos de instrumentos rituais, ações físicas e palavras adequadas, além do auxílio e direcionamento de especialistas ou adeptos reconhecidos, que tinham todas as qualificações para conduzir o ritual e "garantir" seus benefícios. Independentemente de qual fosse a natureza das práticas, o importante para compreender a assimilação e o desenvolvimento do Budismo no Tibete, em especial com relação aos seus elementos tântricos, é o fato de que tibetanos comuns, ao que tudo indica, já estavam predispostos em virtude de suas "próprias" crenças e práticas a entender e aceitar aquelas formas de Budismo que incluíam práticas rituais e mágicas. Esse é o tipo exato de Budismo tântrico indiano que conseguiu chegar ao Tibete durante seus dois períodos de transmissão.

O Budismo "oficial" dos reis "*Dharma*"

Quase ao mesmo tempo em que essa forma "inferior" ou "popular" do Budismo tântrico indiano estava sendo espalhada por todo o Tibete, uma segunda forma "superior" ou "de elite" do Budismo monástico também era disseminada em um nível governamental oficial. Conforme observado anteriormente, essa forma de Budismo é tradicionalmente associada às atividades dos reis "*Dharma*" tibetanos, em especial, Songtsen Gampo, que em deferência às suas esposas, pela primeira vez, "abriu" o Tibete para o Budismo; e, mais tarde, o rei Trisong Detsen (do final do século VIII), que era, ele próprio, um devoto budista e que tentou espalhar o *Dharma* por todo o Tibete; e, por fim, o rei Relpa Chen (do início do século IX), cujo patronato real para a reconstrução de inúmeros mosteiros e templos não apenas contribuiu para o crescimento do poder político do *Samgha* budista, mas também, por fim, acabou gerando um confronto com a aristocracia tibetana em que o rei foi assassinado por seus rivais políticos; e seu sucessor, o rei Lang Dharma (morto em 842 d.C.), foi também posteriormente assassinado, de maneira bastante surpreendente, por um monge budista.

O caos político causado por esses assassinatos tradicionalmente marca o final da "primeira transmissão" do Budismo no Tibete. Um século e meio depois, enquanto a forma "oficial" de Budismo sustentada pelo governo estava sendo reprimida, as crenças e as práticas budistas continuavam sendo defendidas e transmitidas por praticantes leigos e seus professores. Na verdade, essa forma "inferior" de Budismo parece ter sido uma importante ligação entre a primeira transmissão do Budismo no Tibete e sua segunda transmissão no final do século X e início do XI. Voltaremos a abordar esse ponto em alguns instantes.

Por fim, depois que uma certa estabilidade política foi restaurada da metade para o final do século X, os regentes tibetanos novamente se interessaram em aprender mais a respeito das crenças e práticas budistas. O período tradicionalmente conhecido como o da "segunda transmissão" do Budismo é tipicamente associado a um novo influxo de monges e estudiosos indianos, sendo que um dos mais famosos era Atisa, que chegou da universidade monástica em Nalanda e cuja missão era renovar e revigorar os ensinamentos e as práticas do *Dharma* nos mosteiros tibetanos.

Atisa é principalmente renomado por sua ampla compreensão do Budismo indiano, sua insistência pelo treinamento monástico tradicional, sua ênfase na transmissão pessoal do *Dharma* entre um mestre e aluno e por sua síntese e integração das formas *Abhidharma*, Mahayana e Tântrica de Budismo. Cada uma dessas formas distintas de ensinamentos e práticas budistas surtiria um efeito profundo na emergência do Budismo tibetano, como veremos a seguir. Na verdade, o final da "segunda transmissão" está geralmente associado à formação das quatro principais "Escolas" do Budismo no Tibete que, por acaso, compartilham de muitas ideias e práticas que podem ser relacionadas às formas *Abhidharma*, Mahayana e Tântrica de Budismo. Entre essas três formas de Budismo, porém, sem dúvida a mais importante para o desenvolvimento do Budismo tibetano foi o Budismo Tântrico indiano em virtude do papel que representou na ligação das duas transmissões.

Neste momento de nosso estudo da história e do desenvolvimento do Budismo, entretanto, é preciso deixar claro a existência de diferenças importantes e fundamentais entre aquilo que, por conveniência, designamos como as formas "superior" e "inferior" do Budismo. A primeira, como vimos, está associada aos monges, mosteiros, práticas organizadas de meditação e a tradução e estudo de textos e comentários. A outra, por sua vez, é especialmente associada com ritos e rituais, suporte material de monges e suas comunidades monásticas e algumas formas de oração individual e práticas rituais e meditativas. Contudo, apesar dessas diferenças, há também pontos em comum entre essas formas distintas de prática budista.

No caso do Tibete, gostaria de sugerir que uma das características comuns mais importantes dos Budismos "superior" e "inferior" era seu interesse pelo Tantra. É para uma análise das ideias e características básicas dessa forma de Budismo indiano que voltamos agora nossa atenção.

Budismo tântrico indiano

Não é possível, nas páginas restantes deste capítulo, oferecer nada além do que apenas um relato geral do Budismo Tântrico[137] em função das restrições de espaço, disponibilidade limitada de fontes textuais, a complexidade do tema em questão e, por último, a mudança constante de atitudes e ideias eruditas do tópico. O que de fato sabemos com um bom grau de certeza pode ser resumido conforme mostrado a seguir.

As raízes do Tantra indiano parecem estar ancoradas em antigas tradições e práticas religiosas que podem ser relacionadas com rituais esotéricos e textos de meditação que têm por objetivo auxiliar seus praticantes a se identificarem com uma divindade ou "se unir" – seja de modo literal ou como fruto da imaginação – a esse determinado ser. O termo *"tantra"*, que está relacionado às palavras "fio" e "tecer", refere-se aos textos que contêm instruções rituais e as práticas em si. Uma forma especialmente clara e útil de pensar a respeito dos textos e práticas tântricas[138] é vê-los como diversas maneiras e métodos de "tecer" uma nova visão, uma nova experiência ou uma nova compreensão da realidade.

A ideia básica é a de que esses textos e rituais proporcionem aos seus praticantes o caminho mais curto e eficaz para experimentar e compreender a verdade acerca da natureza fundamental da realidade, independentemente de como essa "realidade" é concebida. Em sua forma peculiarmente budista, o "tantra" refere-se aos textos e às práticas rituais que afirmam oferecer o método mais direto para alcançar a iluminação ou conquistar a natureza de um Buda.

Talvez a maneira mais fácil de entender o Budismo tântrico seja pensar nele como um conjunto de práticas rituais que envolvem a mente, o corpo e nossas ações que servem para ajudar a compreender

---

137. Para um relato mais detalhado com o qual estou em débito, veja William e Tribe (2000), p. 192-244 e suas sugestões para outras fontes no rodapé 2, p. 271.
138. Mitchell (2002), p. 160 e Robinson *et al.* (2005), p. 130.

e experimentar a unidade e relação entre nossa consciência ou mente e nossa natureza de Buda. Em outras palavras, por meio do exercício de determinadas práticas esotéricas que envolvem ações rituais e técnicas de visualização, somos capazes de experimentar, entender e, mais tarde, viver a vida compassiva de um ser iluminado. O que isso significa, na maioria dos termos básicos, é que as práticas budistas tântricas proporcionam uma estratégia e método único para transformar nossa consciência que, por sua vez, transforma nossa visão da realidade e a maneira como as coisas são e, por fim, ajuda na compreensão mais rápida e mais eficiente possível de que já somos, em virtude de nossa natureza de Budas, iluminados ou despertados. É claro que a ignorância é a causa de nosso fracasso com relação a isso. Como resultado, o Budismo tântrico proporciona as técnicas meditativas necessárias por meio das quais podemos superar nossa ignorância habitual e nos tornar aquilo que já somos – um ser iluminado, um Buda.

Inspirado pelo relato de Donald Mitchell,[139] as ideias básicas por trás das práticas específicas associadas às diversas formas de Budismo tântrico são bastante fáceis de enumerar, se não de exercer. Suas características incluem os seguintes compromissos intelectuais e morais: em primeiro lugar, uma disposição de nos afastarmos do apego por meio do reconhecimento e da aceitação dos ensinamentos do Buda a respeito do *dukkha*, impermanência, *anatta* e *karma*; em segundo lugar, uma resolução de trabalhar em parceria com um professor ou guru que tenha a habilidade e o conhecimento (baseado em sua própria prática, experiência e conquista) necessários para nos ajudar a alcançar a libertação e a iluminação; em terceiro lugar, um compromisso sério de fazer despertar o *bodhicitta*, isto é, a mente iluminada de um *bodhisattva* e, assim, jurar conquistar sua natureza de Buda ou alcançar a budeidade para o bem-estar de todos os seres; em quarto lugar, a intenção determinada de purificar a mente e também os pensamentos (por intermédio da meditação e da visualização de *mandalas* mentais e materiais), palavras (por meio da recitação de diversos *mantras* e *dharanis* rituais) e ações (com a ajuda de *mudras* e outros movimentos físicos rituais); em quinto lugar, uma atitude de súplica devota em busca do auxílio de outros seres iluminados (isto é, Budas celestiais ou *Bodhisattvas*); e em sexto lugar, um desempenho fastidioso dos rituais indicados no intuito de garantir sua eficácia.

---

139. Mitchell (2002), p. 162-164.

Uma rápida reflexão dessas características do Budismo tântrico é suficiente para indicar aquilo que se tornaria uma das questões mais elementares do Budismo tibetano: a relação entre a meditação e as ações morais na busca da iluminação. Por um lado, parece que podemos perfeitamente interpretar essas características do Budismo tântrico como muitas atividades simplesmente intelectuais, cognitivas ou mentais. Elas não parecem exigir qualquer tipo específico de comportamento ou ação além dos rituais em si, sendo que o fato de fazerem parte de nossa prática, em que nos comprometemos a trabalhar com um guru e um determinado *tantra*, parece mostrar que é o trabalho meditativo e as técnicas de visualização que são os elementos mais importantes da prática. Por outro lado, apesar da falta de especificidade moral, é claro que existe um elemento "prático" inegável na lista de compromissos. Embora as Quatro Nobres Verdades e o Caminho Óctuplo não sejam citados de maneira explícita, não seria muito difícil mostrar como eles estão implicitamente presentes e são transmitidos por algumas das ideias citadas anteriormente.

Um segundo tema relativo ao Budismo tântrico envolve a questão que pretende responder se as práticas tântricas descritas acima surtem seus efeitos de modo repentino, instantâneo e imediato, ou se seu sucesso exige um período prolongado de prática e meditação contínuas e ininterruptas em que poderíamos descrever seus benefícios como sendo gradualmente alcançados no decorrer do tempo. Na realidade, essa questão apresenta uma excelente oportunidade para considerarmos com mais detalhes algumas das características das diversas formas de *Tantra* indiano e, então, mostrar como essas características foram interpretadas e compreendidas no Tibete.

Os *tantras* e suas crenças

Uma das melhores maneiras de entender o Budismo tibetano é pensar nele como o projeto e o processo de se confrontar com uma enorme variedade de textos, comentários e práticas budistas tradicionais tanto da Índia quanto da China de maneira simultânea. Com relação a isso, o Budismo tibetano "superior" em particular pode ser visto como uma tentativa de dar sentido a um emaranhado de textos, alegações, autoridades e conjuntos de práticas rituais tradicionais concorrentes e geralmente incompatíveis. O cânone tibetano, que consideraremos em instantes, é o resultado eventual desses esforços. Neste momento, porém, quero encerrar nossa consideração de seus diversos tipos de crenças e práticas rituais.

É comum destacarmos ao menos quatro (e, às vezes, cinco) tipos distintos de coleções de *tantras*. Segundo Robinson, Johnson e Thanissaro,[140] um comentário budista do século VIII inicialmente destacou três classes de Tantras: *Tantras Kriya* (ação), *Tantras Carya* (desempenho) e *Tantras Yoga* (união). Um texto subsequente dividia os *Tantras de União* em *Tantras Yoga*, *Tantras Yoga de União Superior* e *Tantras Yoga de União Insuperável*. Finalmente, os budistas tibetanos uniram os *Tantras de União Superior* e de *União Insuperável* naquilo que chamaram de *Tantras Anuttara Yoga* (união incomparável), hoje considerado o quarto tipo de *Tantra* além das três classes originais destacadas acima.

Os *Tantras de Ação*, que por fim passaram a ser vistos como textos preparatórios, contêm *mantras* que falam em especial do sucesso material e dos benefícios mundanos. Segundo as crenças tântricas, as palavras dos *Tantras de Ação* em si e outras palavras rituais chamadas de *mantras* e *dharanis* possuem um "poder espiritual" que pode ser acessado por sua recitação com o intuito de gerar diversos tipos de benefícios materiais como, por exemplo, saúde física, boas colheitas, bom tempo, proteção contra nossos inimigos e, principalmente, a iluminação em si. Em um sentido muito básico, os *Tantras de Ação* podem ser considerados uma coleção de cânticos rituais que têm o poder de causar efeitos no mundo (como acreditamos que os feitiços mágicos e os encantamentos especiais são capazes de realizar) ou em nós mesmos, como resultado de uma transformação meditativa.

Os *Tantras de Desempenho*, ou *Tantras de Prática* como são às vezes chamados, compõem a segunda classe de *tantras* voltados para o sucesso material e os benefícios mundanos; porém, eles também incluem importantes ritos de iniciação e instruções específicas de um guru que não é apenas um mestre de um determinado *tantra*, mas também um adepto que tem o poder de transmitir seu conhecimento místico para seu aluno. Diferentemente dos *Tantras de Ação*, esse grupo de *tantras* contém rituais de iniciação em que os praticantes buscam se identificar com o Buda cósmico, Vairocana, que acreditam ser a origem da existência de todas as coisas. Ao nos unirmos de maneira virtual com a causa de todo o ser, os praticantes se veem como seres iluminados que, por sua identificação com Vairocana, são capazes de mudar e controlar as coisas no mundo material. Em termos simples, esses *Tantras de*

---

140. Robinson entre outros (2005), p. 130.

Desempenho ajudam seus praticantes a se transformar com o auxílio de técnicas de visualização para que possam agir no mundo com a força de um ser iluminado.

Os *Tantras Yoga* vão além dos *Tantras Carya* e oferecem aos seus praticantes a oportunidade de atingir a budeidade de modo pleno. Os rituais de iniciação desses *tantras* incluem técnicas de visualização e o uso de uma mandala ou diagrama sagrado para ajudar seus iniciados a se tornarem de forma bastante literal um só com o corpo, a mente e os poderes da fala de um Buda. Os *Tantras Yoga* têm o objetivo de ajudar seus praticantes a conquistar sucesso material mundano, despertar a espiritualidade e a realização plena da budeidade.

A quarta classe de *tantras*, os *Anuttara Tantras*, ou a forma "Superior" e "Suprema" de *tantras*, inclui rituais de iniciação e outras práticas que envolvem o ioga sexual e diversos tipos de práticas e comportamentos informais que têm a intenção de ajudar seus praticantes a superar formas dualistas de pensar e agir, assim como de participar do "poder" das coisas "proibidas". Há duas linhas distintas de interpretação desses *tantras*.

Uma linha de interpretação é mais "teórica" ou "abstrata" e trata do simbolismo das práticas e da simples visualização dos comportamentos informais. Uma segunda linha de interpretação, por outro lado, insiste no desempenho real dos comportamentos não convencionais e manteve uma tradição oral e secreta que não era revelada aos que não eram iniciados. Essa última classe de *tantras* também chama nossa atenção para a importância das mulheres e seu papel ao ajudar os praticantes a transcender o pensamento e as concepções dualistas. Na verdade, muitos desses *tantras* comparam o prazer e o êxtase da união sexual ritual e do orgasmo com os estados mentais e psicológicos experimentados no pensamento iluminado e despertado.

Visto como um todo, podemos de modo conveniente pensar nas quatro classes de *tantras* como conjuntos de ensinamentos, rituais, práticas meditativas, técnicas de visualização e comportamentos que têm o intuito de ajudar seus praticantes de maneira rápida e eficaz a alcançar o objetivo da iluminação, do despertar ou da budeidade. Em geral, eles começam com os *mantras* e os *mudras* que pretendem assumir o poder de gerar sucesso material de formas que são impressionantemente semelhantes às práticas de atletas contemporâneos que utilizam a força do poder positivo, da meditação e da concentração, além de diversos tipos de rituais antes dos jogos para garantir seu próprio sucesso. Eles também usam rituais e técnicas de visualização que permitem que seus usuários "pratiquem" de modo imaginário e "experimentem" de maneira virtual como é ser uma entidade iluminada. Por fim, alguns *tantras* atraem princípios masculinos e femininos, seja somente na teoria ou nas práticas sexuais de ritos realizados, a fim de representar e concretizar a unidade dos meios hábeis ou das ações morais (isto é, o macho ou o masculino) e da sabedoria (isto é, a fêmea ou o feminino).

Com relação a esse último ponto, em particular, não devemos nos surpreender ao descobrir que muitos estudiosos defendem a ideia de que os ensinamentos e as práticas do Budismo tântrico provavelmente se originaram fora dos centros tradicionais ou monásticos "ortodoxos" como uma forma de prática desempenhada e ensinada por iogues "não ortodoxos". Assim como com as demais formas do Budismo, também não deve ser difícil imaginar a existência de inúmeros textos e comentários que acompanhavam os diversos tipos de *tantras*. Como indiquei anteriormente, a tradução, interpretação, harmonização e assimilação de todos esses textos eram algumas das atividades mais básicas dos budistas tibetanos. Na verdade, o cânone tibetano, com o transcorrer do tempo, passou a incluir dois conjuntos de escrituras: o *Kanjur*, ou "palavras e ensinamentos traduzidos do Buda", e o *Tenjur*, ou "comentários e tratados traduzidos dos ensinamentos do Buda". O primeiro contém o *Vinaya* budista, diversos *sutras* Mahayana e inúmeros *tantras* que, segundo a tradição, guardam os ensinamentos secretos do Buda. O outro inclui textos *Abhidharma*, vários comentários dos ensinamentos do Buda e tratados de diversos temas, incluindo Astrologia, Gramática, Medicina e outras artes.

Além dessas questões textuais, o Budismo tibetano também abordava temas filosóficos sérios e tópicos relacionados com o significado e a interpretação dos textos e suas ideias, além de questões práticas a respeito de como podemos colocar em prática os ensinamentos do Buda. O primeiro envolvia questões profundas acerca de como entender o vazio, a natureza do Buda, o despertar e a iluminação e, em especial, questões importantes da relação entre o pensamento conceitual e a iluminação, bem como o valor e o papel das práticas morais e da compaixão para alcançar a iluminação. O outro, ao contrário, era analisado de uma das seguintes formas: por meio de comunidades e práticas monásticas tradicionais ou por intermédio de relações específicas entre professor e aluno ou mestre e discípulo. É para uma consideração de cada um desses elementos do Budismo tibetano que voltamos agora nossa atenção.

Filosofia e práticas tibetanas

Assim como na China e no Japão anteriormente, o Budismo no Tibete pode ser caracterizado como uma tentativa de chegar a um acordo com uma vasta diversidade de ensinamentos, ideias, textos, autoridades e práticas, todos os quais afirmam ser representações autênticas do *Dhamma* do Buda. Para conseguir entender esse fenômeno complexo, sugeri anteriormente que fizéssemos uma distinção entre as formas "superior" e "inferior" do Budismo. Se voltarmos para essa distinção anterior entre as diferentes formas do Budismo no Tibete, gostaria de sugerir agora que a forma "superior" do Budismo tibetano é mais precisamente uma filosofia tibetana, que pode ser mais bem vista como um exercício de exegese textual. Essa forma de Budismo tibetano se preocupa com a análise de textos, ideais e argumentos, além de cuidar da harmonização de diversas fontes dos ensinamentos do Buda.

Considerando o grande número de *sutras* Mahayana que conseguiram chegar até o Tibete, não é surpreendente o fato de boa parte da filosofia tibetana tratar de questões particulares de temas Mahayana como a natureza do vazio, o ensinamento das "Duas Verdades", a natureza do Buda e as maneiras e os métodos para chegar à iluminação. Examinaremos as diferentes respostas tibetanas dessa última questão logo adiante.

Ao mesmo tempo em que esses temas filosóficos técnicos estavam sendo esclarecidos e analisados pela forma "superior" do Budismo tibetano, tipicamente associado às comunidades monásticas e às universidades, uma forma "inferior" de Budismo tibetano estava enfrentando questões específicas relacionadas com práticas budistas comuns. Conforme indicado anteriormente, essa forma de Budismo tibetano foi elaborada nas relações diárias entre professores e alunos e mestres e discípulos. Sendo assim, em um sentido mais amplo, o Budismo tibetano é mais bem compreendido quando visto como a união dessas duas formas de Budismo "superior" e "inferior". Em resumo, trata-se simultaneamente da busca por sabedoria pelo estudo textual e pela prática diária da meditação tântrica e da ação compassiva sob a orientação de um mestre. Apresentaremos exemplos específicos dessa importantíssima relação entre professor e aluno quando analisarmos as escolas do Budismo tibetano, em especial a Escola Geluk-pa e seu líder, o Dalai Lama.

A questão da iluminação

Um dos tópicos mais importantes da filosofia tibetana é a questão das relações entre a meditação e a iluminação ou a prática e o despertar.

Em termos simples, a pergunta é se diversos tipos de práticas meditativas iniciadas ao longo de muitos anos em conjunção com o estudo textual e as práticas morais são absolutamente necessários para a iluminação, ou se a iluminação ou o despertar são o resultado imediato e instantâneo de uma percepção momentânea e direta da natureza da mente em si sem qualquer tipo de concepção ou prática mental de intervenção.

As raízes históricas da questão podem ser relacionadas a um famoso "debate" do século VIII entre o monge budista indiano Kamalasila, um aluno do renomado erudito Santaraksita, que fora convidado pelo rei Trisong Detsen a ajudar no estabelecimento do primeiro mosteiro budista no Tibete, e um monge chinês, que parece ter praticado e ensinado uma forma de Budismo Chan. Na verdade, a referência à tradição Chan também é importante pelo fato de nos fazer lembrar de nossa discussão anterior no **capítulo 9** da tradição Chan chinesa, seus próprios debates e a história de suas raízes que ela afirma estar relacionada com o antigo discípulo Mahakasyapa do Buda histórico, que foi iluminado de modo imediato quando o Buda lhe mostrou uma flor. Sendo assim, de uma maneira importante, as raízes históricas da discussão tibetana, na realidade, estão relacionadas aos primeiros ensinamentos do próprio Buda.

Além das questões a respeito da exata natureza do "debate" tibetano e até mesmo de quem "venceu" a disputa básica, parece ter sido um desacordo fundamental entre uma interpretação chinesa ou Chan (e, talvez, indiana?) da iluminação como resultado de um despertar "repentino" ou de uma percepção direta de nossa natureza ou da mente de um Buda gerada pela prática meditativa e expressa em uma vida iluminada e uma (outra?) interpretação indiana da iluminação como o processo "gradual" e contínuo de um crescimento adicional na sabedoria e na compaixão, que leva anos e geralmente muitas vidas para ser completado ou aperfeiçoado.

De acordo com o relato tradicional tibetano,[141] a posição chinesa/Chan era a de que a iluminação literalmente não tem ligação alguma com a moralidade e, na verdade, sua realização é diretamente impedida por preocupações relacionadas às ações boas e más, bem como pensamentos e inquietações de como seguir regras e preceitos. O verdadeiro despertar, ao que dizem, só pode ser alcançado com a eliminação de todos os pensamentos conceituais e de todas as ponderações racionais. Em sua própria natureza, a iluminação é uma percepção

---

141. Veja Williams (1989), p. 193-197 para um resumo claro dos "debates".

ou conscientização momentânea, instantânea e imediata. Na verdade, ela é um "pensamento" de maneira alguma – é uma experiência, um acontecimento, um evento – e, como resultado, certamente não há nada "gradual" ou incremental a respeito dela.

É claro que a resposta indiana é que, se a interpretação Chan da iluminação estiver correta, então ela pode acontecer na ausência do pensamento (imaginando que a ausência de pensamentos significa que não podemos estar pensando) e, o que é ainda mais importante, ela questiona todos os ensinamentos e práticas que foram transmitidas pela tradição budista. No entanto, segundo Kamalasila, já que os dois anexos do consequente são obviamente falsos, o antecedente também deve ser falso.

Certamente há outras alegações que poderiam servir para ajudar na defesa de cada uma das posições e, na verdade, parece haver casos fortes e plausíveis para cada um dos lados do debate. Entretanto, o rei, por fim, foi convencido pela posição de Kamalasila e, depois disso, determinou que todos seguissem a interpretação indiana de iluminação e prática moral.

À luz da decisão do rei, quero afirmar que é possível, e sem dúvida bastante útil, pensar na história subsequente do Budismo tibetano como o desenrolar da tensão básica expressa nesse debate. Por um lado, parece haver boas razões filosóficas e históricas para acreditarmos que a interpretação chinesa/Chan não está completamente mal-orientada. Ao mesmo tempo, porém, parece haver razões igualmente convincentes para também aceitarmos a visão "gradual" indiana da iluminação. Na verdade, gostaria de sugerir que as diferentes escolas do Budismo tibetano que se desenvolveram como resultado da "segunda transmissão" são, na realidade, muito pouco distintas, segundo o grande debate do século VIII.

Por exemplo, a Escola Nyingma, que de forma bastante interessante, passou a ser associada a Kamalasila e seu professor Santaraksita, sustentava uma abordagem da iluminação, *dzogchen*, que sob muitos aspectos era muito parecida com a interpretação chinesa da iluminação. A prática de meditação *dzogchen*, que é exclusiva da Escola Nyingma, está ancorada na crença de que a essência da mente ou da consciência é originalmente e por natureza pura, livre de máculas e não dual. Em outras palavras, ela destaca a fonte de nossas atividades mentais comuns, que incluem a criação de distinções, a formação de hábitos mentais e geração de diversos tipos de pensamentos e ações, da origem fundamental da mente ou da consciência, que é em si vazia de todas as naturezas e características. Essa "essência de consciência", por assim dizer, já está sempre iluminada ou desperta e à espera de ser alcançada por aquilo que ela já representa. No intuito de experimentar essa fonte de consciência de modo direto e imediato, basta se esforçar para acalmar a mente comum e ignorante e sua atividade mental costumeira, habitual e inculta. Um guru que já alcançou essa percepção e esse despertar também é necessário para guiar as pessoas segundo as técnicas específicas que elas precisam para apaziguar a mente "cotidiana" dos indivíduos e ajudá-los a experimentar a consciência pura da mente em si ou de sua natureza de Buda.

Considerando essa caracterização do *dzogchen*, acredito estar claro que ela inclui traços de ambos os lados do "Grande Debate". Por um lado, o fato de essa prática incluir um professor que ajuda as pessoas com as técnicas específicas para acalmar a mente claramente indica a existência de um elemento "gradual" da prática. Por outro lado, o fato de a essência da mente já estar desperta ou iluminada é consistente com os ensinamentos da interpretação "repentina" da iluminação. Uma espécie semelhante de "influência de ambos os lados" também pode ser vista nas demais escolas do Budismo tibetano.

Um dos ensinamentos e práticas mais importantes da Escola Kagyu estava na técnica da meditação *mahamudra* que tinha o objetivo de ajudar as pessoas a compreender tanto o vazio de todos os fenômenos quanto a luminosidade intrínseca de todas as coisas. Assim como na meditação *dzogchen*, é importante trabalhar com um guru para acalmar a mente comum da pessoa e, com isso, eliminar as profanações que geram os pensamentos, as palavras e as ações inadequadas. De acordo com a prática dessa escola, a percepção final do vazio de todas as coisas nos ajuda a compreender o estado imaculado da própria mente, que está além, acima ou fora do *samsara*, e o vazio dos fenômenos.

A Escola Sakya ensina que o *samsara* e o *Nirvana* são, na realidade, idênticos e falsamente diferenciados pelo pensamento inculto. Com base nessa interpretação, a mente iluminada entende que as máculas do *samsara* são simplesmente tantos obstáculos para uma mente que é originalmente livre de profanações e impedimentos para atingir o despertar. Com a ajuda de um professor desperto, somos capazes de embarcar no caminho tântrico e meditativo que nos fará entender que nos tornamos, por assim dizer, aquilo que já éramos – despertos e iluminados.

Por fim, a Escola Geluk, à qual pertence o Dalai Lama e cujas raízes podem ser relacionadas com a Escola Kadam, enfatiza o estudo de textos e *sutras*, além da obediência ao *Vinaya*. De acordo com os ensinamentos dessa escola, devemos gradualmente ingressar no caminho que nos conduzirá à iluminação. De certo modo, ela defende um processo passo a passo literal de comprometimento com as ideias budistas que percorre de maneira metódica um trajeto que vai das Quatro Nobres Verdades, passando pelo Caminho Óctuplo, até o ideal Mahayana do *bodhisattva*, chegando, finalmente, à compreensão Vajrayana da budeidade ou da natureza do Buda. Em última análise, segundo essa abordagem, entender com uma mente imaculada que todas as coisas são fundamentalmente vazias é o mesmo que compreender a sabedoria do Buda e, portanto, agir de acordo com sua compaixão.

Para que as coisas se tornem um pouco mais concretas, o atual Dalai Lama resume nossa situação cognitiva da seguinte maneira: em primeiro lugar, precisamos entender que, de modo natural, espontâneo e ignorante, formamos conceitos que nos fazem acreditar, sem questionar, que as "coisas" que estamos pensando têm uma essência, uma natureza ou um eu; em segundo lugar, essa visão equivocada e ignorante nos leva ao desenvolvimento de emoções e desejos nocivos que são direcionados para aquelas "coisas" aparentemente permanentes; em terceiro lugar, essas emoções, desejos e impulsos aflitivos geram pensamentos, palavras e atos inadequados, que produzem consequências cármicas negativas; e, em quarto lugar, a libertação e a iluminação desse estado só é possível se seguirmos o caminho acima descrito, por meio da meditação no vazio e das ações compassivas. De modo não surpreendente, ele também defende técnicas de visualização e a meditação nos processos da morte e do renascimento no intuito de concentrar a mente nas verdades a respeito do vazio e da origem interdependente. O objetivo final de seu ensinamento é ajudar os outros a entender o valor e a importância da compaixão e sua ligação fundamental com a sabedoria.

Parece claro, a partir desse relato dos ensinamentos do Dalai Lama, que ele diria que está apenas seguindo a interpretação tradicional tibetana do caminho "gradual" que leva à iluminação. Na verdade, não há muitas dúvidas de que ele defende uma forma de prática que está de maneira específica relacionada com a reorientação de nossos pensamentos do mundo e da forma como as "coisas" realmente são. Espero deixar isso mais evidente quando considerarmos seus ensinamentos com mais detalhes no capítulo seguinte.

Contudo, também acho, com base nas explicações das abordagens das outras escolas a respeito da prática e da iluminação, que deixei bastante evidente que de fato existem elementos de uma interpretação "repentina" em seus ensinamentos. O que tudo isso parece indicar é que a verdade do Budismo tibetano, assim como a de seus predecessores chineses e japoneses, parece ser que ela é simultaneamente o produto do processo da tentativa de compreender uma coleção de textos, ensinamentos, ideias e práticas que aparentemente são impressionantes e claramente incomensuráveis.

Ao mesmo tempo, sua percepção e mensagem permanente mais importante é sua insistência contínua de que tanto a sabedoria quanto a compaixão, a meditação e a prática moral, são necessárias para a iluminação e a prática budista autêntica. A filosofia, ou "o amor pela sabedoria", e o estudo de textos e ideias puramente intelectuais não são suficientes para um budista tibetano devoto, que também precisa se engajar nos tipos adequados de práticas e ações morais – exatamente como fez o próprio Buda histórico. Essa é, em minha opinião, exatamente a mensagem de dois discípulos contemporâneos do Buda mais populares – o Dalai Lama e Thich Nhat Hanh –, cujas ideias examinaremos no capítulo seguinte.

Coisas para pensar

1. De que maneira as crenças e práticas tibetanas pré-budistas foram úteis na assimilação do Budismo?
2. Qual é o papel do guru para ajudar um aluno a alcançar a iluminação e se envolver nas práticas tântricas?
3. Por que alguns *tantras* utilizam o ioga sexual e outras práticas morais não convencionais?
4. Como o debate tibetano do século VIII está relacionado com o debate das práticas "repentina" e "gradual" na China?
5. Como as diversas escolas tibetanas são diferentes, segundo o debate do século VIII?

12 | Duas formas de Budismo contemporâneo

> **Principais termos e ensinamentos**
>
> ***Budismo engajado***: Uma forma de Budismo desenvolvida por Thich Nhat Hanh e outros que combina as práticas meditativas da vida monástica com as exigências práticas da ação compassiva no mundo. Seu objetivo e propósito é fazer com que seus praticantes entendam que a sabedoria e o conhecimento devem, com o passar do tempo, gerar a ação e o serviço iluminado.
>
> ***Atenção Plena/Consciência Plena***: A arte de viver atento é a prática de viver no momento presente. É a técnica meditativa de manter nossa consciência viva na realidade atual, no momento presente. Em resumo, é o processo e a atividade de cultivar a consciência e de devolver a mente ao seu estado original de alerta.

Imitando o Buda

O principal objetivo deste capítulo é concluir nossa explanação do "Desenvolvimento do *Dhamma/Dharma*" por meio da consideração de algumas das ideias e ensinamentos de dois dos professores contemporâneos mais populares (ao menos no Ocidente) do Budismo – o Dalai

Lama e Thich Nhat Hanh. Neste capítulo, quero mostrar como seus ensinamentos e interpretações das ideias budistas ecoam o ensinamento do Buda histórico de que é nossa mente e os usos que fazemos dela que determinam como vemos e compreendemos o nosso eu, o mundo e outras coisas. O propósito secundário deste capítulo é encerrar meu caso relacionado à alegação de que o ensinamento mais elementar do Buda fala de nossas mentes e dos usos que fazemos delas. Na verdade, minha intenção é mostrar que os dois propósitos estão interligados, pois, da maneira que os interpreto, o Dalai Lama e Thich Nhat Hanh são exemplos perfeitos de budistas contemporâneos que reafirmam o ensinamento mais básico e mais importante do Buda histórico. Por fim, quero mostrar como cada um deles, ao seu modo particular, é inspirado pela vida e pelo ensinamento do Buda ao insistir que o conhecimento e a sabedoria (ou seja, "ver as coisas como de fato são") devem ser aperfeiçoados na prática compassiva iluminada. Em outras palavras, acho que tanto o Dalai Lama quanto Thich Nhat Hanh acreditam que só ingressamos de fato no caminho da transformação da mente e de nossa vida quando, de verdade, colocamos em prática as coisas que acreditamos e entendemos. Em resumo, gostaria de sugerir que o Buda, o Dalai Lama e Thich Nhat Hanh estão todos comprometidos com a mesma visão de que a prática gera a perfeição e que as questões e inquietações da metafísica e da epistemologia devem, com o passar do tempo, abrir o caminho para a ética e a vida iluminada do *Dharma*.

O Dalai Lama

Há diversas maneiras de abordar as ideias e os ensinamentos do Dalai Lama. Uma das formas mais antigas é considerá-los no contexto de sua vida. Em primeiro lugar, ele é o líder secular do governo tibetano em exílio. Sob esse aspecto, podemos considerar suas atividades sociais e políticas como o líder de um país que é atualmente ocupado pelas forças militares chinesas. Em segundo lugar, de acordo com as crenças e práticas tibetanas tradicionais, ele também é reconhecido como o líder espiritual do povo tibetano e, sendo assim, é visto como a reencarnação de seu predecessor, o 13º Dalai Lama, e uma encarnação de Avalokitesvara, o Buda/*Bodhisattva* da compaixão. Com relação a isso, ele é considerado o *lama* superior ou mestre da tradição cultural tibetana. Ele é, por consequência, o porta-voz *de facto* do Budismo tibetano e, por essa razão, podemos dizer que seus ensinamentos religiosos e filosóficos são independentes de sua relação com os fatos e o contexto de sua vida.

Uma terceira possibilidade é considerarmos como suas ideias religiosas e filosóficas denunciam suas atividades sociais e políticas. Essa terceira abordagem tem a vantagem de unir suas crenças e práticas, além de nos proporcionar uma oportunidade de ver como o próprio Dalai Lama vive a vida de sabedoria e compaixão.

Sua vida

Lhama Dhondrub nasceu (em 6 de julho de 1935) de uma família de lavradores em um pequeno vilarejo no Nordeste do Tibete. Pelo fato de seguirem crenças e práticas culturais tibetanas tradicionais, foi determinado que ele era a reencarnação do 13º Dalai Lama e teve seu nome trocado para Jetsun Jamphel Ngawang Lobsang Yeshe Tenzin Gyatso. Tenzin Gyatso iniciou sua educação monástica com 6 anos de idade; assumiu o controle político do Tibete com 15 anos, quando as forças chinesas avançavam sobre o território tibetano; completou aquilo que é, de certo modo, equivalente a um doutorado na filosofia budista quando tinha 25 anos de idade; e, por fim, fugiu para a Índia onde lhe ofereceram asilo político.

Suas atividades sociais e políticas desde 1960 incluem seus trabalhos com as Nações Unidas e outros países para convencer o governo chinês a respeitar os direitos humanos, a autonomia e as tradições culturais do povo tibetano. Ele trabalhou de modo incansável para proteger a vida de seu povo, preservar a cultura do Tibete e promover a paz e a felicidade pelo mundo. Em 1989, ganhou o Prêmio Nobel da Paz por seus esforços contínuos no intuito de promover uma resolução pacífica para a situação política no Tibete, além de continuar viajando, oferecendo palestras e escrevendo a respeito dos direitos humanos, da compreensão entre as religiões e a paz no mundo.

Seus ensinamentos

Além dessas atividades sociais e políticas, o Dalai Lama continua estudando e ensinando o Budismo tibetano. Ele já escreveu inúmeros livros que abordam questões e tópicos filosóficos e éticos, incluindo o amor, a compaixão, as relações, o perdão, o significado da vida, a arte da felicidade e, mais recentemente, a convergência da ciência e da espiritualidade. Ele também tem um interesse profundo e permanente pelo estudo da ciência, dedicando seu trabalho de maneira especial às relações entre o pensamento e a prática budista e os métodos e procedimentos da ciência contemporânea. Na verdade, um de seus livros mais recentes, *O Universo em Um Átomo*, aliado ao seu apoio constante e à sua participação no Instituto Mind & Life e nas conferências promovidas por essa instituição, reforça a ideia de que a ciência e a espiritualidade não apenas têm a chance, mas também a obrigação moral de trabalhar de forma cooperada para ajudar a promover a condição humana.

Segundo o Dalai Lama,

> Digo isto por acreditar piamente que existe uma ligação íntima entre nossa compreensão conceitual do mundo, nossa visão da existência humana e seu potencial e os valores éticos que orientam nosso comportamento. Como vemos a nós mesmos e o mundo ao nosso redor não pode deixar de afetar nossas atitudes e nossas relações com nossos irmãos seres humanos e o mundo em que vivemos. Em essência, essa é uma questão de ética.
>
> Os cientistas têm uma responsabilidade especial, uma responsabilidade moral, de garantir que a ciência atenda os interesses da humanidade da melhor maneira possível.[142]

Não há dúvidas, com base nessa citação, de que o Dalai Lama aceita o ensinamento do Buda que diz que aquilo que somos e o que acreditamos que existe é uma função de nossa mente e de seus poderes cognitivos. Ao mesmo tempo, a citação também defende a noção de que o Buda foi muito além de uma alegação simplesmente metafísica ou epistemológica e afirmou que nossa compreensão do eu, do mundo e dos outros, quando totalmente aperfeiçoada, gera ações cujas qualidades morais são comensuráveis com o nível e profundidade da percepção de nossa mente. Isto é, quanto maior nossa compreensão intelectual de como as coisas realmente são, maior é nossa obrigação de nos comprometermos com os tipos moralmente adequados de ações. Em resumo, o Dalai Lama, seguindo o Buda, parece acreditar que a ação moral é o fruto da percepção intelectual e que isso é principalmente verdadeiro no caso dos cientistas. Quais são suas evidências exatas para essas afirmações?

No livro *O Universo em Um Átomo* e em outras obras, o Dalai Lama diz que a ciência sempre o fascinou e que seu interesse por ela começou com a tecnologia e como as coisas – brinquedos, relógios, um projetor de filmes e o automóvel – funcionam. Ao mesmo tempo em

---

142. Gyatso (2005b), p. 207.

que consertava objetos mecânicos, ele também passava muito tempo estudando e memorizando a filosofia, as escrituras e os rituais budistas, além de meditar por quase oito horas todos os dias. Com o tempo, depois de conversar com inúmeros cientistas profissionais, ele diz ter observado semelhanças no espírito de investigação entre a ciência e o pensamento budista, além de se sentir especialmente fascinado com os paralelos entre a forma científica e investigação empírica e aquelas formas de estudo que ele aprendeu em seu treinamento filosófico-budista e em sua própria prática meditativa contemplativa.

Como o Dalai Lama diz, "a ciência vai da experiência prática por meio de um processo de ideias conceituais que inclui a aplicação da razão e culmina em novas experiências empíricas para provar a compreensão oferecida pela razão".[143] Ao menos sob esse aspecto, ele ficou maravilhado ao perceber a semelhança da metodologia da ciência com os conselhos oferecidos pelo Buda aos seus seguidores, quando insistia que eles testassem a verdade daquilo que ele dizia por intermédio de uma análise equilibrada e de experiências pessoais. Na realidade, ele se sente tão convencido da verdade e da confiabilidade dessa metodologia empírica que chegou a afirmar que,

> Se a ciência conseguir provar que alguma das crenças do Budismo está errada, então o Budismo terá de mudar. Em minha opinião, a ciência e o Budismo compartilham a mesma busca pela verdade e pela compreensão da realidade. Ao aprender com a ciência os aspectos da realidade onde sua compreensão pode ser mais avançada, acredito que o Budismo enriquece sua própria visão do mundo.[144]

Não há muitas dúvidas, a partir dessas alegações, de que o Dalai Lama está firmemente convencido de que o Budismo e a ciência dividem uma metodologia básica que ajuda seus praticantes a chegar até a verdade e "ver as coisas como realmente são". A diferença básica entre eles, porém, é que, conforme observado pelo Dalai Lama, a investigação científica parte do experimento, usando instrumentos que analisam os fenômenos externos, enquanto a investigação contemplativa budista parte do desenvolvimento da atenção plena, que é então usada na análise introspectiva das experiências interiores.[145] Contudo, é claro que as duas abordagens compartilham de um método empírico que o

---

143. Ibid., p. 23.
144. Gyatso (2005a).
145. Gyatso (2005b), p. 24.

Dalai Lama está convencido de que pode ser usado para "ver as coisas como elas de fato são". Na verdade, seu compromisso com esse método prático e científico também é visto em seu interesse e participação no Instituto Mind & Life e suas conferências.

Segundo sua declaração de objetivos, "A Instituição da Mente e da Vida se dedica a proporcionar o diálogo e realizar pesquisas no nível mais elevado possível entre a ciência moderna e as grandes tradições contemplativas vivas, em especial o Budismo. Ela se baseia em um compromisso sincero com o poder e o valor dessas duas maneiras de propagar o conhecimento e sua capacidade de aliviar o sofrimento". Sua visão é "estabelecer uma colaboração funcional poderosa e uma parceria de pesquisas entre a ciência moderna e o Budismo – as duas tradições mais poderosas do mundo na compreensão da natureza da realidade e na investigação da mente". E seu objetivo é "promover a criação de uma ciência experiente e experimental contemplativa, compassiva e rigorosa da mente, capaz de orientar e informar a Medicina, a Neurociência, a Psicologia, a educação e o desenvolvimento humano".[146]

Em essência, o Instituto Mind & Life e seus diversos programas formam um fórum de discussão organizado e bem preparado entre o Dalai Lama e os cientistas ocidentais que têm interesse na convergência e nas oportunidades cooperativas que existem entre o Budismo e a ciência contemporânea. Apesar de suas conferências passadas terem estudado um espectro amplo de questões e tópicos científicos, incluindo as ciências cognitivas, as neurociências, as emoções e a saúde, o sono, os sonhos e a morte, a física e a cosmologia, a física quântica, a natureza da matéria e a natureza da vida, seu tópico central e permanente sempre foi a mente, o cérebro e sua relação. Na verdade, sua conferência mais recente, no outono de 2005, "Investigando a Mente: a Ciência e as Aplicações Clínicas da Meditação", tratava de como a medicina e a ciência podem se beneficiar de um diálogo colaborativo bidirecional com o Budismo e outras tradições contemplativas da atenção e da consciência, da meditação, do estado de alerta, das interações da mente e do corpo, a natureza da dor e do sofrimento, o cultivo da compaixão e autocompaixão e a possibilidade do treinamento das faculdades humanas para aprender, crescer, curar e praticar o regulamento emocional durante nossa vida.

De acordo com o Programa de Conferência, recentes testes clínicos e estudos de pesquisas que mostram que a meditação pode resultar

---

146. Website do Instituto Mind & Life: www.mindandlife.org.

na estabilização de padrões cerebrais e mudanças de intervalos de curto e longo prazo sugerem a possibilidade do impulso sistemático das alterações neuroplásticas positivas por meio de práticas intencionais cultivadas ao longo do tempo. Em outras palavras, as práticas meditativas, normalmente utilizadas no tratamento clínico do estresse, da dor e de toda uma variedade de doenças crônicas tanto na Medicina quanto na Psiquiatria, estão hoje sendo estudadas como técnicas capazes de promover excelente saúde e bem-estar mental e físico de modo geral.

Embora o estudo científico da meditação seja relativamente novo, existe um grupo cada vez maior de dados empíricos que sugere ao menos uma correlação (se não uma ligação causal) entre as práticas meditativas e, em particular, os exercícios da consciência e nossa capacidade de lidar com condições e circunstâncias estressantes, dolorosas e nocivas. Na realidade, as investigações experimentais conduzidas por neurocientistas, psicólogos e contemplativos praticantes estão começando a revelar a capacidade extraordinária do cérebro da plasticidade (isto é, sua capacidade de alterar sua estrutura ou de ser reorientada) e sua capacidade de promover curas físicas e mentais e outras importantes qualidades humanas como a compaixão.

A contribuição budista de tudo isso, naturalmente, são seus 25 séculos de práticas contemplativas em que a mente é usada para compreender a natureza da realidade e para que possamos "ver as coisas como realmente são". Ao mesmo tempo, existe um compromisso constante de ajudar os humanos a lidar de maneira prática e concreta com os aspectos negativos da condição humana e, assim, melhorar nossas vidas. A contribuição budista tibetana particular para essa discussão, como vimos no capítulo anterior, e conforme evidenciado pelas atividades e esforços contínuos do Dalai Lama, é sua insistência na unidade da teoria e da prática, a unidade da sabedoria e da compaixão e a unidade da contemplação e da ação.

O Dalai Lama, assim como o Buda histórico antes dele, afirma, com base em sua experiência, que existe uma ligação importante e necessária entre as práticas meditativas e a ação compassiva. Como sugeri no **capítulo 2**, o Buda e o Dalai Lama defendem a ideia de que a meditação, assim como o treino de levantamento de pesos para o corpo, tem o poder de melhorar e fortalecer a mente e suas faculdades. Na verdade, uma mente iluminada, ao seguir a ideia budista da origem interdependente, tem o poder não apenas de ver as coisas como realmente são, mas também de direcionar nossos pensamentos, palavras e ações com compaixão e benevolência. O Dalai Lama diz que sabe disso por experiência própria, pois passa, no mínimo, seis horas e, às vezes, oito horas por dia em oração e meditação. As provas de suas alegações estão, por assim dizer, em seus pensamentos, palavras e ações. Ele continua praticando e ensinando aquilo que chama de sua simples religião e filosofia – bondade –, além de continuar afirmando que, se deseja ser feliz, você deve praticar a compaixão. Em um sentido bastante real, então, a origem de suas ações está em sua prática espiritual e a origem de sua prática espiritual está em suas ações compassivas. Em resumo, o Dalai Lama compromete-se com a ideia de que nossos pensamentos e ações estão intimamente ligados e interdependentemente relacionados, da mesma forma que a espiritualidade ou a prática espiritual e a ciência ou a investigação científica estão relacionadas. No final do livro *O Universo em Um Átomo*, ele diz que,

> Na melhor das hipóteses, a ciência é motivada por uma jornada em busca da compreensão capaz de nos conduzir a um estado maior de prosperidade e felicidade. Na linguagem budista, esse tipo de ciência pode ser descrita como a sabedoria baseada e temperada pela compaixão. Da mesma forma, a espiritualidade é uma jornada humana para dentro de nossos recursos internos, com o objetivo de compreender quem somos no sentido mais profundo e descobrir como viver de acordo com a ideia mais superior possível. Essa também é a união da sabedoria e da compaixão.[147]

Com base nessas observações, deve estar claro que a justificativa final das alegações do Dalai Lama a respeito da "responsabilidade moral" dos cientistas é o ensinamento do Buda da origem interdependente e a ligação entre a sabedoria e a compaixão. O primeiro, como vimos, nos faz olhar além da "coisa em si" até seu campo de relações como o caminho iluminado de ver as "coisas" como realmente são. A outra, naturalmente, é vista e confirmada nas vidas cotidianas dos seguidores do Buda.

No caso particular do Dalai Lama, desde seus primeiros treinamentos monásticos, passando por seus esforços contínuos de ajudar o povo do Tibete e todo seu empenho para compreender e promover a convergência da ciência e da espiritualidade, ele sempre buscou colocar sua compreensão da sabedoria de Buda em uma forma de prática compassiva. Ele tentou, assim como o Buda histórico antes dele, por meio de seus pensamentos, palavras e ações, oferecer a outras pessoas uma visão do mundo em que nossas diversas formas parciais, incompletas e

---

147. Gyatso (2005b), p. 208.

ignorantes de entender a nós mesmos, uns aos outros e nosso Universo podem ser unidas para compor um tipo de trabalho iluminado e compassivo para a humanidade. O mesmo tipo de visão, motivação e prática iluminada pode ser encontrada na vida do monge budista vietnamita Thich Nhat Hanh. É para uma consideração de suas ideias e prática que voltamos agora nossa atenção.

Thich Nhat Hanh

Assim como o Dalai Lama, há diversas maneiras de abordarmos as ideias e os ensinamentos de Thich Nhat Hanh. É claro que podemos considerá-los dentro do contexto de sua vida e ver como se desenvolveram em resposta às situações e circunstâncias em que ele viveu. Poderíamos também considerá-los de maneira direta em suas obras escritas sem referência às circunstâncias particulares em que surgiram. Uma terceira possibilidade é considerar como suas ideias religiosas e filosóficas denunciam suas atividades sociais e políticas. Essa terceira abordagem, assim como nossa abordagem das ideias e dos ensinamentos do Dalai Lama, tem a vantagem de unir suas crenças e práticas e também de nos proporcionar uma oportunidade de ver como Thich Nhat Hanh tenta viver uma vida que combina a sabedoria contemplativa e a ação compassiva.

Sua vida

Thich Nhat Hanh nasceu em Nguyen Xuan Bao, na parte central do Vietnã, em 1926 e entrou para um mosteiro budista com 16 anos de idade. Sua principal forma de treinamento monástico aconteceu no Budismo zen e ele foi ordenado monge na escola de meditação vietnamita em 1949. "Thich" é o nome e o título dado a todos os monges na tradição budista vietnamita e é uma transliteração do nome do clã Sakya. Como resultado, o nome e o título implicam que ele é membro da família do Buda histórico. Sua ordenação ou nome de *Dharma*, "Nhat Hanh", significa algo como "uma/melhor ação" ou "mais elevada conduta". Seus alunos e amigos o chamam de "Thay", que em vietnamita quer dizer "Mestre" ou "Professor".

A reputação de Nhat Hanh no Ocidente é baseada, em parte, em sua "ação única" de ajudar a fundar e desenvolver o movimento do "Budismo engajado". Ele também é reconhecido por sua influência no desenvolvimento do Budismo ocidental, em especial seus elementos meditativos, bem como por sua abordagem particular da prática zen moderna, em que ele combina métodos de ensino zen tradicionais com ideias da ciência e da psicologia contemporâneas. Sua vida e obra no movimento do "Budismo engajado" representam uma tentativa contínua de combinar as práticas meditativas da vida contemplativa monástica com as exigências práticas da ação compassiva no mundo. Acredito que seria possível caracterizar sua vida como a "ação única" de promover a paz e os direitos humanos por meio da união das práticas meditativas voltadas para a transformação interna e a ação social em benefício da sociedade. Na verdade, não é exagero sugerir que sua vida e seus ensinamentos são, de maneira fundamental, uma resposta iluminada e compassiva para as circunstâncias sociais, políticas e militares do Vietnã durante a última metade do século XX.

Depois de sua ordenação, Nhat Hanh trabalhou em duas arenas: em primeiro lugar, envolveu-se de maneira ativa na restauração e na reforma do Budismo em resposta à regência colonial francesa e à crescente percepção entre alguns budistas de que os monges e as freiras estavam afastados demais das realidades sociais do Vietnã; e, em segundo lugar, ajudou aqueles que sofriam com as consequências das lutas políticas e militares incessantes no Vietnã. Na primeira arena, foi nomeado Editor Chefe do *Vietnamese Buddhism*, o periódico da Associação Budista Unificada e trabalhou para encorajar a unificação das diversas escolas do Budismo vietnamita. Apesar de enfrentar inúmeros obstáculos, seus esforços nessa arena foram finalmente concretizados com a fundação da Igreja Budista Unificada do Vietnã em 1964.

Talvez sua atividade mais importante na segunda arena tenha sido a fundação da Escola da Juventude dos Serviços Sociais (em inglês, *School of Youth for Social Services*, SYSS), um grupo de alunos de trabalhadores da paz que eram enviados aos vilarejos para ajudar aqueles que sofriam com os malefícios da guerra. Os alunos da escola eram treinados para ajudar os moradores desses lugares com suas necessidades nos campos da educação, saúde e economia, além de praticarem aquilo que Nhat Hanh chamava de "Budismo engajado". O objetivo e propósito dessa forma de Budismo era fazer com seus praticantes entendessem que a sabedoria e o conhecimento os conduziriam à ação e ao serviço iluminado. No intuito de demonstrar a importância e as ligações necessárias entre a sabedoria e a ação, o próprio Nhat Hanh dava aulas no Instituto dos Estudos Budistas Superiores em Saigon durante a semana e trabalhava nos vilarejos vizinhos nos finais de semana. Por fim, ele fundou uma ordem religiosa para seus companheiros trabalhadores sociais, "*The Order of Interbeing*" [A Ordem do Interser], e foi autor de uma série de Quatorze Treinamentos de Consciência Plena para ajudá-los a colocar em prática o que estudavam na escola.

Em 1966, Thich Nhat Hanh recebeu a transmissão do *Dharma* de seu professor e foi autorizado a ensinar como mestre zen. Mais tarde, viajou para os Estados Unidos onde estudara a religião comparativa e ensinara o Budismo vietnamita, dando continuidade ao seu trabalho na posição de ativista da paz. Após uma série de diálogos com o ativista dos direitos civis Martin Luther King Jr., que ele convencera pessoalmente a se opor de forma pública com relação ao envolvimento americano no Vietnã, King decidiu nomeá-lo ao Prêmio Nobel da Paz em 1967 por suas atividades ativistas incansáveis contra a guerra no Vietnã.

Desde 1982, quando fundou o Centro Budista Plum Village na França, Nhat Hanh continua realizando trabalhos com a Ordem do Interser e ensinando seus treinamentos de consciência plena e do "Budismo engajado". Apesar da idade, ele trabalha de maneira contínua para promover a paz e suprimir as condições sociais, políticas e econômicas que contribuem com a violência mundial. Continua viajando, ensinando e oferecendo retiros por todo o Ocidente (e até mesmo, mais recentemente, recebeu a permissão de voltar para seu próprio país de onde fora exilado em função de seu ativismo antiguerra), além de ter fundado mosteiros e Centros *Dharma* nos Estados Unidos (Califórnia, Vermont e Mississipi) e na Europa. É também poeta e autor prolífico e continua publicando suas ideias e ensinamentos nos idiomas inglês e vietnamita.

Seus ensinamentos

Thich Nhat Hanh é autor de mais de 85 livros de prosa e poesia a respeito de diversos tópicos, incluindo a raiva, Jesus e o Buda, o interser, o treinamento monástico, a felicidade, o amor, a comunidade, a oração, comentários acerca de vários *sutras* budistas e da consciência e da mente, mas talvez seja mais conhecido por suas obras que falam de práticas de meditação, treinamento da consciência plena e, claro, da aplicação prática dessas atividades para reduzir e eliminar a dor e o sofrimento dos seres humanos.

Considerando o contexto de sua vida e de seu trabalho, não deve ser difícil imaginar que suas ideias e ensinamentos mais importantes se preocupam com os trabalhos voltados para o estabelecimento da paz. Na verdade, sabemos com certeza que seu ensinamento mais elementar é aquele que diz que a consciência plena é o segredo do desenvolvimento da paz dentro de nós e no mundo.

De acordo com Nhat Hanh, a ação compassiva está e deve continuar ancorada em uma percepção meditativa da interatividade e inter-relação de todas as coisas. Inspirado nas práticas meditativas do próprio Buda, seu ensinamento da origem interdependente, bem como suas ações após a iluminação, Nhat Hanh insiste que a ação compassiva é o fruto das práticas meditativas e da consciência plena da interatividade de todos os seres. Em outras palavras, é a percepção básica daquilo que ele chama de "interser" das coisas que nos permite ver e compreender que o sofrimento em qualquer lugar é o mesmo que sofrer em todos os lugares e que aquilo que eu de forma ignorante e equivocada considero como sendo "meu" sofrimento é, na verdade, sintomático do sofrimento mais amplo de todos os seres. Como resultado, Nhat Hanh ensina que chegar à verdade de que todas as coisas surgem de modo interdependente é o mesmo que entender que a única resposta adequada para o sofrimento são a empatia e a ação compassiva. É exatamente essa união de percepção e ação, ou de sabedoria e compaixão, que Thich Nhat Hanh pratica e ensina aos membros da Ordem do Interser e a todos aqueles que se mostram dispostos a trabalhar em favor da mudança social por meio do compromisso com a transformação pessoal. Sua primeira e mais elementar lição é ensinar "a arte da vida alerta".

Segundo Thich Nhat Hanh, a consciência plena ou a arte de viver em estado de alerta é a prática de viver no momento presente. Ele escreve:

> No Budismo, nosso esforço é o de praticar a consciência plena a cada momento – saber o que acontece dentro de nós e ao nosso redor. Quando perguntaram ao Buda: "Senhor, o que seus monges praticam?", ele respondeu: "Nós nos sentamos, caminhamos e nos alimentamos". O interrogador continuou: "Mas, senhor, todos se sentam e caminham e se alimentam". E o Buda disse: "Quando nos sentamos, sabemos que estamos sentados. Quando caminhamos, sabemos que estamos caminhando. Quando nos alimentamos, sabemos que estamos comendo".[148]

Com base na caracterização inicial da consciência plena, não há como não nos lembrarmos imediatamente daquilo que Maurice Walsh e outros estudiosos afirmam que "é geralmente considerado o *Sutta*

---
148. Nhat Hanh (1995), p. 14.

mais importante em todo o cânone páli",[149] o *Satipatthana Suta ou o Discurso dos Fundamentos da Atenção Plena*. Nesse texto, o Buda declara:

> Existe, monges, esse caminho único ou direto que conduz à purificação dos seres, que nos ajuda a superar a aflição e a angústia, que nos ajuda a fazer desaparecer a dor e a tristeza, que nos ajuda a chegar ao caminho certo ou o verdadeiro caminho, que nos ajuda a conquistar o *Nibbana* – ou seja, os quatro fundamentos da atenção plena.
> Quais são os quatro? Aqui, monges, um monge permanece em vigília contemplando sentimentos como sentimentos (...) Ele permanece em vigília contemplando a mente como a mente (...) Ele permanece em vigília contemplando objetos da mente como objetos da mente, ardente, totalmente consciente e alerta, deixando de lado a ambição e o pesar para o mundo.

No decorrer de mais explicações a respeito da contemplação do corpo e de suas posições, o Buda ainda diz:

> Mais uma vez, um monge, quando caminha, sabe que está caminhando; quando está em pé, sabe que está em pé; quando está sentado, sabe que está sentado; quando está deitado, sabe que está deitado. Não importa de que maneira seu corpo está disposto, ele sabe que essa posição é como é.

Na verdade, em suas descrições dos demais fundamentos da atenção plena, o Buda afirma que o monge em estado de alerta sabe e está totalmente ciente de seus sentimentos, de sua mente e de seus objetos da mente, além de permanecer desapegado e não preso ou ligado a qualquer coisa no mundo. Ele conclui o *Sutta* com a promessa de que qualquer pessoa que desenvolva os quatro fundamentos da consciência plena, mesmo por um período mínimo de sete dias, será capaz de alcançar a posição de um *Arahant* nesta vida, ou o estado daquele que não retorna, isto é, alguém que renasce em um mundo superior de onde, posteriormente, alcança o *Nibbana* sem ter de voltar para o mundo humano.

O problema, entretanto, conforme observado por Thich Nhat Hanh e qualquer outro indivíduo que já tenha tentado praticar o ensinamento do Buda e a arte da consciência plena, é que "A maior parte do

---
149. Walshe (1995), p. 588.

tempo, ficamos perdidos no passado ou somos tomados por projetos e preocupações futuras".[150] Em outras palavras, a maior parte do tempo ficamos simplesmente tão preocupados com as inquietações a respeito daquilo que acontece no passado e com aquilo que já vivemos e aquilo que acontecerá no futuro e o que talvez aconteça, que ficamos completa e totalmente apáticos diante daquilo que está acontecendo aqui e agora no momento presente.

Por exemplo, quantas vezes já aconteceu de você dirigir seu carro e chegar a um determinado lugar e, de repente, perceber que não é capaz de se lembrar como chegou ali? Quantas vezes você já passou pela situação de estar conversando com alguém quando, de repente, percebe que não ouviu uma só palavra do que a outra pessoa disse? Ou quantas vezes você, sem prestar atenção, fez qualquer coisa (como dirigir seu carro enquanto fala ao celular) e, de repente, percebe que simplesmente não estava atento naquilo que estava fazendo? Todos esses exemplos são o oposto exato daquilo que o Buda e Thich Nhat Hanh chamam de fundamentos da atenção plena e a arte de viver em alerta.

A irmã Annabel Laity[151] disse que Thich Nhat Hanh afirmou diversas vezes que nossa mente é como um aparelho de televisão com muitos canais diferentes, sendo que no momento presente podemos escolher o canal ao qual queremos assistir. Ela também observa que o Buda ensinou que há 51 tipos diferentes de formações mentais (incluindo o amor, a felicidade, o ódio, o ciúme, os sentimentos e as percepções) e que depende de nós escolher à qual formação ou programa queremos assistir. O problema, no entanto, ela diz, é que a maior parte do tempo não escolhemos de maneira consciente qual programa vamos assistir pelo fato de permitirmos que nossas mentes fiquem mudando de canal, ou então assistimos ao mesmo antigo programa apenas pela força do hábito. Na realidade, o Buda compara a mente nesse estado com um "macaco":

> Assim como um macaco que passeia pela floresta que agarra o galho de uma árvore, deixa o galho e agarra outro e, então, larga esse galho e agarra outro logo adiante e, assim, aquilo que chamamos de "mente" e "mentalidade" e "consciência" surge como uma coisa e desaparece como outra, dia e noite.[152]

---

150. Nhat Hanh (1995), p. 14.
151. Nhat Hanh (2005), p. 18.
152. *Samyutta Nikaya*, p. 507.

E Thich Nhat Hanh usa a mesma analogia e afirma que "A mente é como um macaco que pula de um galho a outro em uma floresta, diz o Buda".[153] Naturalmente, isso acontece porque simplesmente não estamos atentos e não praticamos a arte da consciência plena. É exatamente por essa razão que Thich Nhat Hanh nos estimula a fazer isso – mesmo que apenas por alguns minutos todos os dias – e ele oferece uma série de exercícios ou maneiras diferentes para que possamos fazer isso em seu livro, *The Miracle of Mindfulness: A Manual on Meditation* [O Milagre da Mente Alerta: Um Manual de Meditação].

Se o levarmos a sério e tentarmos praticar a atenção plena por meio da concentração em nossa respiração, ou se prestarmos atenção naquilo que estamos fazendo enquanto preparamos o chá ou lavamos a louça ou, até mesmo, quando limpamos nosso quarto, então, exatamente da mesma maneira que podemos melhorar nossa força investindo tempo malhando na academia, podemos também treinar nossas mentes para que se tornem mais atentas. Na verdade, Thich Nhat Hanh afirma que por meio da meditação alerta em temas que incluem a interdependência, a compaixão, o eu, o vazio e o não-apego, ou a caminhada atenta, ou a visita consciente a um cemitério, ou até mesmo a atitude de compaixão e benevolência pela pessoa que mais odiamos ou desprezamos, conseguiremos perceber que "Aqueles que não sentem compaixão não são capazes de ver aquilo que é visto com os olhos da compaixão".[154] Ele também afirma que aqueles que cultivam de modo atento a compaixão e a benevolência, com o passar do tempo, começam a desenvolver um nível de sabedoria ou um estado da mente chamado de "mente da

---

153. Nhat Hanh (1975), p. 41. Devemos observar que Thich Nhat Hanh parece se referir ao *Sutra da Plena Consciência* como a origem da analogia do macaco, mas ela não aparece nesse texto. A verdadeira referência é o *Nidanasamyutta* ou o *Discurso Associado à Causalidade* ou o posterior *Sutra* Mahayana, Os Ensinamentos Legados do Buda, que diz, "A mente é o senhor dos cinco sentidos e, por essa razão, você deve saber controlar sua mente. Na verdade, você deve temer a indulgência (dos desejos da) mente mais do que cobras venenosas, feras selvagens, assaltantes perigosos ou conflagrações violentas. Nenhum símile é forte o bastante para ilustrar (esse perigo). Mas pense em um homem carregando um pote de mel que, enquanto caminha, presta atenção somente no mel e não vê um buraco enorme (no meio de seu caminho)! Ou pense em um elefante raivoso solto sem nenhuma corrente para segurá-lo! Mais uma vez, pense em um macaco que, depois de subir em uma árvore, não pode mais, se não com muita dificuldade, ser controlado! Exemplos como esses seriam difíceis de ser analisados; portanto, cuide para controlar seus desejos e não deixe que eles percam as rédeas! Basta ceder à mente (com seus desejos) e você perde o benefício de nascer um homem; controle-a com rigor e não haverá nada que você não seja capaz de realizar. Essa é a razão, Oh bhikkhus, por que vocês devem se esforçar muito para dominar suas mentes" (tradução do inglês feita pela Associação Budista dos Estados Unidos).
154. Nhat Hanh (1975), p. 108.

não discriminação" em que não existe mais qualquer distinção entre o sujeito e o objeto.[155] Uma pessoa assim vê as coisas de um modo mais profundo e mais penetrante e, de forma bastante literal, vê aquilo que aqueles cujas mentes estão tomadas por visões falsas e ignorantes não conseguem ver.

Se voltarmos por um instante à analogia da sala de ginástica, da mesma maneira que alguém, de forma insistente, trabalha seu corpo, com o passar do tempo, desenvolve a força para levantar a quantidade de peso que uma pessoa comum não é capaz de levantar, a pessoa que, de modo persistente, pratica a arte da atenção plena, inevitavelmente, desenvolve a capacidade e o poder de ver e entender aquilo que a pessoa ignorante e não iluminada simplesmente não consegue ver ou compreender.

Segundo Thich Nhat Hanh, a atenção plena significa manter a consciência viva na realidade atual do momento presente. É a arte de manter sua atenção centrada em qualquer atividade que esteja realizando, continuando em estado de alerta e pronto para lidar com habilidade e inteligência com qualquer situação que possa surgir.[156] Em resumo, a vida da consciência e o ponto certo de nossa prática meditativa estão contidos no ato de prolongar a atenção plena de nossas sessões de meditação até as atividades de nossas vidas diárias.

Como Nhat Hanh nos diz, a atenção plena nos liberta das distrações, do esquecimento e da dispersão da mente e nos permite viver de maneira plena cada minuto da vida.[157] Vista dessa forma, a meditação revela e cura. Por um lado, ela nos dá o poder "de ver as coisas como realmente são". Por outro lado, faz com a mente consiga voltar ao seu verdadeiro eu ou natureza de Buda e nos ajuda a encontrar a felicidade e a paz no momento presente.[158] Isso, em essência, é o que Nhat Hanh acredita ser o propósito da atenção plena e também o que define a iluminação.

A consciência plena é o processo e a atividade de restaurar a mente ao seu estado original de atenção. Nesse estado de consciência, as ideias falsas do isolamento e distinção do eu e de todas as "coisas" são superadas e podemos então entender aquilo que Peter Hershock[159] habilmente chama de "intimidade de libertação" – um estado além da

---

155. Ibid., p. 57.
156. Ibid., p. 14.
157. Ibid., p. 15.
158. Ibid., p. 36.
159. Hershock (1995).

distinção sujeito-objeto falsa e convencional em que experimentamos um "encontro sereno com a realidade"[160] e não mais somos sugados ou impulsionados pelo nada. Isso é o que Thich Nhat Hanh afirma ser nossa "mente verdadeira" – nosso verdadeiro eu, o Buda, "a pura unidade que não pode ser dissolvida por divisões ilusórias de identidades isoladas, criada por conceitos e linguagem".[161] Isso também é, ele insiste, o portal da ação compassiva, pois "quando sua mente é libertada, seu coração se enche de compaixão".[162] Aqueles que veem com os olhos da compaixão, por fim e de maneira plena, entendem que "a vida de cada um de nós está relacionada com a vida daqueles que estão ao nosso redor"[163] e, portanto, vivem e agem de acordo com elas.

No último capítulo[164] do livro *O Milagre da Mente Alerta*, Thich Nhat Hanh lembra de uma história curta de Tostoy que ele acredita transmitir a experiência daqueles que praticam a atenção plena a cada momento. Sem nos aprofundarmos nos detalhes da história, seu ponto mais importante é que aqueles que alcançam de modo pleno um estado contínuo de atenção são capazes de responder as três perguntas importantíssimas a seguir: a primeira, Qual é o melhor momento para fazer cada coisa?; a segunda, Quais são as melhores pessoas com quem trabalhar?; e a terceira, Qual é a coisa mais importante de se fazer o tempo todo? As respostas, conforme indicadas pela história e por Thich Nhat Hanh, são: agora, a pessoa com quem você está e fazê-las felizes – pois só essa é a busca da vida e só isso nos traz paz. Com base nessas respostas, não deve ser difícil entender por que ele acredita que o "Budismo engajado" é o escolhido do Buda para ensinar e viver.

Conclusões

Conforme nos aproximamos do final de nossa explicação do "Desenvolvimento do *Dhamma/Dharma*", acredito estar bastante claro que tanto Thich Nhat Hanh quanto o Dalai Lama garantem que, independentemente de qualquer outra coisa que possamos dizer a respeito do Buda e de seus ensinamentos, o Budismo autêntico trata principalmente de como vivemos nossa vida. Isso não significa negar que ambos acreditam que a mente e como a usamos representa um papel importante e

---
160. Nhat Hanh (1975), p. 60.
161. Ibid., p. 42.
162. 21 Ibid., p. 58.
163. Ibid., p. 60.
164. Ibid., p. 69-75.

fundamental em como vemos e entendemos nosso eu, o mundo e outras coisas. Isso fica claro a partir de seus ensinamentos a respeito da importância e do valor da meditação, assim como do interesse pelo estudo da mente, da consciência e da arte de viver com plena atenção.

Contudo, também é importante lembrar sempre que ambos estão firmemente comprometidos com a ideia de que além do reino da especulação filosófica e do estudo científico, além da metafísica e da epistemologia, o Budismo envolve a meditação e a ação, o conhecimento e a realização, o pensamento e a vida. Apesar do interesse do Dalai Lama no estudo científico da mente e de seu trabalho constante junto ao Instituto Mind & Life, o foco principal de seu ensinamento sempre foi, e continua sendo, como colocar o *Dharma* em prática para o bem-estar de todos os seres. O mesmo também pode ser dito de Thich Nhat Hanh, e talvez as coisas tenham de ser assim.

Conforme mencionei no **Prefácio** e diversas vezes ao longo do livro, a tradição budista afirma que o Buda histórico pede aos seus seguidores para não acreditar em algo por causa de quem disse isso ou em função do lugar onde receberam determinada informação, mas em razão de essa coisa concordar com suas próprias experiências – com a maneira que as coisas acontecem na vida. O Dalai Lama e Thich Nhat Hanh são apenas dois exemplos contemporâneos de uma longa linhagem de seguidores do Buda que consideraram suas ideias e ensinamentos como verdadeiros e valiosos exatamente por concordarem com suas próprias experiências. Espero ter oferecido ao leitor uma descrição clara o suficiente da vida do Buda, os detalhes do *Dhamma/Dharma* e de seu posterior desenvolvimento para inspirar um teste semelhante.

Coisas para pensar

1. Como as práticas meditativas, a ação compassiva e a felicidade estão relacionadas, segundo o Dalai Lama?
2. Qual o objetivo e propósito do "Budismo engajado?"
3. Qual é a concepção de Thich Nhat Hanh da atenção plena? O que é a "mente de macaco" e como a consciência plena nos ajuda a lidar com ela?
4. O que é o Budismo autêntico para o Dalai Lama e Thich Nhat Hanh?
5. Qual você considera ser o ensinamento mais elementar e importante do Buda e por quê?

Glossário

As palavras compiladas neste Glossário dos **Principais termos e ensinamentos** de cada capítulo aparecem tanto em suas formas páli (em primeiro lugar) como em sânscrito ou, mais precisamente, em sua forma budista sânscrita híbrida. Importantes termos em inglês também são incluídos. Em nome da clareza e da consistência ao longo do texto, decidi usar as formas páli quando me referi aos conceitos e ideias das mais antigas tradições do Budismo e as formas sânscritas em referência aos desenvolvimentos Mahayana posteriores. Como muitas palavras budistas sânscritas híbridas (isto é, *Buddha* [Buda], *Dharma*, *karma*, *nirvana*, etc.) já se tornaram parte da língua inglesa sem suas marcas diacríticas, decidi não usar essas marcas no corpo do texto. Elas são, porém, mostradas neste Glossário. Para aqueles que buscam mais detalhes a respeito das palavras e de seus significados, recomendo as obras de Damien Keown, *A Dictionary of Buddhism* [Um Dicionário do Budismo] e de Charles S. Prebish, *The A to Z of Buddhism* [O Budismo de A a Z].

Abhidhamma/Abhidharma: Termos páli e sânscrito para o *dhamma/dharma* "superior" ou os ensinamentos do Buda. Esses textos são as explicações, esclarecimentos e comentários filosóficos e psicológicos dos ensinamentos do Buda apresentados nos suttas/sūtras.

Anattā/Anātman: Literalmente "não eu"; esse termo se refere à negação de uma alma ou um eu fixo, permanente e imutável (attā/ātman). Em um nível mais geral, refere-se à negação do Buda de qualquer natureza substancial fixa ou permanente em qualquer objeto ou fenômeno. De acordo com o Buda, nada possui uma existência inerente, pois todas as coisas surgem em dependência de causas e condições impermanentes.

Anicca/Anitya: Termos para a primeira das "Três Marcas" da existência segundo os ensinamentos do Buda histórico; eles significam "impermanência". A impermanência refere-se ao surgimento e ao desaparecimento de todos os fenômenos condicionados, sejam eles físicos ou psicológicos, que surgem de forma interdependente.

Arahant/Arhat: Páli e sânscrito para "o digno"; esses termos designam um indivíduo iluminado que já superou as impurezas cognitivas e espirituais que causam o renascimento e alcançou o Nibbāna depois de ter seguido os ensinamentos do Buda, ao contrário de fazer tudo sozinho.

Āranyakas: Coleção de textos dos *Vedas* compilada por ascéticos das florestas; esses textos oferecem reflexões acerca do significado de símbolos e práticas rituais.

Arianos: Nome tradicional do povo que colonizou o norte da Índia e cujas crenças e práticas religiosas foram registradas nos *Vedas*.

Āsavas/Āśravas: Termos páli e sânscrito geralmente traduzidos como "fluxos"; referem-se às máculas ou impurezas que causam os renascimentos repetidos. Nos textos em páli, há três ou quatro impurezas: desejos dos sentidos, o desejo pela existência contínua, as visões erradas e ignorância.

Bodhicitta: Termo sânscrito para "pensamento de iluminação/despertar". No Budismo Mahāyāna, refere-se à mente iluminada de um *bodhisattva*.

Bodhisatta/Bodhisattva: Literalmente, "ser iluminado"; esses termos se referem ao ideal da prática budista no Budismo Mahayana. Esse ideal é derivado, em parte, dos *Contos Jātaka*, onde as atividades do Buda anteriores à sua iluminação final são descritas. Segundo a tradição Mahāyāna, o *Bodhisattva* antecede sua própria iluminação final ou a conquista do *Nibbāna* até que ele consiga ajudar todos os outros seres a fugir do *samsāra*. Sob esse aspecto, o *Bodhisattva* é considerado superior ao *Arahant* que busca sua própria iluminação individual.

Brâman: Nome da realidade fundamental ou origem do poder por trás de todos os deuses e rituais descritos nos *Vedas*.

Brâmanas: Coleção de textos dos *Vedas* que explica o significado e o propósito dos rituais védicos.

Buddha/Buda: Título em páli e sânscrito, derivado da palavra "*budh*", que significa despertar; é usado para qualquer indivíduo que alcançou a iluminação (*bodhi*) ou despertou para a verdade a respeito de como as coisas realmente são. Segundo a tradição Theravāda, o Buda foi um ser humano que, como resultado de uma prática disciplinada contínua, submeteu-se a uma transformação religiosa e espiritual profunda. Essa concepção foi bastante expandida pela tradição Mahāyāna para incluir diversos Budas de outros mundos. A função central de um Buda é ensinar o *Dhamma* aos seres não iluminados.

Buddhaketra: Termo sânscrito para "Terra do Buda" ou "Campo do Buda". No Budismo Mahāyāna, refere-se a um "lugar" onde um Buda exerce seu poder.

Buddhānusmṛti: Termo sânscrito para "recordação do Buda", "meditando no Buda" ou "permanecendo alerta no Buda". É um elemento importante das práticas meditativas em muitas formas do Budismo Mahāyāna.

Dalai Lama: Literalmente "Grande Oceano" (*dalai*) "Professor" (*lama*), o título designa o líder secular e espiritual do Tibete. O regente mongol, Altan Khan originalmente concedeu o título ao "terceiro" Dalai Lama.

Tao: Termo chinês para o "caminho/passagem" e origem de todo o ser.

Dassana/Darśana: Palavras em páli e sânscrito para "ver" ou "visão"; referem-se a tudo que é esperado das práticas rituais (ou seja, ver e ser visto pelos deuses) e aquilo que esperamos de um professor ou guia espiritual. Em um sentido filosófico, esses termos se referem ao "sistema" ou "visão" de um determinado pensador e seus seguidores.

Dasas/Dasyus: Nome para um dos grupos ou tribos de pessoas do Norte da Índia incorporado pelos arianos.

Dhamma/Dharma: Termos páli e sânscrito que significam "apoiar" ou "guardar ou manter"; nos textos *Abhidhamma*, eles se referem aos elementos ou fatores individuais, físicos e psicológicos, causalmente responsáveis pelo mundo físico e nossa experiência dele. De certo modo, são as partes componentes de onde toda a realidade se origina.

Dhāraṇī: Termo sânscrito para um mantra prolongado usado para concentrar a mente e ajudá-la a absorver os ensinamentos.

Dhammakāya: Termo sânscrito para o "Corpo da Verdade" do Buda. É um dos três corpos do Buda e se refere à sua presença permanente na forma de seus ensinamentos e como a origem de toda a realidade.

Sutra do Diamante: Nome em inglês [*Diamond Sutra*] do Mahāyāna *Vajracchedika-prajnaparamita Sūtra*. Trata da perfeição da sabedoria e do ensinamento do vazio.

Dukkha/Duhkha: O tema das Quatro Nobres Verdades, cujo significado de base se refere a um cubo de roda fora de centro; o *"dukkha"* representa o fato de que a vida quase nunca atende nossas expectativas, esperanças, sonhos e planos. Geralmente traduzido como "sofrimento", o termo inclui as ideias psicológicas mais amplas da insatisfação, falta de contentamento, desgosto, dor, penúria, frustração e ansiedade.

Caminho Óctuplo: Um resumo básico dos ensinamentos do Buda da moralidade/*sila* (a maneira certa ou adequada de falar, agir e subsistir), concentração mental ou cultivação meditativa/*samādhi* (o esforço, atenção plena e concentração certos ou adequados) e a sabedoria/*pañña* (visão ou compreensão e o pensamento ou intenção certos ou adequados).

Budismo engajado: Uma forma de Budismo desenvolvida por Thich Nhat Hanh e outros que combina as práticas meditativas da vida monástica com as exigências práticas da ação compassiva no mundo. Seu objetivo e propósito é fazer com que seus praticantes entendam que a sabedoria e o conhecimento devem finalmente conduzir à ação e ao serviço iluminado.

Quatro Nobres Verdades: A percepção do Buda do *dukkha*; a fonte, origem, surgimento ou causa do *dukkha* (*tanhā*); a cessação ou o impedimento do *dukkha* (*niroda*); e o caminho ou trajeto (*magga*) que leva à extinção do *dukkha*.

Quatro Visões: Explicação tradicional da causa ou das causas da renúncia e grande partida de Siddhattha de sua vida "principesca" em busca da iluminação. Depois de viver uma vida de segurança, Siddhattha e seu cocheiro Channa deixam sua casa e encontram um senhor idoso, um homem doente, um cadáver e um andarilho ascético. A visão dessas cenas levou Siddhattha não apenas a questionar sua ideia original das coisas, mas também a buscar uma solução para o sofrimento e a insatisfação que fazem parte da condição humana.

Iluminação Gradual: No Budismo chinês, essa é a visão da "Escola do Norte" de que a iluminação é conquistada apenas gradativamente depois de muitos anos de prática e meditação.

Guru: Termo sânscrito para "professor", geralmente encontrado na tradição Vajrayāna.

Origem Interdependente: Uma tradução do inglês *Interdependent arising* dos termos páli e sânscrito *Paticca-Samuppāda* e *Pratitya-Samutpāda*; esses termos foram traduzidos de diversas formas: "origem dependente", "coprodução condicionada", "origem codependente", "origem de interdependência" ou "origem interdependente". Cada um deles é uma tentativa de transmitir a explicação do Buda da causalidade.

Jātaka: O termo páli para "nascimento" e "histórias de pré-nascimento" que descreve as vidas passadas do Buda, Siddhattha Gotama. Esses contos contêm mais de 500 histórias de nascimento organizadas em 22 livros. Cada uma delas garante ilustrar as qualidades e as ações que, no decorrer de inúmeras vidas, preparou o caminho para a chegada do Buda histórico.

Jhāna/Dhyāna: Termos páli e sânscrito para estado meditativo profundo ou estado intelectual de absorção envolvendo a consciência direta e a percepção da realidade e da experiência. A tradição budista identifica de quatro a oito estágios ou níveis distintos de absorção meditativa.

Kamma/Karma: Termos páli e sânscrito para "ato", "ação" ou "proeza"; referem-se à ligação entre as ações e suas consequências, que tocam nossa vida tanto neste mundo quanto após a morte. A explicação budista elementar da ação é que tanto as tendências ou hábitos adequados quanto os inadequados geram ações que fundamentalmente produzem frutos ou consequências.

Kōan: Termo Zen (do chinês *kung-an*) que literalmente quer dizer "caso público". Refere-se a uma questão ou enigma que tem a intenção de ajudar os praticantes a superar o pensamento dualista e conquistar a percepção da realidade.

Sutra Lankāvatāra: Coleção de ensinamentos *Mahāyāna*, em especial do Budismo *Yogācāra*, voltada para o papel da mente, as diversas formas de consciência, o vazio e o *tathāgata-garbha* (ventre do Buda). Era bastante influente nas tradições Zen e Chan.

Sutra do Lótus: Nome em inglês *Lotus Sutra* do *Saddhammapunarika Sūtra* que explica a ideia de que realmente existe apenas um verdadeiro veículo ou *Ekayāna* e que o Buda, por compaixão, continua presente no mundo para ajudar aqueles que precisam de seu auxílio.

Madhyamaka: Escola budista *Mahāyāna* indiana, cujo nome quer dizer, de certo modo, "caminho do meio", e que tradicionalmente acreditam ter sido fundada por Nāgārjuna. Suas alegações metafísicas centrais abordam especialmente a ideia do "vazio" ou *suññatta/śūnyatā*.

Mahāmudrā: Termo sânscrito que quer dizer "Grande Mestre" ou "o Totalmente Perfeito"; refere-se ao ideal da prática budista na tradição Vajrayāna, daquele que domina os Tantras.

Mahāyāna: Palavra sânscrita que significa "o caminho superior" ou "o veículo maior"; os seguidores dessa versão de Budismo usavam este termo para se distinguir de seus antigos predecessores, o Hīnayāna ou "caminho inferior" ou "veículo menor" e ainda mais notável, o Theravāda. Acredita-se atualmente que essa forma de Budismo se desenvolveu dentro de algumas comunidades budistas entre 100 a.C. e 200 d.C. Seus ensinamentos, que podem ser encontrados em sua própria literatura da *Perfeição da Sabedoria* (*Prajñāpāramitā*), representam uma grande revisão e reinterpretação de muitas ideias, conceitos e práticas fundamentais do "antigo" Budismo. Entre seus ensinamentos mais básicos estão: a ênfase na sabedoria ou na percepção (*prajñā*) e compaixão (*karunā*), nos esponsais do ideal *Bodhisattva* e na verdade de que as coisas não possuem naturezas e essências fixas ou inerentes.

Budismo Convencional: Nome descritivo usado por Paul Williams, Paul Harrison e outros para designar o Budismo não Mahāyāna. Conforme observado por Williams, essa designação ajuda a evitar o "Hīnayāna" pejorativo e o tecnicamente incorreto e limitado demais "Theravāda" para se referir à forma geral do Budismo fora da tradição Mahāyāna.

Mandala: Termo sânscrito para um círculo sagrado que simbolicamente representa o mundo e o que existe. No Budismo tântrico, acreditam que o termo representa a mente, o corpo e a fala de um Buda e é usado nas práticas meditativas.

Mantra: Termo sânscrito para sons sagrados que as pessoas acreditam possuir poderes sobrenaturais/espirituais.

Caminho do Meio: Nome tradicional em inglês (*Middle Way*) para o caminho iluminado do Buda, *majjhima-patipadā* e *madhyamā-pratipad* em páli e sânscrito. No nível mais generalizado, acreditam que ele transmite o ensinamento moral e ético do Buda de que nossa vida e nossas ações devem buscar um caminho intermediário entre os extremos do hedonismo e do ascetismo. Nos reinos metafísico e epistemológico, em especial às questões filosóficas a respeito da existência e do conhecimento humano, refere-se ao fato de que as almas humanas não são permanentes, eternas ou aniquiladas, mas *anattā* (isto é, sem um eu fixo) e que a verdade fundamental em todas as questões está sempre em algum lugar no meio das posições extremas.

Atenção Plena: A arte de viver em alerta é a prática de viver no momento presente. É a técnica meditativa de manter nossa consciência viva na realidade atual, no momento presente. Em resumo, é o processo e a atividade de cultivar a consciência e fazer com a mente recupere seu estado original de atenção.

Moksa: O objetivo final de muitas formas práticas religiosas e filosóficas indianas; esse termo significa libertação ou liberação do ciclo do *samsāra*.

Mudrā: Termo sânscrito que quer dizer "selo" ou "sinal"; refere-se a um gesto simbólico feito com as mãos ou com o corpo para representar um aspecto do ensinamento do Buda.

Nibbāna/Nirvāna: Literalmente, "extinguir" ou "soprar"; esses termos páli e sânscrito se referem inicialmente à libertação do *samsāra* e o fim do sofrimento. O Buda reinterpreta esses termos e diz que significam a eliminação das fogueiras da cobiça, do ódio e da desilusão e, assim, podem ser considerados o objetivo da prática budista.

Nirmānakāya: Termo sânscrito para o "Corpo da Emanação" ou corpo físico do Buda. No Budismo Mahāyāna, refere-se à capacidade do Buda de estar fisicamente presente para ensinar o *Dhamma* para os seres no *samsāra*.

Paccekabuddha/Pratyekabuddha: Páli e sânscrito para um Buda "solitário" que não ensina o *Dhamma* para outros seres.

Paññā/Prajñā: Na apresentação tradicional dos ensinamentos do Caminho Óctuplo, a "sabedoria" se refere ao conhecimento libertador da verdade alcançada no despertar ou iluminação. A visão ou compreensão certa ou adequada, bem como o pensamento ou as intenções certas ou adequadas são os dois primeiros elementos do caminho para a percepção da verdadeira natureza da existência.

Pāramitās: Termo sânscrito para "perfeições" ou "qualidades virtuosas" possuídas pelo ideal Mahāyāna da prática, o *bodhisattva*. Elas incluem: generosidade ou doação – *dāna*; moralidade – *śīlā*; paciência ou indulgência – *khanti/ksānti*; esforço ou empenho zeloso – *viriya/vīrya*; meditação ou mente centrada – *jhāna/dhyāna;* e sabedoria ou percepção – *prajnā*.

Paticca-Samuppāda/Pratītya-Samutpāda: Traduzido de diversas maneiras como "surgimento dependente", "origem dependente", "coprodução condicionada", "origem codependente", "origem de interdependência" ou "origem interdependente", todos eles se referem à explicação do Buda da causalidade. Em resumo, esse grupo de termos se refere à dinâmica legal de mudanças em que os eventos ou acontecimentos no mundo estão causalmente condicionados e são dependentes de outros processos, eventos ou acontecimentos.

Sutra da Plataforma: *Sūtra* chinês que traz a biografia e os ensinamentos de Huineng, o sexto patriarca da escola Chan do Budismo.

Puggalavadins/Pudgalavādins: Termos páli e sânscrito para "Personalistas", ou aqueles que acreditam que a **puggala/pudgala**: ou "pessoa" existe como uma entidade subsistente.

Renascimento: Antiga ideia indiana de que o indivíduo renasce após a morte. É geralmente relacionado com a ideia do *kamma*. Segundo a cosmologia budista, há seis reinos de renascimento: o reino dos deuses ou devas, o reino dos semideuses, o reino humano, o reino animal, o reino dos fantasmas famintos e o reino do inferno. Todos os seis reinos são considerados reais, mas algumas formas do Budismo Mahāyāna afirmam que são mais bem entendidos como estados da mente.

Rta: Termo indiano para a estrutura fundamental e ritmo normativo essencial que organiza a energia e a existência de todos os seres no Universo. Também se refere à regularidade e harmonia governável das esferas morais e físicas do Universo.

Sabhāva/Svabhāva: Termos páli e sânscrito que significam "próprio ser", "autosser", "autoexistência substancial" ou "natureza intrínseca"; é o elemento por meio do qual acreditam que os fenômenos ou dos *dhammas* existem de modo independente uns dos outros.

Samādhi: Na apresentação tradicional dos ensinamentos do Caminho Óctuplo, "concentração" ou "meditação", refere-se aos tipos "certos" ou "adequados" de atitude intelectual necessários para a preservação de nossa prática do Caminho. Os estados mentais adequados incluem: o devido esforço, atenção plena e concentração.

Samana/Śramana: Termos páli e sânscrito para qualquer pessoa que leva a vida de um mendicante religioso ou andarilho sem um lar. Como grupo, eles buscam o conhecimento religioso e/ou filosófico a respeito do significado e propósito da vida e a natureza fundamental da realidade. Também rejeitam a autoridade e os ensinamentos dos brâmanes ou a "visão" védica. O Buda e seus seguidores faziam parte desse grupo de pessoas religiosas.

Sambhogakāya: Termo sânscrito para o "Corpo de Júbilo" do Buda. Refere-se ao corpo sutil por meio do qual o Buda está presente para os *Bodhisattvas* e para outros seres.

Samgha: Palavra sânscrita para "grupo"; esse termo designa os seguidores do Buda ou a comunidade budista. A comunidade budista inclui monges e freiras ordenados, além de seguidores leigos dos sexos masculino e feminino.

Samyojana: Termo páli e sânscrito que significa "prisão", "corrente" ou "grilhão". A tradição budista reconhece dez grilhões que nos prendem ao *samsāra*: a crença de que existe um eu individual permanente, uma dúvida não justificada com relação ao Buda e seus ensinamentos, a preocupação excessiva com regras rituais, monásticas e éticas, o desejo sensual, a luxúria ou o prevaricação, o ódio, a falta de vontade ou a aversão, o desejo pelo reino da Forma, o desejo pelo reino Amorfo, o amor próprio excessivo, o estado constante de agitação e a ignorância. Os primeiros cinco são conhecidos como os "grilhões inferiores" (que nos prendem ao Reino do Desejo) e os últimos cinco são conhecidos como os "grilhões superiores" (que nos prendem aos Reinos da Forma e Amorfo).

Samsāra: Literalmente, "divagando por/sobre"; esse termo se refere ao contínuo e aparentemente infinito processo cíclico do nascimento, vida, morte e renascimento na antiga filosofia e religião indiana. De uma forma mais generalizada, refere-se ao mundo condicionado desta vida, seu *kamma* e seu *dukkha* concomitante.

Sarvāstivādins: Termo sânscrito para aqueles que acreditam que "tudo existe" no passado, no presente e no futuro de maneira simultânea.

Sautrāntikas: Termo sânscrito para aqueles que rejeitam a autoridade do *Abhidhamma Pitaka* e, em vez disso, são "seguidores dos *Suttas*".

Siddha: Termo sânscrito para "o pleno"; esse termo se refere a um mestre, professor ou guru iluminado na tradição tântrica.

Siddhattha Gotama/Siddhartha Gautama: Nome páli e sânscrito do homem conhecido como o Buda histórico. "Siddhattha" era seu nome pessoal e "Gotama", seu nome de família ou de seu clã. Segundo a tradição budista, ele nasceu em uma família de líderes políticos do clã Sakya e também era conhecido como "Sakyamuni" – o sábio ou o homem sensato dos Sakyas.

Śīla: Na apresentação tradicional dos ensinamentos do Caminho Óctuplo, a "excelência moral" ou a "moralidade" refere-se aos três tipos de virtudes necessários para a prática "correta" do caminho. Eles incluem: o discurso certo, a ação certa e a subsistência certa.

Iluminação repentina: No Budismo chinês, essa é a visão da "Escola do Sul" de que a iluminação é conquistada de modo instantâneo em um único momento de percepção.

Sukhāvati: Termo sânscrito para "Terra de Felicidade" ou "Terra de Glória". É a Terra Pura de Amitabha ou do Buda Amida localizada no oeste.

Suññatta/Śūnyatā: Termos páli e sânscrito que significam "vazio" ou "nada"; esses termos geralmente se referem à interpretação Mahāyāna da origem interdependente e do estado original da mente, embora tenhamos grandes evidências de uma compreensão budista Convencional que envolve a estrutura metafísica da pessoa humana. As escolas Madhyamaka e Yogācāra do Budismo Mahāyāna oferecem suas próprias explicações e defesas especiais do vazio.

Sutta/Sūtra: Termos páli e sânscrito que significam "fio"; referem-se aos ditados ou discursos do Buda histórico, embora não tenham sido escritos nem compilados por Siddhattha. No cânone páli, estão reunidos em cinco "coleções" conhecidas como *Nikāyas* (ou *Āgamas* em sânscrito) e agrupados de acordo com suas extensões. O cânone Mahāyāna, por outro lado, inclui muito mais textos e compilações do que os *Nikāyas* páli.

Tanhā/Trsnā: No contexto das Quatro Nobres Verdades, *tanhā*, ou desejo egoísta, ganância, desejo equivocado, cobiça, luxúria e desejo de apego, é a causa ou condição principal do *dukkha*. Em seu nível mais básico, é o impulso da gratificação e da possessividade egoísta que estimula as chamas de nosso sofrimento.

Tantras: Termo sânscrito usado tanto para textos esotéricos quanto para a tradição de práticas que foram desenvolvidas a partir deles. Como uma forma de Budismo Mahāyāna, esses textos afirmavam oferecer um método especialmente rápido de iluminação por meio de uma série de práticas rituais e meditativas orientadas por um guru.

Tathāgata-garbha: Sânscrito para "ventre daquele que vem"; esse termo se refere à noção Mahāyāna de que todos os seres intrinsecamente têm a possibilidade de se tornar um Buda ou de ter uma natureza de Buda.

Theravāda: Termo páli, cujo significado é literalmente "caminho dos anciãos"; essa palavra se refere à única das diversas ramificações antigas da forma dominante de Budismo na maior parte do Sudeste da Ásia, principalmente na Birmânia, Cambódia, Laus, Tailândia e Sri Lanka. Os seguidores dessa forma de Budismo aderem ao cânone pali, o conjunto completo mais antigo de escrituras budistas em uma única linguagem canônica. Essa versão do Budismo enfatiza a comunidade monástica ou *Samgha*, a vida dos monges e freiras e o *Arahant* como o ideal mais elevado da prática budista.

Tipitaka/Tripitaka: Termos páli e sânscrito que significam "três cestos", os quais se referem aos textos do cânone budista. Eles incluem o *Sutta/Sūtra Pitaka*, ou o cesto dos ditados e discursos do Buda; o *Vinaya Pitaka*, ou o cesto das regras e disciplinas monásticas; e o *Abhidhamma/Abhidhamma Pitaka*, ou o cesto dos ensinamentos superiores.

Trikāya: Termo sânscrito para o ensinamento Mahayana dos "três corpos" do Buda.

Duas Entradas e Quatro Práticas: Um dos poucos trabalhos que as pessoas acreditam conter os ensinamentos autênticos do Bodhidharma. Esse texto também é conhecido como a *Descrição da Prática*.

Upanishad: Literalmente, "sentar-se perto"; essa palavra se refere à última parte dos *Vedas*. Os textos dessa parte dos *Vedas* consistem em reflexões mais puramente filosóficas acerca da natureza do eu e da natureza fundamental da realidade.

Upāya: Termo sânscrito para "meios hábeis" ou "habilidade nos meios". Apesar de geralmente estar associado à tradição Mahāyāna e às perfeições de um *Bodhisattva*, também se refere à habilidade do Buda de adequar seus ensinamentos à capacidade de seus discípulos e de seus ouvintes no intuito de lhes proporcionar a iluminação.

Vajrayāna: Literalmente, "veículo do diamante ou do raio", em sânscrito; essa terceira forma de Budismo enfatiza práticas rituais e religiosas que são encontradas hoje nas tradições tântricas do Tibete. Como uma forma de Budismo, combina elementos da filosofia Mahāyāna com práticas tântricas esotéricas no intuito de ajudar seus praticantes a alcançar a iluminação. Ênfase especial é colocada no papel do guru ou mestre espiritual, que utiliza mantras, mandalas e *mudrās* para ajudar seus seguidores a alcançar a natureza do Buda interior.

Varna: Literalmente, "cor"; esse termo se refere às quatro principais classes sociais da antiga Índia: os brâmanes eclesiásticos, os guerreiros Kshatriyas, os mercantes Vaishyas e os camponeses Shūdras. Esse termo é geralmente confundido com *jāti* (posição social de nascimento), que se refere à casta ou à posição de um indivíduo na sociedade.

Vedas: Da palavra sânscrita *veda*, que significa "conhecimento"; esse termo se refere às mais antigas coleções de textos religiosos indianos. Falando de maneira estrita, os *Vedas* incluem o *Rig Veda* (hinos aos deuses), o *Sāma Veda* (canções e instruções baseadas no *Rig Veda*), o *Yajur Veda* (versos e mantras rituais), o *Atharva Veda* (hinos e fórmulas mágicas para a vida cotidiana), os *Brâmanas* (regras rituais) e os *Upanishads*.

Sūtra Vimalakīrti: Um importante e influente Sutra Mahāyāna nomeado em homenagem ao seu personagem principal, o leigo Vimalakīrti. Seu tópico mais importante é o método e o meio para a perfeição da percepção.

Vinaya: Nome do cesto de ensinamentos que falam das regras e das disciplinas monásticas da comunidade budista. Essas regras, que variam de número entre 227 (para os homens) e 311 (para as mulheres), envolvem as atividades diárias da comunidade monástica.

Wu-wei: Chinês para "não ação". Refere-se à ação não coerciva e espontânea que está de acordo com a verdadeira natureza do indivíduo.

Yāna: Termo sânscrito para "veículo". Refere-se aos diversos caminhos espirituais que podemos seguir. É mais comum ser visto junto de outros termos para designar caminhos específicos, ou seja, Hinayāna (veículo Menor), Mahāyāna (veículo Maior) e Ekayāna (Um veículo).

Yoga: Literalmente, "unir ou atar", esse termo se refere às técnicas meditativas ascéticas para disciplinar a mente e o corpo no intuito de alcançar o conhecimento "superior" e fugir da prisão e do sofrimento do *samsāra*.

Yogācāra: Escola budista Mahāyāna indiana; cujo nome quer dizer "prática da ioga"; também é conhecida como *Vijñānavāda* ou escola do "Caminho da Consciência", voltada para a natureza e as atividades da consciência na compreensão da realidade.

Bibliografia

Principais fontes

BODHI, Bhikkhu (trans.). *The Connected Discourses of the Buddha: A Translation of the Samyutta Nikaya*. Boston: Wisdom Publications, 2000.

_____. (trans. e ed.). *In the Buddha's Words: An Anthology of Discourses from the Pali Canon*. Boston: Wisdom Publications, 2005.

NANAMOLI, Bhikkhu; BODHI, Bhikkhu (trans.). *The Middle Length Discourses of the Buddha: A Translation of the Majjhima Nikaya*, 2. ed. Boston: Wisdom Publications, 2001.

PRICE, A. F.; MOU-LAM, Wong (trans.). *The Diamond Sutra & The Sutra of Hui-Neng*. Boston: Wisdom Publications, 1990.

RADHAKRISHNAN, Sarvepalli; MOORE, Charles A. (eds.). *A Sourcebook in Indian Philosophy*. Princeton: Princeton University Press, 1957.

THANISSARO, Bhikkhu (trans.). *Dhammapada: A Translation*. Barre, MA: Dhamma Dana Publications, 1998.

THERA, Nyanaponika; BODHI, Bhikkhu (trans. e ed.). *Numerical Discourses of the Buddha*. Walnut Creek, CA: Altamira Press, 1999.

WALSHE, Maurice (trans.). *The Long Discourses of the Buddha: A Translation of the Digha Nikaya*. Boston: Wisdom Publications, 1995.

WATSON, Burton (trans.). *The Lotus Sutra*. New York: Columbia University Press, 1993.

_____. *The Vimalakirti Sutra*. New York: Columbia University Press, 1997.

Fontes secundárias

ARMSTRONG, Karen. *Buddha*. New York: Penguin Putnam, 2001.

ARNOLD, Edwin. *The Light of Asia*. Boston: Roberts Brothers, 1890.

BROUGHTON, Jeffrey L. *The Bodhidhamma Anthology: The Earliest Records of Zen*. Berkeley: University of California Press, 1999.

CARRITHERS, Michael. *The Buddha*. Oxford: Oxford University Press, 1983.

CH'EN, Kenneth. *Buddhism in China: A Historical Survey*. Princeton: Princeton University Press, 1964.

_____. *Buddhism: The Light of Asia*. New York: Barron's Educational Series, Inc, 1968.

_____. *The Chinese Transformation of Buddhism*. Princeton: Princeton University Press, 1973.

COLLINS, Steven. *Selfless Persons: Imagery and Thought in Theravada Buddhism*. Cambridge: Cambridge University Press, 1982.

CONZE, Edward. *Buddhism: Its Essences and Development*. Birmingham, Reino Unido: Windhorse Publications, 1951.

EPPSTEINER, Fred (ed.). *The Path of Compassion: Writings on Socially Engaged Buddhism*. Berkeley: Parallax Press, 1985.

FELDMEIER, Peter. *Christianity Looks East: Comparing the Spiritualities of John of the Cross and Buddhaghosa*. New York: Paulist Press, 2006.

FITZGERALD, Timothy. *The Ideology of Religious Studies*. New York: Oxford University Press, 2000.

GETHIN, Rupert. *The Foundations of Buddhism*. Oxford: Oxford University Press, 1998.

GOMBRICH, Richard. *Theravada Buddhism: A Social History from Ancient Benares to Modern Colombo*. Londres: Routledge & Kegan Paul, 1988.

GOWANS, Christopher W. *Philosophy of the Buddha*. New York: Routledge, 2003.

GRIFFITHS, Paul J. *On Being Mindless: Buddhist Meditation and the Mind-Body Problem*. Illinois: Open Court, 1986.

_____. *On Being Buddha: The Classical Doctrine of Buddhahood*. Albany: State University of New York Press, 1994.

GRUZALSKI, Bart. *On the Buddha*. Belmont, CA: Wadsworth Publishing Company, 2000.

GYATSO, Tenzin, 14º Dalai Lama. *The World of Tibetan Buddhism*. Boston: Wisdom Publications, 1995.

_____. "Our Faith in Science", *The New York Times*, 12 de novembro de 2005.

_____. *The Universe in a Single Atom: The Convergence of Science and Spirituality*. New York: Morgan Road Books, 2005.

HAMILTON, Sue. *Indian Philosophy: A Very Short Introduction*. Oxford: Oxford University Press, 2001.

HARRIS, Elizabeth J. *What Buddhists Believe*. Oxford: Oneworld Publications, 2000.

HARVEY, Peter. *An Introduction to Buddhism: Teachings, History and Practices*. Cambridge: Cambridge University Press, 1990.

_____. *The Selfless Mind: Personality, Consciousness and Nirvana in Early Buddhism*. Richmond: Curzon Press, 1995.

HAWKINS, Bradley K. *Buddhism*. New Jersey: Prentice Hall Inc, 1999.

HERSHOCK, Peter D. *Liberating Intimacy: Enlightenment and Social Virtuosity in Ch'an Buddhism*. Albany: State University of New York Press, 1996.

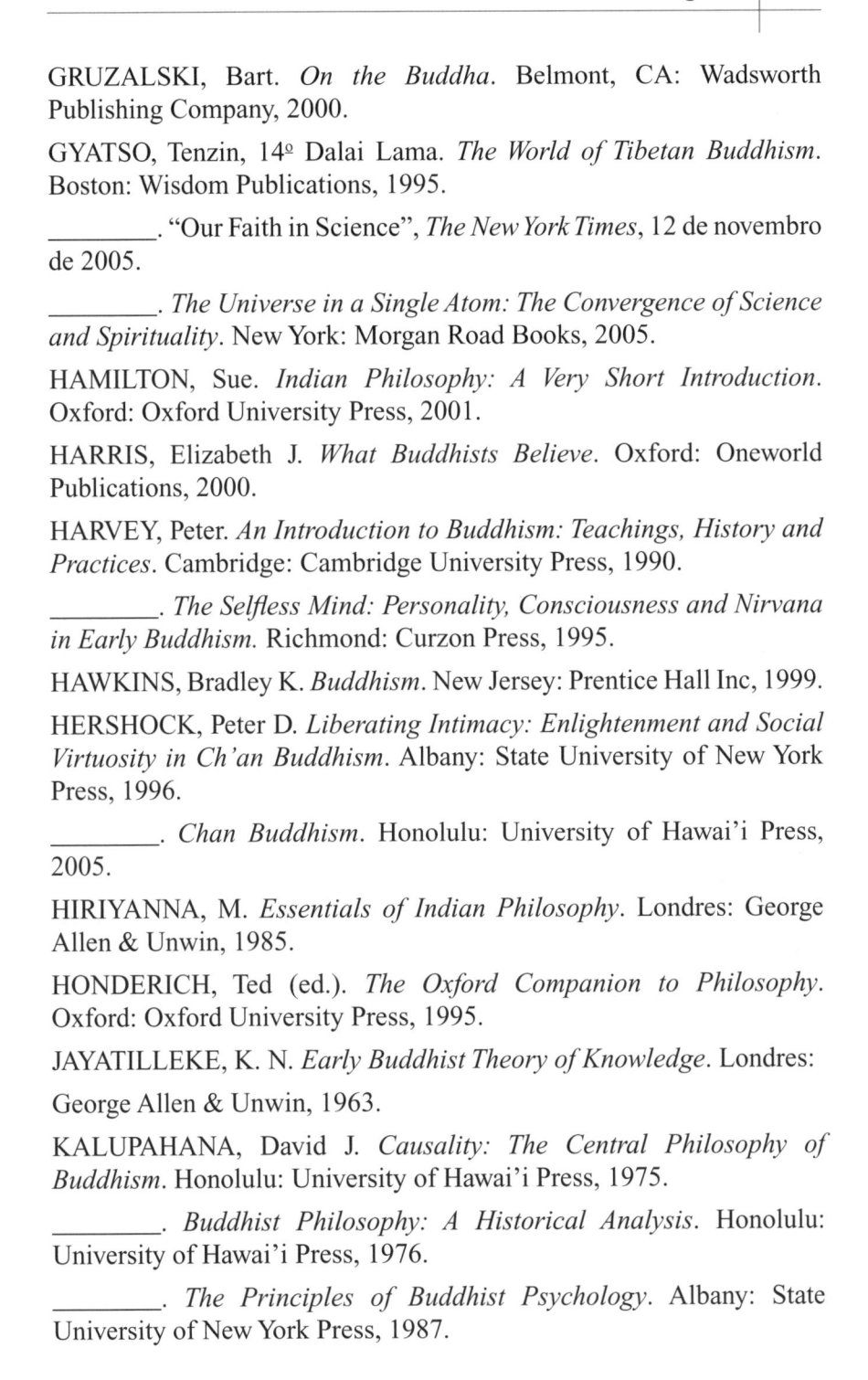

_____. *Chan Buddhism*. Honolulu: University of Hawai'i Press, 2005.

HIRIYANNA, M. *Essentials of Indian Philosophy*. Londres: George Allen & Unwin, 1985.

HONDERICH, Ted (ed.). *The Oxford Companion to Philosophy*. Oxford: Oxford University Press, 1995.

JAYATILLEKE, K. N. *Early Buddhist Theory of Knowledge*. Londres: George Allen & Unwin, 1963.

KALUPAHANA, David J. *Causality: The Central Philosophy of Buddhism*. Honolulu: University of Hawai'i Press, 1975.

_____. *Buddhist Philosophy: A Historical Analysis*. Honolulu: University of Hawai'i Press, 1976.

_____. *The Principles of Buddhist Psychology*. Albany: State University of New York Press, 1987.

_____. *A History of Buddhist Philosophy: Continuities and Discontinuities*. Honolulu: University of Hawai'i Press, 1992.

KALUPAHANA, David J.; KALUPAHANA, Indrani. *The Way of Siddhartha: A Life of the Buddha*. Boulder: Shambhala Publications, 1982.

KEOWN, Damien. *Buddhism: A Very Short Introduction*. Oxford: Oxford University Press, 1996.

_____. (ed.). *Dictionary of Buddhism*. Oxford: Oxford University Press, 2003.

KING, Richard. *Indian Philosophy: An Introduction to Hindu and Buddhist Thought*. Washington, D.C.: Georgetown University Press, 1999.

KITAGAWA, Joseph; CUMMINGS, Mark D. *Buddhism and Asian History*. New York: Macmillan Publishing Company, 1989.

KLOSTERMAIER, Klaus K. *Buddhism: A Short Introduction*. Oxford: Oneworld Publications, 1999.

KNIPE, David M. *Hinduism: Experiments in the Sacred*. New York: HarperCollins Publishers, 1991.

KNOTT, Kim. *Hinduism: A Very Short Introduction*. Oxford: Oxford University Press, 1998.

KOLLER, John M. (2006) *The Indian Way: An Introduction to the Philosophies and Religions of India*, 2. ed. New Jersey: Pearson Prentice Hall, 2006.

KUPPERMAN, Joel J. *Learning from Asian Philosophy*. New York: Oxford University Press, 1999.

_____. *Classic Asian Philosophy: A Guide to the Essential Texts*. Oxford: Oxford University Press, 2001.

LAFLEUR, William R. *Buddhism: A Cultural Perspective*. New Jersey: Prentice Hall Inc, 1998.

LOPEZ, Donald S., Jr. *The Story of Buddhism: A Concise Guide to its History and Teachings*. New York: HarperCollins Publishers, 2001.

_____. (ed.). *Critical Terms for the Study of Buddhism*. Chicago: University of Chicago Press, 2005.

MITCHELL, Donald W. *Buddhism: Introducing the Buddhist Experience*. New York: Oxford University Press, 2002.

MOHANTY, J. N. *Classical Indian Philosophy*. Maryland: Rowan & Littlefield Publishers, 2000.

NANAMOLI, Bhikkhu. *The Life of the Buddha: According to the Pali Canon*. Pariyatti Edition, Kandy, Sri Lanka: Buddhist Publication Society, 1972.

NHAT HANH. *The Miracle of Mindfulness: A Manual on Meditation*. Edição Revisada, Boston: Beacon Press, 1975.

_____. *Living Buddha, Living Christ*. New York: Riverhead Books, 1995.

_____. *Thich Nhat Hanh: Essential Writings*, editado por Robert Ellsberg. New York: Orbis Books, 2005.

PINE, Red (trans.). *The Zen Teachings of Bodhidhamma*. San Francisco: North Point Press.

POLKINGHORNE, John. *Serious Talk: Science and Religion in Dialogue*, Valley Forge: Trinity Press, 1995.

PREBISH, Charles S. *The A to Z of Buddhism*. Maryland: The Scarecrow Press, 2001.

RAHULA, Walpola. *What the Buddha Taught*. Edição Revisada. New York: Grove Press, 1974.

RAJAPAKSE, Reginton. "Buddhism as Religion and Philosophy", *Religion*, 16, 51-55, 1986.

REICHENBACH, Bruce R. *The Law of Kamma: A Philosophical Study*. Honolulu: University of Hawai'i Press, 1990.

RENARD, John. *101 Questions and Answers on Buddhism*. New York: Gramercy Books, 1999.

_____. *101 Questions and Answers on Hinduism*. New York: Gramercy Books, 1999.

ROBINSON, Richard H.; JOHNSON, Williard L.; THANISSARO, Bhikkhu. *Buddhist Religions*, 5. ed. Belmont, CA: Wadsworth Publishing Company, 2005.

SEN, K. M. *Hinduism*. Londres: Penguin Books, 1961.

SHATTUCK, Cybelle. *Hinduism*. New Jersey: Prentice Hall Inc., 1999.

SMITH, Huston; NOVAK, Philip. *Buddhism: A Concise Introduction*. New York: HarperCollins Publishers, 2003.

STCHERBATSKY, Th. *The Central Conception of Buddhism: And the Meaning of the Word "Dhamma"*. Delhi: Motilal Banarsidass Publishers, 1922.

STRONG, John S. *The Buddha: A Short Biography*. Oxford: Oneworld Publications, 2001.

_____. *The Experience of Buddhism: Sources and Interpretations*, 2. ed. Belmont, CA: Wadsworth Publishing Company, 2002.

TANABE, George J., Jr.; TANABE, Willa Jane. *The Lotus Sutra in Japanese Culture*. Honolulu: University of Hawai'i Press, 1989.

THOMAS, Edward J. *The History of Buddhist Thought*. New York: Dover Publications, 2002.

WILLIAMS, Paul. *Mahayana Buddhism: The Doctrinal Foundations*. London: Routledge, 1989.

WILLIAMS, Paul; TRIBE, Anthony. *Buddhist Thought: A Complete Introduction to the Indian Tradition*. Londres: Routledge, 2000.

WRIGHT, Arthur F. *Buddhism in Chinese History*. Stanford: Stanford University Press, 1959.

YAO, Xinzhong. *An Introduction to Confucianism*. Cambridge: Cambridge University Press, 2000.

Índice Remissivo

Abhidhamma/Abhidharma 19, 21, 32, 95, 97, 104, 129, 138, 143, 144, 145, 146, 149, 151, 153, 162, 163, 164, 165, 167, 173, 176, 200, 299, 301, 307, 309
Anatta/Anatman 63, 151, 186
Anicca/Anitya 151, 300
Arahant/Arhat 81, 83, 86, 87, 98, 105, 188, 189, 190, 192, 194, 197, 198, 200, 203, 212, 236, 293, 300, 309
Aranyakas 37, 47, 48
Arianos 37, 300
Asavas/Asravas 177
Atman 49, 317

Bodhicitta 263, 300
Bodhidharma 15, 205, 207, 208, 209, 221, 222, 223, 224, 225, 226, 227, 228, 229, 230, 232, 233, 235, 236, 237, 241, 242, 309
    boneco Daruma 223
    plantas de chá 224
    contemplação da parede 223
Bodhisatta/Bodhisattva 81, 82, 86, 87, 89, 91, 98, 177, 200, 203, 204, 209, 212, 219, 227, 236, 252, 253, 282, 300, 304, 309
Brâmane 300, 310

Brâmanas 37, 38, 47, 48, 53, 300, 310
Buda 48, 53, 300, 310
Buddhaksetra 239, 246, 247, 248, 249, 251, 252, 253
Buddhanusmrti 239
Budismo
    Chan 60, 100, 180, 203, 207, 208, 222, 225, 227, 228, 230, 231, 232, 233, 235, 236, 241, 242, 276, 277, 303, 306, 313
    chinês 94, 99, 100, 207, 208, 212, 213, 214, 215, 216, 217, 218, 219, 222, 228, 231, 234, 235, 236, 237, 248, 250, 252, 254, 256, 276, 283, 301, 302, 303, 306, 308
    Terra Pura 247-261
    Engajado 16, 26, 98, 118, 206, 222, 247, 266, 281, 289, 290, 291, 298, 302
    japonês 94, 100, 205, 223, 252, 258, 259
    Terra Pura 16, 91, 100, 180, 203, 205, 235, 236, 239, 240, 241, 243, 245, 247-261, 308
Confúcio 205, 209, 216, 217, 218, 221

Dalai Lama 16, 62, 93, 205, 206, 261, 263, 264, 265, 275, 278, 279, 280, 281, 282, 283, 284, 285, 286, 287, 288, 289, 297, 298, 301, 313
Dassana/Darsana 19, 301
Dasas/Dasyus 37, 301
Dhamma/Dharma 7, 15, 17, 19, 20, 28, 30, 31, 32, 33, 34, 49, 50, 58, 59, 61, 66, 70, 79, 83, 93, 94, 103, 108, 109, 124, 135, 137, 141, 143, 145, 162, 168, 174, 178, 184, 186, 187, 189, 191, 202, 204, 205, 208, 209, 212, 221, 222, 223, 224, 225, 245, 255, 257, 258, 260, 264, 266, 267, 268, 275, 281, 282, 289, 291, 297, 298, 301, 305, 311, 316
Dhammas/Dharmas 129
Dharani 263
Dharmakaya 239, 254
Sutra do Diamante 207, 229, 232, 233, 234, 302
Dukkha/Duhkha 63, 302
Dzogchen 277

Caminho Óctuplo 18, 63, 64, 65, 66, 67, 69, 71, 78, 80, 85, 87, 100, 179, 184, 188, 189, 190, 191, 198, 199, 227, 231, 249, 253, 260, 271, 279, 302, 305, 306, 308
iluminação 19, 20, 25, 30, 34, 60, 64, 65, 66, 69, 70, 80, 81, 82, 83, 87, 93, 98, 105, 110, 116, 117, 118, 119, 120, 121, 124, 127, 130, 134, 135, 142, 145, 146, 156, 157, 159, 161, 164, 170, 171, 172, 177, 178, 182, 183, 184, 187, 189, 190, 193, 194, 196, 199, 200, 203, 205, 207, 208, 212, 223, 224, 225, 228, 229, 230, 231, 232, 233, 234, 241, 242, 250, 252, 253, 257, 260, 261, 263, 264, 269, 270, 271, 272, 273, 274, 275, 276, 277, 278, 279, 280, 292, 296, 300, 301, 302, 305, 308, 309

gradual 207, 212, 230, 234
repentina 229, 230

Cinco Agregados 67, 72, 74, 80, 95, 139, 159, 164, 165, 171
Quatro Nobres Verdades 63, 64, 65, 66, 67, 69, 80, 85, 87, 93, 100, 110, 116, 117, 120, 124, 126, 159, 161, 179, 188, 189, 192, 193, 194, 225, 231, 249, 271, 279, 302, 308
    Primeira 71, 78, 191
    Segunda 75, 191
    Terceira 76, 77, 78
    Quarta 78, 191
Quatro Visões 20, 24, 302

Gautama, Siddhartha/Gotama, Siddhattha 15, 17, 20, 21, 22, 23, 25, 26, 29, 30, 31, 33, 34, 39, 40, 41, 50, 58, 59, 62, 65, 90, 115, 124, 130, 184, 216, 253, 303, 307
    vida de 19
Guru 263, 302

Honen 259, 260
Hongren 228, 229, 230
Huike 223, 228
Huineng 7, 16, 203, 205, 207, 208, 209, 221, 228, 229, 230, 231, 232, 233, 234, 236, 237, 241, 242, 250, 30

Origem Interdependente 31, 34, 37, 42, 51, 59, 64, 65, 73, 74, 82, 85, 88, 89, 90, 91, 104, 116, 120, 124, 128, 129, 131, 135, 136, 137, 138, 139, 140, 141, 142, 143, 144, 145, 146, 148, 149, 152, 153, 156, 158, 162, 163, 166, 172, 173, 174, 175, 176, 185, 187, 189, 193, 213, 221, 225, 226, 227, 232, 233, 253, 279, 287, 288, 292, 303, 306, 308

Jataka 20, 32, 33, 81, 247
Jhana/Dhyana 107
Jodu Shinshu 259, 261
Jodu Shu 259, 261
Kalama, Alara 25, 60, 118, 120
Kamma/Karma 7, 15, 38, 45, 48, 49, 64, 107, 303, 315
Kisa Gotami 60, 61, 70
Koan 207

Sutra Lankavatara 91, 207, 228, 230, 233, 234
Sutra do Lótus 91, 205, 207, 209, 234, 235, 236, 243, 247, 303
Madhyamaka 89, 90, 93, 129, 137, 138, 143, 149, 152, 167, 174, 200, 202, 235, 265, 303, 308
Mahakasyapa 94, 225, 228, 276
Mahamudra 263
Mahasiddha 81, 86, 87, 89, 90
Mahayana 18, 19, 21, 80, 81, 82, 83, 84, 85, 86, 87, 88, 89, 90, 93, 95, 98, 104, 107, 126, 129, 130, 133, 134, 137, 152, 153, 167, 173, 174, 175, 177, 180, 181, 200, 201, 202, 203, 204, 207, 208, 209, 233, 235, 239, 240, 243, 247, 248, 251, 253, 254, 256, 263, 265, 268, 274, 275, 279, 295, 299, 300, 309
Budismo Convencional 82, 85, 91, 94, 156, 247, 253, 304
Mandala 263, 304
Mantra 263, 304
Mappo/Mofa 250, 258, 259, 260
Maya 23
Caminho do Meio 14, 18, 20, 25, 34, 35, 64, 66, 67, 70, 71, 79, 85, 87, 88, 96, 98, 100, 119, 128, 145, 192, 304
Conferências do Instituto Mind & Life 284, 286
Instituto Mind & Life 206, 284, 286, 298

atenção plena/consciência plena 171, 184, 285, 293, 294, 295, 296, 297, 298, 302, 306
Moksa 7, 15, 38, 177, 305
Mudra 263

Nembutsu/Nien-fo 252, 253, 260
Nibbana/Nirvana 7, 15, 38, 64, 66, 70, 71, 77, 78, 81, 85, 87, 89, 90, 98, 104, 110, 117, 118, 119, 120, 122, 128, 130, 136, 141, 142, 148, 153, 154, 164, 168, 169, 170, 171, 172, 174, 175, 177, 178, 179, 180, 181, 182, 183, 184, 185, 186, 187, 188, 189, 190, 191, 192, 193, 194, 196, 197, 198, 199, 200, 201, 202, 203, 204, 213, 236, 244, 247, 252, 256, 257, 260, 278, 293
Nirmanakaya 239, 254

Paccekabuddha/Pratyekabuddha 208, 236, 305
Panna/Prajna 64
Paramitas 208, 227
Paticca-Samuppada/Pratitya-Samutpada 37, 64, 129
Sutra da Plataforma 208, 228, 233, 234, 306
Puggalavadins/Pudgalavadins 151, 164, 166, 306

Ramaputra, Uddaka 25, 60, 118, 120
renascimento 15, 23, 38, 40, 43, 44, 45, 46, 47, 48, 55, 65, 69, 73, 75, 79, 81, 88, 90, 104, 107, 108, 111, 112, 113, 114, 115, 116, 117, 119, 121, 122, 123, 124, 125, 126, 127, 128, 130, 141, 142, 153, 159, 160, 161, 163, 170, 172, 175, 178, 179, 188, 189, 192, 193, 195, 197, 199, 201, 213, 218, 233, 255, 257, 259, 266, 279, 300, 306, 307

Rta 38, 49, 107, 306
Sabhava/Svabhava 129
Sakyamuni 21, 66, 156, 225, 241, 243, 250, 307
Samadhi 65
Samana/Sramana 20, 306
Sambhogakaya 239, 254
Samgha 21, 32, 83, 98, 189, 267, 307, 309
Samsara 15, 38, 48, 65, 89, 107, 108
Samyojana 177, 307
Sarvastivadins 151, 165, 166
Sautrantikas 151, 166
Shinran 260
Siddha 82, 86, 307
Sila 65
Suddhodana 23
Sukhavati 239, 243, 248, 250, 252, 253
Sunnatta/Sunyata 82, 152
Sutta/Sutra 21, 50, 74, 78, 91, 125, 155, 160, 167, 171, 184, 185, 188, 189, 195, 205, 207, 208, 209, 219, 228, 229, 230, 232, 233, 234, 235, 236, 240, 243, 247, 248, 251, 252, 253, 292, 295, 302, 303, 306, 310, 311, 316

Tanha/Trsna 65, 99, 269, 271, 272
Tantra 99, 269, 271-272
Tantras 81, 82, 272, 273, 304, 308
Tathagata-garbha 82, 98
Theravada , 18, 19, 82, 84, 85, 86, 87, 88, 89, 90, 93, 95, 133, 134, 135, 137, 144, 149, 162, 165, 312
Três Marcas 104, 151, 153, 154, 155, 156, 157, 158, 161, 176, 300
Tipitaka/Tripitaka 21, 32, 95, 143, 309
Trikaya 239, 253
Duas Entradas e Quatro Práticas 208, 224, 227, 233, 309
Duas Verdades 167, 174, 275
Upanishad 38, 111, 309
Upaya 177

Vajrayana 18, 81, 83, 85, 86, 87, 88, 89, 91, 93, 99, 174, 175, 263, 279
Varna 38, 310
Vedas 21, 24, 37, 38, 39, 41, 47, 48, 49, 51, 53, 54, 55, 57, 59, 111, 114, 115, 300, 309, 310
Sutra Vimalakirti 91, 240, 248
Vinaya 21, 32, 95, 235, 274, 278, 309, 310
Wu-wei 208, 310
Yana 208
Yoga 38, 40, 51, 52, 53, 272, 273, 310
Yogacara 89, 93, 98, 130, 134, 135, 137, 138, 143, 149, 152, 174, 175, 200, 202, 207, 233, 235, 249, 250, 265